俄罗斯文化的英伦之花

英国现代主义文学中的
俄罗斯影响

蒋 虹 ✳ 著

外语教学与研究出版社
FOREIGN LANGUAGE TEACHING AND RESEARCH PRESS
北京 BEIJING

图书在版编目（CIP）数据

俄罗斯文化的英伦之花：英国现代主义文学中的俄罗斯影响／蒋虹著.—— 北京：
外语教学与研究出版社，2021.12（2022.10 重印）
（京师外语学术文库）
ISBN 978-7-5213-3226-1

Ⅰ. ①俄… Ⅱ. ①蒋… Ⅲ. ①文化研究－俄罗斯②英国文学－现代主义－文学研究
Ⅳ. ①G151.2②I561.06

中国版本图书馆 CIP 数据核字 (2021) 第 259014 号

出 版 人　王　芳
责任编辑　李婉婧
责任校对　闫　璟
封面设计　彩奇风
出版发行　外语教学与研究出版社
社　　址　北京市西三环北路 19 号（100089）
网　　址　http://www.fltrp.com
印　　刷　北京九州迅驰传媒文化有限公司
开　　本　650×980　1/16
印　　张　19
版　　次　2021 年 12 月第 1 版 2022 年 10 月第 2 次印刷
书　　号　ISBN 978-7-5213-3226-1
定　　价　75.90 元

购书咨询：(010) 88819926　电子邮箱：club@fltrp.com
外研书店：https://waiyants.tmall.com
凡印刷、装订质量问题，请联系我社印制部
联系电话：(010) 61207896　电子邮箱：zhijian@fltrp.com
凡侵权、盗版书籍线索，请联系我社法律事务部
举报电话：(010) 88817519　电子邮箱：banquan@fltrp.com
物料号：332260001

记载人类文明
沟通世界文化
www.fltrp.com

《京师外语学术文库》
总序

  为推动学科建设与发展，北京师范大学外国语言文学学院决定推出《京师外语学术文库》系列学术研究成果，包括专著和经过修改的高质量博士学位论文。

  北京师范大学外国语言文学学院的前身是 1912 年建立的北京高等师范学校英语部。在过去近一个世纪的风雨历程中，她不断发展壮大，形成了今天在教学和科研两方面齐抓并重的学科特色，与北京师范大学建设"综合性、有特色、研究型世界知名高水平大学"的发展目标保持一致。

  北京师范大学的外国语言文学学科在全国同行中位居前列。学院设有英文系、日文系、俄文系、公共外语教学部等教学单位，设有外国语言学研究所、外语教育与教师教育研究所、外国文学研究所、外语测试与评价研究所、比较文学与翻译所、日语教学研究所、翻译教学与研究中心等学术研究机构，另有一个校级科研机构——北京师范大学功能语言学研究中心。目前设有英语语言文学和俄语语言文学两个二级学科博士点、四个硕士点以及外国语言文学博士后科研流动站。

  北京师范大学外国语言文学学院继承优秀的人文传统，发扬严谨求实的学风，与时俱进，开拓创新，以教学推动科研，以科研促进教学，教学科研双轨并行；每年除了派出师生出国访学进修或参加国内外学术会议外，还定期独立或联合召开各类学术研讨会；近年来获得各级各类科研项目和奖励数十项，在国内外重要学术刊物和出版社发表了大量研究著述。

  北京师范大学外国语言文学学院矢志为我国外国语言文学学科的发展做出更多贡献。这里推出的正是为实现这一愿望所做的尝试。这套丛书初步拟定出版高水平学术专著 20 部左右，每批推出 3-5 部，逐渐形成规模和特色，首先重点推出北京市重点学科"英语语言文学"方面的建设成果。书稿主要来自我院教师的研究成果；内容涉及外国语言学及应用语言学、外国文学、翻译与文化研究、外语教育与教师教育诸方面。书稿遴选首先鼓励院内教师个人申请，然后递交院学术委员会审核，通过认可的稿件，送出校外聘请同行专家进行匿名评审；评审意见返回后，由院学术委员会根据评审专家的意见确定入选范围。

　　在这里，我们要衷心感谢各位匿名评审专家以及外语教学与研究出版社的大力支持，也恳请海内外同行给予更多关心和扶持。

《京师外语学术文库》编委会

2010 年 1 月

序

　　蒋虹教授邀我为她即将出版的著作《俄罗斯文化的英伦之花》作序，这勾起了我对与她相识、相知约二十年的回忆。20 世纪末至 2002 年，北京师范大学的赵太和先生数次邀我给他的博士生答辩，都是英美文学博士生。但当时给我印象最深的就是蒋虹的论文《曼斯菲尔德作品中的矛盾身份》，因为她是我参加过答辩的博士生中很少数既采用理论又重视文本并细读得很出色的一个。我从事多年的英美文学教学经历促使我重视并擅长细读。在理论框架批评主宰学界的形势下，我遇见了这样一篇有扎实细读基础的论文，欣喜不已，视作者为知己，从此就开始了我们近20 年的友谊。这友谊又因为我们都喜爱凯瑟琳·曼斯菲尔德而增加了共同语言。然而，近 20 年后的今天，在我拜读了蒋虹教授的这部著作后，我意识到自己落后了。我对曼斯菲尔德的喜爱一直停留在文本赏析上，不久前我还接受了高教社之邀，出版了一本详细注释的《曼斯菲尔德短篇小说选读》。而蒋虹却推出了《俄罗斯文化的英伦之花——英国现代主义文学中的俄罗斯影响》这部专著，从曼斯菲尔德对俄罗斯文学的推崇，扩展与引申至研究 19 世纪末到 20 世纪初俄罗斯文化、艺术和文学，即芭蕾、音乐、作家托尔斯泰、陀思妥耶夫斯基、契诃夫等对伍尔夫、劳伦斯和曼斯菲尔德为代表的西方现代主义新思潮的影响。这样的研讨不仅在国内令人耳目一新，在西方也是比较前沿的。虽然西方曾有学者高度评价曼斯菲尔德在短篇小说方面的巨大贡献，称她对短篇小说艺术的影响可与乔伊斯对长篇小说的影响媲美，但是很遗憾，中外文学界都没有充分认识到她的小说不仅在艺术上不断尝试创新，是细读文本获取灵感的不尽源泉，而且还是英国当时出现的现代主义潮流的组成部分。

　　东西方文化和文学同源关系的研究是一个重大的课题。众所周知，英美文学可说是父子关系，一脉相承。虽然美国文学崛起后像个野儿子，在打破框框、创新和美国化方面都十分突出，但文学批评史上从来都把英美文学视为一体。而英美文学追根溯源又都可说是希腊罗马起始的西欧文学的旁系，唯独俄罗斯（包括东欧）文学似乎与上述文学关联很少，甚至形成特色似乎迥异的分立门户的态势。这部专著提供了外国文学学术研究的一个新视角，有重大的创新意义。自 2007 年以来，作者做了大量和深入的调研，在本书中正式提出俄罗斯文化和文学在西方产生的巨大作用，较全面地论述了俄罗斯的东方因素对西方现代主义出现的影响，并以大量的资料、深入的分析和文本例证探讨了 19 世纪末到 20 世纪初俄罗斯文学、艺术和文化如何涌入了英国和欧洲，如何在一定程度上帮助推动了西方现代主义的萌发。

全书分上、下两篇，结构十分清晰、工整，文字总体流畅，且流露出作者对此议题的热爱和执着。"上篇"清晰有序地概述了当时英国出现的俄罗斯热，英国知识界对俄罗斯芭蕾的接受和反应，他们眼中的俄罗斯形象等等。"下篇"很厚重，着重于几个英国现代主义作家对俄罗斯因素和俄罗斯作家与作品的选择性接受，以及英俄文学观的碰撞、借鉴与批判，包括：伍尔夫的文学观在哪些方面受到了俄罗斯因素影响；劳伦斯对托尔斯泰、陀思妥耶夫斯基的批评，并从碰撞中借鉴，获得升华；曼斯菲尔德对契诃夫的尊崇、仿写和超越，最终形成了自己的二元文学观。作者发挥了自己细读文本的长处，挑选了伍尔夫、劳伦斯和曼斯菲尔德的作品与俄罗斯作家的作品进行了对比细读，指出他们文本中如何体现了英国和欧洲大陆当时的俄罗斯热（音乐、芭蕾、绘画、色彩等）的影响，有不少很有意思的解读。通观全书后，我们对俄罗斯文化和文学西进并从意识形态和形式等多方面促成了西方现代主义产生已无异议，而且认识到东西方文化绝非分裂的、各成体系的两大板块。这一认识十分重要，特别在今天塞缪尔·亨廷顿的"文化冲突论"甚嚣尘上，西方大国始终不能接纳俄罗斯和东方文化，并不断以此为理由制造世界范围的矛盾与争端的国际形势下，蒋虹教授的这部著作除了学术意义之外，又能够有力地证明世界各民族文化和文学实际上是你中有我、我中有你的无法分割的一个整体。此外，由于这部作品从俄罗斯文化艺术和文学影响入手，以比较的方式深入分析了几位英国现代主义作家的作品，因此加深了我们对这几位作家丰富性的认识，提供了对他们作品多方位的、更充分和深入的理解，这就为英美文学教学打开了新的渠道，增添了新的内容。

除了上述谈及的重要意义，这部著作所涉及的西方现代主义文学和文化现象也是一个亮点。事实上，1880—1917 年出现在西方特别是英、法、德等国的现代主义文学和文化潮流至今是国际学界没有充分研讨并且意见纷乱的课题。在我国，大部分外国文学师生和读者对现代主义的认识也很表面和肤浅。以英国为例，一说起英国的现代主义，我们就会满足于自己知道弗吉尼娅·伍尔夫和乔伊斯，以及他们创作的反传统线性叙事的意识流小说。这样的认识明显地只停留在对现代主义突出的形式创新上，而且二战后崛起的后现代多元文化和文学批评潮流又很快地遮掩了现代主义文学的风采，夺走了人们对它昙花一现的兴趣。然而国际和国内仍有不多的学者不肯放弃这个尚未充分研讨的议题。比如，2017 年牛津大学出版社出版了密歇根大学马克思主义学者沃尔特·科恩（Walter Cohen）教授的《欧洲文学史》，这是一部视角很特殊的文学史。科恩教授指出，现代主义是一个非常难界定的文学和文化潮流，书中第14 章"犹太性与现代主义"从犹太性切入探讨了这个议题。他注意到现代主义的法德两位主将普鲁斯特和卡夫卡是犹太人，而英国的重要现代主义作家乔伊斯的小说《尤利西斯》写的是犹太人布鲁姆的一天生活。由此，科恩教授讨论了被边缘化的犹太人与现代主义的关联，强调了现代主义文学和文化现象的多元、多视角性质。其实，科恩教授指出的现代主义的犹太性并非完全独创，他从犹太民族的边缘性和世界性入手探讨了现代主义与后现代多元认知的密切关联，触及了从现代主义开始至后现代的多元文化运动，让我们看到了现代主义在它的审美碎片化的形式革新的背后是与后现代如出一辙的反逻各斯中心、反一元化的哲学和意识形态的革命，它因此是轰轰烈烈的后现代多元文化运动的先驱和前奏。科恩教授的特殊切入点说明了不同于现实主义、浪漫主义等文学流派，现代主义迄今为止离统一的定义和理解尚相距甚远。蒋虹教授的这部专著虽然没有以现代主义为关注中心，但却揭示了俄罗斯文化、艺术和文学如何启发了、影响了甚至渗入了英国现代主义意识形态和作品。因此可以说，这本专著也是从一个很特别的视角讨论了英国现代主义的形成和特点。

  西方现代主义至今是国际学界没有充分研讨并且意见纷乱的课题，而且因种种社会、政治和历史原因始终得不到重视。如果作者能进一步研究什么是现代主义，并且不放弃俄罗斯在西方现代主义形成和特点方面的作用，那将是学界的又一幸事。

  最后，我想再次祝贺《俄罗斯文化的英伦之花——英国现代主义文学中的俄罗斯影响》一书问世，并期待能看到蒋虹教授在此基础上为现代主义研究做出新的贡献。

北京大学外国语学院

刘意青

写于 2020 春节难忘的抗击新冠肺炎疫情期间

前言

英国现代主义文学的兴起和发展，无论对英语文学还是对更广义的世界文学来说都是一个引人瞩目的话题，有关研究经久不衰。其中一个十分重要的问题是：英国现代主义文学是怎样起源的，或者更确切地说，导致英国现代主义文学起源的主要因素是什么，影响机制是什么。更一般的问题是：英国现代主义文学是在怎样的社会文化背景下起源的。

较早的说法认为，1910-1930 年是英国现代主义文学兴起、发展并达到鼎盛的年代，激发现代主义文学基本观念的两个主要因素是后印象派绘画和第一次世界大战。

随着研究的深入，近年来学术界基本上达成了新的共识：1890-1945年是英国现代主义文学从萌芽、兴起，到鼎盛、衰落的时期，它的兴起，与 19 世纪后期至 20 世纪早期英国乃至欧洲文化与社会的发展有着不可分割的密切关系。笔者认同这一观点，并将其作为本书的历史文化背景，在下文中作简要概括。

另一方面，本书的研究旨在表明，对于英国现代主义文学的崛起，俄罗斯文化具有不容忽视的影响。笔者通过对 1910 年至 1925 年间在伦敦出版发行的《泰晤士报》(The Times)和《泰晤士报文学增刊》(TLS)的调研发现，仅在这两份刊物上发表的有关俄罗斯文艺主题的评论文章就多达 330 篇以上，[1] 俄罗斯文学在 1912 年至 1925 年期间在英国迅速达到高潮而形成了著名的"俄罗斯热"(Russian fever)。"俄罗斯性格"(Russian

---

[1] 笔者就"俄罗斯芭蕾""俄罗斯文学"和陀、托、契、屠、高五位作家在牛津大学图书馆的《泰晤士报》(The Times)和《泰晤士报文学增刊》(TLS)期刊档案馆网点击搜索，统计结果是：1910 年至 1925 年间，仅书评或评论一项，前者为 235 篇，后者为 103 篇。单就"俄罗斯芭蕾"主题，《泰晤士报》显示出 995 个条目，而完全以"俄罗斯芭蕾"为标题的评论文章就达 90 篇之多。伦敦同期刊物，如《新政治家》《英语评论》《学院》《旁观者》《雅典娜神殿》《新时代》等也都反映出对俄罗斯文化的关注。

character）、"俄罗斯精神"（Russian spirit）、"俄罗斯心灵"（Russian soul）成为当时知识界和文艺界的流行语，而这一时期正是英国的文学现代主义酝酿和产生的重要时期。正如《旁观者》（The Spectator）1914 年 8 月的一篇文章所说："当要书写 20 世纪初期英国精神史时，人们会发现，在其发展中的一股强有力的影响就是俄罗斯影响。"[1] 不了解这一时期俄罗斯对英国，尤其是对知识界和文艺界的影响，就难以从根本上真正理解英国现代主义文学。梳理俄罗斯文化对英国现代主义文学发生影响的主要线索和过程，分析英国现代主义文学主要作家作品和创作思想中的俄罗斯影响，分别构成本书上、下篇的主要内容。

本书正文分上篇和下篇两部分。

上篇从三个侧面论述俄罗斯文化对英国知识界的影响，揭示英国现代主义文学与俄罗斯文化的内在联系。

第一章从宏观角度，针对英国主要报刊中的俄罗斯元素，回顾并解读 20 世纪 10 年代在伦敦文艺界出现的"俄罗斯热"，论述英国文坛对俄罗斯文学的回应和接受，以及思维模式和叙事方式的改变，彰显俄罗斯文学在英国的文学现代主义的早期形成中的重要作用和深远意义。

第二章回顾以布卢姆斯伯里文化圈（Bloomsbury Group）为代表的英国知识界对佳吉列夫（Sergei Diaghilev）的俄罗斯芭蕾（Ballets Russes）及其舞者的反应和评价，阐述俄罗斯芭蕾在 20 世纪早期对英国现代主义文学的孕育和发展所发挥的重要导向作用；以兴起于 20 世纪 10 年代英国伦敦的现代主义文学小杂志《节奏》（Rhythm）为例，阐述杂志中的俄罗斯芭蕾插图和评论及其与野兽派和后印象画派的关系，审视俄罗斯元素所折射出的英国文艺界面临的问题和困境，揭示俄罗斯艺术在英国现代主义文学发展史上的历史作用。

第三章聚焦俄罗斯流亡英国的翻译家萨缪尔·所罗门诺维奇·科特林斯基（Samuel Solomonovich Kotel.iansky）与英国现代主义小说家 D. H. 劳伦斯（D. H. Lawrence）、凯瑟琳·曼斯菲尔德（Katherine Mansfield）和弗吉尼亚·伍尔夫（Virginia Woolf）的友情和合作关系。该章将以劳伦斯

1　The Spectator, Vol. 113 (1 August 1914): 169. "英国精神史"在此主要指俄罗斯文化、文艺给英国所带来的非物质的影响。

的拉纳尼姆社区、与曼斯菲尔德不寻常的友情，以及伍尔夫的霍加斯出版社为切入点，论述科特林斯基作为一名边缘人物是如何成为 20 世纪前半叶将俄罗斯文学引荐给英国知识界的一个关键性人物的，其重要性无人能替代。正如俄罗斯芭蕾舞团团长佳吉列夫通过芭蕾，向英国知识分子和民众展示了俄罗斯文化，科特林斯基从文学的角度，以独特的方式，为劳伦斯、伍尔夫和曼斯菲尔德等作家提供了俄罗斯文学的精髓和养料，赋予他们创作的灵感，构筑想象的空间，使他们及时为未来的现代主义小说的创作实践做好了前期准备。

下篇通过分析三位重要作家的文学创作和文学批评实践中的俄罗斯元素，分三章阐发俄罗斯文化对英国现代主义文学兴起的重要作用。

第四章聚焦弗吉尼亚·伍尔夫。本章首先探讨 1910—1920 年间佳吉列夫的俄罗斯芭蕾对弗吉尼亚·伍尔夫及其小说创作的影响，通过对小说中俄罗斯芭蕾元素舞蹈和色彩主题的分析辨析，认为它们激发了伍尔夫去刻意追寻小说的新的表现形式，并由此提出了"封套"和"变化的节奏"的概念，认为后一概念是伍尔夫所追求的一种表现形式。两个概念之间构成某种张力，奠定了伍尔夫新的小说形式的基础，标志着其文学理念的升华和小说创作中理念与实践的完美结合。本章还以传记小说《奥兰多》（*Orlando*，1928）为例，进一步阐述伍尔夫创作中的俄罗斯想象以及作家对新型传记形式的思考和尝试。最后，围绕伍尔夫在1917—1933 年间就俄罗斯议题所撰写的 18 篇评论文章，从作家对俄罗斯文学的"陌生感"角度切入，探究其表现形式、原因和影响，概述和分析伍尔夫与俄罗斯作家智性交锋并最终形成全新的文学观的过程。

第五章着重探讨劳伦斯对俄罗斯文学的回应。首先，从劳伦斯对托尔斯泰和陀思妥耶夫斯基的"道德体系"批评入手，阐述其小说的道德理念及其"血性哲学""血性生命"和"菲勒克想象"的含义，指出劳伦斯小说文艺观的生成背景和罗扎诺夫（Vasily Vasilievich Rozanov）对其后期创作的影响。接着通过对劳伦斯对《安娜·卡列尼娜》的回应，追溯托尔斯泰对劳伦斯小说创作上的影响，并通过对其中篇小说《圣莫尔》（*St. Mawr*）的文本解读，阐述劳伦斯对托尔斯泰的人物塑造的不足的修正，从而实现了突破和超越。分析指出，劳伦斯的这一艺术上的突破一方面表达了他的艺术主张，另一方面展示了俄罗斯作家特别是罗扎诺夫在理论和实践上对他的血性信仰论有过重要影响。该章第三节围绕和解读劳伦斯的有关批评文献，阐述其小说的生命文艺观。

第六章主要讨论凯瑟琳·曼斯菲尔德作品中的契诃夫影响。通过简要回顾学界或评论界对曼斯菲尔德和契诃夫的继承关系的代表性观点，本章围绕曼斯菲尔德在英国文学史上的地位存在争议的问题加以分析讨论。采用比较方法，解读曼斯菲尔德最具争议的 7 部作品与契诃夫作品之间的异同关系，指出曼斯菲尔德的作品并非是单纯模仿或如个别评论家所言的"剽窃"之作，从文本互文、仿写或改写等后现代相关的理论视角，阐述曼斯菲尔德创作的意义和重要性。在对 7 组文本分析解读的基础上，本章还专节探讨了作家的创新及其主要特点，概述了作家完成了对契诃夫的超越，并成功构建自己的文艺观。

总之，本书将表明，由佳吉列夫开创的全新的俄罗斯芭蕾，以陀思妥耶夫斯基、托尔斯泰、契诃夫等人为代表的俄罗斯文学，以及俄罗斯的哲学及宗教思想，对英国现代主义文学的兴起和早期发展发挥了十分重要的作用，特别是对伍尔夫、劳伦斯、曼斯菲尔德等人的文学创作在小说形式、叙事技巧、文学观以及小说情节等方面都产生了重要和深远的影响，认识到这些，对于全面认识和理解英国现代主义文学具有重要意义。

目录

绪论：历史文化背景

一

19 世纪后期至 20 世纪初期，自由主义和民族主义如同 19 世纪前期那样继续在欧洲盛行，社会主义则成为新崛起的第三种主要力量。1867 年奥匈帝国建立，1871 年意大利统一，同年德国统一，1877—1878 年塞尔维亚、罗马尼亚和黑山相继赢得独立，1908 年保加利亚独立，波兰则一直处于争取民族独立的斗争之中。自由主义、民族主义和社会主义的交互作用推动着欧洲的政治革命，其作用不仅影响着欧洲的政治格局，而且辐射到欧洲各国势力所及的整个世界。一战的起因是民族主义，而其结果也宣告了民族主义的胜利，包括波兰、捷克斯洛伐克、南斯拉夫和阿尔巴尼亚的独立。以马克思为主要代表的社会主义思想随着第一国际（1864）和第二国际（1889）的建立而逐渐成熟起来，并因 1917 年俄国革命的成功而被推向高潮。

在科学领域，以牛顿（Isaac Newton）物理学为代表的近代科学在 18 至 19 世纪获得了全面发展，成果丰富，成就非凡。"牛顿世界观似乎什么都能解释，或者至少被期望什么都能解释，如果真是这样的话，那么，所有的科学领域似乎都能完美地结合在一起了。"[1] 但是，首先在 1859 年，达尔文（Charles Darwin）出版《物种起源》（*On the Origin of Species*），创立进化论，给人类自我中心的传统观念以致命一击。然后在 19 世纪末，科学家们相继发现了 X 射线、放射性和电子，揭开了现代科学发展的序幕。20 世纪初，德国物理学家普朗克（Max Kart Ernst Luding Planck）建

---

[1] 理查德·德威特：《世界观：科学史与科学哲学导论》，李跃乾、张新译，北京：电子工业出版社，2014，203 页。

立了量子理论，爱因斯坦（Albert Einstein）建立了狭义相对论和广义相对论，从而引发了一场极为深刻的物理学革命，并由此引发了声势浩大、影响深远的第三次科学革命。

随着科学的发展，18世纪30年代至19世纪20年代，以纺织机和蒸汽机（包括蒸汽动力）为代表，形成了第一次技术革命浪潮，首先在英国，随后扩展到欧洲大部分国家，使近代工业由手工和畜力机械化进入到水力动力和蒸汽动力机械化时期。第一次技术革命随即引起了工业革命（18世纪60年代—19世纪30年代），在此期间，动力机器的生产逐步普及，推动了工场手工业向机器大生产的过渡，进而推动了新兴产业部门的崛起和工业生产体系的全面变革。19世纪30年代—20世纪初，以电机的发明和电力的应用为标志，形成了第二次技术革命，以电气为主导的新技术逐步取代了蒸汽动力技术，产生了以电力为基础的电机制造技术、电力传输技术、无线电通信技术以及电话传输等一系列电气技术，实现了技术体系的根本变革。第二次技术革命又导致了第二次工业革命（19世纪60年代—20世纪初），它的主要标志是生产的机械化和半自动化，实现了运用电动机驱动各种机器做功，为这一时代的生产体系带来了根本性的变革。

两次工业革命为欧洲经济的发展提供了强大的动力和保障，在19世纪的100年中，欧洲经济增长的速度令人惊讶，例如，按照斯塔夫里阿诺斯（Leften Stavros Stavrianos）的说法：

> 工业革命通过在世界范围内有效地利用人力资源和自然资源，史无前例地提高了生产率。这方面大不列颠首先受到影响，其资本从1750年的5亿英镑增长到1800年的15亿英镑、1833年的25亿英镑、1865年的60亿英镑。在19世纪后半期，不断增长的生产率影响了整个世界。新西兰的羊毛、加拿大的小麦、缅甸的稻米、马来西亚的橡胶、孟加拉的黄麻以及西欧和美国东部蒸蒸日上的工厂——所有这些资源都被编入了生气勃勃、不断扩张的全球经济之网。[1]

1　勒芬·斯塔夫里阿诺斯：《全球通史——从史前史到21世纪》，第7版，董书慧等译，北京：北京大学出版社，2005，495页。

欧洲经济的快速发展导致人口总量迅速增加，包括俄罗斯在内的欧洲人口，从 1800 年的 1.9 亿人增到 1900 年的 4.2 亿人；而工业化则导致城市人口激增。

19 世纪的欧洲仍然以农业为主，但城市人口却迅猛增加。到了 19 世纪末，大不列颠社会成为史上最城市化的社会：10 个英国人中有 9 人住在城市里。而在别处，情况却不是这样：在法国，70% 的人口仍住在农村，而在西班牙这个比率为 80%。但各处的城市人口都在急剧增加：1880 年，伦敦人口为 90 万，巴黎人口为 60 万，柏林人口为 17 万。到了 1900 年，这些数字分别增至 470 万、360 万及 270 万。格拉斯哥、维也纳、莫斯科及圣彼得堡的人口也都超过 100 万，另有 16 座欧洲城市的人口超过 50 万。[1]

阿尔德伯特（Jacques Aldebert）等在《欧洲史》（2014）中指出：

工业化正像 8000 年前新石器时代农业的出现一样，深刻地改变了人类历史。欧洲从未发生如此突然、如此剧烈的变化……1880—1914 年间，在欧洲刮起一阵乐观的现代主义风。欧洲人相信进步、不惧怕未来。这时期的欧洲文明以其开拓性、适应性与自信心而超过从前。有了这张王牌，欧洲技术很快就传遍全球。的确，工业化为向世界开放创造了最佳条件。欧洲各国可以利用商业、文化与外交影响而扩大保全。在 19 世纪最后 25 年，新领土被纳入现有的帝国，这些领土或是被征服的，或是被欧洲人新发现的——主要在非洲。[2]

单就英国来看，它在维多利亚时期，特别是中期阶段（1848—1870），达到了政治开明、经济繁荣、科学发展、社会进步的全盛局面，也是历史学家阿萨·布里格斯（Asa Briggs）所说的"进步时代"。[3] 托马斯·巴宾顿·麦考利（Thomas Babington Macaulay）满腔热忱地赞美这个时代

---

1 阿尔德伯特、加亚尔等：《欧洲史》，蔡鸿滨、桂裕芳译，海口：海南出版社，2000，483 页。
2 同上，2000，501-502 页。
3 M. H. Abrams and Stephen Greenblatt. Eds. *The Norton Anthology of English Literature Volume 2B The Victorian Age*, Seventh Edition. New York & London: W. W. Norton & Company, 2000, p.1049.

的进步，称赞英国人是"世界上见过的最伟大和最高度文明的人民。"[1]美国作家马克·吐温在《维多利亚女王的 60 周年庆典》（"Queen Victoria's Jubilee"）一文中写道："女王统治时期的英格兰和之前任何英国统治时期的英格兰的对比也是令人印象深刻的。英国有 2000 年的历史，但自女王出生以来，世界在很多方面的进展比 2000 年中所有其他方面加起来要大得多。"[2]但在 1873 年之后经济和政治显现出受挫迹象，首先是物价、利率和收入开始下跌，随之而来的是失业率增加，贫富差距迅速增大，进而导致工人运动迭起。1900 年，英国工党正式建立，[3]并在一战之后赢得了底层民众的支持。由于英国政府对 1845 年爱尔兰大饥荒处置不当导致了强烈不满，独立运动逐渐扩大，政治活动日趋激烈，最终导致了 1916 年的复活节起义。19 世纪晚期，英国各自治领通过英国议会的法案赢得了自治。虽然直到一战前大部分英国人仍然保持着乐观自信，特别是对大英帝国的充分信心，但一些敏感的政治家、学者、作家和艺术家逐渐意识到某种危机并以各种方式表现出他们的焦虑。一些作家认为，商业和工业的领导地位正在以人类幸福的可怕代价换取，所谓的进步只有通过放弃传统的生活节奏和传统的人际关系模式才能获得。[4]随后，英国被卷入第一次世界大战，不仅造成 75 万士兵阵亡和将近 200 万人受伤，还导致战后长期的经济萧条。"英国历史上没有哪四年能够与这四年相比，不论从人们的牺牲和悲剧方面来说，还是从国家的信仰所受的打击来说。这场战争是英国人所经受的创痛最深的事件。它关闭了 19 世纪的安稳的大门，而开辟了通向不稳定的 20 世纪的去路。"[5]

二

在概述了较为显性的社会和文化变革之后，让我们把眼光转向文化的深层。

1　M. H. Abrams and Stephen Greenblatt. Eds. *The Norton Anthology of English Literature Volume 2B The Victorian Age*, Seventh Edition. New York & London: W. W. Norton & Company, 2000, p.1043.

2　Mark Twain. "Queen Victoria's Jubilee". *Mark Twain: A Tramp Abroad, Following the Equator, Other Travels*. The Library of America, 2010, pp.1042-1052, p.1047.

3　英国工党创立于 1900 年，但直到 1906 年 2 月 15 日工党名称才正式启用。

4　M. H. Abrams and Stephen Greenblatt. Eds. *The Norton Anthology of English Literature Volume 2B The Victorian Age*, Seventh Edition. New York & London: W. W. Norton & Company, 2000, p.1043.

5　戴维·罗伯兹：《英国史：1688 年至今》，鲁光桓译，广州：中山大学出版社，1990，363 页。

1874 年，德国数学家康托（Georg Cantor）创立集合论，为在数学中引入实无穷开辟了道路。集合论为数学理论的形式化奠基提供了有效的途径，与传统的数学理论往往具有现实背景不同的是，集合论是高度抽象的，它的研究对象事先没有任何限制，换言之，它的论域不是唯一的，这与欧几里得（Euclid of Alexandria）几何具体研究点、线、面性质的情形完全不同。康托曾明确地说："数学在它自身的发展中完全是自由的，对它的概念的限制只在于：必须是无矛盾的并且和先前由确切定义引入的概念相协调。……数学的本质就在于它的自由。"[1] 在他心目中，数学早已不是现实世界的（或者说物理学的）模型，而是人类心灵的自由创造物。1902 年，罗素（Bertrand Russell）发现在集合论基础中存在悖论。由于当时大多数数学家已经接受了集合论，集合论也已成为纯数学各主要领域的逻辑基础，所以集合论悖论的出现就不仅仅是集合论的危机，而是整个数学理论体系的危机。

19 世纪 70 年代，德国哲学家、数学家弗雷格（Friedrich Frege）发现，传统的自然语言不能承担清晰地表达哲学概念、命题及其论证过程的任务。1879 年他发表《概念文字》（"Begriffsschrift"，1879），创造了一种符号化的人工语言以表达哲学概念、命题及其论证过程，并试图通过对这种人工语言的逻辑分析澄清哲学中的含混之处，从而开创了哲学的"语言转向"。此后，由于弗雷格、罗素、维特根斯坦（Ludwig Wittgenstein）等人以及逻辑实证主义等流派的努力，语言哲学和分析哲学逐步发展起来，成为 20 世纪哲学最引人注目的现象之一，其基本特征是相信通过对语言的一种哲学说明可以获得对思想的一种哲学说明。这种观念不仅决定了其后哲学的发展方向，也影响到人文社会科学的绝大多数领域。19 世纪末，尼采（Friedrich Nietzsche）明确提出，"上帝死了"[2]，"虚无主义站在门口了"[3]，"虚无主义意味着什么？——意味着最高价值自行贬值。没有目的。没有对目的的回答"[4]。"一切长期存在的事物在其存在过程中

1　转引自莫里斯·克莱因：《古今数学思想》，第四册，邓东皋、张恭庆等译，上海：上海科学技术出版社，2002，105 页。
2　弗里德里希·尼采：《快乐的知识》，黄明嘉译，北京：中央编译出版社，1999，127 页。
3　弗里德里希·尼采：《权力意志》，孙周兴译，北京：商务印书馆，2007，148 页。
4　弗里德里希·尼采：《权力意志——重估一切价值的尝试》，张念东、凌素心译，北京：商务印书馆，1991，280 页。

都逐渐理性化了，以致其非理性起源益发渺茫了"[1]。语言转向和尼采哲学从不同侧面预示了欧洲在哲学、宗教等人类文化的核心领域正酝酿着一场天翻地覆的巨变。

在宗教方面，也不断发生着或潜移默化、或令人惊讶的变化。正如戴维·罗伯兹（David Roberts）在《英国史：1688 年至今》（*A History of England: 1688 to the Present*）中所指出的，在英国，

> 英国的上层阶级，这时也不相信基督教故事的绝对真实。到了1900 年的时候，神的不可知论日益抬头，有成为维多利亚知识阶层的新正统主义的趋势。这种怀疑主义，连同经济繁荣所带来的大家对宗教的漠不关心，使 1886 年以后去英国教堂的中上层人士减少了。对宗教的怀疑成为普遍的现象。这反映着知识方面的三种莫大力量：对理智的一致倾向；认真的基督教必具的伦理规则；各方面知识的提高。[2]

在艺术领域，文艺复兴时期以来的绘画基于透视法和人体解剖学的运用而不断进步，无论是人物画还是风景画，追求逼真是其共同特征，精确的透视、适当的比例、自然的色彩则使这一时期的绘画作品达到了极高的艺术境界。但是，19 世纪后期兴起的印象派绘画逐步超越了写实的艺术风格，追求外光和色彩的表现，强调艺术家对世界的瞬间感受和印象。进入 20 世纪，抽象主义、立体主义等艺术流派兴起，把艺术家对世界的主观感受凸显到前所未有的程度。

以康定斯基（Василий Кандинский）为代表的抽象主义最基本的主张是，艺术必须关心精神方面的问题而不是物质方面的问题。艺术家的意图，要通过线条和色彩、空间和运动，不要参照可见自然的任何东西，来表明一种精神上的反应或决断。康定斯基曾明确地说："一件艺术作品的形式由不可抗拒的内在力量所决定，这是艺术中唯一不变的法则。"[3]"很明显，色彩的和谐统一的关键最终在于对人类心灵有目的的启示激发，这是内在需要的指导原则之一。"[4]"凡是由内在需要产生并来源于灵魂的

---

1 弗里德里希·尼采：《朝霞》，田立年译，上海：华东师范大学出版社，2007，43 页。
2 戴维·罗伯兹：《英国史：1688 年至今》，鲁光桓译，广州：中山大学出版社，1990，267 页。
3 瓦西里·康定斯基：《论艺术的精神》，查立译，北京：中国社会科学出版社，1987，12 页。
4 同上，35 页。

东西就是美的。"[1] 正如在康托心目中,数学已经不再是物理学的简单摹本,不再单纯地表现人们的直观经验,而成为人类心灵的自由创造物一样,在康定斯基心目中,艺术也不再是现实的简单摹本,不再单纯地表现人们眼中所见的现实,而成为人类心灵的自由创造物,唯一约束它的,仅仅是艺术家(或者说人类)心灵中的和谐观念。

类似的,以毕加索(Pablo Picasso)为代表的立体主义,从艺术的角度打破了欧几里得的空间观念,或者说打破了牛顿的绝对时空观。根据阿瑟·I. 米勒(Arthur I. Miller)《爱因斯坦·毕加索——空间、时间和动人心魄之美》(*Einstein, Picasso: Space, Time and the Beauty that Causes Havoc*, 2002)中的研究结果,立体主义的第一幅代表作——毕加索的《亚威农少女》(Les Demoiselles d'Avignon, 1907),应用了他的朋友普兰斯(Maurice Princet)向他描述的"四维空间"的概念[2],画中蹲着的少女的整个正面和侧面被同时表现出来,毕加索似乎是把她看作一个来自第四维的投影[3]。米勒进而指出,

> 毕加索的伟大突破是为了实现科学、数学、技术和艺术之间的一种联系。他摒弃了已有的常规,转向一个崭新的思想框架,以科学作模型,以数学作指导——就像 20 多年后物理学家们也将做的那样。就这样,他找到了勇气在《亚威农少女》里创作他自己的视觉表达法,并向即将出现的立体主义的几何语言方向前进。[4]

从一个更为通俗直观的角度看,立体主义绘画对一个对象的处理,是要在一个画面上表现我们需要绕着那个对象转一圈所看到的东西。换言之,画家从不同角度获得一个三维对象的不同影像,然后把这些影像叠合、拼接在一个二维画面上,这无疑是对传统的欧几里得空间观念的解构。对于发生在艺术领域的深刻变革,拉迈松(Pierre Lamaixon)在其主编的《西方文明史》(*Histoire De La Civilisation Occidentale*, 1986)中写道:

1　瓦西里·康定斯基:《论艺术的精神》,查立译,北京:中国社会科学出版社,1987,70 页。
2　阿瑟·I. 米勒:《爱因斯坦·毕加索——空间、时间和动人心魄之美》,方在庆等译,上海:上海科技教育出版社,2006,4 页。
3　同上,126 页。
4　同上,145-146 页。

　　欧洲在 19、20 世纪内出现的动荡触及人类活动的所有领域，文化领域尤为显著。不管所出现的有关艺术的观点是趋于平淡还是愈加神化，我们都应该看到，艺术已经扎根于社会问题的现实性，将工业社会的生产方式、新型的时空观念、对心理现象的探索或各种交换与交流结构都纳入自己的体系。艺术实践虽然也吸取以前的经验教训，但并未因此而减少观念上的创造，反而创造出了令人惊奇、恐慌，有时甚至带来种种争议的观点。[1]

索雷尔（Walter Sorell）在《西方舞蹈文化史》（*The Dance Through the Ages*, 1967, *Dance in Its Time*, 1981）里以类似的笔触描述这个不断发生剧变的时代：

　　没有哪个生活在 19 世纪末——1895 至 1905 年之间——的人能够预见到即将发生的种种剧变的范围之大。然而，这些剧变的事件却带着技术的强大威力蜂拥而来，使得世界的面貌永远地发生了变化。谁也不会相信——谁也不愿意相信——文明在此刻达到了一个转折点。直到 1918 年，德国哲学家奥斯瓦尔德·斯宾格勒才在其《西方的衰落》中，对西方世界最终衰落的危险提出了警告。他预见到了，机器将会怎样去取代上帝，并使得人类能够发挥无所不知的力量，而这种力量又将会转过头来与人类作对。有谁能够想象，如此之多文艺复兴时期中逐渐加以珍惜的宝贵东西，居然会如此令人痛心地遭到肢解？

索雷尔试图表明，19、20 世纪之交，世界正在发生并将继续发生一系列互相关联的、影响深远的剧变，其重要意义只有在多年之后人们才能充分体会和理解。在概述了世界政治格局发生剧变的先兆之后，他认为艺术变革的先兆也已经蕴含于其中：

　　在这种环境之下，人类活动的其他领域取得了长足的进步。最令人吃惊的思想成就、发明、发现都发生在这个决定命运的 10 年之

1　皮埃尔·拉迈松主编：《西方文明史：欧洲谱系》，方友忠译，北京：中国人民大学出版社，2012，272 页。

中。它们革命化了我们的生存，并因此更新了许多艺术家们的冲动和创作过程。[1]

如果我们把眼界稍微向后延伸一点就会注意到，1918 年，斯宾格勒（Oswald Spengler）出版了震惊欧洲学术界的《西方的衰落》（*The Decline of the West*，1918），把世界历史分成八个完全发展的文化，细致考察其各个时期的不同现象，揭示其共同具有的产生、发展、衰亡及毁灭的过程，进而指出，西方已经走过了文化的创造阶段，正通过反省物质享受而迈向无可挽回的没落。米勒指出，20 世纪最重要的科学家和最重要的艺术家几乎同时在颇为相似的氛围下经历了他们最伟大的创造时期。这一现象有着更普遍的意义和更深刻的原因。在 19、20 世纪之交，欧洲或西方不仅面临着社会与文化显性层面明显的动荡和变革，在多个看上去不太相干的文化核心领域也相继发出了十分相似的、惊世骇俗的疑问：世界真的是我们所感觉的或被告知的那样吗？人们凭什么要相信这些？如果事情不是那样，又会如何？一个个巨大的问号，发自那个时代各个领域一些最杰出的思想家、科学家、文学艺术家，从而引发了一系列激动人心的重要进展，但对一些深层问题，他们苦思冥想、不懈探索，却找不到令人满意的答案，从而引发了对人类知识体系、价值体系、社会规范体系和信仰体系之深层基础的越来越强烈的怀疑。

简而言之，对包括俄罗斯在内的整个欧洲而言，19、20 世纪之交，是一个思想碰撞、激情澎湃、暗流涌动、危机四伏而又孕育新的希望的年代，它预示着一个天翻地覆的时代即将到来。当我们从这样的视角去看问题，就会发现，英国现代主义文学的兴起，只是这种变化的一个表现，它的兴起绝不是偶然的，而是有其基本的历史必然性。

三

1924 年，英国现代主义文学的重要代表人物弗吉尼亚·伍尔夫在《小说中的人物》（"Character in Fiction"，1924）一文中写道："1910 年的

1　瓦尔特·索雷尔：《西方舞蹈文化史》，欧建平译，北京：中国人民大学出版社，1996，453-454 页。

12 月，或在此前后，人性发生了变化"。[1]

一个共识是，第一次世界大战是英国历史上一个重要转折点。但是，在 20 世纪 30 年代，有一位重要的历史学家提出，1910 年是一个重要转折点。"就是在 1910 年英国人长期郁结于心中的火焰突然燃烧了起来……被很多人视为是战争后果的战后 10 年的那些放任行为，实际上在战前已经显现。大战加速了一切——在政治、经济、行为方面——但没有任何新的开端。"[2]饶有意味的是，1910 年作为英国史上一个重要转折点也通常与英国现代主义（文学）主要发展时期 1910—1930 年联系起来，被视作是传统文学转向现代主义文学的一个重要转折点。这一观点在某种意义上或许是受了英国著名现代主义小说家弗吉尼亚·伍尔夫的影响。

两种断言看似相同，但所指语境以及含义却有所不同。前者作为历史学家，更多指的是一般意义上的社会变化，认为战后那些奢侈行为并非完全是战争的影响，而是与战前日积月累的社会问题有密切关系，战争只是导火索，点燃并释放出人们在心头积压已久的情感。就英国来说，1910 年是充满政治动荡的一年：阿斯奎斯的自由联合政府的两次选举、爱德华七世驾崩、乔治五世继位、妇女选举权运动。此外，随着科学技术的迅猛发展，人们对科技产生了过度的依赖，市场经济的拓展又导致了市场的商业化，随之，大众文化的兴起以及官僚主义对私生活领域的侵入，使得社会阶级意识和两性之间关系在观念上发生了根本的变化。所有这一切都对英国的社会文化艺术产生了极为深远的影响。

当伍尔夫宣称"人性发生了变化"时，显然，她是有所指的。她针对的是那年 11 月在伦敦艺术界发生的一件大事。她的挚友著名艺术评论家罗杰·弗莱（Roger Fry）组织了首届"马奈与后印象派画家"的画展，展出了塞尚（Paul Cezanne）、凡·高（Vincent Fan Gogh）、马蒂斯（Henri Matisse）和毕加索的作品。这次画展完全不同于当时人们所熟悉的写实风格的绘画，是一次真正意义上的艺术革命，也是一场观念上的革命，它改变了艺术家和作家们对待事物的态度。画家瓦奈莎·贝

---

1 Virginia Woolf. "Character in Fiction". *The Essays of Virginia Woolf, Vol. III, 1919–1924*. Ed. Andrew McNeillie. New York & London: Harcourt Brace Jovanovich, Publishers, 1988, p.421.

2 转引自 Michael H. Whitworth. *Virginia Woolf*. Oxford: Oxford University Press, 2008, p.50.

尔（Vanessa Bell）是这样描述她当时的感受的："1910 年秋对我来说，万物仿佛都焕发了新的生机，这是一个万物兴奋得嘶嘶作响时刻，新关系、新思想、各种激情似乎都涌入了人们的生活之中。"[1] 可见，当弗吉尼亚·伍尔夫 14 年之后作出以上断言时，她所指的显然是那次令她震惊、如醍醐灌顶般的画展。其间，她经历了观看俄罗斯芭蕾演出、阅读、翻译和出版俄罗斯文学作品的过程，完成并发表《雅各的房间》（*Jacob's Room*，1922）、《邱园》（"Kew Gardens"，1919）、《星期一或星期二》（"Monday or Tuesday"，1921）、《现代小说》（"Modern Fiction"，1919）等作品，还为《雅典娜神庙》（*The Athenaeum*）和《泰晤士报文学增刊》等文学刊物撰写大量的书评，特别是关于俄罗斯小说家的评论文章。值得注意的是，伍尔夫一生中共写了 18 篇关于俄罗斯主题的文章，而其中 16 篇发表于 1917 至 1922 年间。可以想象，当她在《小说中的人物》中写下那句名言时，那次画展所引发的震撼仍在她心里余音未消。正是在这种背景下，伍尔夫才敢于在 14 年之后"肯定地说"，1910 年前后开始写小说的作家处在"没有一个活着的英国作家可供他们效仿"的境地。[2] 她将这个时代分成爱德华和乔治时代，将威尔斯（H. G. Wells）、贝内特（Arnold Bennett）和高尔斯华绥（John Galsworthy）算作爱德华时代的人，而把福斯特（E. M. Forster）、劳伦斯、斯特拉奇（Lytton Strachey）、乔伊斯（James Joyce）和艾略特（T. S. Eliot）归入乔治时代。被贴上爱德华时代作家标签的是传统守旧的，而被称之为乔治时代的作家则是日后的现代主义作家。在今天看来，伍尔夫的这一断言不仅具有前瞻性，而且合乎情理。著名现代主义学者布雷德伯里（Malcolm Bradbury）和麦克法兰（James McFarlane）在《现代主义的名称和本质》（"The Name and Nature of Modernism"）一文中明确将 20 世纪早期界定为现代主义鼎盛时期，指出这一时期经历的两次高潮是紧随第一次世界大战前后。[3] 虽然他们没有直接言明具体时间，但其所指不言而喻。战争诗人鲁伯特·布鲁克（Rupert Brooke）在 1910 年爱德华时代终结时，也清楚地认识到英国社会的巨大变化："我不确信这是否是'进步'，但我确信发生了变化"[4]。敏锐

1　Jane Dunn. *Virginia Woolf & Vanessa Bell: A Very Close Conspiracy*. London: Virage Press, 2000, p.14.
2　弗吉尼亚·伍尔芙：《伍尔芙随笔全集》II，王义国等译，北京：中国社会科学出版社，2001，907-908 页。
3　Malcolm Bradbury and James McFarlane. Eds. *Modernism 1890–1930*. London: The Penguin Group, 1976, p.36.
4　ibid., p.180.

的英国艺术家和作家意识到，爱德华时代所遵循的文学陈规已不能满足他们对新事物和新体验的表达。然而，乔治时代的作家还不能做到完全摒弃陈规，独立创新。1910 年和 1912 年的两届后印象派绘画展特别是首届画展使他们茅塞顿开，领悟到艺术创新同样适合于文学的创新，进而认识到文学创作同样具有种种的可能性。

如前文所述，传统上，通常将 1910—1930 年与英国现代主义联系起来，这一时期也被认为是英国现代主义发展的重要时期。诚然，后印象派绘画展为 20 世纪早期文学艺术领域迎来了新的生机，开启了新的可能性。然而，影响并推动文艺革新的力量并非是单一的，而是一种由综合因素生成的效应。特别是，从文化角度看，在 1908—1914 年间，英国伦敦成为接受各种思想、流派的聚集之地。它们包括：意象派、后印象派、野兽派、未来派和漩涡派；佳吉列夫的俄罗斯芭蕾舞团，康定斯基的绘画，斯特拉维斯基（Igor Stravinsky）的音乐，蒙太奇电影，俄罗斯文学，以及庞德（Ezra Pound）、艾略特、杜利特尔（Hilda Doolittle 或 H. D.）、曼斯菲尔德、路易斯（Wyndham Lewis）、劳伦斯和以弗吉尼亚·伍尔夫为代表的伦敦布卢姆斯伯里文化圈。它（他）们一起汇聚伦敦，一起互动，相互交流和传播，继而衍生出新的思想和新的表达形式。现代主义学者巴特勒（Christopher Butler）将这种现象概括为"现代主义者的合作"[1]。他认为，"历史上所有时期，伟大的艺术家都愿意彼此相识，彼此了解。他们相互间的合作（或竞争）主要来自于他们想知道'正在发生什么'。这种感觉能远超任何受声明约束的艺术运动的感觉。"[2] 正是艺术家之间这种多方亲密的合作，才赋予他们，以及我们这个时代作为普遍潮流的一次"现代主义运动"的这种感觉。[3]

概括地说，一个时代的前卫艺术或艺术创新是多方合作和互动的结果。英国文学现代主义的形成和发展不是在孤立中产生，而是在内外各种因素的影响和推动下，才得以生成和发展，使之具有世界性和地方性相结合的网状结构的特征，它由不同部分组合，每一部分代表它的一个侧面。正是因为认识到这一点，因此近年来国内外研究者对英国现代主

1　Christopher Butler. *Modernism: A Very Short Introduction*. New York: Oxford University Press, 2010. pp.14-15.

2　ibid., p.14.

3　ibid., p.15.

义文学的研究呈现出多元趋势，不仅涉猎广泛，而且更加深入，使过去曾被忽视或关注不够的现象得以关注或重新关注。在众多英国现代主义文学研究中，早期现代主义文学的孕育和形成业已成为一个重要的研究热点。而其中，颇为引人注目的是跨文化影响研究。俄罗斯影响研究便是这些研究中的一个重要组成部分。

确切地说，俄罗斯影响实际上指的是俄罗斯文化影响。从目前现有的研究资料来看，已取得相当大的进展。总体上讲，俄罗斯文化对英国文学影响的研究主要围绕俄罗斯文学对英国文人的影响以及后者对前者的接受。具有代表性的研究包括早期的海伦·穆什尼克（Helen Muchnic）的《陀思妥耶夫斯基的英国声誉 1881—1936》（*Dostoevsky's English Reputation, 1881—1936*, 1939）和吉尔伯特·菲尔普斯（Gilbert Phelps）的《英国小说中的俄罗斯小说》（*The Russian Novel in English Fiction*, 1956），他们分别追溯了屠格涅夫和陀思妥耶夫斯基对不同时期的英国小说的影响；多萝西·布鲁斯特（Dorothy Brewster）的《东西通道：文学关系研究》（*East-West Passage: A Study in Literary Relationships*, 1954）对俄罗斯文化包括政治与文学在英美国家的接受作了历史性的回溯。但早期研究多采用谱系学或史学研究方法，倾向于一般概述。自 1970 年以来的研究开始呈现出新的特点，研究的关注点变得具体而明确，注意力明显投向俄罗斯文学对个别英国现代主义作家的影响。如，泽塔洛克（George J. Zytaruk）的《D. H. 劳伦斯对俄罗斯文学的回应》（*D. H. Lawrence's Response to Russian Literature*, 1971）着重论述了作家在回应托尔斯泰、陀思妥耶夫斯基和罗扎诺夫时的矛盾情感和态度。彼得·凯伊（Peter Kaye）的《陀思妥耶夫斯基与英国现代主义，1900—1930》（*Dostoevsky and English Modernism 1900—1930*, 2004）一书聚焦陀思妥耶夫斯基对劳伦斯、伍尔夫、贝内特、康拉德（Joseph Conrad）、福斯特、高尔斯华绥和詹姆斯（Henry James）等的影响。伍兹（Joanna Woods）的《凯瑟琳·曼斯菲尔德的俄罗斯世界》（*Katerina: The Russian World of Katherine Mansfield*, 2001）以传记形式，展现了曼斯菲尔德在其短暂一生中对俄罗斯文学及文化的热爱，特别是契诃夫对其创作及其人生信仰的影响。鲁本斯坦（Roberta Rubenstein）的《弗吉尼亚·伍尔夫和俄罗斯观点》（"Virginia Woolf and the Russian Point of View", 2009）通过分析比较伍尔夫的小说和批评文章，得出了对俄罗斯文学的翻译活动给伍尔夫的创造性想象力带来了"难以估量的决定性、变革性和持久"的影响的结论。近年来，研究动态又出现新的视角。对俄罗斯影响的研究开始从俄罗斯文学拓展到对俄罗斯文化影响的研究，从而超越了以往从作家到作家的比较研究模式，以更广阔的视野和背景来审视和衬托俄罗斯文化对现代主义作家的创作活动和创作理念建构的影响和重要意义。戴门特（Galya Diment）的传记《布卢姆斯伯里的一个俄罗斯犹太人：塞缪尔·科特林斯基传》（*A Russian Jew of Bloomsbury: The Life and Times of Samuel Koteliansky*, 2011）记载了俄罗斯流亡翻译家科特林斯基与劳伦斯、伍尔夫夫妇和曼斯菲尔德的交往和合作以及他给他们可能带来的影响，从而将一位名不见经传的边缘式人物推到了前台。贝斯利（Rebecca Beasley）和布洛克（Philip Ross Bullock）合编的《俄罗斯在英国 1880—1940》（*Russia in Britain 1880—1940: From Melodrama to Modernism*, 2013）是一部论文集，内容涉猎广泛，采用跨学科研究方法，挖掘并彰显隐藏在不同领域中的俄罗斯元素，从不同角度和侧面进一步展示俄罗斯在 1880—1940 年间对英国的影响以及英国知识分子对俄罗斯文化的接受和回应。戴维森（Claire Davison）的《合作翻译：弗吉尼亚·伍尔夫、凯瑟琳·曼斯菲尔德与 S. S. 科特林斯基》（*Translation as Collaboration: Virginia Woolf, Katherine Mansfield and S. S. Koteliansky*, 2014）从翻译角度，详述了弗吉尼亚·伍尔夫、凯瑟琳·曼斯菲尔德和俄罗斯翻译家科特林斯基的翻译合作活动，她认为，对俄罗斯作品的阅读和翻译活动为伍尔夫和曼斯菲尔德开辟了通向了解不同文化之路，从而有利于她们自身的文化身份的建构。琼斯（Susan Jones）也从跨学科的角度，在《文学、现代主义和舞蹈》（*Literature, Modernism and Dance*, 2013）一书中探究了现代主义文学与舞蹈之间的关系，并以俄罗斯芭蕾为例，论述了其舞蹈创新对英国现代主义作家在语言创新上的启示。

这些研究充分表明，英国现代主义文学的崛起很大程度上受惠于俄罗斯文化特别是俄罗斯文学的影响。从研究的导向看，呈现出从一般意义上的文学影响研究，过渡到个别作家专题研究，到近年来的跨学科、多元化的文化影响研究的趋势。毋庸置疑，俄罗斯影响的重要性正日益受到学界的重视，它在英国文学现代主义形成和发展中的作用和意义也变得越来越清晰和重要。吉尔伯特·菲尔普斯曾经说过，俄罗斯影响的研究中存在"一个奇怪的事实",即,评论热火朝天,却多是总结概括。但笔者相信,这种现象在这新一轮的研究中已不复存在。

本研究的目的不是要质疑或挑战已有的研究成果,而是在上述研究的基础上,从整体上,对英国现代主义文学中的俄罗斯文化影响做一个宏观和微观相结合的研究。研究将英国现代主义作家及其作品置于历史文化语境下,结合作家的创作活动和作品解读,阐明时代的文化氛围与文学这两者之间存在着内在的互动关系,进一步凸显和强调俄罗斯文化在英国现代主义文学的发展史上所做出的巨大贡献,对现代主义作家有着不可忽视和深远的影响。换言之,俄罗斯文化不仅影响了英国现代主义作家的思维模式和叙事方式,也为他们开启了通向一个充满活力的文化世界的大门,有助于他们从中发现小说的潜能,明确方向,找到适合自我、符合当代经验的复杂性和流动性的小说形式,形成独特的创作理念和美学思想。因此,从某种意义上讲,倘若没有俄罗斯文化的影响,英国现代主义文学的发展或许不会像今天这样在英国乃至文学史上拥有如此重要的地位和声誉。

上 篇

媒介·影响

第一章　俄罗斯热与英国文坛 [1]

　　本章以伦敦发表的杂志文章为依据，拟从引发"俄罗斯热"的"俄罗斯芭蕾现象"开始，展示俄罗斯文学全面进军英国文坛的状况：由康斯坦斯·加纳特（Constance Garnett）的翻译所引发的陀思妥耶夫斯基热（Dostoevsky Cult）到最终的"俄罗斯热"（Russian Fever），论述英国现代主义作家对俄罗斯文学的接受，以及俄罗斯文学对英国早期文学现代主义形成的深远意义。

一、俄罗斯芭蕾-陀思妥耶夫斯基热-俄罗斯热

　　20 世纪早期的俄罗斯芭蕾有时也被称作佳吉列夫芭蕾。尽管英国媒体在佳吉列夫名字的拼法上略有出入，如 Diaghileff（*TSL*）、Diaghilov（*TSL*）、Diaghilew（*The Spectator*），但对俄罗斯芭蕾以及佳氏对芭蕾的贡献却惊人一致地给予了高度赞誉。1908 年，俄罗斯芭蕾首次在欧洲演出并一举征服法国巴黎。翌年，英国目睹了它的风采。1910 年春，英国出现了俄罗斯芭蕾热。[2] 英国《泰晤士报》称："圣彼得堡和莫斯科皇家芭蕾舞团全体成员将在几天内抵达伦敦，下月上旬将有 300 名舞蹈演员光临……。"[3] 文章语气上透着某种兴奋和激动。1911 年，佳吉列夫率领整个芭蕾舞团来到了伦敦考文特花园（Covent Garden），观众首次体验了新型舞台背景的设计。[4] 俄罗斯芭蕾舞团的《天方夜谭》（*Scheherazade*）[5] 在

1　本章主要内容已发表在《外国文学评论》2008（3）：41-50。

2　W. A. Propert. *The Russian Ballet in Western Europe, 1909–1920*. With a Chapter on the Music by Eugene Goossens and Sixty-Three Illustrations From Original Drawings. London: John Lane The Bodley Head Ltd, 1921, p.6.

3　ibid.

4　ibid.

5　也译舍赫拉查德，《天方夜谭》中的苏丹新娘。

英国的首演使英国观众"首次看到芭蕾摈弃所有传统，以完全独创的语言坚定地、充分地表达自己"[1]。《英语评论》(The English Review)指出："芭蕾剧《天方夜谭》实现了想象力在舞台上最惊人的构想。"[2]《旁观者》就伦敦第四届俄罗斯芭蕾舞的开幕演出，对佳吉列夫的成就做了以下评价："在佳吉列夫先生的率领下，继承派开始了对欧洲的征服"[3]。评论认为：俄罗斯芭蕾把我们引入一个新的世界——浪漫、原始、极富想象力。"[4] 总之，俄罗斯芭蕾艺术在英国引起的轰动表明由佳吉列夫所创造的一种集音乐、舞蹈和绘画为一体的全新理念的舞蹈在 20 世纪早期英国的接受情况，也引发了影响更为深入持久的"俄罗斯热"(Russian Fever)。

"俄罗斯热"主要表现为对俄罗斯文学的热衷和热爱。首先，当时伦敦一些主要报刊大量刊登关于俄罗斯作家的评论、书评和讲座信息；其次，除俄罗斯芭蕾外，伦敦的一些戏院还将俄罗斯小说搬上了舞台，其中就有陀思妥耶夫斯基的《白痴》《罪与罚》《卡拉马佐夫兄弟》；契诃夫的《樱桃园》《婚礼》《海鸥》；高尔基的《在底层》《瓦萨·热列兹诺娃》；托尔斯泰的《安娜·卡列尼娜》《战争与和平》《黑暗的力量》《启蒙之果》以及屠格涅夫的《乡间的一个月》等。与此同时，大量的翻译作品、研究译著和英国学者的研究专著也纷纷问世。根据统计，《泰晤士报》在 1910—1930 年间刊登了大量关于俄罗斯作家和作品的信息，诸如，对作家作品的评介，由作品改编成剧本在英、美、德、澳大利亚等国的演出广告，以及剑桥、牛津、伦敦大学举办的专题讲座海报等。从对这一期刊档案馆网点击搜索的结果看，仅上述作家就超过 700 条。这一时期出版的主要译作、译著和专著还包括：贺加斯（ C. G. Hogarth ）翻译的（1916）索洛维约夫（ Evgenii Soloviev ）的《陀思妥耶夫斯基传》(Dostoevsky: His Life and Literary Activities, 1863) 和克柳切夫斯基（ V. O. Kluchevsky ）的《俄国史》第一卷（ A History of Russia, Vol.I, 1911 ）；索伊尔（ Colonel H. A. Sawyer ）翻译的德·沃盖（ E. Melchior De Vogue ）

1 W. A. Propert. *The Russian Ballet in Western Europe, 1909–1920*. With a Chapter on the Music by Eugene Goossens and Sixty-Three Illustrations From Original Drawings. London: John Lane The Bodley Head Ltd, 1921, p.17.

2 Terry Teachout. "The Russian Ballet". *The English Review*, Vol. 8 (July 1911): 691.

3 B. "The Russian Ballet." *The Spectator* (February 1913): 233.

4 C. L. G. "The Russian Invasion." *The Spectator* Vol. 112 (27 June 1914): 1090.

的《俄罗斯小说》(*The Russian Novel,* 1913);格雷厄姆(S. Graham)从
1911 至 1925 年共撰写出版了 10 部以俄罗斯为主题的著作;劳埃德
(J. A. T. Lloyd)的《一个伟大的俄罗斯现实主义者》(*A Great Russian
Realist,* 1912);贾林佐夫(Nadine Jarintzov)的《俄罗斯人和他们的语言》
(*The Russians and Their Language,* 1916);加纳特(Edward Garnett)的《托
尔斯泰》(*Tolstoy,* 1914)、《屠格涅夫研究》(*Turgenev: A Study,* 1917)和
《契诃夫及其星期五夜晚的艺术》(*Tchehov and His Art in Friday Nights,*
1922);格哈德(William Gerhardi)的《安东·契诃夫》(*Anton Chehov,*
1923);莫德(A. Maude)的《列夫·托尔斯泰》(*Leo Tolstoy,* 1918);艾里
斯(Havelock Ellis)的《伟大的俄罗斯人》("The Supreme Russian");考
克斯(Will Cocks)在 1921—1922 年为《英语评论》杂志撰写了关于屠格
涅夫、契诃夫和托尔斯泰的文章。[1] 此外,还有多篇关于陀思妥耶夫斯基、
托尔斯泰、契诃夫、屠格涅夫、高尔基等匿名文章。[2]

　　事实上,"俄罗斯热"的兴起与 1912 年由伦敦海因曼(Heinemann)
出版社出版的康斯坦斯·加纳特翻译的陀思妥耶夫斯基的《卡拉马佐夫
兄弟》[3] 是分不开的。此译作一出版,就在当时的伦敦知识界引起了热烈
反响。陀思妥耶夫斯基热骤然兴起,进而引发了酝酿已久的"俄罗斯热"。
《泰晤士报文学增刊》《旁观者》《学院》《新政治家》《英语评论》等伦敦
重要刊物纷纷发表评论,并大量撰文赞扬康斯坦斯·加纳特准确地道的
英文翻译。《泰晤士报文学增刊》首页以整版的篇幅发表评论:"为一系
列俄罗斯小说的翻译,没有人比加纳特夫人更值得英国读者感谢。我们
现在读到的、用准确而地道英语翻译的俄罗斯小说,主要归功于她,事
实上,这几乎全是她的功劳。"[4]《旁观者》评论说:"陀思妥耶夫斯基作品
的英译本几乎没有,即使有,也是不完整且不如人意。但随着著名的屠
格涅夫和托尔斯泰的翻译家加纳特夫人的《卡拉马佐夫兄弟》完整而准确、

1　Willcocks. "Turgenev". *The English Review* (September 1921): 175-189; "Tchehov". *The English Review* (March 1922): 207-216; "Tolstoy". *The English Review* (June 1922): 513-529.

2　《英语评论》《泰晤士报文学增刊》《旁观者》《新政治家》《学院》等刊物上的评论文章大多匿名,这在当时是一种流行做法。

3　人们通常认为这部译作的出版"标志着俄罗斯小说之说在英国的真正开端",尽管在一定程度上,这种观念本身阻碍了对俄罗斯热做出恰当的评价。参见 Gilbert Phelps. *The Russian Novel in English Fiction.* London: Hutchinson & Co. (Publishing) Ltd, 1956, p.15.

4　J. Kent Donlevy. "Dostoevsky". *Times Literary Supplement* (4 July 1912): 269.

物美价廉的译本的出版，这一现状大有改观。"[1]《学院》对译者和译文也称赞有加："康斯坦斯·加纳特出色地翻译了这部小说，她在翻译为英国读者所熟悉的托尔斯泰和其他俄罗斯作家方面已很有成绩……没有任何漏译，虽然某些地方语言显得通俗，不过倒也自然"[2]。截至 1922 年，加纳特已翻译了陀思妥耶夫斯基的《白痴》《死亡之屋》《被侮辱的和被伤害的》《少年》《赌徒》《群魔》《罪与罚》等共 12 卷作品以及契诃夫的《契诃夫的短篇小说集》《契诃夫书信》等共 13 卷。此外，加纳特还翻译了果戈里的《外套故事集》（1923）和屠格涅夫的作品。

除了托尔斯泰、屠格涅夫、陀思妥耶夫斯基、契诃夫等著名作家外，其他俄罗斯作家如阿克萨科夫（Sergei Aksakov）、内克拉索夫（Nekrasov）、安德烈耶夫（Andreyev）、索洛古勃（Sologub）、库普林（Kuprin）等也在不同程度上受到上述及其他刊物的关注。

可以说，康斯坦斯·加纳特不仅是第一位将陀思妥耶夫斯基和契诃夫的作品翻译成英语的译者，也是屠格涅夫全集、果戈理全集和托尔斯泰主要作品的译者，她毕生翻译了 73 部俄罗斯文学作品，其翻译还得到了诸如康拉德、劳伦斯、曼斯菲尔德等英国作家的认可和赞扬。康拉德是这样评价她对屠格涅夫作品的翻译的："对我而言，屠格涅夫是康斯坦斯·加纳特，康斯坦斯·加纳特就是屠格涅夫。"[3]劳伦斯与加纳特一家交往甚密，互相书信往来频繁，他在 20 世纪一二十年代所读到的俄罗斯作家的作品基本上都是由康斯坦斯翻译的。他不仅认识康斯坦斯，也是其丈夫爱德华和其子大卫的好友，而且还是加纳特家的常客。作家凯尔·克莱顿（Kyle S. Crichton）对劳伦斯的一次访谈记录非常生动地记载了他对加纳特夫妇的美好印象。

> 加纳特为我做了很多。他既是一位好友，也是一名好编辑，他全心全意地努力成为一名作家。当我拜访他们时，我会发现加纳特在他的书房里，斟词酌句，为了一个词组花上几个小时。他会绞尽脑汁，苦苦思索，与此同时，他妻子，康斯坦斯·加纳特，坐在花

1 J. Kent Donlevy. "Dostoievsky". *The Spectator* (28 September 1912): 451.
2 "A Review of The Brothers Karamasov". Trans. Constance Garnett. *The Academy* (5 October 1912): 448.
3 Sarah Knights. *Bloomsbury's Outsider: A Life of David Garnett*. London: Bloomsbury Publishing, 2015, p.5.

园里，写出大量的俄罗斯作品译文。每当她完成一页，连头都不抬一下，就直接把它扔到地上的一堆东西上，然后开始新的一页。地上堆的有这么高……真的，几乎到她的膝盖，太奇妙了。[1]

凯瑟琳·曼斯菲尔德1921年2月8日写给康斯坦斯的信则更直接地表达了她的感激和欣赏之情。

> 亲爱的夫人
>
> 今晚，当我放下手中的《战争与和平》时，我感到再也忍不住向你表示谢意，你通过这些杰出的俄文译作给我们揭示了另一个世界……我们这一代人（我现年32岁）以及年轻的一代对你感激不尽，这些书籍极大地改变了我们的人生。如果没有它们，我不知道会是什么样的情形！
>
> 我只是众多声音中的一个——我十分欣赏你的伟大工作，你奇迹般的成就。请接受我的赞美和我最深切的谢意。[2]

康斯坦斯的独生子大卫·加纳特也深有同感。他对其母亲说过："您对英国所有30岁以下的人的头脑的影响也许大过任何3个活着的男人。您影响了他们的态度、他们的道德、他们的同情心……我想，与其说战争或战争期间任何发生在他们身上的事，或许还不如说（陀思妥耶夫斯基的）《白痴》改变了我们这代人的道德。"[3] 贝茨（H. E. Bates）甚至说，如果没有她的翻译，现代英国文学本身就不会是现在这个样子[4]。

康斯坦斯·加纳特的翻译工作使得俄罗斯文学在英国得以推广和普及，也对当时英国知识分子、作家、艺术家产生了积极而深刻的影响，特别是对伦敦布卢姆斯伯里文化圈。著名的"俄罗斯热"和"陀思妥耶夫斯基热"应运而生。康斯坦斯·加纳特的翻译数量之大，影响之广，贡献之大，令人震撼。正如罗森鲍姆（S. P. Rosenbaum）所说，她"正在

1　Kyle S. Crichton. "An Interview with Lawrence". from *D. H. Lawrence: Interviews and Recollections* Vol. 2. Ed. Norman Page. London: The Macmillan Press Ltd, 1981, p.217.

2　Vincent O'Sullivan and Margaret Scott. Eds. *The Collected Letters of Katherine Mansfield, Vol. IV, 1920–1921.* Oxford: Clarendon Press, 1996, pp.176-177.

3　Sarah Knights. *Bloomsbury's Outsider: A Life of David Garnett.* London: Bloomsbury Publishing, 2015, p.5.

4　H. E. Bates. *The Modern Short Story: A Critial Survey.* London: Thomas Nelson & Sons Ltd, 1945, p.120.

用她的俄罗斯翻译改变英国文坛"[1]。

除翻译家康斯坦斯·加纳特以外，另一位值得一提的是翻译家科特林斯基，关于后者，笔者将另辟专章讨论。简言之，俄罗斯文学对英国现代主义文学的影响主要来自这两位翻译家的译作。

科特林斯基与劳伦斯、曼斯菲尔德、弗吉尼亚·伍尔夫都是朋友，从 1915 年至 1930 年，科特林斯基与上述三位作家合译出版的俄罗斯作品近 20 部，涉及托尔斯泰、陀思妥耶夫斯基、契诃夫、高尔基、布宁、舍斯塔夫、安德列耶夫等多位俄罗斯作家，译作内容或主题基本以作家的生平、书信、日记和回忆录为主。

因此，康斯坦斯·加纳特和科特林斯基的译作在内容上具有明显的互补性，这些译作使得英国作家不仅可以较为充分地读到 19 世纪后期至 20 世纪早期最好的俄罗斯小说、诗歌和戏剧作品，还可以通过相关作家的生平、书信、日记、回忆录对作家的思想、观念和作品的创作背景、过程等有较为全面和深入的了解。

艾略特在其题为"从 1890 至今的英国文学"的讲座中指出，小说标准"不是由那些伟大的维多利亚小说家而是由法国和俄罗斯小说家制定的，"敦促当下应"再次强调外国影响的重要性。"[2]艾略特所说的外国影响指向明确，其中之一就是俄罗斯影响，后者的影响也主要源自俄罗斯翻译。当然，艾略特的用意并非单纯地强调外国影响，确切地说，他的目的是通过强调外国影响，反观本国文学。"为了从外国文学中获益，人们必须对自己的文学有明智的想法。"他们需懂得"如何从外国文学中挪用、吸收来丰富本土文学的元素。"在这项丰富本土文学的工作中，翻译家和作家至关重要，"翻译扮演了一个非常重要的角色"。他声称，"有必要列举一些我们时代完成的译作，这些译作将在我们的文学中占有永久的地位"。[3]

1　S. P. Rosenbaum. *Edwardian Bloomsbury: The Early Literary History of the Bloomsbury Group*, Vol. 2. Palgrave Macmillan, UK, 1994, p.178.

2　T. S. Eliot. "Lecture Notes for English 26: English Literature from 1890 to the Present Day". *The Complete Prose of T. S. Eliot, the Critical Edition Vol. IV: English Lion, 1930–1933*. Eds. Jason Harding and Ronald Schuchard. Baltimore: Johns Hopkins University Press, 2015, p.759.

3　T. S. Eliot. "On a Translation of Euripides". *The Complete Prose of T. S. Eliot, the Critical Edition. Vol. I: Apprentice Years, 1905–1918*. Ed. Jewel Spears Brooker and Ronald Schuchard. Baltimore: Johns Hopkins University Press, 2014, pp.500–501.

此外，对于陀思妥耶夫斯基热和"俄罗斯热"的出现，文学批评家巴林（Maurice Baring）的四部论著也功不可没。[1]《旁观者》对巴林是这样评价的："没有任何其他英国人能像他那样书写俄罗斯文学，"[2] 他使英国读者了解到"俄罗斯民族的真正品质"[3]。罗森鲍姆也高度评价巴林的贡献："他对俄罗斯文学的了解促进了早期现代英国人对俄罗斯文学的认识，包括布卢姆斯伯里文化圈，尤其是伍尔夫夫妇"[4]。默里（John Middleton Murry）的《陀思妥耶夫斯基：批评研究》（*Dostoevsky: A Critical Study*, 1916）的出版更是将这股俄罗斯热推向高潮。对照英国同期对其他国家文学的译介和评论，如此高度关注非同一般。这从一个侧面反映了英国读者对俄罗斯文学和文化极大的兴趣以及对它的认可和接纳。

这股"俄罗斯热"在大战期间达到高潮并延续至 20 年代后期，英国现代主义文学的重要作家与这股"俄罗斯热"有着深远和密切的关系。现代主义作家弗吉尼亚·伍尔夫、D. H. 劳伦斯和凯瑟琳·曼斯菲尔德不仅直接参与俄罗斯文学的译介[5]，其创作中的俄罗斯影响也清晰可见。关于这一点，笔者将在以下章节加以详细论述。

二、俄罗斯性格-俄罗斯精神-俄罗斯心灵

那么，是什么使英国知识界对俄罗斯文艺如此情有独钟？

萨洛里（Charles Sarolea）在探究俄罗斯文学大师在布尔什维克革命中的作用时指出，受"托尔斯泰的政治无政府主义和阿纳托尔·法朗士（Anatole France）的精神（intellectual）和道德无政府主义的魅力的影响，大多数活着的知识分子'反对政府'并站在革命这一边。而在维多利亚

---

1 Maurice Baring. *Landmarks in Russian Literature*. 1910 (《俄罗斯文学的里程碑》), *The Russian People*. 1911 (《俄罗斯民族》), *The Mainsprings of Russia*. 1914 (《俄罗斯源流》), *An Outline of Russian Literature*. 1915 (《俄罗斯文学纲要》)。

2 Terry Teachout. "The Russian People". *The Spectator* Vol. 107 (2 December 1911): 965.

3 ibid., p.964; 也见书评 "Mr. Maurice Baring On Russian Literature". *The Spectator* Vol. 104 (16 April 1910): 629; "The Russian Conquest". *The Spectator* Vol. 113 (1 August 1914): 169.

4 S. P. Rosenbaum. *Edwardian Bloomsbury: The Early Literary History of the Bloomsbury Group, Vol. 2*. London: Palgrave Macmillan, 1994, p.265.

5 弗吉尼亚·伍尔夫、D. H. 劳伦斯和凯瑟琳·曼斯菲尔德直接参与了俄罗斯作家的翻译工作，他们为俄罗斯翻译家科特林斯基的翻译进行加工润色，米多顿·默里也参与其中。涉及译介的还有达夫（J. D. Duff）、迦南（Gilbert Cannan）、格雷厄姆夫妇（Stephen Graham）、格哈迪（William Gerhardi）等人。

时代，多数伟大的作家支持既定的社会秩序"。他认为这个问题对英国读者来说也"颇具实际兴趣"，因为"俄罗斯文学大师对当代英国文学有极大影响"。[1] 言下之意，英国当代作家有别于维多利亚时代的作家，他们支持革命，崇尚变革。另一个重要因素是第一次世界大战所带来的后果。战后，传统的维多利亚价值观已荡然无存，而新的价值体系尚未建立。人们，尤其是知识分子，因而感到不安、茫然而无所适从。加纳特夫人的译本打破了这种局面。从当时大量的杂志文章来看，俄罗斯文学不仅被英国读者热情地接受，而且受到高度评价。《旁观者》在一篇评论中将陀思妥耶夫斯基与莎士比亚相提并论："与莎士比亚一样，他将读者带进了他所创造的世界里"[2]。斯蒂芬尼（W. Barnes Steveni）则更为直率："不管这是个种族、文化、环境、理想、训练问题还是其他什么原因，一个不争的事实是，我们这些更古老、更文明的民族目前产生不出像屠格涅夫、托尔斯泰、陀思妥耶夫斯基，或如高尔基、契诃夫等其他奔放不羁的天才那样的知识巨人"[3]。对于保守、含蓄而傲慢的英国人来说，如此高度评价非同寻常。

　　然而，更重要的原因是因为俄罗斯文学作品所表现的那种"善良和信仰的奇异而独特的天赋"的俄罗斯民族性格[4]。在俄罗斯文学作品里，人物通常是"纯朴""富于同情感"、遭受"心灵痛苦""命运悲惨"的普通人。屠格涅夫的作品展示了纯朴、富于想象且有点疯狂的俄罗斯农民的形象。陀思妥耶夫斯基的人物却往往"反常离奇"却"极为明智而又富于人性"[5]。这种矛盾特征在他著名的《白痴》中表现为"畸形却又美丽，东拉西扯却又清晰明了，漆黑一团却又一片光明"[6]。史密斯（L. Pearsall Smith）在评论阿克萨科夫的作品时强调了这种两面性，他指出："这些作品不仅向我们展示了俄罗斯的地理，还展示了俄罗斯民族性格。……那种强烈而难以控制的情感力……极度的欢乐和恐惧，以及与之相随的暴

1　Charles Sarolea. "Was Tolstoy the Spiritual Father of Bolshevism?" *The English Review* Vol. 40 (February 1925): 156.

2　J. Kent Donlevy. "Dostoevsky". *The Spectator* Vol. 117 (26 Agugust 1916): 241.

3　W. Barnes Steveni. "Russian Novelists". *The Academy* (18 March 1911): 321.

4　Maurice Baring. 转引自 "The Russian Conquest". *The Spectator* Vol. 113 (1 August 1914): 169.

5　Lytton Strachey. "Dostoevsky". *The Spectator* (28 September 1912): 451-452.

6　*The English Review* (October 1913): 473.

风雨般的疯狂情感……那种冷静、敏锐、超然的观察"[1]。《泰晤士报文学增刊》也作出了类似评论："单单通过陀思妥耶夫斯基的作品我们就能希望了解俄罗斯心灵……他将同情与人的身心受苦的每一阶段和对人的心灵病理学的一种好奇性结合起来"[2]。艾利斯（Havelock Ellis）在《新政治家》（The New Statesman）上也赞同"陀思妥耶夫斯基和托尔斯泰共同概括了整个俄罗斯心灵"[3]的这一说法。

俄罗斯哲学家别尔嘉耶夫（Nikolai Berdiaev）在《俄罗斯思想的宗教阐释》中指出："俄罗斯灵魂的矛盾性为俄罗斯历史命运的复杂性、它内部的东西方因素的冲突和敌视所决定"[4]。"19世纪末期，俄罗斯形成了启示录的情绪，并且带有悲观主义色彩。伴随着这种世纪末日的负罪感和反基督的氛围，能够发现整个历史时代终结的感受，和古老世界的毁灭感。这种感情是分裂的：忧虑而又喜悦。"[5]这种情绪深刻地体现在那个时代的伟大作家——陀思妥耶夫斯基、托尔斯泰等人的作品中。很显然，俄罗斯文学作品所展示的俄罗斯民族性格的两面性、带有悲剧的英雄主义精神、纯朴的信仰，不仅深深地打动了英国读者的心灵，而且也成功地征服了英国的现代主义作家。"在每一位伟大的俄罗斯作家身上，都似乎能看到圣徒的特征……正是他们身上的这种圣洁性，使我们为自己身上的那种亵渎神灵的卑琐感惶惑不安。"[6]对此，《旁观者》作出了这样的评价：

> 正是这种纯朴、自发和信仰通过托尔斯泰辽阔而智性的景象和陀思妥耶夫斯基强烈而禁欲主义的情绪表露打动了英国人的心灵。……正是对俄罗斯民族性格中这种纯朴信仰、自我牺牲和克己的力量的重新发现才征服了工业欧洲的那种压抑而又令人发狂的精神。毫无疑问，这是俄罗斯民族性格中的东方特征使这个民族能如

1　L. Pearsall Smith. "Aksakoff". *The New Statesman* (12 January 1918): 355.

2　"Dostoevsky". *TLS* (4 July 1912): 269. 俄罗斯心灵源于莫里斯·巴林的《俄罗斯文学的里程碑》（1910）。作者在他的俄罗斯之旅中，发现了俄罗斯人未经开化的头脑中那种天生的纯真和善良，并称之为俄罗斯心灵。

3　Havelock Ellis. "The Supreme Russian". *The New Statesman* (22 September 1917): 590.

4　尼·亚·别尔嘉耶夫《俄罗斯思想的宗教阐释》，邱运华、吴学金译，北京：东方出版社，1998年，2页。

5　同上，91页。

6　Virginia Woolf. "Modern Novels". *TLS* (10 April 1919): 190.

此紧密地保持其信条的原始精神；对傻瓜或白痴的理想化是俄罗斯人特有的，也是与现代西方思潮特别的相异之处。毫无疑问，也正是这个特征在很大程度上有助于俄罗斯对我们的征服。[1]

无疑，对于感觉敏锐的作家来说，俄罗斯文学作品表现出的东西方特征一方面赋予他们新奇感和新思想，另一方面又使他们感到某种契合。事实上，俄罗斯文学在英国的文学现代主义思想的孕育和形成过程中，起到了一种催化剂的作用，它使英国现代主义作家们意识到新形势下文学创新的必要性和可能性。

三、俄罗斯文学对现代主义作家和创作的影响

然而，俄罗斯小说对英国现代小说的影响究竟有多大？具体体现是什么？对此，我们很难给出一个确切的回答。1930 年的《泰晤士报文学增刊》援引柏拉图的名言，作出以下断言："它，或许，不是一种严格意义上可界定的遗产；它是某种在空气中的东西，是一层空气"[2]。尽管这一断言听起来有些玄乎，但它揭示了俄罗斯影响无处不在且不可或缺的事实。弗吉尼亚·伍尔夫在其著名的《论现代小说》（"Modern Novels"，1919）中的一段话更是明确肯定了俄罗斯小说对现代英国小说的影响。"对于现代英国小说最基本的评价，也难免不涉及俄罗斯小说对它的影响。而如果述及俄罗斯小说，人们就会不情愿地感觉到，除了他们的小说，任何别的小说创作都是在白费心机"[3]。

通常认为，俄罗斯影响主要来自契诃夫，而且主要体现在英国的短篇小说中，最明显的莫过于凯瑟琳·曼斯菲尔德的作品。贝茨曾断言，倘若没有契诃夫作品的影响，凯瑟琳·曼斯菲尔德"几乎不可能写出那样的作品"[4]。戴维（Donald Davie）对此完全赞同："当我们阅读凯瑟琳·曼斯菲尔德的短篇小说时，我们很难对假如契诃夫的小说从未被译

1　Terry Teachout. "The Russian Coquest". *The Spectator* Vol. 113 (1 August 1914): 169.

2　转引自 Gilbert Phelps. *The Russian Novel in English Fiction.* London: Hutchinson & Co. (Publishing) Ltd, 1956, p.138.

3　Virginia Woolf. "Modern Novels." *TLS* (10 April 1919): 190.

4　H. E. Bates. *The Modern Short Story: A Critical Survey.* London: Michael Joseph, 1941, p.119.

成英语它们可能就不是现在这个状态的这种观点表示异议"[1]。两位文评家如出一辙的观点具有两层含义。从狭义上讲，在曼斯菲尔德之前，英国的短篇小说基本遵循一个固定模式：故事围绕某一事件展开情节，具有完美的开始和结局。贝茨认为，由于契诃夫的影响，曼斯菲尔德"将一些想象、敏感、形式以及伊丽莎白抒情诗歌的夸张比喻带进了短篇小说"，使英国的短篇小说从此获得了"新的活力，新的构思，最重要的是，或许，有了某种明确的品质"。[2]特别是，第一次世界大战的爆发，使英国，"一个仍将战争与崇高的英雄理想联系在一起的世界"[3]，发生了巨大变化。随着战争的继续，越来越多的青年作家、诗人战死沙场，鲁伯特·布鲁克的爱国诗篇《士兵》（"The Soldier"）在面对战争的恐怖和残暴时，显得苍白无力，甚至荒诞。其结果，人们对传统价值观产生怀疑，对现状充满焦虑和不满，战前的那种英雄主义精神不见了。[4]这种反英雄主义的情绪不仅反映在诸如欧文（Wilfred Owen）、萨松（Siegfried Sassoon）等战时诗人的诗篇中，如《武器与男孩》（"Arms and The Boy"）、《奇怪的相遇》（"Strange Meeting"）等，也同样反映在艾略特的著名诗篇《荒原》（"The Wasteland"）之中。而此时，契诃夫的那种随意、间接的"非英雄主义"[5]风格恰好迎合了英国当时的这种情绪。这种风格在曼斯菲尔德之前的英国短篇小说中是没有任何地位的。事实上，俄罗斯影响不光体现在短篇小说中，它也同样显现于长篇小说中。而小说形式和叙述风格正是英国现代主义作家共同关注和感兴趣的一个议题。俄罗斯文学在英国文坛的成功给亟需改革的英国文坛带来了新气象，也促使作家们认真思考并探究小说的形式和风格。

简而言之，俄罗斯文学对英国的文学现代主义产生的影响主要在于对小说形式和叙事技巧的探究。斯特拉奇（Lytton Strachey）认为，陀思妥耶夫斯基的小说尽管"表面上混乱，缺乏严密的结构，却"像某座哥

1 Donald Davie. Ed. *Russian Literature and Modern English Fiction: A Collection of Critical Essays*. Intro. Donald Davie. Chicago & London: The University of Chicago Press, 1965, p.8. 契诃夫作品英译本于1903年，1905年，1915年在英国出版，康斯坦斯·加纳特的13卷译本于1916年至1922年出版。

2 H. E. Bates. *The Modern Short Story: A Critical Survey*. London: Michael Joseph, 1941. p.123.

3 M. H. Abrams, Stephen Greenblatt and Jon Stallworthyp Eds. *Norton Anthology of English Literature, Volume 2C: The Twentieth Century*, 7th edition. New York & London: W. W. Norton & Company, p.2049.

4 Quentin Bell. *Bloomsbury*. London: Weidenfeld & Nicolson Ltd, 1968, p.82.

5 Virginia Woolf. "Tchehov's Questions". *TLS* (6 May 1918): 231.

特式大教堂"蕴含着"某种令人难忘且重要的形式"。[1] 乔伊斯曾经说过，陀思妥耶夫斯基"创造了现代散文"，"正是他的爆破力毁灭了……维多利亚小说"。[2] 事实上，陀思妥耶夫斯基在英国从最初的尴尬到最终的狂热，很大程度上要归因于他的创作风格"对习惯于19世纪英国小说的传统形式的读者来说完全不可思议"[3]。艾略特早在1910年就阅读了陀思妥耶夫斯小说的法语译本，其中包括了《罪与罚》《白痴》和《卡拉马佐夫兄弟》。[4] 为此，艾略特给出了以下评价：

> 陀思妥耶夫斯基的出发点始终是人类环境中的人的大脑，而"光环"只是大脑将日常经验延续至很少被探究的痛苦极限。因为大多数人对自己的痛苦太过无意识，所以不会遭受太多痛苦，这种延续似乎异想天开。但陀思妥耶夫斯基始于现实世界……他只是朝着某个方向进一步追求现实。[5]

关于陀思妥耶夫斯基小说中的现实，艾略特在其《查普曼被忽视的一面》（"A Neglected Aspect of Chapman"）一文中进一步加以阐述。

> 在陀思妥耶夫斯基的小说中，到处都有两个层面的现实，我们眼前的场景只是在它背后发生的另一个动作的掩蔽和面纱。人物本身部分地意识到这种分裂，意识到他们实际生活的荒诞无用，似乎总是在倾听其他的声音，并与幽灵进行对话。因此，他们注意力分散，无法以实际的方式处理手头的事务。[6]

根据艾略特，陀思妥耶夫斯基的小说呈现出两个世界：物质世界和心理世界。正是俄罗斯现实主义的这一双重特点令英国小说家们感到无比振奋而充满想象。布卢姆斯伯里文化圈最早成员之一的麦卡锡（Desmond MacCarthy）深有同感。

1 Lytton Strachey. "Dostoevsky". *The Spectator* (28 September 1912): 451-452.
2 Arthur Power. *Conversations with James Joyce*. Ed. Clive Hart. London: Millington Ltd, 1974, p.58.
3 Gilbert Phelps. *The Russian Novel in English Fiction*. London: Hutchinson & Co. (Publishing) Ltd, 1956, p.158.
4 Anthony Cuda and Ronald Schuchard. Eds. *The Complete Prose of T. S. Eliot: The Perfect Critic, 1919–1926*, the critical edition, Vol. 2. Baltimore: Johns Hopkins University Press, 2014, p.53, 注 9.
5 ibid., p.50.
6 ibid., pp.552-553.

没有哪个作者能像俄罗斯人那样，如此频繁或如此生动地提醒世人，什么行为仅仅作为手段而重要，什么行为和感情本身就是目的。他们半站在文明之外，往往更清楚地看到什么是必要的，什么是多余的。[1]

另一位俄罗斯作家对英国现代主义作家产生深刻影响的是契诃夫。在与鲍尔（Arthur Power）的对话中，乔伊斯告诉前者，他"最崇拜的那个时期的作家是契诃夫，因为他将某种新东西带入了文学，一种对立于传统观念的戏剧感"[2]。乔伊斯用"新东西"描述了契诃夫的戏剧的特点：没有开头，没有中间，也没有结尾，也没有高潮。契诃夫的这一戏剧艺术特点同样反映在他的短篇小说创作中。这种"无头无尾""只是用笔点了一下，然后又一下，某种东西就在那里了"[3]的写作风格也博得凯瑟琳·曼斯菲尔德对《草原》的高度赞美："有点儿《伊利亚特》或《奥德赛》的韵味"[4]。不仅如此，它还激发她去思考，去重新认识新思想和新体验，需要新的表达方式和新的形式的重要性和迫切性。"我最深切地感到一切都不再像原先那样了——作为艺术家，假如我们不这样感觉的话，我们就是背叛者：我们必须考虑到这一点，为我们的新思想和新情感，找到新的表达方式，新的模式。"[5]她在1917年的一则日记中写道："契诃夫使我感到写作如此篇幅不匀的小说的这种愿望是相当正当的"[6]。之后，她还在一则书评里试图以否定的方式，阐述她头脑中的这种新的形式。这种形式"既不是短篇小说（short story），也不是小品（sketch），也不是印记（impression），也不是故事（tale）"，而是"用散文写成的，比小说要短得多"，它"或许只有一页纸的篇幅"，或许"有三十页纸的篇

1　转引自 S. P. Rosenbaum. *Edwardian Bloomsbury—The Early Literary History of the Bloomsbury Group*, Vol. 2. London: Palgrave Macmillan, 1994, p.28.

2　Arthur Power. *Conversations with James Joyce*. Ed. Clive Hart. London: Millington Ltd, 1974, p.57.

3　Katherine Mansfield. "Letter to S. S. Koteliansky". 21 August 1919. *Letters and Journals of Katherine Mansfield, a Selection*. Ed. C. K. Stead. London: The Penguin Group, 1977, p.137.

4　ibid.

5　Katherine Mansfield. "Letter to J. M. Murry". 10 November 1919. *Letters and Journals of Katherine Mansfield, a Selection*. Ed. C. K. Stead. London: The Penguin Group, 1977, p.147.

6　Clare Hanson. Ed. *The Critical Writings of Katherine Mansfield*. London: Macmillan Press, 1987, p.28.

幅"。[1] 显然，曼斯菲尔德已经感觉到契诃夫的小说不同于她所习惯的模式，并且在创作中刻意地去寻找新形式，去突破。当她的好友画家多萝西·布雷特（Dorothy Brett）问，她的《在海湾》（"At the Bay", 1922）采用了"什么形式？"，故事是"怎样构建的？"，她的回答是，"它多少是我自己的发明。"[2] 曼斯菲尔德对小说形式的关注和追寻还体现在她对弗吉尼亚·伍尔夫的《夜与日》（*Night and Day*, 1919）的长篇书评中。文章清楚地表明她完全意识到小说正处在实验时代，"假如小说将消亡，那它将会让位于某种新的表达形式；假如它生存下去，那它必须接受新世界的这个事实"[3]。在她看来，《夜与日》没有任何实验的迹象，因为它"没有任何伤痕"[4]。

　　诚然，如曼斯菲尔德所言，《夜与日》属于"英国小说的传统"[5]。然而，伍尔夫对形式的关注并不亚于她，甚至更令人瞩目。从她 1917 至 1933 年间撰写的关于俄罗斯文学的 18 篇书评[6] 中频频出现"无形式"（formless）、"无结论的"（inconclusive）、"开放式的"（incomplete）、"断片的"（fragmentary）、"简朴"（simplicity）等描述语，足见俄罗斯小说的独特形式和叙述风格给予她深刻的影响和她对此的关注。毋庸置疑，俄罗斯文学的独特性与包括伍尔夫在内的英国读者所"习惯的本国文学的叙事过程恰好相反"[7]。契诃夫的含混、不确定性的生活片段故事不仅与传统的"事件情节"[8] 故事相对立，而且取代了"有情人终成眷属，坏人遭报应，阴谋被揭露"[9] 的维多利亚小说模式。尽管伍尔夫始终为俄罗斯文学的这些"另类"特点感到惊讶和困惑，但与此同时她的好奇心和探

1　John Middleton Murry. Ed. *Novels & Novelists by Katherine Mansfield*. London: Constable & Co. Ltd, 1930. p.211.

2　C. K. Stead. Ed. *The Letters and Journals of Katherine Mansfield, a Selection*. London: The Penguin Gruop, 1977, p.85.

3　Clare Hanson. Ed. *The Critical Writings of Katherine Mansfield*. London: The Macmillan Press Ltd, 1987, p.56.

4　ibid., p.57.

5　ibid., p.59.

6　其中 14 篇发表在《泰晤士报文学副刊》，2 篇在《新政治家》，1 篇在《普通读者》第一辑，1 篇在《国家与雅典娜神庙》，后被分别收入《弗吉尼亚·伍尔夫文集》二至四卷中。参见 Andrew McNeille Ed. *The Essays of Virginia Woolf, Vols. II, III, IV.*

7　Andrew McNeille. Ed. *The Essays of Virginia Woolf, Vol. IV, 1925–1928*. London: The Hogarth Press, 1994, p.187.

8　格哈迪认为在契诃夫之前，小说是靠事件情节驱动的，即便像福楼拜、屠格涅夫甚至托尔斯泰这样的大师也不例外。而契诃夫摈弃了这种自我意识（不自然）的"故事"，追求某种更随意更现实主义的东西。正如葛哈迪所说，契诃夫的短篇小说具有"模糊、被中断了的、经受了生活的磨难或锤炼"的特点。见 William Gerhardi. *Anton Chekhov: A Critical Study*. London: Richard Cobden-Sanderson, 1923, pp.107-108.

9　Andrew McNeillie. Ed. *The Essays of Virginia Woolf, Vol. IV, 1925–1928*. Lodon: The Hogarth Press, 1994, p.184.

究欲也油然而起，她不仅学着去接受它们，而且尝试着去探寻和开发现代主义小说的潜能。她认为契诃夫的《主教》是一则含混而无结论性的故事，但她承认这种无结论性的故事"是合理的"[1]。在《俄罗斯人的观点》（"The Russian View"，1918；"The Russian Point of View"，1925）一文中，她认为米利茨伊娜的《乡村牧师》"几乎没有任何结构（form）"且"平淡"，但不乏其"精神效果"。[2] 吉尔伯特·菲尔普斯在谈到伍尔夫日后尝试新的创作方法时指出："当她摈弃传统小说规范时，她首先想到的是陀思妥耶夫斯基和契诃夫，就是在他们的'影响'下……她才开始探索那'模糊的、变化中的、珍贵的东西——心灵'。并且相信'生活不是一副副整齐匀称地排列着的眼镜'，而是一片'明亮的光晕，是从意识的萌生到终结一直包围着我们的一个半透明封套'"[3]。她本人在 1933 年 8 月 16 日的一则日记中也提到她一直在吃力地写"The P.s"[4] 并"一直在想，上帝哦，我究竟能否让所有这一切成形啊！这将是多么艰难的写作啊！…… 我一直都在读屠格涅夫的作品，我想讨论形式"。[5] 事实上，伍尔夫在日记中对屠格涅夫和陀思妥耶夫斯基的比较也源于她对小说形式的探究。[6] "我们怎么知道陀的形式比屠的形式更好还是更糟？它似乎不是永恒的。屠的观点是作家陈述要点，余下的事留给读者。陀尽可能提供给读者帮助和暗示。屠减少了这些可能性……我们或许以这种方法开始。文章或许更支离破碎，没有以往那样的从容不迫。"[7]

　　通过比较两者的差异，伍尔夫阐述了两种截然不同的写作模式。文

1　Andrew McNeille. Ed. *The Essays of Virginia Woolf, Vol. III, 1919–1924*. London: The Hogarth Press, 1990, p.84.

2　Andrew McNeille. Ed. *The Essays of Virginia Woolf, Vol. II: 1912–1918*. London: The Hogarth Press, pp.341-342.

3　Gilbert Phelps. *The Russian Novel in English Fiction*. London: Hutchinson & Co. (Publishing) Ltd, 1956, pp.132-133.

4　*The Pargiters*《帕吉特家族》。后被伍尔夫一分为二：《岁月》（*The Years*, 1937）和《三个畿尼》（*Three Guineas*, 1938）。

5　Anne Olivier Bell. Ed. *The Diary of Virginia Woolf, Vol. IV, 1931–1935*. London: The Hogarth Press, 1982, p.172.

6　而不是像一些文评家所认为的是对前者的欣赏和对后者的拒斥。这种观点的依据之一是伍尔夫日记中的一句话："不能再读陀思妥耶夫斯基了"（同上，172）。（注 Peter Kaye, *Dostoevsky and English Modernism 1900–1930*, pp.66-95; Natalya Reinhold. "Virginia Woolf's Russian the Voyage Out". *Woolf Studies Annual* Vol. 9〈2003〉: 2）对此观点，笔者不予苟同。笔者认为，伍尔夫将这两位俄罗斯作家并置比较，其用意是彰显两种不同的写作模式。

7　Anne Olivier Bell. Ed. *The Diary of Virginia Woolf, Vol. IV, 1931–1935*. London: The Hogarth Press, 1982, pp.172-173.

中紧接的两个"或许"也表明了这一点。而这一点在她 1933 年所撰写的《小说概观》("Phases of Fiction," 1929)中再次得到印证。在这篇文章中，陀思妥耶夫斯基又一次被纳入比较范畴。通过对英、法、俄作家的比较述评，伍尔夫批评性地追溯了小说的发展轨迹，展示了小说巨大的潜能和灵活性，同时也反映了她对形式的不懈探究。可以说，她的俄罗斯系列文章为她本人设立了一个切磋观点和澄清思想的论坛，在这个论坛上，她不仅与"异己"的俄罗斯文学进行磨合，而且由此提炼出对现代主义小说创作的观点和方法，[1] 并在《小说概观》中提出用"综合法"来描述"现代生活的复杂性和纠葛"[2]。另一位布卢姆斯伯里文化圈成员斯特拉奇同样分享了对俄罗斯作家的兴奋之情，他对陀思妥耶夫斯基的研究更是兴趣盎然，为《旁观者》撰写了数篇评论。"在陀思妥耶夫斯基时而疯狂的不连贯的艺术形式下，斯特拉奇发现了某种极度理智和仁慈的精神统一，这种精神统一成功传达了邪恶中的善。"[3]

诚然，并非所有现代主义作家对每位俄罗斯作家都抱有同样的热忱，俄罗斯文学的影响也并不单纯表现在对小说形式的追寻之中，它同样显现于主题、人物塑造和氛围的营造之中。在对俄罗斯文学大师的赞美声中，也夹杂着批评之声。康拉德尽管十分欣赏屠格涅夫和托尔斯泰，却并不看好陀思妥耶夫斯基。他在给加纳特的信中写道："我不知道陀代表什么或揭示什么。"[4] 在赞美加纳特夫人的翻译才华的同时，他又说："这个人（指陀思妥耶夫斯基）的艺术不该有这福分。屠格涅夫（和或许托尔斯泰）这两位作家才真正不有辱她的才华"[5]。亨利·詹姆斯似乎也有同感，他给休·沃波尔（Hugh Walpole）的信中也谈到自己不能"完全分享"陀思妥耶夫斯基的"文学情感"，称陀思妥耶夫斯基和托尔斯泰的作

1　Andrew McNeille. Ed. *The Essays of Virginia Woolf, Vol. IV, 1925–1928*. London: The Hogarth Press, 1994, pp.160-164.

2　Virginia Woolf. "Phases of Fiction". *Essays by Virginia Woolf, Vol. V, 1929–1932*. Ed. Stuart N. Clarke. Boston & New York: Houghton Mifflin Harcourt, 2010. p.84.

3　转引自 S. P. Rosenbaum. *Georgian Bloomsbury: The Early Literary History of the Bloomsbury Group, Vol. 3, 1910–1914*. London: Palgrave Macmillan, 2003, p.123.

4　Helen Muchnic. *Dostoevsky's English Reputation 1881–1936. Smith College Studies in Modern Languages, XX, 3-4*. Northampton: Smith College, p.73.

5　Frederick R. Karl and Laurence Davie. Eds. *The Collected Letters of Joseph Conrad, Vol. V, 1912–1916*. Cambridge: Cambridge University Press, 1996, pp.70-71.

品"缺乏结构，无视简洁和风格。"[1]

劳伦斯则在一定程度上代表了上述两种对立的声音。他 1913 至 1916 年间在给友人的书信中[2]生动地记载了对俄罗斯作家的矛盾情感。在他 1916 年写给凯瑟琳·卡斯威尔（Catherine Carswell）的信集中反映了这种复杂情感："他们对我来说一直极为重要，屠格涅夫、托尔斯泰、陀思妥耶夫斯基——几乎比任何东西都重要。我原以为他们是历史上最伟大的作家，不过现在，我有点惊讶地意识到他们的作品具有某种粗俗和迟钝、未开化、不敏感的愚蠢，我意识到我们自己的作品比他们的更好更纯更为绝妙"[3]。而这种复杂的矛盾情感在对陀思妥耶夫斯基的评论时表现得尤为突出。他在 1915 年给科特林斯基的信中说道："他是一位伟人，我对他怀着极大的敬佩之情。我甚至感到对他有一种秘密的爱。"[4]而在他次年的信中，陀思妥耶夫斯基已经是"讨人厌的""恶臭之人了"[5]。

尽管如此，俄罗斯大师对这些作家的影响却始终不容忽视。尽管劳伦斯对托尔斯泰的《安娜·卡列尼娜》中的人物塑造评价颇为消极，但却从中获得了灵感，找到了适合自己的题材，他的《虹》（*The Rainbow*，1915）和《查特莱夫人的情人》（*Lady Chatterley's Lover*，1928）中的人物刻画足见托尔斯泰的影响[6]，对人性主题的处理，无论是有意识地还是无意识地，显然受到了陀与托两位俄罗斯文学大师的影响。1912 年，《雅典娜神庙》还将他的《逾矩的罪人》（*The Trespasser*，1912）与陀思妥耶夫斯基的《卡拉马佐夫兄弟》置于一道加以评论，认为《逾矩的罪人》的人物刻画充满了"心理张力"，其"结局是某种陀思妥斯夫斯基式的诗

1　Henry James. *Letters, Vol. IV, 1895–1916*. Ed. Leon Edel. Cambridge & Massachusetts: The Belknap Press of Harvard University Press, 1984, p.619.

2　在 1913 年他给加纳特的信中谈到他们时说，"不管那些（小说）人物本身多么独特，但乏味、衰老、没有生命。"（George J. Zytaruk and James T. Boulton Eds. *The Letters of D. H. Lawrence, Vol. II, June 1913–October 1916*. Cambridge: Cambridge University Press, 1981, p.183）；1915 年 3 月 24 日给奥特琳·莫瑞夫人的信中说，"不喜欢陀思妥耶夫斯基"，他像一只"在阴影中怀着仇恨穿梭着的老鼠"，"不可爱"。（George J. Zytaruk and James T. Boulton. Eds., p.311）。

3　James T. Boulton and Andrew Robertson. Eds. *Letters of D. H. Lawrence, Vol. III, October 1916–June 1921*. Cambridge: Cambridge University Press, 1984, p.45.

4　"Letter to S. S. Koteliansky", 8 April 1915. *The Quest for Rananim: D. H. Lawrence's Letters to S. S. Koteliansky 1914–1930*. Ed. George J. Zytaruk. Montreal & London: McGill-Queen's University Press, 1970, p.37.

5　"Letter to S. S. Koteliansky", 15 December 1916. *The Quest for Rananim*, 1970. p.102.

6　Donald Davie. Ed. *Russian Literature and Modern English Fiction: A Collection of Critical Essays*. Intro. Donald Davie. Chicago & London: The University of Chicago Press, pp.152-157.

歌现实主义"[1]。根据这篇书评的说法,《逾矩的罪人》"让人想起了俄罗斯最优秀的流派"[2]。同样,康拉德的《在西方的注视下》(*Under Western Eyes*, 1911)的氛围再现了陀思妥耶夫斯基的小说特点。[3]而亨利·詹姆斯充满个性特色的早期作品《罗德里克·哈德森》(*Roderick Hudson*, 1875)也被认为有屠格涅夫的影响。[4]此外,弗吉尼亚·伍尔夫的《奥兰多》和《夜与日》[5]也显见俄罗斯的影响。

菲尔普斯指出,陀思妥耶夫斯基"对一种新型小说的产生过程作出了巨大的贡献。这种小说更符合当代经验的复杂性和流动性,在这个意义上可以说,他影响了我们时代的那些严肃的小说家。这种影响直接或间接地、且以不同程度整合的形式存在于多萝西·理查逊对'意识流'的实验之中,……存在于 E. M. 福斯特对发生在'愤怒和电报的世界'背后的生活的关注之中,存在于詹姆斯·乔伊斯出其不意地抓住利奥波德·布卢姆的'原始'意识之中,或存在于弗吉尼亚·伍尔夫超越布朗夫人的纽扣、皱纹和赘疣的决心之中。"[6]尽管现代主义作家对俄罗斯作家褒贬不一,但 T. S. 艾略特曾经在《准则》(*Criterion*)上说过的一句话或许能使我们更好地理解这些作家的反应,他说"人们只朝着他们想要去的方向受影响。这种影响主要使他们意识到了自己希望从那个方面开始"[7]。反观这些现代主义作家日后的创作,艾略特所言值得回味。总之,在对俄罗斯作家的赞美、批评、争论、抨击声之中,英国现代主义作家们澄清了思想,发现并拓展由俄罗斯作家开辟出来的小说潜能,找到了适合自己的创作目标和艺术技巧。

至此,我们从报刊文章的角度探究了俄罗斯文学对英国早期现代主义的形成的影响,展示了英国现代主义小说家对俄罗斯小说家的接受情况,认为俄罗斯文学对英国早期的文学现代主义的形成和对现代主义作家具有不可忽视的、深远的影响。俄罗斯文学影响了英国现代主义作家

1　"Two Realists: Russian and English". *The Athenaeum* (1 June 1912): 614.

2　ibid.

3　Gilbert Phelps. *The Russian Novel in English Fiction*. London: Hutchinson & Co. (Publishing) Ltd, 1956, p.178.

4　"Henry James, O. M. The Man And The Artist". *The Times* Issue 41102 (29 February 1916): 9.

5　Natalya Reinhold. "Virginia Woolf 's Russian Voyage Out". *Woolf Studies Annual*, Vol. 9 (2003): 19 n.

6　Gilbert Phelps. *The Russian Novel in English Fiction*. p.184.

7　T. S. Eliot. *Criterion*. xvi. 1937.

的思维模式和叙事方式，帮助他们从旧的文学传统中解放出来，从而步入现代主义小说形式和技巧的实验和革新时代。凯瑟琳·曼斯菲尔德、约瑟夫·康拉德、弗吉尼亚·伍尔夫、D. H. 劳伦斯、詹姆斯·乔伊斯等英国现代主义作家不仅从这些俄罗斯文学大师那里汲取了灵感，澄清了思想，而且利用并进一步探索由他们所开发的小说潜能，使英国文学朝着现代主义文学的方向发展。正如贝茨所言，如果没有康斯坦斯·加纳特的翻译，"20 世纪的英国文学史，特别是短篇小说和戏剧，必然完全是另一码事"[1]。或许我们也可以说，倘若没有这些俄罗斯文学大师的影响，英国现代主义小说也可能就不是现在这个样了。

1　H. E. Bates. *The Modern Short Story: A Critical Survey*. London: Michael Joseph, 1941, p.119.

第二章　佳吉列夫与英国知识界 [1]

1909 年 5 月 19 日晚上，一台由俄罗斯演员演出的芭蕾舞剧和歌剧短剧在巴黎拉开帷幕。绚烂的服装和舞台设计、充满生命活力的舞蹈、跌宕起伏撼人心魄的音乐，使巴黎人在经历了最初的震撼之后如醉如狂。

交替上演芭蕾舞剧和歌剧的俄罗斯演出季持续了六个星期。巴黎的观众和评论家们不吝使用最热烈的语言赞美它："一切都令人震惊"，"天使、天才、戏剧的辉煌胜利者和绝妙的舞蹈家" [2] "跳跃的火焰" [3]"古老委婉的美妙""俄罗斯舞蹈使我们感到绝对的满足"。[4]

20 年后，法国诗人诺阿耶埃（Anna de Noailles）写道："我看到的简直是奇迹，它使我大开眼界。舞台上再现的一切都使人惊讶、陶醉、被诱惑，全剧扣人心弦。同时，舞台上的一切犹如适合气候条件下的植物和鲜花一样绚丽多彩" [5]。

25 年后，法国作家让·科克托（Jean Cocteau）回忆说："红色帷幕徐徐升起，盛大的节日开始了。这些节日使法国得到了转变，使跟随狄奥尼斯马车的人群神魂颠倒" [6]。

30 年后，法国科学院院士路易·日埃（Louis Giès）写道："俄罗斯芭蕾舞是我一生中所经历的重大时代之一。我是指 1909 至 1912 年期间第一批真正令人难忘的俄罗斯芭蕾舞剧！……可以毫不夸张地说，我的生活可以划分成两部分：俄罗斯芭蕾舞之前和之后。我们的思想和想象统统得以明显地转变" [7]。

1　本章主要部分已发表于《俄罗斯文艺》2016 (3)：126-133。
2　谢尔盖·利发尔：《佳吉列夫传》，焦东建、董茉莉译，北京：东方出版社，2001，205 页。
3　同上，206 页。
4　同上，209 页。
5　同上，202 页。
6　同上，203 页。
7　同上，203 页。

50年后，亚历山大·班诺瓦（Alexandre Benois）写道："我们俄罗斯人的原始主义、单纯与稚拙迷惑了巴黎这座典型的文化城市，它们显得更精致，从而也比现场完成的艺术更超前。我们需要我们俄罗斯的表演来保持俄罗斯的尊严，但是，令人更为惊讶的是巴黎比我们更需要这样的演出。新主题，新身材，新感情。艺术中的新时代"[1]。

80年后，芭蕾史学家琳·伽拉佛拉（Lynn Garafola）指出，"在20世纪芭蕾史上，没有任何剧团像俄罗斯芭蕾那样具有如此深刻而深远的影响"[2]。

一、佳吉列夫和他的芭蕾舞团

这场俄罗斯芭蕾旋风的策划者和领导者是俄罗斯戏剧和艺术活动家谢尔盖·佳吉列夫。他出生在一个古老的贵族家庭，毕业于彼得堡大学法律系，却对前卫绘画艺术和芭蕾艺术充满了狂热和非同寻常的执着。起初他想从事音乐创作，又试图创建一个艺术品博物馆，都归于失败。然后他成功地承办了几次画展，并于1899年创办了俄罗斯第一本艺术杂志——《艺术世界》（*Mir iskusstva*），在创刊号上公开声明它"必须引发我们艺术界里的一场革命"[3]。后人认为，虽然这本杂志仅仅维持了6年，却在俄罗斯艺术史上开创了一个新的时代。1899年，佳吉列夫成为莫斯科皇家剧院院长的特别执事，试图在该剧院实现他建立俄罗斯芭蕾舞团的夙愿，但在最初的尝试失败并与一些当权人物发生严重冲突后他被迫辞去了在剧院的职务。有感于传统的俄罗斯芭蕾僵化保守、缺少特色并正在走下坡路，他明确表示，"我需要一种芭蕾，一种俄罗斯芭蕾——第一个俄罗斯芭蕾，因为迄今为止还没有——我们已经有俄罗斯歌剧，俄罗斯交响乐，俄罗斯歌，俄罗斯舞蹈，俄罗斯节奏——但是没有俄罗斯芭蕾"[4]。由于在国内看不到实现理想的希望，1909年，佳吉列夫挑选了一批俄罗斯芭蕾演员组团前往巴黎，开创了著名的"俄罗斯演出季"，于是便有了本章开头部分所展现的辉煌。

1　弗拉基米尔·费多洛夫斯基：《俄罗斯芭蕾秘史》，马振骋译，上海：东方出版中心，2009，57页。

2　Lynn Garafola. *Diaghilev's Ballets Russes*. New York & Oxford: Oxford University Press, 1989, p.vii.

3　Sjeng Scheijen. *Diaghilev: A Life*. Trans. Jane Hedley-Prôle and S. J. Leinbach. Oxford & New York: Oxford University Press, 2009, p.98.

4　ibid., p.191.

佳吉列夫对芭蕾舞有着执著而独到的理念，1928 年他回忆说："我开始构思新的芭蕾舞短剧，它们是独立的艺术现象。它们中的三要素——音乐、绘画和舞蹈的紧密交融应超过目前的水平。""我越想越明白，只有三要素的完全融合，才能创造出完美的芭蕾舞剧。""我一直按照这个宗旨上演芭蕾舞剧，从未忘记过戏剧中的三要素。"[1] 音乐、绘画和舞蹈的紧密交融和创新，配之以浓郁的俄罗斯风情，大概是佳吉列夫芭蕾舞成功最重要的秘诀。当时的欧洲芭蕾同俄罗斯传统芭蕾一样缺少活力，佳吉列夫芭蕾如强劲的清风一扫传统芭蕾的浊气，获得了欧洲上流社会的认可。

佳吉列夫的身上充满了无穷的精力和独特的凝聚力。后来成为 20 世纪最重要舞台设计家之一的班诺瓦评价他能使人"忘掉危险和疲惫"，是一位"在任何情况下"你会"追随到底的真正领袖"。他的身上"有营造浪漫工作氛围的独特天赋"，"与其一起，一切工作都有了某种冒险越轨的魅力"。[2] 佳吉列夫身上的这些品质以及他独具慧眼的判断力使他拥有一批才华横溢、勇于创新的青年艺术家朋友，他们是著名编舞福金（Michael Fokine）、巴克斯特（Leon Bakst）、尼金斯基（Vatslav Nijinsky）、马辛（Leonide Massine），作曲家斯特拉文斯基（Igor Stravinsky）、德彪西（Claude Debussy），以及画家毕加索、拉里昂诺夫（Mikhail Larionov）、冈察洛娃（Natalia Goncharova）、德朗（André Derain）、马蒂斯、米罗（Jean Milo）、尤特里洛（Maurice Utrillo）等。他们与其一道，把音乐、绘画和戏剧艺术概念和舞蹈形式结合起来，使芭蕾舞具有新的活力，创造出既非俄罗斯正统也非欧洲古典的令人震撼的芭蕾舞艺术，将"俄罗斯芭蕾打造成为一个先锋艺术中心"。[3]

在 1909 年 5 月俄罗斯芭蕾在巴黎初次公演大获成功之后，在接下来的 20 年里，佳吉列夫带领着这批俄罗斯演员开始了巴黎、伦敦、罗马、柏林、维也纳、纽约等地的巡回演出生涯，并于 1911 年正式建立芭蕾舞团，

1 谢尔盖·利发尔：《佳吉列夫传》，焦东建、董茉莉译，北京：东方出版社，2001，164 页。

2 Sjeng Scheijen. *Diaghilev: A Life*. Trans. Jane Hedley-Prôle and S. J. Leinbach. Oxford: Oxford University Press, 2009, p.101.

3 Peter Watson. *The Modern Mind: An Intellectual History of the 20th Century*. New York: Harper Collins Publishers, 2001, p.130.

陆续加盟这个舞团的有舞蹈家福金、尼金斯基、马辛，作曲家斯特拉文斯基、德彪西，画家毕加索、巴克斯特、拉里昂诺夫、冈察洛娃（Natalia Goncharova）、德朗、马蒂斯、米罗、尤特里洛等。这些主要来自俄罗斯、法国、西班牙的才华横溢、勇于探索的青年艺术家们后来大都成为享誉世界的大师。尽管其间或因经费不足，或因战争爆发，舞团经常处于四处奔波的状态，然而，他们却创造并丰富了一批芭蕾经典，如，《狂欢节》（*Carnaval*, 1910）、《舍赫拉查德》或《天方夜谭》（1910），《火鸟》（*Firebird*, 1910），《玫瑰幻影》（*Le Spectre de la Rose*, 1911），《彼德鲁什卡》（*Petrouchka*, 1911），《蓝神》（*Le Dieu Bleu*, 1912），《牧神的午后》（*L' Apres-Midi D'un Faune*, 1912），《塔玛女皇》（*Thamar*, 1912），《春之祭》（*Le Sacre du Printemps*, 1913），《游行》（*Parade*, 1917）等。

佳吉列夫的俄罗斯芭蕾受到诸如后印象派等前卫艺术的影响，注入了未来主义、立体主义、超现实主义、原始主义等多种元素，极大地丰富了芭蕾的内涵，使日趋没落的欧洲芭蕾艺术得以振兴。佳吉列夫突破传统芭蕾片面突出舞蹈部分的惯例，努力追求音乐、绘画和舞蹈的紧密交融，他的俄罗斯芭蕾使"一种新的美学表达形式得以诞生，使世上最古老、最伟大的三种艺术能够扮演它们各自的角色，并平分秋色"[1]。尽管舞团在 1929 年随着佳吉列夫的病逝而解体，却对 20 世纪西方音乐、舞蹈、美术乃至文学都产生了深远的影响，佳吉列夫则被后人称为"芭蕾沙皇""有史以来最伟大的巡回演出组织者"。电影《红菱艳》（*The Red Shoes*, 1948）就是以佳吉列夫及其芭蕾舞团为原型拍摄的。芭蕾史学家琳·伽拉佛拉写道："在 20 世纪芭蕾史上，没有任何剧团像俄罗斯芭蕾那样具有如此深刻而深远的影响。"[2] 它对法国诗人让·考克托、阿波利奈尔（Guillaume Apollinaire）、瓦雷里（Paul Valéry）、纪德（André Gide）等产生过重要影响，对一战前后英国知识界乃至英国社会的影响更是不可估量。

1　W. A. Propert. *The Russian Ballet in Western Europe, 1909–1920.* With a Chapter on the Music by Eugene Goossens and Sixty-Three Illustrations from Original Drawings. London: John Lane The Bodley Head Ltd, 1921, p.3.

2　Lynn Garafola. *Diaghilev's Ballets Russes.* New York & Oxford: Oxford University Press, 1989, p.vii.

二、英国知识界的接受和反应

弗兰克·斯温纳顿（Frank Swinnerton）在其《乔治亚时期的文坛》（*The Georgian Literary Scene*，1938）里有这样一段描述：

> 佳吉列夫和尼金斯基创造了一种新氛围。它艳丽的装饰，那么大胆，时而又那么怪异；它以奇特和优美取胜，它奇特的音乐节奏，——所有这一切……具有一个新世界的荣耀。《舍赫拉查德》和《塔玛女皇》芭蕾舞剧的荒蛮对于厌倦了英国的一切并渴望所有原始荒蛮的英国公众，犹如烈酒对于纯朴的土著人；对于那些以其风雅为傲、自我感觉良好的英国公众来说，《狂欢节》的温情犹如土耳其软糖。[1]

伦纳德·伍尔夫（Leonard Woolf）在《重新开始》（*Beginning Again: An Autobiography of the Years 1911—1918*，1964）里回忆起当年他和朋友们几乎每晚都去考文特花园观看佳吉列夫和尼金斯基的俄罗斯芭蕾演出的情景，并写道："俄罗斯芭蕾一时成为伦敦上流社会和知识分子共同的奇妙中心。"[2] 芭蕾史学家琳·伽拉佛拉的研究表明，英国一些作家、艺术家和知识分子经常观看佳吉列夫的芭蕾舞团演出。弗吉尼亚·伍尔夫也在其日记和信件里，多次记载了她与布卢姆斯伯里文化圈的伦纳德·伍尔夫、斯特拉奇、贝尔（Clive Bell）观看俄罗斯芭蕾演出的经历和观后感。莫瑞夫人（Ottoline Morrell）[3] 回想当年俄罗斯芭蕾舞团首次来伦敦表演的情景时说过这样的话："我对此着了迷，每晚都要带上朋友——约翰、杜瑞拉、德斯蒙德·麦卡锡、罗杰·福莱、弗吉尼亚和邓肯·格兰特（Duncan Grant）——一起去观看演出"[4]。战争诗人布鲁克仅在 1911 年间就观看了不下 15 场俄罗斯芭蕾表演。[5] 他对它是这样评价的："假如有什么东西

1　Frank Swinnerton. *The Georgian Literary Scene*. London: J. M. Dent & Sons Ltd, 1938, p.210.

2　Leonard Woolf. *Beginning Again: An Autobiography of The Years 1911–1918*. London: The Hogarth Press, 1964, p.37, p.48.

3　奥特琳·莫瑞（Ottoline Morrell）：艺术家的赞助人，与布卢姆斯伯里文化圈保持密切关系。

4　S. P. 罗森鲍姆主编：《回荡的沉默：布卢姆斯伯里文化圈侧影》，杜争鸣、王杨译，南京：江苏教育出版社，2006，13 页。

5　Lynn Garafola. *Diaghilev's Ballets Russes*. New York & Oxford: Oxford University Press, 1989, p.316.

能救赎我们的文明的话，那就是他们。我愿意付出一切使自己成为一名芭蕾舞设计师。"[1] 福斯特和贝尔多年之后对当年的情景仍记忆犹新。[2] 弗吉尼亚的外甥大卫·盖德（David Gadd）在《忠诚的朋友》(*The Loving Friends: A Portrait of Bloomsbury*, 1974) 中记载了停战日在蒙特·谢尔曼（Monty Shearman）的家里举办的庆祝会。来者有作家和画家，如，西特韦尔兄弟（the Sitwells）、福莱、格特勒（Mark Gertler）、斯特拉奇、凯恩斯（John Maynard Keynes）、格兰特、奥特琳·莫瑞、劳伦斯等人。而佳吉列夫、马辛和洛普科娃（Lydia Lopokova）一行的到来给聚会带来了异国氛围，"人人翩翩起舞"[3]。作家奥斯伯特·西特韦尔（Osbert Sitwell）自 1912 年首次观看俄罗斯芭蕾表演之后，便成为其忠实的追随者。日后在谈到这段难忘的经历时，西特韦尔写道："早在 1912、1913 和 1914 年间，我观看那些芭蕾，对它们越来越熟悉，其中的音乐已经完全积聚在我的潜意识里。在战壕度过的那两个冬天，……这些音乐拯救了我"[4]。著名经济学家、布卢姆斯伯里成员凯恩斯作为俄罗斯芭蕾的忠实粉丝，于 1925 年与俄罗斯芭蕾舞主要演员洛普科娃结为夫妇。换言之，佳吉列夫的俄罗斯芭蕾在当时的英国伦敦成为以布卢姆斯伯里文化圈为代表的英国知识分子热情关注和谈论的事物。罗森鲍姆指出，"佳吉列夫的俄罗斯芭蕾使布卢姆斯伯里文化圈对俄罗斯文化及其社会产生了持久兴趣。"[5]

英国知识界对俄罗斯芭蕾的欣然接受使伦敦一度出现"俄罗斯热"和俄罗斯模仿时尚。充满东方情调的化装舞会、受人青睐的印度头巾和色彩鲜亮的服饰为人们所青睐。凯瑟琳·曼斯菲尔德身着俄罗斯风格服饰，抽着俄罗斯牌香烟，甚至用不同的俄罗斯人名作为笔名。与其同时代人一样，英国著名艺术赞助人奥特琳·莫瑞夫人对凡是与俄罗斯有关的一切事物都表现出极大的热情。她不仅以女主人身份邀请佳吉列夫、尼金

---

1 Richard Buckle. *Nijinsky*. London: Weidenfeld & Nicolson, 1971, p.264.

2 Lynn Garafola. *Diaghilev's Ballets Russes*. New York & Oxford: Oxford University Press, 1989, p.316.

3 David Gadd. *The Loving Friends: A Portrait of Bloomsbury*. London: The Hogarth Press, 1974, p.132.

4 Nesta Macdonald. *Diaghilev Observed by Critics in England and the United States 1911–1929*. New York & London: Dance Horizons & Dance Books Ltd.1975, p.220.

5 S. P. Rosenbaum. *Georgian Bloomsbury: The Early Literary History of the Bloomsbury Group, Vol. 3, 1910–1914*. Hampshire & New York: Palgrave, 2003, p.6.

斯基等俄罗斯芭蕾舞成员到其伦敦盖辛顿庄园做客，将其介绍给她的朋友们——作家、画家、艺术家，特别是布卢姆斯伯里文化圈，甚至还热衷于穿戴俄罗斯风格的各种服饰。凯恩斯也曾在其戈登广场 46 号寓所举办过东方化装舞会，伍尔夫夫妇还装扮成印度人。[1]

很自然，由俄罗斯芭蕾所引发的"俄罗斯热"必定会以各种不同形式反映在当时文学创作之中。最鲜明的例子莫过于弗吉尼亚·伍尔夫。可以说，俄罗斯芭蕾元素在她多部作品中俯拾皆是。从 1915 年第一部小说《出航》(*The Voyage Out*) 直至 1941 年最后一部小说《幕间》(*Between the Acts*)，俄罗斯芭蕾、俄罗斯舞者、俄罗斯舞剧被直接或间接地反复提及或引述，而舞会、聚会场景以及跳舞、起舞、跳动等表现动态、富于节律的描述词则不断重现。这些都成为了伍尔夫小说的一个重要意象，共同构成其小说中的舞蹈母题，足见俄罗斯芭蕾对伍尔夫创作活动的影响。

伍尔夫的第一部小说《出航》多处出现跳舞和舞会的场景，而有两处描写清楚地表明人物或作家本人对当时风靡伦敦的俄罗斯芭蕾甚至东方文化印象深刻。小说中，海伦与桑恩伯雷夫人谈论跳舞时，艾略特夫人突然发问，"你看过那些杰出的俄罗斯舞者的表演吗？"[2] 而在另一场景里，我们看到"休伊特模仿一位印度少女在国王面前挑逗性地翩翩起舞。"[3] 在《奥兰多》的前言里，伍尔夫特别提到"洛普科娃夫人一直在一旁纠正我的俄语"[4]，而《达洛维夫人》(*Mrs Dalloway*, 1925) 中的人物雷齐娅的原型则是洛普科娃本人。洛普科娃全名是莉迪娅·洛普科娃，曾是佳吉列夫芭蕾舞团的主要演员之一。《幕间》形容燕子在树林中飞舞的姿态"犹如俄罗斯舞蹈家，只是不是合着音乐的节拍，而是伴随着自己狂跳心脏的无声节奏"[5]。另一处的描写（"舞跳完了。仙女和乡村情郎退下场去。"[6]）很可能暗指曾轰动英国的杰出的俄罗斯芭蕾舞演员尼金斯

1　Victorian Glendinning. *Leonard Woolf*. New York & London: Free Press, 2006, p.230.

2　Virginia Woolf. *The Voyage Out*. London: The Penguin Group, 1992, p.146.

3　ibid., p.152.

4　Virginia Woolf. *Orlando*. London & New York: The Penguin Group, 1998, p.7. 以下引自该书的内容，只在文中注明页码，不再另作脚注。

5　Virginia Woolf. *Between the Acts*. London: The Penguin Group, 1992, p.41.

6　ibid., p.76.

基的《牧神的午后》。在《岁月》(*The Years*, 1937) 中，马丁为社交需要事先想好的三个话题之一就是俄罗斯芭蕾。《雅各的房间》(*Jacob's Room*, 1922) 中的一个片断描述了首都伦敦的生活充满欢乐，喝茶、赴晚宴、观看俄罗斯芭蕾。[1] 在《海浪》(*The Waves*, 1931) 中，一个人物谈到"他们在伦敦跳舞，"并且"用脚尖旋转"。[2]

　　尽管劳伦斯没有明确承认观看过俄罗斯芭蕾表演，但众多迹象表明他对此并非"一无所知"。首先，上文提到的停战庆祝聚会，劳伦斯不仅参与其中，而且也见到了参加聚会的佳吉列夫一行人。其次，当时伦敦知识界和上流社会对俄罗斯芭蕾欣喜若狂，其中就有劳伦斯的多位好友，如福斯特，奥特琳·莫瑞，爱德华·加纳特、大卫·加纳特，默里（《节奏》的主编）等。他们中不少人与佳吉列夫的俄罗斯芭蕾舞团及其主要演员关系密切。劳伦斯从他们那里了解俄罗斯芭蕾并非不可能。这一点可从他死后出版的小说《诺恩先生》(*Mr. Noon*, 1934) 得以证实。小说第21章叙述了一位叫"特里"(Terry) 的伦敦朋友对诺恩和乔安娜所在农场的访问。晚上，"他们即兴表演芭蕾。安娜·巴甫洛娃和尼金斯基的俄罗斯芭蕾舞团刚抵达伦敦"。[3] 作家在《恋爱中的女人》(*Women in Love*, 1920) 里描写厄休拉、戈珍和伯爵夫人身着"漂亮的东方服装"，"按照俄罗斯舞蹈家巴甫洛娃和尼金斯基的风格"，跳了一小段芭蕾舞。两部小说中的服饰也有共同之处。特里的头上包裹着"一大块穆斯林红头巾"；厄休拉、戈珍和伯爵夫人的"漂亮的东方服装"是由色彩华丽的"缎带、披肩和围巾"[4] 组成。这些装束可能是基于尼金斯基和巴甫洛娃在《埃及艳后》(*Cleopatra*) 和《天方夜谭》等舞剧里所扮演的角色。根据服饰的这一细节以及这两部小说的创作时间，可以断定，劳伦斯对俄罗斯芭蕾并非"一无所知"，而是所知甚多。至于他为何不愿承认观看过俄罗斯芭蕾，或许这与他从来都不谈论布卢姆斯伯里文化圈一样，因为按凯恩斯和利维斯 (F. R. Leavis) 的说法，真正冒犯和轻侮了劳伦斯的，是布卢姆斯伯里的智性品格，[5] 尽管他自己从未这么说过。而布卢姆斯伯里文化圈与

1　Virginia Woolf. *Jacob's Room*. New York: Bantam Books, 1998, p.116.
2　Virginia Woolf. *The Waves*. Hertfordshire: Wordsworth Editions Ltd, 2000, pp.54-55.
3　D. H. Lawrence. *Mr Noon*. London & New York: Cambridge University Press, 1984, p.255.
4　D. H. Lawrence. *Women in Love*. Beijing: Foreign Languages Press, 1994, p.101.
5　昆汀·贝尔：《隐秘的火焰：布卢姆斯伯里文化圈》，季进译，南京：江苏教育出版社，2006，78 页。

佳吉列夫及其芭蕾舞团的密切关系造成了他内心的抵触。

20 世纪一位英国诗人奥登（W. H. Auden）在其《1939 年 9 月 1 日》（"September 1, 1939"）这首诗中写道：疯狂的尼金斯基写下的 / 关于佳吉列夫的话，/ 实际上适用于每颗普通人的心 /。[1] 这不仅表明奥登熟悉佳吉列夫的俄罗斯芭蕾，而且也说明后者激发了他的想象力。诗中"佳吉列夫"（Diaghilev）与"爱"（love）押韵，表明诗人不仅洞悉佳吉列夫和尼金斯基之间的同性恋关系，也暗示在柏林期间他与其老师、小说家克里斯托弗·伊舍伍德（Christopher Isherwood）之间亲密关系以及他内心的焦虑。20 世纪另一位英国重要诗人艾略特与佳吉列夫的俄罗斯芭蕾也有着不解之缘。艾略特于 1910—1911 年间在巴黎首次观看到佳吉列夫芭蕾舞团的表演，之后观看了多部芭蕾舞剧，如，《狂欢节》《善良的女士们》（*The Good-Humoured Ladies*）、《火鸟》《三角帽》（*Le Tricorne*）等。艾略特十分痴迷马辛的舞蹈表演，多次观看他的演出，并以俄罗斯芭蕾为题，撰写了两篇评论文章，发表在他主编的《准则》杂志上。[2] 他在文章中高度评价马辛，称其为"伦敦最伟大的演员"，"一个天才"。[3] 对于佳吉列夫，他也同样赞赏有加，称他为"一位伟大的制作者"，认为"芭蕾的未来很有可能依赖于佳吉列夫的成功。"[4] 对艾略特影响最大的是尼金斯基和马辛两位俄罗斯芭蕾的主要演员。"尼金斯基是艾略特多首诗歌的灵感来源，而马辛则激发了他许多美学思考。"[5] 梅斯特尔（Terri Mester）的研究显示，艾略特的《圣纳西瑟斯之死》（"The Death of Saint Narcissus"）的创作受到尼金斯基的影响。1911 年艾略特逗留巴黎期间观看了芭蕾舞剧《纳西瑟斯》（*Narcisse*），剧中的主角纳西瑟斯由尼金斯基扮演。艾略特的著名诗篇《荒原》（"The Waste Land", 1922）、《四个四重奏》（"Four Quartets", 1936—1942）、《空心人》（"The Hollow Men", 1925）都在不

---

1 W. H. Auden. *Selected Poems*. New Edition. Ed. Edward Mendelson. New York: Vintage Books, 1971, pp. 86-89.

2 T. S. Eliot. "Dramatis Personae" and "A Commentary: The Ballet and Serge Diaghileff". *The Complete Prose of T. S. Eliot: The Perfect Critic, 1919–1926*, the critical edition, Vol. 2. Eds. Anthony Cuda and Ronald Schuchard. Baltimore: Johns Hopkins University Press, 2014. pp.433-437, pp.567-571.

3 ibid., p.434.

4 T. S. Eliot. "A Commentary: The Ballet and Serge Diaghileff". *The Complete Prose of T. S. Eliot: The Perfect Critic, 1919–1926*, the critical edition, Vol. 2. p.567.

5 Terri Mester. "Dance". *T. S. Eliot in Context*. Ed. Jason Harding. Cambridge: Cambridge University Press, 2011, p.114.

同程度上受到俄罗斯芭蕾的影响。[1]我们或许可以推断，艾略特关于"非人格化"的概念很有可能受到马辛的艺术表演的启示。当他在《剧中人》（"Dramatic Personae"，1923）中写道"马辛属于未来舞台，他完全是非人的、非个人的、极度抽象的"[2]时，他已经辨别出马辛与传统舞姿的差异，后者表达情感，而马辛抽象的舞姿只是情感的象征。[3]很可能，艾略特在其《传统与个人才能》（"Tradition and the Individual Talent"，1919）中对文学的非人格化概念的论述与他在马辛艺术中看到的非人格化特征之间存在一定联系，尽管艾略特的《剧中人》晚于《传统与个人才能》，但资料显示，艾略特首次观看俄罗斯芭蕾和马辛的演出是在 1919 年 5 月 13 日；同年 7 月 22 日他观看俄罗斯芭蕾《三角帽》在伦敦的首场演出，马辛是主演。该文章于 1919 年 9 月和 12 月分两次发表在《利己主义者》（*The Egoist*）杂志上。[4]如此巧合，耐人寻味，使人不禁有此联想。

三、俄罗斯芭蕾与小杂志《节奏》[5]

《节奏》（副标题为"艺术音乐文学"）是 20 世纪早期在英国伦敦出版的一份文学刊物。1911 年，它由当时就读于牛津大学的本科生约翰·米德尔顿·默里和迈克尔·萨德勒（Michael Sadler, 后改为 Sadleir）共同创办和主编。杂志寿命短暂，从 1911 年夏创办至 1913 年 3 月结束，前后不足两年，共出版了 14 期。最初 4 期是季刊，之后成为月刊，编辑部人员也随之相应调整，主编由默里和萨德勒变成了默里和凯瑟琳·曼斯菲尔德，增添了海外栏目及其责任编辑，如法国，美国，俄罗斯和波兰，使杂志具有了国际性特征，展示了多元文化的倾向和积极、乐观的包容性。尽管杂志因资金短缺、读者群小而夭折，但它却被公认为是一份介绍后

1　Terri Mester. "Dance". *T. S. Eliot in Context*. Ed. Jason Harding. Cambridge: Cambridge University Press, 2011, pp.114-124.
2　T. S. Eliot. "Dramatis Personae". *The Complete Prose of T. S. Eliot: The Perfect Critic, 1919–1926*. p.434.
3　ibid., p.435.
4　艾略特于 1919 年 5 月 13 日首次观看佳吉列夫的俄罗斯芭蕾和马辛的表演，直到 1923 年 1 月 24 日。期间，艾略特不仅观看马辛的表演，而且还与后者见面，撰写评论文章。参见 Anthony Cuda and Ronald Schuchard. Eds. *The Complete Prose of T. S. Eliot: The PerfectCritic, 1919–1926*, the critical edition, Vol. 2. p.436, 注 10.
5　本节主要内容已发表于《俄罗斯文艺》，2014（4）: 147-152.

印象主义画派的重要杂志，[1] 也是英国现代主义小说家曼斯菲尔德、劳伦斯以及后印象派画家毕加索最初发表作品的杂志之一，从而与英国现代主义的产生和发展有着密切联系。《节奏》的重要意义还在于它代表了两个第一：它是"英国第一份小杂志"，是"直接产生于第一次世界大战前夕、艺术欢乐和信奉艺术变革的新氛围下的首本文学期刊"[2]；它是英国第一本刊登法国后印象派画家毕加索作品的杂志[3]。正如杂志纲领"目的与理想"所宣称的，这是"一本有目的的杂志"。它旨在表达涵盖"诸多方面"的一种"新艺术理想"。[4] 英国著名现代主义学者布雷德伯里于 1968 年 4 月在《泰晤士报文学增刊》上撰文指出，"《节奏》捕捉到了各种运动分裂前的那一瞬间，即乔治派与意象派和漩涡派之间的竞争"，"它开辟了小杂志之路，我们特别把这类小杂志与构建英国现代主义新型的、运动导向的、前卫的、审美革新的那类报刊联系起来。"[5] 从杂志的纲领到栏目内容的设计，从主编的声明到后人的评价以及近年来有关对《节奏》与英国现代主义关系的研究成果，都表明它在当时历史和文化背景下起到了促进和推动早期英国文学现代主义的产生和形成的作用。

《节奏》的一个显著特征是载有数量可观的前卫美术作品或插图，其作者包括多名后印象派和野兽派最重要的画家，如毕加索、塞尚、雷东、德朗、马尔凯、索洛（Fritz Thaulow）、赖斯（Anne Estelle Rice）、皮伯乐（S. J. Peploe）、迪斯莫尔（Jessie Dismorr）、班克斯（Georges Banks）、弗格森（J. D. Fergusson），以及俄罗斯新原始主义创始人拉里奥诺夫和冈察罗娃。其中，俄罗斯芭蕾主题占有重要位置。此外，有相当数量文章或评论涉及俄罗斯芭蕾，还有少量俄罗斯作家的作品以及仿效俄罗斯人名之作，如 Boris Petrovsky 系凯瑟琳·曼斯菲尔德模仿的俄罗斯人名。

在这些作品中，班克斯和赖斯关于俄罗斯芭蕾主题的插图令人印象深刻，赖斯的系列组画尤为引人瞩目。实际上，在英国伦敦演出的所有

1　它曾刊登过毕加索（Pablo Picasso）、塞尚（Paul Cezanne）、雷东（Odilon Redon）、德朗（Andre Derain）、弗里茨（Othon Friesz）、马尔凯（Albert Marquet）、拉里奥诺夫（Mikhail Larionov）、冈察罗娃（Natalia Goncharova）等后印象派和野兽派画家的作品。

2　Malcolm Bradbury. "The Little Magazine". *Times Literary Supplement* (25 April 1968): 421.

3　Faith Binckes. *Modernism, Magazines, and The British Avant-Garde: Reading Rhythm, 1910–1914*. Oxford & New York: Oxford University Press, 2010, p.2.

4　John Middleton Murry. *Rhythm*. No.1 (Summer 1911): 36.

5　Malcolm Bradbury. "The Little Magazine". *Times Literary Supplement* (25 April 1968): 423-424.

俄罗斯芭蕾舞剧几乎都被绘成了插图，如《玫瑰幻影》《蓝神》《牧神的午后》《彼德鲁什卡》《塔玛女皇》《舍赫拉查德》。[1] 这些插图清晰地再现了异国情调：东方的神秘、生命的韵律、浪漫、热情、原始、动感。两位画家还撰文评述佳吉列夫所率领的俄罗斯芭蕾舞团的出色表演，高度评价俄罗斯芭蕾在形式上的创新，比较和论述了俄罗斯芭蕾与其他艺术形式之间的关系。例如，班克斯的《彼德鲁什卡》一文分析了该剧的舞台艺术，指出这是"现代戏剧中所见到的最完美舞台艺术的成就之一"，其听觉和视觉上的独特结合使"音乐在形式上完全变成了视觉的"。[2] 赖斯的长篇评论《论俄罗斯芭蕾》则清楚地概括了俄罗斯芭蕾的重要特征："极为原始、质朴，亚洲风景，热带炎热，每一瞬间都在诞生新的生命"[3]。通过"线条、形状、色块、色彩与动作、线条和色彩品质的关系，创造出了生命，使舞台成为一种活力，而不是某种乏味的绘画布景。"[4] 赖斯还点评了各部舞剧的主要特点，图文并茂，形象地展示了俄罗斯芭蕾充满生命韵律、平衡和谐、完美统一的特征。

这些插图和评论不仅为风靡一时的俄罗斯芭蕾推波助澜，无疑也在营造着新的文化氛围，引领着新的文化观念。

班克斯和赖斯的文章及其插图表明俄罗斯芭蕾在英国知识界产生了巨大影响。概括地讲，充满动态的插图以及对俄罗斯芭蕾的评论不仅集中展示了俄罗斯芭蕾的感性特征，即野性、生命力、生命节奏、性感，而且强调芭蕾舞的各种元素和组成部分在俄罗斯芭蕾中达到了完美统一、平衡协调的境界。

赖斯刻意地将俄罗斯芭蕾采用凡·高、高更（Paul Gauguin）等法国后印象派风格的舞台美术与具有惠斯勒风格的传统舞台美术进行比较，指出后者"极其空洞"，示人以一种"心有余而力不足"[5] 的印象。相比之下，俄罗斯编舞巴克斯特"用线条和色彩淋漓尽致表现的舞台艺术"使他成为"现代舞台设计形象艺术最伟大的革新者"[6]。她认为，法国后

1 这组插图除《彼德露什卡》和《蓝神》外，在 1913 年 3 月刊上被再度刊登，足以说明其影响力。
2 Georges Banks. "Petrouchka—The Russian Ballet". *Rhythm*. No.6 (July 1912): 58.
3 Anne Estelle Rice. *Rhythm*. No. 7 (August1912): 108.
4 ibid., 106.
5 ibid., 107.
6 ibid., 107.

印象派画家的前卫和创新突破传统，打破线条与颜色的限制，大胆无畏且最大可能地通过线条和颜色来表现思想。通过与佳吉列夫的俄罗斯芭蕾艺术的比较，赖斯认为，俄罗斯芭蕾艺术与法国后印象画派有共通之处，它们崇尚"线条和色彩本身及其相互之间的关系来表达画家的情绪"[1]。"巴克斯特亚洲风格的色彩组合压倒了哈恩（M. Reynaldo Hahn）惠斯勒风格的色彩组合"，后者"奇妙亲和的色彩不但没有赋予芭蕾以自发动作，相反地，停止了芭蕾的动作。"[2] 无疑，俄罗斯芭蕾艺术与当时前卫艺术形式追求线条和线条动力的现代潮流相吻合。

然而，从另一个角度看，《节奏》如此不惜笔墨地关注俄罗斯芭蕾，这一现象耐人寻味。让我们从杂志名称的由来以及它与俄罗斯芭蕾和后印象主义之间的关系来寻找答案吧。

根据现有研究资料，主编默里当时正热衷于阅读亨利·柏格森（Henri Bergson）的作品，十分推崇并认可其关于宇宙生命力的哲学思想和主张，认为"艺术'必须继续向前行进……（它）是运动，凶猛，并用力撕扯前面所展示的一切。'艺术家将会看到'线条和颜色的基本形式，基本和谐'以及他很早之前所谓的'现代主义'将穿过'世界的外表'，释放'事物内在的节奏'，从而获得'世界的原始和谐'"。[3] 他甚至直接把现代主义与柏格森主义视为一体，"现代主义意味着哲学中的柏格森主义。……柏格森主义代表了后印象派最本质的意义"[4]。显而易见，默里将生命活力、节奏与现代主义联系起来。1911 年，在《节奏》创办前夕，默里邂逅后来成为该杂志艺术编辑的苏格兰青年画家弗格森，两人很快成为无话不谈的挚友。弗格森十分喜爱野兽派画家马蒂斯、德朗和弗拉曼克的绘画，并深受这一画派的影响。在他们的谈话中，"节奏"一词被频频使用，杂志名便应运而生。俄罗斯芭蕾强烈的韵律感和洋溢的生命力与杂志的宗旨不谋而合。默里在谈到杂志名时曾经说过："它的名称是一种新艺术的理想……唯美主义的全盛时代已经过去，它已完成使命……并不可避免地被超越它领域的生命波涛所淹没……我们旨在提供艺术。不管是绘画，

1　Anne Estelle Rice. *Rhythm*. No. 7 (August 1912): 107.

2　ibid., 109.

3　John Middleton Murry. *Rhythm*. No.1 (Summer 1911): 12.

4　John Middleton Murry. 转引自 Ysanne Holt. *British Artists and the Modernist Landscape*. Aldershot & Burlington: Ashgate Publishing Ltd, 2003, pp. 87-88.

文学还是批评，它将是有活力的、坚决的。它将是植根于表面并与人生相连的生命节奏的共鸣。在共鸣和野蛮中，它必将是真实的。"[1] 因此，俄罗斯芭蕾很可能直接催生了这个名称。

同样值得关注的还有另一现象。当时，野兽派很大程度上实际上被视为后印象派。[2] 野兽派画家不仅深受当时属于前卫艺术的后印象派画家塞尚、凡·高和高更的影响，而且将后者的艺术主张推向了极致。根据萨德勒的观点[3]，野兽派崇尚自我表达，追求和谐，具有强烈的线条和色块，画风强烈，有活力，充满节律。这些特点显然与《节奏》的艺术主张颇为契合。"艺术在能够通人性前必须学会野蛮"。[4] 我们可以大胆地推断，充满活力和动感节律的佳吉列夫的俄罗斯芭蕾为野兽派画家提供了直接的灵感。佳吉列夫的芭蕾舞团及其在巴黎的演出对弗格森和佩普洛（Samuel Peploe，1910年成为《节奏》另一位重要画家）产生了巨大影响。巴克斯特那令人振奋、色彩绚丽的服饰、斯特拉文斯基的节奏强烈的音乐和尼金斯基强健的舞蹈动作设计激发了弗格森的创作灵感，通过表现绘画的节奏，弗格森竭力再现对俄罗斯芭蕾的强烈体验。[5] 实际上，在他一生中，舞蹈和舞蹈演员对他作品的影响不仅体现在绘画主题上，而且使他认识到一切艺术形式是相互依存的。[6] 可见，俄罗斯芭蕾之所以受到《节奏》的青睐，是因为"其音乐的猛烈和不和谐的打击声与野兽派画家们早在几年前就试图取得的那种东西完全吻合"[7]。野兽派画家一直所追寻的就是对自我的表达，对生命而非艺术的表现。赖斯在《节奏》上的俄罗斯芭蕾主题的系列插画完美地体现了野兽派和杂志的这一宗旨。俄罗斯芭蕾所反映的自然属性与当时新兴的野兽派所倡导的绘画原则相符。总之，《节奏》所崇尚的艺术形式和思想乃至它的名称都与当时风靡英法的俄罗斯芭蕾有着十分密切的关系，它如此关注俄罗斯芭蕾

1　John Middleton Murry. *Rhythm*. No.1 (Summer 1911): 36.

2　野兽派被认为将凡·高的后印象主义推向极致，也受到诸如塞尚、高更等后印象画派的影响。赖斯在其评论文章中将野兽派与后印象派等同起来。

3　John Middleton Murry. *Rhythm*. No.1 (Summer 1911): 17.

4　ibid., 36.

5　*The Fergusson Gallery*. Perth and Kinross Council, Scotland, p.11.

6　ibid., p.12.

7　Edward Lucie-Smith. "The Other Arts". *The Twentieth Century Mind, 1, 1900–1918*. Eds. B. Cox and A. E. Dyson. London & New York: Oxford University Press, 1972, p.506.

也就十分自然了。另一方面，作为当时英国前卫的文学小杂志，《节奏》在引介俄罗斯芭蕾艺术方面也确实发挥了积极的作用，在英国现代主义文学形成初期有着不可或缺的重要性。

四、英国知识分子眼中的俄罗斯形象

　　如前文所示，伍尔夫、劳伦斯以及奥登作品中的俄罗斯芭蕾元素反映了俄罗斯芭蕾的影响，表明他们对俄罗斯艺术和文化的接受和欢迎。正如伦纳德·伍尔夫所指出的，俄罗斯芭蕾是"一种新艺术，对于我们蒙昧的英国人而言是一次革命"[1]。也有人将俄罗斯芭蕾比作"在通常或宜人或可厌的气候中突然袭来的一阵寒意"，使人顿感"精神振奋，心旷神怡"。[2]可以想象，"在欧洲芭蕾似乎注定消亡之时，俄罗斯芭蕾标志着芭蕾的复活"[3]。对于有着敏感触角的作家、画家和知识分子来说，俄罗斯芭蕾意味着什么不言而喻。弗吉尼亚·伍尔夫在其《罗杰·福莱传》（Roger Fry: A Biography, 1940）中写道："文学正苦于有太多的束缚和戒律"[4]。正是在这样的关键时刻，俄罗斯的"入侵"带去了令英国知识分子感到无比震撼和惊叹不已的一个全新世界——浪漫、野蛮、奇特"[5]。俄罗斯芭蕾的浪漫、原始、野蛮、奇异等特征一方面使英国知识分子看到了亟需解决的问题，给他们带来创作的灵感和活力；另一方面也唤醒了英国人内心深处固有的民族和文化的优越感。两种情感的撞击滋生出对俄罗斯及其文化的矛盾情感。这种矛盾性最终导致他们在描述和再现俄罗斯人及其文化时缺乏一种客观、公允的态度。

　　让我们重新审视上述作品中相关的俄罗斯元素的部分片断。弗吉尼亚·伍尔夫在《幕间》里对拉·曲勒伯小姐有这样一段描写：

　　　　可是她从何而来？从她的姓氏看，她大概不是纯英国人。或许

1 Leonard Woolf. *Beginning Again: An Autobiography of The Years 1911–1918*. London: The Hogarth Press, 1964, p.37.

2 A. Williams Ellis. "The Russians". *The Spectator* (6 December 1924): 878.

3 Sergei Lifar. "The Russian Ballet in Russia and in the West". *Russian Review*. Vol. 28, No. 4 (October 1969): 396-402.

4 Virginia Woolf. *Roger Fry: A Biography*. New York: Harcourt Brace & Company, 1940, p.172.

5 C. L. G. "The Russian Invasion". *The Spectator* (27 June 1914): 1090.

从英吉利海峡岛屿而来？只是她的眼睛和她身上某种特征总使得宾汉姆太太怀疑她身上有俄罗斯血统……实际上人们对她几乎一无所知。从外表看，她肤色黝黑，身体粗壮；偶尔嘴里还叼着一根烟，手里总是拿着一根鞭子；嘴里说着粗话——或许，她根本不是一位夫人？[1]

小说中，曲勒伯小姐是一名作家和乡村盛大游行的导演，也是位脾气怪戾的老姑娘。从片断看，她来历不明，对她身份和姓名的疑问以及猜测表明她的神秘性和身份的不确定性。"实际上人们对她几乎一无所知。"此外，对外貌举止的一些细节描写无不暗示她的粗俗、野蛮、缺乏女性气质。更甚的是，作者还借助另一个人物的怀疑，非常自然地将曲勒伯小姐与俄罗斯人并置，从而巧妙地将她、俄罗斯人同神秘、粗俗、落后、野蛮等品质捆绑在一起。这一写法暗含作者自身的民族优越感和对外族人的偏见和蔑视。稍后，作者又将林中快速飞舞的燕子喻为俄罗斯芭蕾舞者[2]，从另一个角度强调了后者的动物性。

在英国另一位作家毛姆（William Somerset Maugham）的作品《英国特工》（*Ashendon*, 1928）中也能找到诸如此类的矛盾描写。比如，"就在那个时期，欧洲发现了俄罗斯……俄罗斯舞蹈演员迷住了文明世界。"[3] 小说主人公被描写记得伦敦的"那个时期"。此处的"那个时期"指的就是俄罗斯芭蕾风靡欧洲的20世纪10年代，而"俄罗斯舞蹈演员迷住了文明世界"中的"文明世界"实质上在暗示俄罗斯与欧洲的差异。寥寥数语却足见俄罗斯芭蕾对欧洲的震撼和欧洲人对异族或东方文化的倨傲姿态。

在看待俄罗斯及其文化的问题上，劳伦斯的态度也同样暧昧，不乏偏见。在《诺恩先生》里，描写一位名叫斯坦利的年轻英俊的美国贵族，强调他曾一度追求一位俄罗斯姑娘且与之山盟海誓——海枯石烂不变心。但作者对女孩是"伦敦的一名政治难民"这一细节的补充耐人寻味。紧接着，"哦，那种俄罗斯式的生活——他自己亲爱的母亲对此会说什么

1　Virginia Woolf. *Between the Acts*. Intro. and Notes by Gillian Beer. Ed. Stella McNichol. London: The Penguin Group, 2000. p.37.

2　ibid., p.41.

3　Somerset Maugham. *Ashendon, or The British Agent*. New Jersey: Transaction Publishers, 2010, p.265.

呢！"[1]更令人感到两个细节之间传递着某种微妙元素。此处，美国小伙子的贵族身份和良好教养与俄罗斯女孩的政治难民身份以及俄罗斯式生活的并置描写在一定程度上反映了作者本人的暧昧态度。在这一点上，劳伦斯与上述作家可谓异曲同工。

将原始、野蛮、动物性、落后、性感、激情等特点与俄罗斯芭蕾联系起来，不仅呈现于作品和对俄罗斯芭蕾的评论中，也反映在对俄罗斯芭蕾舞演员的态度和评价中。莉迪亚·洛普科娃是俄罗斯芭蕾舞团的主要演员之一，1925 年 8 月与著名英国经济学家凯恩斯结为夫妇。弗吉尼亚·伍尔夫自 1918 年 10 月 10 日在伽利略广场英国诗人西特韦尔的家庭聚会上首次与其相识直至 1931 年，她在日记和给瓦奈莎及友人的信里记录了对洛普科娃的印象。伍尔夫屡次用鸟类意象来形容其行为举止，嘲弄洛普科娃有口音的英语发音，揶揄地称她为"长尾小鹦鹉"[2]；她还在给瓦奈莎的信里抱怨道："说真的，一只稀有的鸟会更适合梅纳德"[3]，并在给雅克·雷夫拉特（Jacques Raverat）的信里称洛普科娃是"可怜的麻雀正在变成一只谨慎、沉默、严肃、母亲般的、体面的家禽"[4]。尽管伍尔夫在此期间频繁观看俄罗斯芭蕾演出，且对此不乏溢美之词，但她关于洛普科娃的言论却显示出她的自傲和蔑视。"莉迪亚在场时，你无法进行实质性的讨论。"[5]伍尔夫回想起某个星期天喝茶的情形："的确，我经历了有生以来最难熬的时刻。她的贡献是一声尖叫、两段舞蹈，然后一声不吭，两手交叉，像个听话的孩子"[6]。把洛普科娃与鹦鹉、麻雀、家禽以及孩子等同，一方面强调了其动物性、愚昧和无理性，另一方面也暗示了伍尔夫作为英国人的优越感和知识分子的势利，尽管她可以同时又着迷于俄罗斯芭蕾。

用动物意象来形容和描述俄芭蕾演员不仅限于针对洛普科娃。舞蹈奇才尼金斯基也不例外。尽管尼金斯基在舞蹈表演方面极具天赋，其杰

1　D. H. Lawrence. *Mr. Noon.* London & New York: Cambridge University Press, 1984, p.256.

2　Nigel Nicolsm and Joanne Trautmann. Eds. *The Letters of Virginia Woolf, Vol. III, 1923–1928.* London: The Hogarth Press, 1977, p.43.

3　ibid., p.101.

4　ibid., p.149.

5　ibid., p.114.

6　ibid., p.129.

出的表演得到了高度赞美和崇拜。然而，稍加审视，那些高频率出现的赞美词，特别是形容舞者及其舞姿的那些描述词，如"以昆虫般的迅速"[1]，"他跳着舞，像精灵一般，优雅地跳跃，像玫瑰的幽魂，像雪莱的云雀"[2]，这些描写给人留下充满生命和活力的印象，但同时也暗含了动物性。此外，尼金斯基天生缄默、不善于表达的缺陷也被放大而受到嘲弄。他被揶揄地称为"天才的白痴"[3]。"除了俄语，他实际上只认得两个英文单词：'皮卡迪利大街'（Piccadilly）和'利特勒'（Littler）。"[4]不仅如此，根据奥特琳·莫瑞夫人的回忆，尼金斯基还给人易激动和高度紧张的印象，对其上司佳吉列夫唯命是从，俨然像个听话的孩子。跟洛普科娃一样，尼金斯基也因不标准的英语发音和孩子气遭人奚落。而这些描述性评论同样隐含了对异族或外来文化入侵的新奇感和抵触情绪。

洛普科娃和尼金斯基的例子虽属个案，却具有代表性。第一次世界大战前后，英国社会正处在一个历史转折时期。这一时期的英国知识分子已经厌倦了传统价值观，特别是在战后，他们急于扫除战争的阴影，摈弃旧的生活方式和文学陈规，却苦于找不到更合适的表达模式。俄罗斯芭蕾的到来不仅丰富了他们的文化生活，更激发了英国知识界特别是青年知识分子的内心诉求；但与此同时，西方人一直以来在对待异族及其文化时那种潜在的优越感也不知不觉地被唤醒。因此，对佳吉列夫的俄罗斯芭蕾，特别是其旺盛的原始生命力和浓郁的异域风情，他们表现出既接受又排斥、既赞美又贬低的矛盾态度。英国知识界这种矛盾态度的一个突出表现是，无论是公开发表的评论，还是私人日记和随笔，在赞美俄罗斯芭蕾的同时，总是把它与原始、野蛮、奢华、异国情调、浪漫、激情等感性或动物性特征联系起来。

无论内心如何矛盾，对英国知识界特别是艺术家和作家来说，俄罗斯芭蕾的出现使他们"对未来充满美好的憧憬"。英国经济史学家、传记作家罗伯特·斯基德尔斯基（Robert Skidelsky）指出："对布卢姆斯伯里文化圈来说，对未来美好的憧憬主要是文化上的。而在 1914 年间，对他

1　Richard Buckle. *Nijinsky*. London: Weidenfeld & Nicolson. 1971, p.188.

2　Nesta Macdonald. *Diaghilev Observed By Critics in England and The United States 1911-1929*. New York & London: Dance Horizons, Dance Books Ltd, 1975, p.35.

3　Vera Krasovskaya. *Nijinsky*. Trans. from the Russian by John E. Bowlt. New York: Dance Division, 1979, p.116.

4　Richard Buckle. *Nijinsky*. London: Weidenfeld & Nicolson, 1971, p.258.

们来讲,文化的表现形式就是芭蕾舞艺术。芭蕾是这个时代的艺术象征。"[1]
可以毫不夸张地说,俄罗斯芭蕾在当时处于伦敦知识和文化生活的中心。
在这一点上,由默里和曼斯菲尔德主编的杂志《节奏》作为当时英国前
卫文学小杂志,在引介俄罗斯芭蕾艺术方面发挥了积极的作用。事实上,
杂志名称部分源于俄罗斯芭蕾的影响,因为后者向默里展示了节奏"是
一切艺术中最独特的元素"[2]。

　　本章从整体上描述佳吉列夫的俄罗斯芭蕾对英国知识界的影响。关
于这种影响,我们不仅可以从当时的英国前卫文学小杂志《节奏》中
看到更为丰富多彩的表现[3],还可以从弗吉尼亚·伍尔夫[4]、毛姆、劳伦斯
等人的作品以及后人的回忆录中看到更多细节,无论这些表现或细节是
直接的还是间接的、表层的还是深层的,下面的结论都是毋庸置疑的:
在20世纪早期,俄罗斯芭蕾对英国文艺界产生了十分深远的影响,特别
是对英国现代主义文学的孕育和产生发挥了至关重要的导向作用。

五、问题与启示

　　佳吉列夫俄罗斯芭蕾在西欧的成功首先得益于它不仅符合而且在一
定程度上引领了欧洲的时代精神。实际上,福金、尼金斯基、马辛、巴
甫洛娃等的舞蹈,斯特拉文斯基、德彪西等的音乐,毕加索、巴克斯特、
马蒂斯、米罗等的绘画和服装设计,无论在当时的欧洲舞台上,还是在
20世纪艺术史上,都占有辉煌的地位。

　　值得一提的是,佳吉列夫的俄罗斯芭蕾舞团从成立到解体,就从未
在本国演出过,实际上,自从它诞生之日开始就与俄罗斯没有任何关系。
那么,既然如此,为何佳吉列夫竭力将它打造成具有俄罗斯东方风格的
芭蕾舞团而不是照搬西方经典舞剧以更符合西方人的价值观和品味呢?
其理由或许可从以下几方面来推断。首先,如前所述,佳吉列夫在担任

1　罗伯特·斯基德尔斯基:《凯恩斯传》,相蓝欣、储英译,北京:生活·读书·新知三联书店,2006年,
　　209页。
2　John Middleton Murry. *Between Two Worlds: An Autobiography.* London: Jonathan Cape, 1935, p.156.
3　蒋虹:"俄罗斯芭蕾与英国小杂志《节奏》",《俄罗斯文艺》,2014(4):147-152。
4　蒋虹:"俄罗斯芭蕾与伍尔夫小说中的色彩元素",《外国文学》,2015(2):55-62;"俄罗斯芭蕾与伍
　　尔夫的小说创作",《国外文学》,2015(2):70-77。

莫斯科皇家剧院院长特别执事期间，曾试图在该剧院建立俄罗斯芭蕾舞团，创造真正的俄罗斯芭蕾，由于在国内看不到实现理想的希望，他才挑选了一批俄罗斯芭蕾演员组团前往巴黎，开创"俄罗斯演出季"。因此，佳吉列夫的俄罗斯芭蕾舞团所要展现的正是他心目中的俄罗斯芭蕾。其次，芭蕾中浓郁的俄罗斯或东方文化特征，特别是那些原始、充满生命力的表征，很大程度上是为西方观众设计或强化的，换句话说，是为了符合或迎合西方人的猎奇心理，以投其所好的娱乐方式表现俄罗斯或东方文化，从而获得西方世界的关注和认可。尽管佳吉列夫在国外的成功也引发了俄罗斯国内的关注，但这种关注并非是为它感到骄傲，更多的是责难和抨击，佳吉列夫被谴责向西方展示了一个错误的俄罗斯形象，将它描绘成一个野蛮人的东方民族。汉娜·加维内恩（Hanna Järvinen）认为佳吉列夫的俄罗斯芭蕾舞团在欧洲的成功是以牺牲俄罗斯民族尊严为代价的，而没有"再现俄罗斯文化和俄罗斯人民的优势"[1]。第三，佳吉列夫专注于芭蕾事业，酷爱创新且有很强的艺术敏感性和识别能力，这在他创办《艺术世界》时就已见端倪。上述分析清楚表明佳吉列夫为何在其芭蕾中融入如此大量的东方元素，甚至不惜引发对俄罗斯的误解和偏见。佳吉列夫曾坚定地说过："我们必须创造突破，我们必须让人震惊，而不是怕让人震惊，我们必须立刻登场，展示我们每个侧面、我们民族身份中所有的优点和缺点。"[2]以这种看似极端的方式，佳吉列夫成功地吸引了西方对俄罗斯艺术的关注并获得认可和赞美，从而成为引领现代主义艺术潮流的先驱，在世界芭蕾舞史上留下了辉煌的瞬间和永久的影响。

　　第一次世界大战前后，特别是战后，英国社会正面临巨大变化。战争使传统价值观分崩离析，使人们陷入对现实的失望和对未来的彷徨。他们亟需释放郁积的情绪，忘却战争带来的伤痛，建立新的秩序和价值观。充满活力的俄罗斯芭蕾与英国剧院传统而乏味的歌舞具有鲜明差异，它的到来给了英国观众，特别是英国文艺界，一种新的体验。这是俄罗斯芭蕾在英国乃至欧洲获得巨大成功的重要原因。

1　Hanna Järvinen. "'The Russian Barnum': Russian Opinions on Diaghilev's Ballets Russes, 1909–1914". *Dance Research*, Vol. 26, No.1 (Summer 2008): p.26.

2　Sjeng Scheijen. *Diaghilev: A Life*. Trans. Jane Hedley-Prôle and S. J. Leinbach. Oxford: Oxford University Press, 2009.

　　另一方面，不可否认，俄罗斯芭蕾之所以能如此激发英国人或欧洲人的想象和兴趣，某种程度上是因为俄罗斯芭蕾具有的亚洲风格且色彩绚丽的舞台装饰满足了当时欧洲人对东方文化的"原始"和"奇异"事物的"嗜好"[1]。他们一方面为俄罗斯芭蕾所表现出来的那种强烈的自然性、那种原始的力量所牢牢吸引，但另一方面，我们注意到所有这些评论不约而同地大量使用了诸如东方主义、幻想、绚丽、狂欢、纯朴、柔软、性感、激情、富于生命、难以置信等描述语。正如加维内恩在文中引述了俄罗斯杂志《戏剧与艺术》的某位评论家所说的，"在我遇到过的评论中，在所有的赞美声中，都会突然出现'狂怒的、嘶哑的、异国的、野蛮的'或类似的表达"[2]。她又指出，"法国人似乎认为俄罗斯是某个由天生就会舞蹈的野蛮人所居住的东方闭塞之地"。"俄罗斯人或许把自己看作是东方学者，但在他们的西方崇拜者的眼里，却不过是东方人。"[3]尽管在《节奏》中，赖斯和班克斯对俄罗斯芭蕾特征的评价大多是正面而积极的，其富于动态的插图表现出俄罗斯芭蕾强劲的原始生命力和鲜明的异国情调。然而，作为西方人，这些画作无不隐含了西方文化的价值观：俄罗斯的原始、野蛮、落后、激情与欧洲的文明、先进、理性相对立。两者泾渭分明，不可调和。尽管这些词语主要被用来强调和凸显俄罗斯芭蕾的基本特征，即富于浪漫、美丽、神秘、粗狂、奇异和感性，但这些词语所折射出来的意义——激情、性感、肉欲、野蛮、闭塞、落后，与崇尚文明和理性的西欧文化则形成鲜明对比。在一片赞叹声中，我们能隐约地感到英国人或欧洲人身上所具有的优越感和对外族人居高临下的态度。如果说异国情调、东方主义特征使英国和西方文化对异域文化产生新奇之感，倒也合乎情理。但原始、野蛮、奢华，浪漫、东方性感等感性且具有动物性特征则恰恰与英国中产阶级崇尚文明、理性、民族主义情结的价值观相悖。因此，对英国知识界特别是艺术家和作家来说，俄罗斯芭蕾的出现不仅带来活力和灵感，也使他们面临尴尬和矛盾。实

1　Edward Lucie-Smith. "The Other Arts". *The Twentieth Century Mind. 1.1900–1918.* Eds. B. Cox and A. E. Dyson. London & New York: Oxford University Press, 1972, p.493.

2　转引自Hanna Järvinen. "'The Russian Barnum': Russian Opinions on Diaghilev's Ballets Russes, 1909–1914". *Dance Research.* Vol. 26, No. 1 (Summmer 2008): 25.

3　Hanna Järvinen. "'The Russian Barnum': Russian Opinions on Diaghilev's Ballets Russes, 1909–1914". *Dance Research.* Vol. 26, No. 1 (Summmer 2008): 24-25.

际上，这种矛盾的情感也同样显现在他们对待俄罗斯文学的态度中。[1]

尽管如此，俄罗斯芭蕾作为影响英国现代主义文学的两大俄罗斯影响之一，无疑对英国文艺界产生了深刻且深远的影响，特别是在 20 世纪早期对英国现代主义的孕育和产生发挥了很好的导向作用。此后在英国现代主义作家弗吉尼亚·伍尔夫、劳伦斯、艾略特等人的作品中都反复出现了与俄罗斯芭蕾有关的意象，特别是在伍尔夫的作品中，俄罗斯芭蕾元素几乎到了俯拾即是的程度，显示了俄罗斯芭蕾对英国现代主义文学持久而深刻的影响力。

1　蒋虹：“英国现代主义文学中的俄罗斯影响”，《外国文学评论》，2008（3）：40-50。

第三章　科特林斯基与英国
现代主义作家

　　科特林斯基，一位在当时默默无闻的俄罗斯翻译家，却是 20 世纪前半叶将俄罗斯文学引荐给英国知识界的一个关键性人物。在某种意义上，他与几乎同时代的俄罗斯芭蕾舞团团长佳吉列夫有相似之处。即他们都对当时的英国文坛产生了重要影响。相比之下，科特林斯基与英国文坛的关系更近也更为密切。对于当时英国现代主义作家特别是布卢姆斯伯里文化圈和一些崭露头角的青年作家来说，科特林斯基不仅是朋友，而且扮演了引领者的角色。正是他将他们引入了俄罗斯文学的神圣殿堂，孕育了他们对俄罗斯文学或者说文化的喜爱，感受其巨大的魅力。如同佳吉列夫及其俄罗斯芭蕾舞团所产生的影响，科特林斯基以他独特的方式影响了英国现代主义作家的文学品位和创作。

　　选择科特林斯基与劳伦斯、曼斯菲尔德和弗吉尼亚·伍尔夫的关系作为本研究中的一个关注点，是因为，首先，这三位作家都是英国现代主义文学的重要作家，具有很大的代表性。其次，他们享有共性，即他们不仅是同行，曾一度关系密切，而且都是科特林斯基的朋友，并与之合作翻译出版过多位俄罗斯作家，如托尔斯泰、陀思妥耶夫斯基、契诃夫、高尔基、布宁等的作品。在 1914 年至 1955 年间，科特林斯基一直与他们保持密切的往来，利用其译者身份，自然而从容地将俄罗斯最优秀的作家引荐给他们，激发他们对俄罗斯、俄罗斯文学和俄罗斯文化的巨大热忱和兴趣，从而引发他们对俄罗斯语言的迷恋以至于开始自学俄语。科特林斯基在不同时期还为他们分别提供或购置俄语词典和文法书，满足他们学习俄语的迫切需求。从这个角度讲，科特林斯基曾经是他们生活中的一个重要人物，并对他们产生过重要影响。

　　然而，在英国现代主义文学研究领域里，科特林斯基这个名字几乎无人知晓，在浩如烟海相关研究文献中，他也几乎被完全遗忘。究其缘由，科特林斯基在当时只是一名流亡英国的俄罗斯人，他既非作家，也非评论家，更谈不上是什么名人，只不过是伦敦一家俄罗斯翻译局里一名普通的翻译工作者，更确切地说，大多情况下，他只是在翻译局干些勤杂工的活。只有在他有幸结识了日后成为英国现代主义著名小说家的劳伦斯，并通过后者的介绍，与默里、曼斯菲尔德、弗吉尼亚·伍尔夫等其他作家和艺术家相识，他才在真正意义上开始从事翻译事业。然而，作为一名专业译者，他的作品又极为有限，而且大多情况下都是与人合作的成果。比如，与上述三位作家以及伦纳德·伍尔夫和默里合作翻译，他的翻译成果也通常不是传统意义上的俄罗斯名家名作，而主要是一些作家的回忆录、日记或书信之类的个人文献。毫无疑问，这使得他的翻译影响力有限，在很大程度上也决定了他在现代主义文学及其作家的研究中始终处于边缘地位，即便受到关注，也多半是陪衬性的。简单地讲，他的作用和影响微不足道。

　　可喜的是，近年来，研究者们开始关注他，他的重要性也因此逐步进入研究者的视野。[1]然而，对于他对英国现代主义文学所作出的贡献，特别是对上述三位作家在成为现代主义作家的过程中所起到的作用和影响，迄今并未得到充分的认识和研究。简言之，有关英国现代主义作家作品的研究几乎从不涉及科特林斯基，即便偶尔有所提及，也往往忽略其对于现代主义作家及其创作的影响，或者说，间接的俄罗斯影响。笔者认为，这种状况对于科特林斯基而言有失公允。实际上，他在上述作家的发展过程中，有着不可或缺、不可替代的作用。他与他们的交往和合作过程也标志着后者转型的开始。

　　本章旨在探究科特林斯基在英国现代主义文学的发展中的重要作用，与劳伦斯、曼斯菲尔德和弗吉尼亚·伍尔夫的关系的性质：是什么原因促使他成为这三位背景、性格截然不同的作家的共同朋友？他在他们成为现代主义作家的道路上具有何种作用和影响？他为什么偏偏选择把俄

1　Galya Diment. *A Russian Jew of Bloomsbury: The Life and Times of Samuel Koteliansky*. Montreal & Kinston: McGill-Queen's University Press, 2011. Claire Davison. *Translation as Collaboration: Virginia Woolf, Katherine Mansfield and S. S. Koteliansky*. Edinburgh: Edinburgh University Press Ltd, 2014.

罗斯文学引介给作为作家的他们？为什么他选择的翻译合作者不是翻译家，而是作家且小说家？他的选择是巧合还是有意为之？他的目的只是单纯地介绍俄罗斯文学还是另有所图？这些问题正是本章试图回答的。笔者相信，对科特林斯基与英国这三位现代主义作家的关系的研究将有助于我们对现代主义文学起源和发展的文化背景有更全面的了解，从而丰富该领域的研究成果。本章将分节论述科特林斯基与上述三位作家的关系，分析这种关系的特征以及由此所产生的重要影响。

一、"拉纳尼姆社区"（Rananim）:"乌托邦"之乡

劳伦斯在科特林斯基身上发现了一个坚定不移的朋友，同样，科特林斯基在劳伦斯身上看到了一位才华横溢的天才作家。他们之间的终生友情成为文学界跨国界、跨文化的一个美好典范。

科特林斯基与劳伦斯于1914年7月在英国湖区徒步旅行时首次邂逅，很快便成为挚友，直至劳伦斯去世。其间，尽管劳伦斯因健康或其他原因而旅居国外，但两人之间的友情不仅没有因此而消失，反而在信件的往来之间变得更持久和深厚。劳伦斯在1915—1930年间写给科特林斯基的信多达几百封，这些信件于1955年科特林斯基逝世时，根据其遗愿，被赠予伦敦大英博物馆，以表达收信人"作为一名英国公民的谢礼"，"对英格兰的感情和对半个世纪以来享受她众多作家和公民的友情。"[1]这些信件清楚记载了劳伦斯与科特林斯基之间在情感和思想方面真挚而坦诚的交流。1970年，劳伦斯的主要研究者泽塔洛克整理和编辑了这些信件，最终以《追寻乌托邦社区》（*The Quest For Nananim*）为书名出版，共计345封信。这些信件的时间跨度完全包含了劳伦斯文学创作的黄金时期，它们以及其他相关资料表明，科特林斯基与劳伦斯之间的关系对后者最终成为著名的现代主义小说家具有极为重要的影响。可以说，与科特林斯基的友情激发出劳伦斯的创作灵感，丰富了他的思想。科特林斯基的翻译家角色在与劳伦斯近20年的友谊中也发挥了独特的作用。

1　George J. Zytaruk. Ed. *The Quest For Nananim: D. H. Lawrence's Letters to S. S. Koteliansky 1914–1930.* Montreal & London: McGill Queen's University Press, 1970, p.xiv.

1914 年 7 月的首次邂逅给双方留下了难忘的印象。10 多年之后，劳伦斯给科特林斯基的信中提起对那次湖区的徒步旅行仍记忆犹新，一切都历历在目。这种不同寻常的友情基于劳伦斯对科特林斯基的"强烈情感和正直人格"的欣赏和后者对前者的才华和人品的赏识。对个性正直而执拗的科特林斯基来说，劳伦斯是他认可的少数几个"真正的人"中的一个。与科特林斯基相识不久之后，劳伦斯便产生了建立"拉纳尼姆"理想幸福社区的念头。他在 1915 年 1 月 3 日给科特林斯基的信里首次使用"拉纳尼姆"，并提议成立"拉纳尼姆骑士团"。所谓的拉纳尼姆，实际上是劳伦斯构想的一个乌托邦社区。在他的想象中，人们在那里一起生活，一起享受幸福和自由。从他 1915 年 1 月到 1926 年 5 月期间写给科特林斯基的信里，这个话题被反复提及，特别是在 1917 年间，这个念头始终缠绕在他的脑海里。尽管随着时间的推移，这一想法几经变化，从最初大海中央的一个岛屿，到后来的美国佛罗里达州，直至最终完全舍弃。然而，自始至终，劳伦斯没有选择英国作为他的拉纳尼姆之地。这并非出于某种偏爱或疏忽，而是与劳伦斯当时在英国的尴尬处境有很大关系。劳伦斯选择一个陌生地作为他的幸福社区之地反映了他当时的一种立场和心境。他的选择和理想与他先后两部小说遭禁的事件有密切关系（《虹》和《恋爱中的女人》出版之际便被禁止发行）。不难想象，连续遭禁的打击对于当时踌躇满志的青年作家劳伦斯来说是致命的，致使他对英国极度失望和反感。从他 1917 年 1 月 8 日、12 日和 19 日接连写给科特林斯基的信里，字里行间无不流露出这种无望和渴望变化的心情。

> 我亲爱的科特，我们何时能动身去我们的拉纳尼姆，我们将度过幸福的第一天。但这一天不久将会来临。我一有可能就去美国，努力找到一个地方，你随后就来。这是一个活的梦想。我们将实现我们的拉纳尼姆。我认为我的小说在英国不可能出版，不出版也无妨……这里（英国）无望，我亲爱的科特——欧洲无望，天空太老了。但我们将找到一片新天空，在它的下面我们将支起我们的帐篷。[1]

1 George J. Zytaruk. Ed. *The Quest For Nananim: D. H. Lawrence's Letters to S. S. Koteliansky 1914–1930.* Montreal & London: McGill Queen's University Press, 1970, p.106.

……出发去追寻我们的拉纳尼姆。（去美国）……看起来没有人会出版小说《恋爱中的女人》……[1]

我在英国再也无法生活下去了。它压迫人的肺部，人无法呼吸。等待，只有等待我们的拉纳尼姆。它将很快到来。[2]

从这些信的只言片语中，看得出劳伦斯对英国的失望，对欧洲缺乏生气的生活感到厌倦，对未来可能的新生活则满怀希望。劳伦斯的这种情感一方面源于他的受挫感，但从另一个角度看，也不完全如此。从他后来提出的一系列主张看，劳伦斯最为看重的是不断变化的关系。生活应充满变化，充满未知的东西，充满新意。他反对一成不变、固定的生活模式。他将其乌托邦社区命名为"拉纳尼姆"，也与科特林斯基有很大关系。根据弗丽达·劳伦斯（Frieda Lawrence）的回忆，1914 年一战爆发后，在劳伦斯家举办的第一个圣诞节聚会上，科特林斯基唱了一首希伯来歌，其歌名为 Ranani Sadekim Badanoi。[3] 显然，这给劳伦斯留下了深刻印象，但关于拉纳尼姆的意义和出处一直存在争议。格兰斯登（K. W. Gransden）在其《拉纳尼姆：劳伦斯致信科特林斯基》（"Rananim: D. H. Lawrence's Letters to S. S. Koteliansky"）一文中指出，拉纳尼姆首次出现是在 1922 年 1 月 14 日劳伦斯写给科特林斯基的信里，后者经常反复吟唱一句歌词以逗劳伦斯开心，劳伦斯含糊地听到的是：Ranane Sadikhim Sadikhim Badanoi，而 Ranani 在希伯来语中的意思是"欢乐"。根据格兰斯登的考证，这句话有两种可能性。首先，它对应于《圣经》（旧约）诗篇 33 章第 1 段（Rejoice in the Lord, O ye Righteous）；其次，它或许跟 Raannanim 这个词有关联，意思是"绿色""新鲜"，或"繁荣"。作为形容词，对应于诗篇 92 章 14 段。[4] 但"拉纳尼姆"首次出现并非如格兰斯登所说的是在 1922 年 1 月 14 日，而是更早（如前文所示）。对劳伦斯而言，拉纳尼姆代表了他所向往的理想王国。正如他在 1915 年 12 月 25 日和 30 日给科特林斯基的信里写道：在那里，"一种新生活，一个新开端，一个

---

1 George J. Zytaruk. Ed. *The Quest For Nananim: D. H. Lawrence's Letters to S. S. Koteliansky 1914–1930*. Montreal & London: McGill Queen's University Press, 1970, p.107.

2 ibid., p.108.

3 Frieda Lawrence. *Not I But the Wind…* London: Granada Publishing Ltd, 1983, p.70.

4 K. W. Gransden. "The S. S. Koteliansky Bequest". *The British Museum Quarterly*. 20.4 (1956): 83.

新时代的开始"[1]。在那里，"我们将会幸福。我们一定会幸福"[2]。

可以想象，劳伦斯的乌托邦社区的想法可归因于他当时的窘迫处境。选择美国佛罗里达州作为其幸福社区是因为美国出版商愿意出版他在英国遭禁的小说。同样，俄罗斯也被他视为理想之地，他甚至想象将自己的作品译成俄语出版。对俄罗斯的这份信任和好感则应归功于科特林斯基。但另一方面，当时的俄罗斯在劳伦斯眼里是一个年轻、充满朝气的国家，有着一片"新天空"。他甚至将自己与年轻充满活力的俄罗斯等同起来："我觉得未来最主要的希望是俄罗斯……我极爱它。它是希望之地"[3]；"我内心有种感觉我该去俄罗斯"[4]；"那儿必定还有某种东西"[5]。俄罗斯是"世界精神能量的正极"，而两年前在他眼里还是理想之地的美国此时却变成了"臭气刺鼻的马桶"，成为"世界精神能量的负极"。[6]不仅如此，劳伦斯还热切希望为俄罗斯读者写作。[7]为了想象中的俄罗斯美好形象，劳伦斯甚至对俄罗斯革命之后的社会现状表现出同情和理解："混乱对俄罗斯而言是必要的。最终，一切都会好起来。比西方这些僵化老朽的国家会更好"[8]。他甚至计划去俄罗斯旅行，委托科特林斯基购买俄语文法书，自学俄语，希望回国后跟科特林斯基学俄语。[9]直到 1926 年 1 月 11 日，劳伦斯还在信里嚷嚷着要去俄罗斯："我们将一起去俄罗斯：

1　1915 年 12 月 25 日致信科特林斯基。见 George J. Zytaruk. Ed. *The Quest For Nananim: D. H. Lawrence's Letters to S. S. Kotelianansky 1914–1930*. Montreal & London: McGill Queen's University Press, 1970, p.61.

2　1915 年 12 月 30 日致信科特林斯基。见 George J. Zytaruk. Ed. *The Quest For Nananim: D. H. Lawrence's Letters to S. S. Kotelianansky 1914–1930*. Montreal & London: McGill Queen's University Press, 1970, p.62.

3　1917 年 5 月 1 日（？）致信科特林斯基。见 George J. Zytaruk. Ed. *The Quest For Nananim: D. H. Lawrence's Letters to S. S. Kotelianansky 1914–1930*. Montreal & London: McGill Queen's University Press, 1970, p.117.

4　1925 年 12 月 6 日致信科特林斯基。见 George J. Zytaruk. Ed. *The Quest For Nananim: D. H. Lawrence's Letters to S. S. Kotelianansky 1914–1930*. Montreal & London: McGill Queen's University Press, 1970, p.273.

5　1925 年 12 月 18 日致信科特林斯基，见 George J. Zytaruk. Ed. *The Quest For Nananim: D. H. Lawrence's Letters to S. S. Kotelianansky 1914–1930*. Montreal & London: McGill Queen's University Press, 1970, p.274.

6　1917 年 5 月 11 日致信科特林斯基，见 George J. Zytaruk. Ed. *The Quest For Nananim: D. H. Lawrence's Letters to S. S. Kotelianansky 1914–1930*. Montreal & London: McGill Queen's University Press, 1970, p.118.

7　1917 年 7 月 3 日致信科特林斯基，见 George J. Zytaruk. Ed. *The Quest For Nananim: D. H. Lawrence's Letters to S. S. Kotelianansky 1914–1930*. Montreal & London: McGill Queen's University Press, 1970, p.120.

8　1918 年 9 月 18 日致信科特林斯基，见 George J. Zytaruk. Ed. *The Quest For Nananim: D. H. Lawrence's Letters to S. S. Kotelianansky 1914–1930*. Montreal & London: McGill Queen's University Press, 1970, p.150.

9　1926 年 1 月 4 日致信科特林斯基，见 George J. Zytaruk. Ed. *The Quest For Nananim: D. H. Lawrence's Letters to S. S. Kotelianansky 1914–1930*. Montreal & London: McGill Queen's University Press, 1970, p.276.

当那边的树叶变绿了"[1]。显然,充满活力与希望的俄罗斯在他眼里就是他的"拉纳尼姆"。

　　劳伦斯写给科特林斯基的345封信清楚记载了他的喜怒哀乐,科特林斯基几乎是他唯一能推心置腹的朋友。劳伦斯很早就意识到他们之间的这种默契。他在1917年4月26日的信里写道:"我俩像在同一条河里颠簸的两艘船。但我们将很快弄清我们前行的方向。"[2] 劳伦斯对科特林斯基的绝对信任主要基于后者高尚的人格和坚强的性格。1918年8月27日他在信里对科特林斯基说,"我亲爱的科特,你是我俩的力量之塔"[3]。他们的友情是建立在平等、互信和互尊的基础上的。与劳伦斯相识时,科特林斯基只是一名就职于伦敦一家俄罗斯法律翻译局的普通工作人员。作为一名流亡英国的俄罗斯犹太人,他的处境不佳,且毫无社会地位可言,这也部分解释了有关他的研究少之又少的原因。总之,科特林斯基是个极为普通的侨居英国的俄罗斯人,但劳伦斯看重的是他身上的品质。

　　劳伦斯与科特林斯基的友情又因共同翻译俄罗斯作家得以加强和深化。在合作翻译过程中,往往先由科特林斯基完成初稿,然后,劳伦斯对译稿进行语言上的加工润色或为译作写序。他们合作翻译的作品包括布宁(Ivan Bunin)的《从旧金山来的绅士》(*The Gentleman from San Francisco*,1922年),陀思妥耶夫斯基的《大法官》(*Grand Inquisitor*,1930),舍斯托夫(Lev Shestov)的《一切皆有可能》(*All Things Are Possible*,1920)。由于健康或政治原因,劳伦斯经常往返于英国与其他国家之间,即便在国内,也不在伦敦常住。因此,劳伦斯会经常要求科特林斯基把译稿邮寄给他。这些译稿还包括科特林斯基与曼斯菲尔德和弗吉尼亚·伍尔夫合译的作品。值得注意的是,这个校读过程不是单一的文字校对,它是双向互动的。被校读的不仅是译稿,还有劳伦斯自己创作的作品。劳伦斯经常征求科特林斯基对他的作品的看法和建议。最典型的例子是他征询科特林斯基对两部手稿(《托马斯·哈代研究》(*Study*

1　James T. Boulton and Lindeth Vasey. Eds. *The Letters of D. H. Lawrence, Vol. V, March 1924–March 1927.* Cambridge: Cambridge University Press, 1989, p.374

2　George J. Zytaruk. Ed. *The Quest For Nananim: D. H. Lawrence's Letters to S. S. Koteliansky 1914–1930.* Montreal & London: McGill Queen's University Press, 1970, p.116.

3　James T. Boulton & Andrew Robertson. Eds. *The Letters of D. H. Lawrence, Vol. III, October 1916–June 1921.* Cambridge: Cambridge University Press, 1984, p.277

of Thomas Hardy）和《恋爱中的女人》）的意见："我寄给你一部分手稿。你必须告诉我你具体的意见"[1]；"你对这部手稿怎么看？你读了吗？"[2]"你对这部手稿怎么看？"[3]"关于《恋爱中的女人》手稿，我要你告诉我，你是否从头到尾都喜欢这部小说"[4]；"很高兴你喜欢《羽蟒》（*The Plumed Serpent*, 1926）的那几部分"[5]。显然，这些并非礼节性客套话，而是劳伦斯相信科特林斯基的判断力和眼光。对于后者的意见或建议，劳伦斯都是认真加以对待。他曾在信中写道，"我总是记得你说过，'是的，但你需要修改'。打那之后，我已经写了 4 次"[6]。"但打字前，你必须为我十分仔细地通读一遍。如果看到任何可以完全省略的地方，从出版的角度讲，就一定把它删除……所以，请仔细检查，就好像你是编辑，好吗？"[7]这从另一个角度展示了劳伦斯对科特林斯基的尊重，反映了他谦逊、平易、真诚的品格。这种以平等、尊重对方人格的待人风格同样体现在他与科特林斯基的合译活动中。比如，在帮助润色英文译文时，劳伦斯从不以英语为母语者自居而随意删改科特的译文。

> 我已经完成舍斯托夫——把它压缩了一下，没有作任何删节——只删去如"所以说"和"众所周知"以及诸如此类的词语和一些毫无实质内容的句子——有时为了意义完整而添加一两个字，如"俄罗斯精神"。凡我所删去的内容都是经过仔细斟酌的。我将为它写一个短"序"。[8]

1　1914 年 10 月 31 日，致信科特林斯基，见 George J. Zytaruk Ed. *The Quest For Nananim: D. H. Lawrence's Letters to S. S. Koteliansky 1914–1930*. Montreal & London: McGill Queen's University Press, 1970, p.10.

2　1914 年 11 月 5 日，致信科特林斯基，见 George J. Zytaruk. Ed. *The Quest For Nananim: D. H. Lawrence's Letters to S. S. Koteliansky 1914–1930*. Montreal & London: McGill Queen's University Press, 1970, p.11.

3　1914 年 11 月 18 日，致信科特林斯基，见 George J. Zytaruk. Ed. *The Quest For Nananim: D. H. Lawrence's Letters to S. S. Koteliansky 1914–1930*. Montreal & London: McGill Queen's University Press, 1970, p.14.

4　1917 年 4 月 1 日，致信科特林斯基，见 George J. Zytaruk. Ed. *The Quest For Nananim: D. H. Lawrence's Letters to S. S. Koteliansky 1914–1930*. Montreal & London: McGill Queen's University Press, 1970, p.112.

5　1926 年 2 月 24 日，致信科特林斯基，见 George J. Zytaruk. Ed. *The Quest For Nananim: D. H. Lawrence's Letters to S. S. Koteliansky 1914–1930*. Montreal & London: McGill Queen's University Press, 1970, p.281.

6　1917 年 9 月 23 日，致信科特林斯基，见 George J. Zytaruk. Ed. *The Quest For Nananim: D. H. Lawrence's Letters to S. S. Koteliansky 1914–1930*. Montreal & London: McGill Queen's University Press, 1970, p.122.

7　1918 年 2 月 25 日，致信科特林斯基，见 George J. Zytaruk. Ed. *The Quest For Nananim: D. H. Lawrence's Letters to S. S. Koteliansky 1914–1930*. Montreal & London: McGill Queen's University Press, 1970, p.134.

8　1919 年 8 月 29 日，致信科特林斯基，见 George J. Zytaruk. Ed. *The Quest For Nananim: D. H. Lawrence's Letters to S. S. Koteliansky 1914–1930*. Montreal & London: McGill Queen's University Press, 1970, p.188.

不仅如此，他还经常对科特的译文给予积极的肯定甚至赞美，并主动提供帮助。

> 谁在修改你的译文？或许是伍尔夫吧。如果不是很长，假如你希望我来做，那就交给我吧。[1]

> 《大法官》收悉，我尽量写个好点的短序。[2]

> 《从旧金山来的绅士》已读。尽管作品非常悲哀，但我还是开心地笑了……我很快会改完：不要认为你的译文需要大改。我喜欢"a little carved peeled off dog."——这个句子太妙了，无需改动。"[3]

在指出译文的不足时，劳伦斯语气委婉，透露出某种协商精神。在完成对高尔基手稿的校对之后，他在信里对科特说了这样的话：

> 我已完成你的高尔基手稿的校对，已返还给《日晷》（The Dial）。我纠正了一些英语表达——使译文更灵活——但没有动文体，既然这是你和凯瑟琳的风格，但最初 10 页译得比较粗糙。[4]

　　如前文所述，在整个翻译过程中，劳伦斯的主要职责是编辑、校读和润色科特林斯基的译稿。但从所有相关信件的内容看，劳伦斯在处理译稿时，表现出对译者应有的尊重，对所做的修改往往会认真地给出解释或征询译者的意见。在说话语气和措词上，也从未表现出任何优越感，相反，他总是以商榷的口气说出自己的想法。

　　在此，有一个细节需要补充。在后来由贺加斯出版社出版的《从旧金山来的绅士》译本中，这个曾被劳伦斯赞许的词组译文变成了 a tiny, cringing, hairless little dog。显然，伦纳德·伍尔夫也同样注意到这句独特的英语译文，但他的反应是科特林斯基的英语很怪异。对同一译文的不

1　1921 年 11 月 10 日，致信科特林斯基，见 George J. Zytaruk. Ed. *The Quest For Nananim: D. H. Lawrence's Letters to S. S. Koteliansky 1914–1930*. Montreal & London: McGill Queen's University Press, 1970, p.228.

2　1930 年 1 月 15 日，致信科特林斯基，见 George J. Zytaruk. Ed. *The Quest For Nananim: D. H. Lawrence's Letters to S. S. Koteliansky 1914–1930*. Montreal & London: McGill Queen's University Press, 1970, p.396.

3　1921 年 6 月 16 日，致信科特林斯基，见 George J. Zytaruk. Ed. *The Quest For Nananim: D. H. Lawrence's Letters to S. S. Koteliansky 1914–1930*. Montreal & London: McGill Queen's University Press, 1970, p.224.

4　1923 年 8 月 17 日，致信科特林斯基，见 George J. Zytaruk. Ed. *The Quest For Nananim: D. H. Lawrence's Letters to S. S. Koteliansky 1914–1930*. Montreal & London: McGill Queen's University Press, 1970, p.259.

同态度一方面反映了他们对科特林斯基的不同情感和看法，另一方面也揭示了创造性作家的劳伦斯与作为传记作家、杂志主编、社会政治家的伍尔夫之间的个性差异：前者不拘一格，后者循规蹈矩。两个截然不同的反应实际上很大程度上也是个性使然的结果。

在译作署名和酬劳分配问题上，劳伦斯也从不计较得失，并且总是想方设法地拒绝他认为不应得的部分，包括对译作署名的问题："我不想把我的名字作为译者印在书上。让人觉得我涉足太多的事，这不妥……关于报酬，公正地说，我只参与了三分之一。别跟我争这个问题。请仔细校读我的译本，你可以做任何你觉得合适的修改"[1]；"我恳求你，请不要把'俄罗斯精神'（或《一切皆可能》）的一半稿酬寄给我，如果你尊重我的话，不要让这个烦我。请一定拿着，我特别希望你挣点钱"[2]；"我收到了 12 英镑多的支票。我希望你只给我四分之一，我没有理由拿一半"[3]；"假如你手头拮据，告诉我。我曾毫无顾忌地从你那里拿过钱，因此，你当然也可以同样对我这样做"[4]，"谢谢寄来的支票。我正把它投入火中，所以你别再说了"[5]；劳伦斯这样的做法充分表明他设身处地为科特林斯基考虑，懂得"一个外国人在陌生而不十分友好的国土上"[6]生活的不易。

两人的翻译合作过程不仅见证了他们的互信互助、坦率正直，而且也展示了劳伦斯性格中鲜为人知的柔软品质：关爱、体贴、理解、谦和、包容、仗义。这使人联想到外界某些对劳伦斯性格的负面评价是不公正的，至少是片面的。著名哲学家罗素与劳伦斯有过"短暂而热烈的交谊"，在谈到劳伦斯对战争的态度时，他指出后者"对人类是如此之憎恨，竟

1　1919 年 8 月 10 日，致信科特林斯基，见 George J. Zytaruk. Ed. *The Quest For Nananim: D. H. Lawrence's Letters to S. S. Koteliansky 1914–1930*. Montreal & London: McGill Queen's University Press, 1970, p.186.

2　1919 年 12 月 6 日，致信科特林斯基，见 George J. Zytaruk. Ed. *The Quest For Nananim: D. H. Lawrence's Letters to S. S. Koteliansky 1914–1930*. Montreal & London: McGill Queen's University Press, 1970, p.200.

3　1921 年 12 月 26 日，致信科特林斯基，见 George J. Zytaruk. Ed. *The Quest For Nananim: D. H. Lawrence's Letters to S. S. Koteliansky 1914–1930*. Montreal & London: McGill Queen's University Press, 1970, p.231.

4　1922 年 9 月 18 日，致信科特林斯基，见 George J. Zytaruk. Ed. *The Quest For Nananim: D. H. Lawrence's Letters to S. S. Koteliansky 1914–1930*. Montreal & London: McGill Queen's University Press, 1970, p.248.

5　1927 年 1 月 24 日，致信科特林斯基，见 George J. Zytaruk. Ed. *The Quest For Nananim: D. H. Lawrence's Letters to S. S. Koteliansky 1914–1930*. Montreal & London: McGill Queen's University Press, 1970, p.308.

6　1918 年 2 月 21 日，致信科特林斯基，见 George J. Zytaruk. Ed. *The Quest For Nananim: D. H. Lawrence's Letters to S. S. Koteliansky 1914–1930*. Montreal & London: McGill Queen's University Press, 1970, p.132.

至认为就交战双方互相憎恨而言，大家一定都是对的。"劳伦斯"只是耽迷于对世界如何之坏做能言善辩的独白"，他的思想"是一个一心想当专制君主、因为世界不会即刻俯首听命而发怒的神经质的人的思想。当他意识到他人存在时，他就恨他们。"[1] 然而，上述关于劳伦斯和科特林斯基的关系以及他的乌托邦社区的理念的描述足以证明他具有与人建立平等互信关系的能力，也展现了他对人际间和谐关系的向往。罗素的评价不免有失公允和言过其实。

科特林斯基的身份是多重的：好友、翻译家、合作者和引领者。他通过合译活动有意无意地将俄罗斯优秀作家引荐给劳伦斯。因此，作为一名译者，他起到了联结劳伦斯与俄罗斯作家的纽带作用。对译稿的校读、润色和为译稿写序的活动为劳伦斯创造了直接阅读和了解更多俄罗斯优秀作家的机会，除在此之前已有所了解的屠格涅夫、陀思妥耶夫斯基和托尔斯泰之外，高尔基、布宁、契诃夫、舍斯托夫、库普林、索洛维约夫、罗扎诺夫等当代俄罗斯优秀作家也给劳伦斯带来无比快乐的阅读体验。他赞叹《高尔基回忆录》和《契诃夫日记》是"多么迷人的小书"[2]。不仅如此，他还阅读科特林斯基引介的其他作家和作品，并且反过来向后者力荐陀思妥耶夫斯基的《白痴》。"我将把《白痴》寄给你一读。"[3] "我认为《白痴》比《群魔》好得多，还有《卡扎马佐夫兄弟》。"[4] 在 1926 年 1 月 11 日的信里，他写道："最近我一直在想，现在该是读陀思妥耶夫斯基的时候了：不是作为小说读，而是作为人生来读。我非常厌烦英国人对万物只读取其虚构的方式。我马上订购《卡拉马佐夫兄弟》。"[5] 然而，好景不长。逐渐地，劳伦斯开始对陀思妥耶夫斯基、托尔斯泰失去热情，曾经在他眼里是他的"拉纳尼姆"的俄罗斯也随之逐渐丧

1　罗素：《罗素自传》第二卷，陈启伟译，北京：商务印书馆，2003，8 页，10 页，13 页。

2　1920 年 7 月 17 日，1921 年 5 月 27 日，致信科特林斯基，见 George J. Zytaruk. Ed. *The Quest For Nananim: D. H. Lawrence's Letters to S. S. Koteliansky 1914–1930.* Montreal & London: McGill Queen's University Press, 1970, p.213, p.218.

3　1915 年 4 月 8 日，致信科特林斯基，见 George J. Zytaruk. Ed. *The Quest For Nananim: D. H. Lawrence's Letters to S. S. Koteliansky 1914–1930.* Montreal & London: McGill Queen's University Press, 1970, p.36.

4　1916 年 2 月 15 日，致信科特林斯基，见 George J. Zytaruk. Ed. *The Quest For Nananim: D. H. Lawrence's Letters to S. S. Koteliansky 1914–1930.* Montreal & London: McGill Queen's University Press, 1970, p.68.

5　1926 年 1 月 11 日，致信科特林斯基，见 George J. Zytaruk. Ed. *The Quest For Nananim: D. H. Lawrence's Letters to S. S. Koteliansky 1914–1930.* Montreal & London: McGill Queen's University Press, 1970, p.278.

失了它的魅力。他在 1926 年 4 月 10 日和 5 月 17 日的信里都明确表示："我现在不想去俄罗斯了"；"我想去俄罗斯的欲望再次消失了。"[1]

与此同时，他的创作思想也逐步地发生了变化。其确切日期可以从他收到科特林斯基寄给他罗扎诺夫的《隐居》(Solitaria, 1912）的时候算起。那是在 1927 年 4 月 13 日。他在回信中告诉科特林斯基："它看起来相当令人振奋啊！"[2]10 几天之后，他再次写信告诉科特林斯基他已读完罗扎诺夫的书，非常喜欢它，并为之撰写了一篇评论。也就是在那个时候，他开始对曾经十分仰慕的契诃夫和陀思妥耶夫斯基表现出消极情绪，觉得他们的人物"太消沉，太令人沮丧了"[3]。尽管在对待俄罗斯作家特别是陀思妥耶夫斯基和托尔斯泰时，劳伦斯的态度是矛盾的：时而赞赏，时而抨击，但对罗扎诺夫却罕见地一如既往地给予高度评价，罗扎诺夫也是劳伦斯始终都没有摒弃的唯一一位俄罗斯作家或思想家。这是因为罗扎诺夫使他领悟到"一种真正的激情"，同时也使他感觉到，罗扎诺夫与他志同道合，是他真正的知音。

> 我们第一次获得了一种真正的、积极的人生观，这是我们无法从任何俄罗斯人那里获得的……他是第一位对我真正说了些什么的俄罗斯人。他的想象充满了激情，充满活力、健康。他是第一位认为不朽存在于生命的活力之中，而不是生命的失去之中。蝴蝶对他以及对我们变成了一个全部的启示。[4]

也正是在罗扎诺夫的影响下，他的小说创新开始变得更大胆、更具实验性。《查特莱夫人的情人》就是在受了罗扎诺夫的影响之后创作完成的，但对于当时他所处时代，他的创新必定会招惹非议。他本人也非常清楚这一点。因此，在 1927 年 12 月 23 日，他致信科特林斯基，说小说已完成一半，但感觉"非常不合礼仪"，并断定科特林斯基"会连碰

1　1926 年 4 月 10 日，1926 年 5 月 17 日，致信科特林斯基，见 George J. Zytaruk. Ed. *The Quest For Nananim: D. H. Lawrence's Letters to S. S. Koteliansky 1914–1930*. Montreal & London: McGill Queen's University Press, 1970, p.284, p.286.

2　1927 年 4 月 13 日，致信科特林斯基，见 George J. Zytaruk. Ed. *The Quest For Nananim: D. H. Lawrence's Letters to S. S. Koteliansky 1914–1930*. Montreal & London: McGill Queen's University Press, 1970, p.308.

3　1927 年 4 月 27 日，致信科特林斯基，见 George J. Zytaruk. Ed. *The Quest For Nananim: D. H. Lawrence's Letters to S. S. Koteliansky 1914–1930*. Montreal & London: McGill Queen's University Press, 1970, p.311.

4　D. H. Lawrence. *Selected Literary Criticism*. Ed. Anthony Beal. London: William Heinemann, 1955, p.248.

都不愿碰它一下"，因为首先这是一部迄今为止所写的最不合礼仪的小说，其次，具有正统道德观的科特林斯基会觉得"这是一部纯粹的色情小说"。但与此同时劳伦斯不无自信地称这部小说是"一部菲勒斯现实的宣言"[1]。

总之，劳伦斯从开始关注并欣赏陀思妥耶夫斯基、托尔斯泰、契诃夫等俄罗斯作家发展到最终弃他们而去，转而崇拜罗扎诺夫，对他全盘接受，整个过程标志着他的创作理念的成熟过程，并最终形成他著名的血性信仰的生命文学观。笔者将在第六章专门阐述劳伦斯的生命文学观。在这个过程中，作为朋友、合作者和引领者的科特林斯基起了不可或缺的作用。

二、"不寻常的友爱"：惺惺相惜直至永远

对于曼斯菲尔德和科特林斯基最初相识有两种说法。一般来说，传记作家们倾向于认为曼斯菲尔德是在 1914 年 10 月认识科特林斯基的。当时，科特林斯基应邀与俄罗斯法律局的一名同事霍恩一道造访劳伦斯夫妇，曼斯菲尔德就是在那个时候结识了这位日后在她生命中起着重要作用的俄罗斯犹太人。另一种说法则颇具戏剧色彩。1914 年 10 月 5 日，劳伦斯邀请科特林斯基到其切舍姆的家里做客，并打算 3 天后介绍受邀来访的默里夫妇。但双方相识的方式颇具戏剧性。科特林斯基在劳伦斯家逗留期间，劳伦斯与弗丽达发生了激烈的争吵，原因是劳伦斯无法忍受弗丽达为牵挂她与前夫所生的孩子而伤心不已。科特林斯基非但没有表示同情，而且无条件地站在劳伦斯一边指责弗丽达，认为既然为爱而放弃对孩子们的任何权利，就不应为此乱发脾气，无理取闹。弗丽达一怒之下，离家出走，跑到住在附近的曼斯菲尔德那里诉苦。几个小时之后，曼斯菲尔德独自冒雨前来，浑身湿透地站在门口，对着劳伦斯和科特林斯基义正词严地宣布，"弗丽达不回来了"[2]。说完便消失在夜幕之中。这次偶遇给科特林斯基留下深刻印象。不管怎样，1914 年 10 月初

1 1927 年 12 月 23 日，致信科特林斯基，见 George J. Zytaruk. Ed. *The Quest For Nananim: D. H. Lawrence's Letters to S. S. Koteliansky 1914–1930*. Montreal & London: McGill Queen's University Press, 1970, p.334.

2 Joanna Woods. *Katerina: The Russian World of Katherine Mansfield*. London: The Penguin Group, 2001, p.112.

次见面之后，他们便开始了通信联系，后来还一起翻译了高尔基的《革命日记》（*My Dairy*），为默里主编的《雅典娜神庙》文学周刊翻译《契诃夫的书信》并分期刊登。很快，科特林斯基成为她的挚友，她生命中"极为重要之人，不是作为爱人，而是一个父亲般的人物，一个远处的崇拜者和一个皱眉头的不赞同者"[1]。科特林斯基不仅是她的挚友，也是其情感支柱。更重要的是，科特林斯基成为她了解俄罗斯作家的重要渠道。

自 1914 年冬以来，曼斯菲尔德便开始参与科特林斯和默里的俄罗斯文学的翻译活动。所谓参与翻译，主要是帮助修改和润色科特林斯基的英文译文。默里和科特林斯基合译的第一部作品是契诃夫的《赌博集》（*The Bet and Other Stories*），于 1915 年出版。之后，他们又一起翻译了陀思妥耶夫斯基的《作者日记节选》（*Pages from the Journal of an Author*）和亚历山大·库普林（Aleksandr Ivanovich Kuprin）的《生命之河故事集》（*The River of Life and Other Stories*）。曼斯菲尔德则参与翻译库普林的《利勃尼科夫上尉》（"Junior Captain Rybnikov"）。根据曼斯菲尔德的回忆，她与科特林斯基曾合作翻译过高尔基的《革命日记》和高尔基以"不合时宜的想法"为标题批评俄国革命的系列文章。4 年多里，曼斯菲尔德与科特林斯基合作过不下 6 部译作，但这些译作通常并不公开明示她的合作身份。因此，他们真正富有成效的合作始于 1919 年 4 月 4 日在《雅典娜神庙》[2]上以连载形式刊登的契诃夫书信系列，共 13 期。这些信件是契诃夫在 1886 年至 1889 年间写给家人和一些著名文人的，如，德米特里·格里戈罗维奇（Dmitry Grigorovich），主要涉及契诃夫对创作的看法和对写作技巧的探索。事实上，这是契诃夫人生中的一个重要时期。其间，他创作出诸如《苦恼》（1886），《渴睡》（1888），《草原》(1888),《没

1　Antony Alpers. *The Life of Katherine Mansfield*. Oxford: Oxford University Press, 1982, p.168.
2　Anton Chekhov. "Letters of Anton Tchehov." Trans. S. Koteliansk and K. Mansfield. *The Athenaeum*. Nos. 4640-4670 (4 April to 31 December 1919): 148-1135. In 13 instalments:

1. 4 April 1919: 148-149.
2. 18 April 1919: 215-216.
3. 25 April 1919: 249.
4. 2 May 1919: 282.
5. 23 May 1919: 378.
6. 6 June 1919: 441-442.
7. 27 June 1919: 538.
8. 11 July 1919: 602.
9. 25 July 1919: 667.
10. 8 August 1919: 731-732.
11. 5 September 1919: 858.
12. 24 October 1919: 1079.
13. 31 October 1919: 1135.

意思的故事》(1889)等重要作品，这些作品日后对曼斯菲尔德产生过深刻的影响。

与科特林斯基的合作使曼斯菲尔德开始接触到俄罗斯作家作品，领略到俄罗斯文学丰厚的肌质，同时拓宽和提高了她的文学视野和品位，激发了她的文学想象力。她与科特林斯基的友情也更趋紧密而变得牢固。实际上，在那次戏剧性会面后的两个月，他们就已经成为铁定的朋友。根据默里的回忆，尽管劳伦斯夫妇也非常喜欢她，但他们对她又颇有微词。科特林斯基则完全不同，"他的格言是凯瑟琳不会做错事。"他曾经说过，她比世上任何人"更具备成为一个真正的人的天赋"[1]。默里不无嫉妒地回忆说，科特林斯基甚至对凯瑟琳的"邪恶"都感到愉悦。[2]科特林斯基不仅是朋友和合作者，某种意义上，他还代表了兄长或父亲形象。这从她1915年3月下旬写给他的信中可见一斑："科特林斯基，你是我族人中真正的一员——我们可以非常随意地相处。"[3]同样，科特林斯基也经常通过赠送她小礼物，比如俄罗斯烟、俄罗斯风格的衬衣等，表达他的关爱。值得一提的是，1915年11月之前，曼斯菲尔德一直租居于位于阿科斯亚路的寓所，但其弟在战场上死亡的噩耗令她悲痛万分，以至于她再也无法在曾与爱弟度过短暂快乐时光的寓所里继续住下去。之后，科特林斯基和他的朋友租下了这一寓所。曼斯菲尔德写信将自己用过的一条毛毯赠与科特林斯基作为留念。科特林斯基也一直把这里当作自己的家，直至1955年1月22日去世。这其中的信任、珍惜和思念，不言而喻。

与科特林斯基的友谊和翻译合作，使曼斯菲尔德对俄罗斯以及一切与之相关的人和物产生了极大兴趣。在日记中，她不止一次地表示要去俄罗斯。不仅如此，她喜欢穿戴俄罗斯服饰，抽俄罗斯烟卷，甚至用俄罗斯笔名，称自己为"卡特亚""克森卡""凯特琳娜"，特别是在写给科特林斯基的信里，她喜欢用俄罗斯人名落款。尽管她的俄罗斯之行最终未能成行，但在她生命的最后两年里，她选择去法国枫丹白露，加入格

1　John Middleton Murry. *Between Two Worlds: An Autobiography*. London: Jonathan Cape, 1935, p.322.

2　Vincent O'Sullivan. Ed. *Katherine Mansfield: Selected Letters*. Oxford & New York: Oxford University Press, 1989, p.200.

3　John Middleton Murry. Ed. *The Letters of Katherine Mansfield*. New York: Alfred A. Knopf, Inc., 1932, p.21.

吉夫学院（Gurdjieff Institue）进行康复治疗依然与她的俄罗斯情结不可分离。自 1921 年入冬以来，凯瑟琳的肺病日趋恶化。科特林斯基介绍她去见马诺金（Ivan Manoukhin）医生。[1] 虽然初次见面给她留下的是"江湖骗子"的印象，但科特林斯基的介绍以及她在诊所的所见所闻，如那位"披着灰色围巾、系着围裙、穿着高统靴面带微笑的女佣和那个在木板上裹着俄罗斯风格的襁褓的婴儿以及不时从隔壁房间传出的俄语谈话的只言片语"[2]，使她断然改变了这一印象。事后，她写信给科特林斯基，描述了她的求医过程：

> 我见到了马诺金。是的，任何人都会对这样一个人满怀信心。他希望我马上开始治疗……当我今晚在诊所里等待时，所有的门都打开着，在医生的隔间里，人们在说着俄语……我无法向你表达我是多么地热爱俄语。当我听到有人说俄语，毫无疑问，我总是想到契诃夫。[3]

曼斯菲尔德的这一俄罗斯情结直接影响她是否愿意听从医生的建议。她接受一位名叫雨果·索拉普尔（Victor Sorapure）的医生不去疗养院的建议，并不是因为这位医生认为停止写作而去疗养院会对她的健康有害，更多的是因为这个医生长得很像契诃夫。"他有一颗跟契诃夫一样纯洁的心。"[4] 她最终归宿于法国枫丹白露的格吉夫人类和谐发展学院也是因为听了俄罗斯人乌斯本斯基（Piotr Demianovich Ouspensky）关于人类如何改变自身的理论讲座，并通过他而认识了格吉夫（George Ivanovich Gurdjieff）[5]。她在 1922 年 10 月 25 日给默里的信里写道："我相信格吉夫

1　在凯瑟琳·曼斯菲尔德生命的最后两年里，她向俄罗斯医生寻医问药，一个是马诺金医生，另一个是精神导师格吉夫。根据马诺金的自传中称，他曾治愈了高尔基以及他的妻子的肺病，使高尔基多活了 23 年，直至 1936 年去世；他妻子活到 77 岁。他因此名声大振，并与作家 H. G. 威尔斯结下了深厚的友谊。1921 年 9 月，曼斯菲尔德在瑞士，威尔斯夫人及其两个儿子拜访了她，很有可能，曼斯菲尔德是从威尔斯的一个叫吉普（Gip）的儿子那里听说了马诺金医生，而不是通常被很多学者认为是科特林斯基。见 "Katherine Mansfield's Russian Healers". *The London Magazine: A Review of Literature and the Arts*. Oct 31, 2014. https://www.thelondonmagazine.org/article/katherine-mansfields-russian-healers/.

2　Joanna Woods. *Katerina: The Russian World of Katherine Mansfield*. Middlesex: The Penguin Group, 2001, pp.225-226.

3　John Middleton Murry. Ed. *The Letters of Katherine Mansfield*. New York: Alfred A. Knopf, Inc., 1932, pp.440-441.

4　John Middleton Murry. Ed. *Journal of Katherine Mansfield*. London: Constable & Co. Ltd, 1927, p.164.

5　格吉夫认为，文明使男人和女人失去了平衡，因此，肉体、情感和智力不再和谐地运转。因此，繁重的体力劳动、强制性东方舞蹈和一些特别测试等消灭自我的治疗方法有助于矫正这种内部平衡。

先生是唯一能帮助我的人。在这里，是一种诺大的幸福……我感到与这些陌生人很近，他们是我的同类。我感觉如此。这么美妙的理解和共鸣，我在外面的世界从未有过这样的感觉。"[1] 她还写信告诉马诺金医生："回去那里，就像回到家一样。"[2] 难怪默里永远都无法原谅科特林斯基。他认为后者误导了曼斯菲尔德，使她错信俄罗斯医生和精神疗法，延误了治疗。他给格兰内维（Glenavy）夫人的信里有这样一段话："科特对她的影响非常有害……他使她充满了俄罗斯马诺金医生能使她完全治愈的危险梦想，而梦想必定破灭后，她又落入格吉夫这个精神江湖的骗局中——和死亡。"[3]

概括地讲，凡是带有俄罗斯元素的人与物，对曼斯菲尔德都具有独特的吸引力，能唤起她的好感和共鸣。甚至对索别尼奥维斯基（Floryan Sobieniowski）这样的卑劣小人，曼斯菲尔德也从没有恶言相加。[4] 她与奥特琳·莫瑞的友情部分地也源于对俄罗斯和俄罗斯文学的共同兴趣爱好。奥特琳是这样描述她与曼斯菲尔德的交往的。显然，俄罗斯是催生她们之间友好关系的主因。

> 我们还常常沉迷于《战争与和平》一幕又一幕的场景中。她［曼斯菲尔德］特别喜爱那些关于年轻姑娘为参加一个舞会兴奋地沐浴更衣，或作雪橇假面旅行的章节。接下来的一幕是娜塔莎趁她母亲在给她朗诵最后的晚祷告时，从她那小巧玲珑的脚上迅速脱掉拖鞋，

1 Vincent O'Sullivan. Ed. *Katherine Mansfield: Selected Letters*. Oxford & New York: Oxford University Press, 1989, p.275.
2 Joanna Woods. *Katerina: The Russian World of Katherine Mansfield*. Middlesex: The Penguin Group, 2001, p.234.
3 转引自 Galya Diment. *A Russian Jew of Bloomsbury: The Life and Times of Samuel Koteliansky*. Montreal & Kinston: McGrill-Queen's University Press, 2001, p.121.
4 波兰流亡知识分子。1913 年至 1929 年，他住在伦敦。他有一副好嗓子，能唱许多斯拉夫克的民歌，爱好文学，喜欢旅游和冒险。共同的爱好和追求使他很快成为曼斯菲尔德的密友。但好景不长，两人关系破裂。日后，他多次利用这段关系对曼斯菲尔德进行要挟。最后，曼斯菲尔德从女友依达·贝克处借了 40 英镑，赎回并焚烧掉了她写给他的所有信件，才算真正摆脱了他无休止的纠缠。但不可否认，索别尼奥维斯基在曼斯菲尔德最初事业的发展中起了重要的作用。与他的相识不仅使后者认识了一群流亡于英国的波兰人，而且有机会聆听他们对文学艺术，尤其是俄罗斯文学和文化的高谈阔论。这些经历一方面拓宽了她的文学品位，激发了她的文学想象力，另一方面，也提高了她的文学感悟力。曼斯菲尔德曾以已故波兰诗人、剧作家斯伯尼斯洛·维斯皮安斯基为题，赋诗一首。显然，这在很大程度上是受了索别尼奥维斯基的影响。作为一名专业译者和通晓俄语的人，索别尼奥维斯基在那个时期完全有可能向曼斯菲尔德介绍了契诃夫等俄罗斯作家的一些作品。

跳进她母亲的床……然后，她也钻进床，开始她们每晚的谈话，这是母女俩最开心的事情之一。与凯瑟琳谈论这些事真的就像与她一起亲身经历这些事一样……[1]

在曼斯菲尔德有生之年，与人交往和一些重大人生抉择常常伴有这种微妙的俄罗斯情感。坦白地讲，出于种种缘由，她生前与人交往较为疏远，朋友也寥寥无几。但凡与她关系甚密的朋友大多都与她内心的俄罗斯情愫有关。即便他们曾因某种原因产生隔阂或断绝往来，但曼斯菲尔最终都能与之冰释前嫌，重归于好。最明显的例子是她对科特林斯基的信赖。尽管布卢姆斯伯里文化圈关于曼斯菲尔德的"流言蜚语"曾一度使科特林斯基产生误解，导致1916至1918年间他们的关系受损，彼此疏远。但曼斯菲尔德对科特林斯基的友情却始终如一，坦诚相待。"……你对我意味着许多，我知道你绝不会听信他人的谗言，那些到处散布流言蜚语的无能的家伙……""亲爱的朋友——不要想我的不好——原谅我。凯瑟恩卡"。[2]

曼斯菲尔德生性善变，素有"变色龙"之称，但她对俄罗斯的感情却始终不变。这不仅表现在她与人的交往中，也体现在她对契诃夫、托尔斯泰、陀思妥耶夫斯基、屠格涅夫等俄罗斯作家尤其是对契诃夫的欣赏中。后者不仅在她的书信和日记中被屡次提到，而且还被视为知音。"契诃夫会理解这一切的……契诃夫完全懂得我知道的这一切。我在他的作品中发现了这一点——经常。"[3]当契诃夫的书信译稿需要校对时，她理所当然地认为，"契诃夫会是第一个说我们必须一起做校对的人。"[4]她坚信与契诃夫享有共鸣。因此，当契诃夫被人误解时，她断然为其辩护。

当你[科特林斯基]说你不认为契是真的谦虚，这难道不是或许因为他总是非常真诚地感到他可能比他所做的更多吗？他受着时

1 Joanna Woods. *Katerina: The Russian World of Katherine Mansfield*. Middlesex: The Penguin Gruop, 2001, p.135.

2 Vincent O'Sullivan. Ed. *Katherine Mansfield: Selected Letters*. Oxford & New York: Oxford University Press, 1989, p.273, p.200.

3 ibid., p.105.

4 ibid., p.118.

间的折磨,受着要活着和写作愿望的折磨。"我们只有一次生命。"……
然而,当他不再工作的时候,他感到内疚;觉得他应该工作。我认
为他常常感到他就像那个唱了一次并愿付任何代价得到把同一首歌
再唱一遍的机会……但是机会不再来。我想所有作家,无论大家还
是小家,都有同感,但与多数作家相比,契的感受更强烈。[1]

对于曼斯菲尔德而言,俄罗斯文化有一种与生俱来的亲切感。作为
一名新西兰人和殖民地作家,毫无疑问,曼斯菲尔德游离于英国主流文化。
她既没有身份,也没有地位,是名副其实的边缘人。作为边缘人,她受
到主流文化的排斥,这种排斥反过来又使她或因尊严产生抵触情绪,这
使得她不能也不可能全盘接受英国主流文化。因此,她也就不可避免地
使自己处于进退两难的境地,而病魔缠身更加剧了她的这种流离失所的
状态。然而,作为一名作家,她需要一个立足点,而对侨居伦敦的她来
说,她所需的价值参照体系既不是新西兰文化也不是英国文化。处在这
样的两难境地,俄罗斯文化对她来说似乎是一个合理的选择。这或许可
以解释她不排斥俄罗斯作家的原因,因为与俄罗斯人交往,她无须表明
自己的身份,也没有寄人篱下的感觉。相反地,他们与她有诸多相似之
处。跟她一样,侨居伦敦的科特林斯基也是无根无基:"你 [科特林斯基]
不愧为我的一个同胞。"她最终选择去格吉夫学院,与那些俄罗斯流亡者、
怪人、无家可归者和精神冒险家们生活在一起,或多或少与她的身份情
结有关。虽然她身处陌生人中间,但她感觉到他们的"亲近":"他们是
我的同类人,我感觉如此,如此美妙的理解和同情"[2]。西尔维亚·伯克曼
(Sylvia Berkman) 指出,"这些俄罗斯作家很大程度上非常迎合她的道德
观……她的道德观从根本上讲同样是情感化的。陀思妥耶夫斯基、托尔
斯泰、契诃夫的作品使她产生巨大的共鸣……契诃夫对痛苦的平静接纳、
陀思妥耶夫斯基和托尔斯泰对恭谦和克己的基督教原则的认识。"[3]

事实上,除了与伊凡·布宁有过一面之交外,曼斯菲尔德从未与任
何俄罗斯作家有过会面或书信往来。然而,在文学创作和对人生的态度上,

1 John Middleton Murry. Ed. *The Letters of Katherine Mansfield*. New York: Alfred A. Knopf, Icn., 1932, p.480.

2 Vincent O'Sullivan. Ed. *Katherine Mansfield: Selected Letters*. Oxford & New York: Oxford University Press, 1989, p282.

3 Sylvia Berkman. *Katherine Mansfield: A Critical Study*. New Haven: Yale University Press, 1951, p.125.

这些俄罗斯作家对她却产生了深远的影响。可以说，正是他们引领她走上了现代主义短篇小说的创作之路。与科特林斯基的关系促使她更快地走上一名专业作家的发展道路，使她有机会深入了解俄罗斯作家的写作方法。[1] 在与科特林斯基合作翻译高尔基的作品后，她说："我发现高尔基非常有同情心——"[2] 当她读了布宁的一个短篇小说时，不仅对出色的翻译赞不绝口，而且对布宁也大加赞赏："布宁的这个短篇的翻译真是太绝了。我简直不能想象还有比这更好的翻译，我跟所有人一样，为有机会读到它而感激万分。毫无疑问，布宁是一个伟大的天才"[3]。显然，校对、润色译文的活动增强了曼斯菲尔德对语言的敏感性，也使她能更好地领悟到俄罗斯文学的精髓。

对俄罗斯作家由衷的赞美，特别是对契诃夫和托尔斯泰，在她的书信集和日记中可谓俯拾即是。这份接纳、信任和热情却没有发生在对英国作家的评论上。相反地，她对他们的评论显得苛刻，甚至有点不近情理。笔者在此援引两封她写给默里的信以示她对俄罗斯作家和英国作家的不同态度。[4] 比如谈到萧伯纳时，她写道：

> 他（萧伯纳）有点儿像文学屋里的看门人——坐在一个玻璃箱里，看到一切，知道一切，检查信件，打扫楼梯，但却没有他的份，在现实生活中没有他的份。当我这样写的时候，我想：是的，但谁住在那里面呢？（谁）就像我们所说的生活在那里呢？陀思妥耶夫斯基、契诃夫和托尔斯泰。我想不出还有其他什么人住在那里。[5]

显然，萧伯纳被她形象地比作了一个坐在门口观察世界的看门人，而托尔斯、陀思妥耶夫斯基、契诃夫则是这间文学屋子里的主人。她在另一封信里，表达了对托尔斯泰的创作的赏识，同时不忘批评英国战后小说家的肤浅和缺乏创意。

---

1 Joanna Woods. *Katerina: The Russian World of Katherine Mansfield*. Middlesex: The Penguin Group, 2001, p.199.

2 C. K. Stead. Ed. *The Letters and Journals of Katherine Mansfield: A Selection*. London: The Penguin Group, 1977, p.130.

3 John Middleton Murry. Ed. *The Letters of Katherine Mansfield*. New York: Alfred A. Knopf, Inc., 1932, p.434.

4 两封信的日期分别为 1919 年 12 月 13 日和 1920 年 9 月 25 日。

5 C. K. Stead. Ed. *The Letters and Journals of Katherine Mansfield: A Selection*. London: The Penguin Group, 1977, p.160.

托尔斯泰只需碰他一下，他就发出一种音符，而这一音符或多或少至关重要，坚持不懈，是整本书的一部分。但是所有这些其他人——他们介绍他们的厨子、阿姨、陌生绅士，等等，一旦停止描写他们，这些人物就不见了——都掉进洞里了。[1]

书信 1 是对萧伯纳的评论，字里行间流露出对这位剧作家的批评；书信 2 通过比较英国战后小说的现状与托尔斯泰的《安娜·卡利尼娜》中对那位鞑靼老侍者的描写，来反观英国战后小说缺乏连贯性和整体性。显然，曼斯菲尔德在此将俄罗斯作家当作了文学创作成功的衡量标准，相反，她极少用英国作家与俄罗斯作家进行类似比较。细读她的书信，我们发现，她对以契诃夫为代表的俄罗斯作家的欣赏是基于她的深刻理解、敏锐的判断力和感悟力。"我看完了那些信 [契诃夫的书信]；……越读这些信，就越发现它们以独特的方式揭示了幕后的东西。"[2] "作家所做的一切与其说是解决问题，还不如说是提出问题。必须把问题提出来。这在我看来似乎是区别真假作家的一条很好的分界线。"[3] 她曾告诉科特林斯基她一直在读别人对契诃夫的评论，但认为人们并未真正读懂契诃夫的作品，因为他们总是坚持从某一角度去看他。她甚至还把托尔斯泰对契诃夫的《至爱》的评论说成是"愚蠢的小杰作"[4]。很显然，在与科特林斯基的翻译合作过程中，曼斯菲尔德不仅给予科特林斯基帮助，而且，更重要的是，她也从中获益匪浅。它不仅改变了曼斯菲尔德的生活，也给她的创作带去灵感，为她追寻新时期新的表现形式和手段提供了理论依据和优秀文学的衡量标准。关于这一点的讨论将在本书第六章展开。

三、贺加斯出版社：共同的事业

科特林斯基与伍尔夫夫妇相识是在 1917 年的夏天，是由默里和曼斯

1　Clare Hanson. Ed. *The Critical Writings of Katherine Mansfield*. London: Macmillan Press, 1987, p.40.

2　John Middleton Murry. Ed. *The Letters of Katherine Mansfield*. New York: Alfred A. Knopf, Inc., 1932, p. 502.

3　Clare Hanson. Ed. *The Critical Writings of Katherine Mansfield*. London: MacMillan Press, 1987, p.34. 这段话是她在 1919 年 5 月致弗吉尼亚·伍尔夫信中的部分内容，是她根据契诃夫的信概括的。

4　John Middleton Murry. Ed. *The Letters of Katherine Mansfield*. New York: Alfred A. Knopf, Inc., 1932, p. 480.

菲尔德引见的。[1]但双方真正开始交往始于1919年。这是一种职业性交往，是一种合作者、编辑和出版者之间的关系。

根据伦纳德·伍尔夫的回忆，科特林斯基当时携带在莫斯科刚出版的高尔基的《托尔斯泰回忆录》登门拜访，告诉他们作者授意翻译此书，并建议由伍尔夫夫妇的贺加斯出版社（Hogarth Press）出版其译本，伍尔夫夫妇接受了他的提议。这部《托尔斯泰回忆录》英译本于1920年正式出版。它的出版不仅开始了科特林斯基与伍尔夫夫妇长达35年之久的友情（直到1954年科特林斯基去世为止），也奠定了贺加斯出版社事业发展的良好基础。简而言之，这部译著的成功对贺加斯出版社来说不单纯是商业意义上的，更重要的是，它开启了出版社未来的国际性走向。可以说，科特林斯基在贺加斯出版社发展史上有过重要作用。一个事实是，贺加斯出版社早年出版的著作中，俄罗斯译著占据相当比例。资料显示，从1920年至1923年出版的27部作品中，俄罗斯译著就占了8部。[2]

继高尔基的《托尔斯泰回忆录》成功之后，科特林斯基与伍尔夫夫妇进一步合作翻译并相继出版高尔基的《契诃夫笔记及回忆录》（1921）、《苏菲·托尔斯泰伯爵夫人自传》（1922），伊凡·布宁的《从旧金山来的绅士故事集》（1922），陀思妥耶夫斯基的《斯太甫罗根的忏悔》（1922）、《托尔斯泰情书》（1923），戈登维瑟（A. B. Goldenweiser）的《托尔斯泰谈话录》（1923），以及安德烈耶夫（Leonid Andreyev）的《黑暗》（1923）。尽管之后翻译出版的俄罗斯作品再也没有像高尔基的《托尔斯泰回忆录》那样取得商业成功，但是这些俄罗斯译作给贺加斯出版社带来了活力和发展机遇。伦纳德·伍尔夫在他的自传里写道：这一成功"对出版社和我们的未来是真正的转折点"[3]。自此之后，贺加斯出版社实际已成为一家小型国际出版社，这从它后来出版的一系列译著中可见一斑。同时，贺加斯出版社对俄文译著的出版也顺应了当时英国国内掀起的俄罗斯文学热，对当代英国知识界特别是青年作家产生了不可低估的影响。

1　Leonard Woolf. *Beginning Again: An Autobiography of the Years 1911–1918*. London: The Hogarth Press, 1964, p.247.

2　Virginia Woolf and S. S. Koteliansky. *Translations from the Russian*. Ed. Stuart N. Clarke. Intro. Laura Marcus. London: Virginia Woolf Society of Great Britain, 2006.

3　Leonard Woolf. *Downhill All the Way: An Autobiography of the Years 1919–1939*. London: The Hogarth Press, 1967, p.67.

　　为了能准确理解和翻译俄文作品，伍尔夫夫妇下苦功学习俄语。科特林斯基也顺理成章地成为他们的俄语老师。伦纳德·伍尔夫的传记和弗吉尼亚·伍尔夫的书信、日记对当时学习俄语的情景都有明确记载。他们曾经每天花相当时间学习俄语。弗吉尼亚·伍尔夫在 1921 年 2 月 16 日的日记里写道："俄语占据了我所有的时间，没有时间写这部作品（《达洛维夫人》，笔者注）。我竭尽全力，也只能勉强跟上伦纳德。""我感觉自己依附在一列特快列车上。靠着科特和伦纳德用力拽我，我一定会以某种方法渡过难关。从 12：15 到 12：45，再从 5：30 到 6：00，接着，从 9：30 到 10：00，这种学习模式持续了整整 6 个月。"[1] 强化学习的结果是，伦纳德终于能 "结结巴巴地阅读俄文报纸或甚至能看懂阿克萨科夫的作品"[2]。但对弗吉尼亚而言，效果甚微。这或许可以解释弗吉尼亚为什么日后否认自己是俄文译作的真正译者。"我不太喜欢自称 '翻译了'那些归功于我的那些俄文作品"。"我只不过是对科特林斯基的英译稿加以修改。"[3] 但在 1920 年代，她并不认为自己只是科特林斯基英译稿的编辑和修改者。"我应该是在翻译科特的俄语作品。"[4] "我被科特催促着翻译俄罗斯作家，没有时间写作。"[5] 她所指的俄语作品是《托尔斯泰的情书》和《托尔斯泰谈话录》。数日后，她又在信里告诉科特林斯基，她对《托尔斯泰谈话录》感兴趣，并认为那是 "我们几乎译得最好的"。[6] 这个时期，她对俄罗斯文学表现出极大热忱。但随着时间的推移和她自身创作水平的提高，她的态度开始发生转变。上述书信已明确表明了这一点。伦纳德也在其传记中详细地描述过他们合作翻译的模式："在翻译过程中，我们实际的做法是科特手写翻译初稿，留出充分的行距，然后，我

1　Anne Olivier Bell. Ed. *The Diary of Virginia Woolf, Vol. II, 1920–1924*. London: The Hogarth Press, 1978. p.90.

2　Leonard Woolf. *Beginning Again: An Autobiography of the Years 1911–1918*. London: The Hogarth Press, 1964, p.247.

3　Nigel Nicolson and Joanne Trautmann. Eds. *The Letters of Virginia Woolf, Vol. V, 1932–1935*. New York: Harcourt Brace & Company, 1982, p.91.

4　1922 年 10 月 22 日给罗杰·福莱的信。Nigel Nicolson. Ed. *The Letters of Virginia Woolf, Vol. II, 1912–1922*. London: The Hogarth Press, 1976, p. 573. 弗吉尼亚·伍尔夫与科特林斯基合作翻译 A. B. Goldenveizer 的《托尔斯泰的情书》和《托尔斯泰谈话录》两部著作，于 1923 年由贺加斯出版社出版。

5　1923 年 3 月 5 日给 Brett 的信。Nigel Nicolson. Ed. *The Letters of Virginia Woolf, Vol. III, 1923–1928*. London: The Hogarth Press, 1977, p.18.

6　1923 年 3 月 9 日给 Kot 的信。Nigel Nicolson. Ed. *The Letters of Virginia Woolf, Vol. III, 1923–1928*. London: he Hogarth Press, 1977, p.19.

们将他极为怪异的译文变成英文。"在伦纳德看来，科特林斯基的英文"通常非常怪异，但同时又是如此生动而富有个性"。[1] 比如，She came into the room carrying in her arms a peeled-off little dog 中的 a peeled-off little dog[2] 和 She wore a haggish look 中的 a haggish look。两句译文均出自伊凡·布宁的《从旧金山来的绅士》。这使人想起科特林斯基将翻译初稿寄给劳伦斯润色修改时的评价，巧合的是劳伦斯和伦纳德不约而同地注意到 a peeled-off little dog 的奇特翻译。两者的反应却不同。劳伦斯对此的态度是积极而肯定的，"无需改动"；伦纳德则在肯定的同时，强调其翻译的"怪异"。实际上，在评价科特林斯基的翻译时，"怪异"或"奇怪"是伦纳德频繁使用的描述词，"科特林斯基的英语通常非常奇怪，我必须把它变成我的英语"[3]。此处，"我的英语"即"标准的英语"，这不仅凸显了科特林斯基不地道的英语，也强化了科特林斯基的外国人身份，同时暗含他们之间的心理距离。然而，要改动科特林斯基的译文，也非易事。伦纳德在其传记中说过这样的话："当我把他的初译稿变成地道英语之后，我们接着就逐句阅读。科特对语言和文学具有很强的感悟力，拥有一个极为敏锐的头脑。只有当他完全确信一个句子的确切含义和原文的感觉一致时，他才会放过它，有时候，我们为了一个词就要争论一刻钟。"[4]

通过近距离的合作，伍尔夫夫妇逐步地对科特林斯基有了更深刻的了解。在他们的传记、日记、书信中都记载了他们合作的事例。但最令人印象深刻的却是他们对科特林斯基的特点惊人一致的描写。请看下列片断：

> 他的握手礼把手上的小骨头都捏碎了；尽管他的手掌有几英寸

1　Leonard Woolf. *Beginning Again: An Autobiography of the Years 1911–1918.* London: The Hogarth Press, 1964, pp.247-248.

2　在贺加斯出版社出版的《从旧金山来的绅士》译本中，这个词组被改成了 "a tiny, cringing, hairless little dog"。

3　Leonard Woolf. *Beginning Again. An Autobiography of the Years 1911–1918.* London: The Hogarth Press, 1964, p.248.

4　Leonard Woolf. "Kot". *The New Statesman and Nation*, the weekend review, Vol. 49. No. 1248 (5 February 1955): 176.

厚，但非常坚硬，代表了那类憨实、认真、孜孜不倦的人。[1]

> 他（科特林斯基）是一位杰出而令人敬畏的人……当他与你握手时，你感到你手里所有的小骨头必定无疑地被永久地捏碎了。这种握手……只是科特热烈而痛苦充满激情和正直个性的一种无意识的特征。我总是暗暗希望这种摧毁性的握手礼意味着科特喜欢这个人，那些他不喜欢的人是得不到这样的握手礼的，因此，我感到体验了好像在与以利亚、以赛亚和耶利米握手时的那种感受，因此觉得忍受这种疼痛是值得的。因为假如你对科特有足够的了解，你就会知道3千年前一个希伯来大先知是什么样的。倘若耶利米在1882年出生在乌克兰的一个贫民村里的话，他会是科特……科特绝不是一个让人舒服的人，但我敢担保，以利亚和以赛亚也都不是。[2]

科特独特的握手礼不仅成为他鲜明的个性特征，也是他爱憎分明的标记。多年之后，弗吉尼亚仍记得他的握手"能把骨头捏碎"。[3]无独有偶，跟伦纳德一样，劳伦斯也曾将科特比作先知，甚至上帝。如此巧合表明一点，那就是，科特身上具有令人难忘的品质——正直和威严，令人肃然起敬。伦纳德在科特的讣文中称其为"一个真正的人"。实际上，这个称号是科特生前用来描述那些他所看重的人。曼斯菲尔德、弗吉尼亚·伍尔夫、劳伦斯都曾被他称作"真正的人"。这也是科特对人的最高评价。伦纳德·伍尔夫在科特的葬礼上以此作为讣文的结束语，足以表明他对科特的人格的肯定和敬仰。

科特林斯基以及他的翻译活动无疑对弗吉尼亚·伍尔夫、劳伦斯和曼斯菲尔德有着深刻的影响。尽管弗吉尼亚日后并没有明确承认这段翻译经历和与科特的交往对她的影响，但从她的书信日记和作品中，我们仍不难发现其影响的痕迹。20年之后，也就是1940年3月21日，弗吉尼亚·伍尔夫在日记中写道：

1　1920年5月5日的日记。Anne Olivier Bell. Ed. *The Diary of Virginia Woolf, Vol. II, 1920–1924*. London: The Hogarth Press, 1978, p.34.

2　Leonard Woolf. *Beginning Again, Again. An Autobiography of the Years 1911–1918*. London: The Hogarth Press, 1964, p.249.

3　1940年5月25日。Anne Olivier Bell. Ed. *The Diary of Virginia Woolf, Vol. V, 1936–1941*. New York: Harcourt Brace & Company, 1984, p.287.

　　早餐时我阅读戈登维瑟（Goldenweiser）的托尔斯泰，这是
1923年我与科特一起翻译的，都快记不清了。总是同样的现实——
就像触碰一根裸露的电线。即便如此不完美的表达——他那崎岖却
简单的心灵——对我而言，并非共鸣，而是最激励、最鼓舞人心的
自然状态的天才。因此也更令人不安，更"令人震惊"[1]。

　　尽管弗吉尼亚·伍尔夫没有明确表示与科特林斯基一起从事的翻译
活动对她日后的小说创作的影响，但是从她20、30年代所撰写的一系列
关于俄罗斯作家及其作品的评论文章来看，其影响不可小觑。她的著名
评论文章，如《俄罗斯人的观点》（最初发表于1918年，之后1925年发
表于《普通读者》）和《小说概观》，清楚地探究了翻译问题。显然，这
与她当时的翻译活动不无关系。在这两篇重要文章里，弗吉尼亚"大量
利用她关于俄罗斯小说家的知识，经常将他们作为最优标准，来衡量英
国作家"[2]。

四、科特林斯基的作用与影响

　　科特林斯基在英国现代主义文学史上的地位特殊。说他特殊，是因
为他只是一个边缘人物，很少为人所知。然而，就是这样一位边缘人，
与这些日后的英国现代主义著名作家不仅有过密切的交往，而且在他们
的发展道路上都发挥过推波助澜的作用。从1915年至1930年间，科特
林斯基与上述三位作家合译出版的俄罗斯作品近20部。在1919—1924
年间，《雅典娜神庙》《阿德尔菲》（The Adelphi）等杂志以连载或独立形
式刊登了他与曼斯菲尔德合作翻译的契诃夫书信和日记，以及托尔斯泰、
契诃夫和安德列耶夫回忆录，数量可观。除此之外，还有不少与曼斯菲
尔德合译但未出版的手稿。[3]这些翻译作品涉及托尔斯泰、陀思妥耶夫斯

1　1940 年 3 月 21 日。Anne Olivier Bell. Ed. *The Diary of Virginia Woolf, Vol. V, 1936–1941*. New York: Harcourt Brace & Company, 1984, p.273.

2　J. H. Willis, Jr. *Leonard & Virginia Woolf as Publishers—Hogarth Press 1917–1941*. Charlottesville & London: University of Virginia Press, 1992, p.83.

3　参见 Claire Davison. "Bibliography". *Translation as Collaboration*. Edinburgh: Edinburgh University Press, 2014, pp.179-180 和 Galya Diment. "S. S. Koteliansky, 1880–1955: A Chronology". *A Russian Jew of Bloomsbury: The Life and Times of Samuel Koteliansky*. Montreal & Kinston: McGill-Queen's University Press, 2011, pp.307-312.

基、契诃夫、高尔基、布宁、舍斯塔夫、安德列耶夫等俄罗斯作家。

总体来讲，这些译作具有 3 个鲜明特征：第一，原作者几乎是清一色的 19 世纪俄罗斯著名小说家；第二，译作内容或主题基本以作家的生平、书信、日记，回忆录为主；第三，所有原作都由科特林斯基亲自选定，然后推荐给英国小说家。对于他的选择或偏好，我们或许可从以下几个方面来解读。

首先，当时影响最大的翻译家是康斯坦斯·加纳特，伦敦的"俄罗斯热"就是由她翻译的陀思妥耶夫斯基的长篇小说《卡拉马佐夫兄弟》引发的。较之康斯坦斯，科特林斯基更热衷于翻译俄罗斯作家的个人文献，可谓是另辟蹊径，好处是，这不仅避免了可能引发的竞争，也体现了各自的特点和优势。其次，选择翻译反映作家个性和私生活的作品，在很大程度上有助于英国作家和读者贴近俄罗斯作家，使他们更容易接受俄罗斯文化。第三，对于作为作家的劳伦斯、曼斯菲尔德和弗吉尼亚·伍尔夫来说，通过校读英文译稿，使他们了解和体会这些俄罗斯作家的人生经历以及他们和普通人一样的喜怒哀乐，这在一定程度上使他们对异国文化有更深刻的理解和包容。第四，如此选择也折射出科特林斯基作为俄罗斯人的自豪，并以此来强化他作为俄罗斯人的文化身份。对于最后一点，笔者愿略作详述。

科特林斯基是俄罗斯犹太人，1880 年出生于俄罗斯统治下的乌克兰。1911 年，31 岁的他从基辅到英国伦敦求学。后来一方面由于政治原因，另一方面出于对英国的喜爱，就在伦敦定居，靠翻译谋生，直到 1955 年去世。

自 1911 年抵达英国伦敦之后，科特林斯基已自觉地成为一名外国流亡者，再也没有回过俄罗斯。在伦敦，他交往的圈子主要是布卢姆斯伯里文化圈以及他们的朋友。然而，这一切丝毫没有影响他对俄罗斯的挚爱和对俄罗斯文学的痴迷。在他眼里，有关俄罗斯的一切都是那么美妙和美好。盖尔亚·戴门特（Galya Diment）在《布卢姆斯伯里文化圈里的俄罗斯犹太人》一书中写道："对科特来说，英国的水果都没有俄罗斯的水果好吃"，英国苹果也"没有俄罗斯的苹果又甜又好"。他甚至从不碰英国樱桃，因为"俄罗斯的樱桃比它要大两倍，而且好吃五十倍"。"英国的牛奶和黄油的质量远不如俄罗斯的牛奶和黄油"。[1] 梅·萨顿（May Sarton）则在其《光明的世界》（*A World of Light: Portraits and Celebrations*）中一言概之："科特身上的俄罗斯性从来没有被淹没。"[2]

　　尽管他侨居英国多年，但他始终保持着俄罗斯人的生活方式，那份对祖国的信任和热爱也从未改变。在他的英国朋友的记忆中，科特林斯基是个不苟言笑的人。他诚实，耿直，爱憎分明。伦纳德·伍尔夫在其自传《重新开始》里对科特林斯基这一极端性格作了如下描述："当他认可一个人时，他就全盘接受他，并相信后者不会犯错。"[3] 实际上，这就是他称之为"真正的人"。能获得此殊荣的人寥寥无几，而劳伦斯、曼斯菲尔德和弗吉尼亚·伍尔夫则是有限的几个。对他认为善的或好的事或人，他赞许有加；对他不看好的或憎恨的事或人，则深恶痛绝。他会说："真是太恐怖了。""一个骗子，真是个骗子。"[4] 他不善于辞令，不会转弯抹角，且不屑掩饰自己的真实看法，常常因此而无故树敌。最具代表性的例子是他与挚友劳伦斯之妻弗丽达的关系。由于弗丽达选择与劳伦斯结婚，导致她必须在劳伦斯和她与前夫所生的孩子们之间作出抉择，这使她十分痛苦。科特林斯基不但不予理解她的处境，还生硬地对她说："你离开孩子跟劳伦斯结婚。如果你选择了劳伦斯，你就必须停止抱怨不能与孩子们在一起。"[5] 尽管话说得在理，但如此直白，让弗丽达难以接受。他们的关系也因此受到伤害，导致他们在处理劳伦斯死后书信等文稿时，意见相左，互不让步。另一个典型的例子是他对曼斯菲尔德近乎无理由的溺爱，因为他"坚信凯瑟琳不会做错事"[6]。因此，即便她"会做出令我极度讨厌的事，夸大其词和说假话"[7]，科特林斯基仍坚持认为，她值得同情和理解，原因是他喜欢她"这个人"。科特林斯基鲜明的个性还体现在他著名的"科特式握手礼"上。伦纳德·伍尔夫曾不乏幽默且夸张地说："当

1　转引自 Galya Diment. *A Russian Jew of Bloomsbury: The Life and Times of Samuel Koteliansky*. Montreal & Kinston: McGrill-Queen's University Press, 2011, p.113.

2　May Sarton. *A World of Light: Portraits and Celebrations*. New York: W. W. Norton & Company, 1976, p.183.

3　Leonard Woolf. *Beginning Again: An Autobiography of the Years 1911–1918*. London: The Hogarth Press, 1964, p.251.

4　ibid.

5　ibid., p.252.

6　John Middleton Murry. *Between Two Worlds: An Autobiography*. London: Jonathan Cape, 1935, p.322.

7　转引自 Claire Tomalin. *Katherine Mansfield: A Secret Life*. London: The Viking Press, 1987, p.131.

他与你握手时，你感觉到你手上所有的小骨头必定会永远地被捏碎成粉末。"伦纳德认为，这不仅说明了科特林斯基怀有强烈的情感和痛苦，而且证明他具有正直的人格。[1] 正是由于他的执拗和坚持、他对俄罗斯无条件的热爱，才使他能以毕生精力向英国传播俄罗斯文学和文化。在这一点上，他所做的一切与俄罗斯芭蕾舞团团长佳吉列夫有着共通之处。不管何种缘由，他们都竭尽全力将俄罗斯艺术、文学和文化介绍给西方世界，让世界了解俄罗斯，也让俄罗斯走向世界。

最后，我们用曼斯菲尔德1921年12月写给科特林斯基信里的一句话来概括他所作的一切："不管怎样，有一些人，像劳伦斯，将永远留在人们的生活中，而另一些人却将永远默默无闻。"[2] 尽管科特林斯基在英国文学史上的地位默默无闻，但他对劳伦斯、曼斯菲尔德和弗吉尼亚·伍尔夫所做的一切已在后来的发展中越来越显示出它的重要性和不可或缺性。正是由于他的执着，才使他们在与俄罗斯文学的接触中，有机会在两种语言、两种文化之间碰撞互动，感受其节奏，品味其差异，从而获得如巴赫金（Mikhail Bakhtin）所说的"创造性理解"[3]，某种新的东西在这个过程中油然而生，才使他们有可能最终摆脱文学陈规，创造出属于他们自己的独特形式，用以表达新时代的新体验。

戴维森（Claire Davison）指出，"当今评论家和文学史家有一个共识：1885至1925年间俄罗斯文学经典的英语翻译极大地激发了英国现代主义，其影响通常被比作文艺复兴时期的意大利文学经典的英文翻译。"[4] 尽管戴维森所言不是针对科特林斯基和劳伦斯、曼斯菲尔德和弗吉尼亚·伍尔夫的合译活动，更多的是对当时流行于英国的俄罗斯文学翻译现象的概述，但是科特林斯基的出现以及他与上述作家的翻译合作活动对于这些作家最终成为现代主义作家的发展起了关键性作用。他不是通常意义上的朋友与合作者，而是在某种程度上扮演了一个引领者或导师

---

1 Leonard Woolf. *Beginning Again: An Autobiography of the Years 1911–1918*. London: The Hogarth Press, 1964, p.249.

2 Vincent O'Sullivan. Ed. *Katherine Mansfield: Selected Letters*. Oxford & New York: Oxford University Press, 1989, p.235.

3 M. M. Bakhtin. *Speech Genres and Other Late Essays*. Austin: University Texas Press, 1986, p.7.

4 Claire Davison. "Liaisons Continentales: Katherine Mansfield, S. S. Koteliansky and the Art of Modernist Translation". *Katherine Mansfield and Continental Europe: Connections and Influences*. Eds. Janka Kascakova and Gerri Kimber. New York: Palgrave Macmillan, 2015, pp.117-142, p.118.

的角色。正如威利斯（J. H. Willis, Jr.）所指出的，"科特林斯基不是什么作家，但他有翻译的窍门，有办法找到未译过的俄罗斯著作并把它们介绍给伍尔夫夫妇、默里夫妇和劳伦斯，使之变成比他的英语更优美的英语……独特而怪癖，科特在 1920 和 1930 年代英国文学史上发挥了他活跃的配角作用。"[1]

　　尽管科特林斯基在英国现代主义文学史上始终是一个边缘人物，但他的重要作用和贡献正在被越来越多的研究者所认识。他或许仍将只是一个与世无争、默默无闻的配角，然而，如果不是因为他的执着、他坚定的信念和他的坚持，以伍尔夫、劳伦斯和曼斯菲尔德为代表的英国现代主义文学也许完全不是现在这个样子。因此，毫不夸张地说，他们最终能成为英国现代主义文学的重要作家，科特林斯基功不可没。

1　J. H. Willis, JR. *Leonard & Virginia Woolf as Publishers—Hogarth Press 1917–1941.* Charlottesville & London: University of Virginia Press, 1992, p.83.

下 篇

回应·崛起

第四章　弗吉尼亚·伍尔夫：
变化的节奏

　　堪称英国现代主义文学三巨头之一的弗吉尼亚·伍尔夫在其小说创作的鼎盛时期恰逢伦敦著名的"俄罗斯热"。人们对俄罗斯芭蕾的痴迷和对俄罗斯文学的热衷将这股俄罗斯热推向高潮。伍尔夫无疑也是其中受到这股俄罗斯热影响的一位重要作家，其影响不仅显现于她当时的日记和与友人的通信之中，也反映在她的小说创作和文评中。显然，俄罗斯是她创作的一个重要话题和题材。本章将从四个侧面探讨俄罗斯文艺对伍尔夫的影响以及后者对前者的回应。第一部分探讨 1910—1920 年代风靡巴黎和伦敦的佳吉列夫的俄罗斯芭蕾舞团对弗吉尼亚·伍尔夫及其小说创作的影响，分析讨论伍尔夫小说中的俄罗斯芭蕾元素和舞蹈母题，并论述其与伍尔夫关于"封套"和"变化的节奏"的概念的关系。第二部分从色彩的角度，探究伍尔夫作品中对色彩的运用，指出色彩灵感不光是来自后印象派绘画，俄罗斯芭蕾的影响不仅不可小觑，而且更为自然、直接。因此，色彩也是伍尔夫追求的"变化的节奏"的一种表现形式。第三部分以小说《奥兰多》为个案，详细探讨在这部作品中的俄罗斯元素以及作家的俄罗斯想象，阐述作家的俄罗斯想象不仅受到俄罗斯文艺的影响，还与她少年时代读过的有关俄罗斯游记有着密切关系，以此表明，俄罗斯在伍尔夫的创作过程中始终具有重要意义。最后就伍尔夫关于俄罗斯议题的系列文章，以陌生感作为切入点，通过探究其表现形式、原因和影响，阐发弗吉尼亚·伍尔夫的俄罗斯文学观，揭示作家文学理念的升华和小说创作中理念与实践的完美结合。

一、俄罗斯芭蕾与小说创作[1]

包括弗吉尼亚·伍尔夫在内的布卢姆斯伯里文化圈对佳吉列夫的俄罗斯芭蕾也如醉如狂。盖德在《忠诚的朋友》中记载了停战时期，这个团体"跟所有人一样感到欢欣鼓舞……西特韦尔兄弟——奥斯伯特（Osbert Sitwell）和萨谢弗雷尔（Sacheverell Sitwell）来了，还有，佳吉列夫、马辛和莉迪娅·洛普科娃一行带来了异国氛围……人人翩翩起舞，甚至连斯特拉奇也不例外。"他还特别提到这种聚会"正是弗吉尼亚会喜欢的那种。"[2]伦纳德·伍尔夫在他的自传里将俄罗斯芭蕾描述为"一种新艺术"和"一次革命"。罗森鲍姆指出，"佳吉列夫的俄罗斯芭蕾使布卢姆斯伯里团体对俄罗斯文化及其社会产生了持久兴趣。"[3]的确，它不仅在英国伦敦掀起了一股俄罗斯芭蕾热，而且也给伦敦知识界和文艺界带来了新的创作素材和灵感，这种影响在弗吉尼亚·伍尔夫的小说创作中表现得尤为明显。

（一）俄罗斯芭蕾元素

伍尔夫的第一部小说《出航》不仅多处出现跳舞和舞会的场景，而且直接将当时风靡伦敦的俄罗斯芭蕾编织到小说情节之中。譬如，海伦与桑恩伯雷夫人谈论跳舞时，艾略特夫人突然发问，"你看过那些杰出的俄罗斯舞者的表演吗？"[4]前文也曾提到伍尔夫在创作《奥兰多》这部小说时，在其前言里提及俄罗斯芭蕾舞演员洛普科娃在一旁纠正她的俄语。《达洛维夫人》中的人物雷齐娅的原型就是洛普科娃。1923年9月11日，伍尔夫在日记中写道："我想对莉迪娅作为雷齐娅的一种类型加以观察……突然她生气了，皱着眉头，抱怨天太热了，似乎就要哭了，完全像个

1　本节主要内容已发表于《国外文学》，2015 (2): 70-77。

2　David Gadd. *The Loving Friends: A Portrait of Bloomsbury*. London: The Hogarth Press, 1974, p.132.

3　S. P. Rosenbaum. *Georgian Bloomsbury: The Early Literary History of the Bloomsbury Group 1910–1914*, Vol. 3. Hampshire & New York: Palgrave, 2003, p.6.

4　Virginia Woolf. *The Voyage Out*. London: The Penguin Group, 1992, p.146. 以下引自该书的内容只在文中注明页码，不再另作脚注。

6岁的孩子。"[1] 她还记得甚至"误叫她（莉迪娅）为雷齐娅。"[2] 雷齐娅是这部小说中的人物塞普蒂默斯·史密斯的外国妻子。在《幕间》，燕子在树林中飞舞的姿态"犹如俄罗斯舞蹈家，只是不是合着音乐节拍，而是伴随着他们自身狂野心脏的无声节律。"[3] 小说中另一处描写——"舞跳完了。仙女和乡村情郎退下场去"（76）——也很可能暗指曾轰动英国的杰出的俄罗斯芭蕾舞演员尼金斯基的《牧神的午后》。在《岁月》中，马丁为社交需要事先想好的三个话题分别是赛马、俄罗斯芭蕾和爱尔兰。[4] 再请看小说中人物之间的一段对话：

> "你看过俄罗斯芭蕾舞演员表演吗？"她说着话。看起来，她和她那位年轻人去看过演出……
>
> "啊，他那神奇的跳跃！"她大声说道——她用一种可爱的姿势将手高高举起——"然后落下！"她让手跌入膝盖中。
>
> "太棒了！"马丁同意说。……
>
> "没错，尼金斯基的确太棒了，"他同意道。"太棒了，"他重复说。
>
> "我阿姨要我在聚会上见见他，"安说道。（186）

从上述对话可见，俄罗斯芭蕾已成为人们社交场中的一个重要话题。伍尔夫将俄罗斯芭蕾与英国传统文化和政治事件相提并论，足见它对同期英国社会产生了巨大影响。《雅各的房间》也提到"观看俄罗斯芭蕾"[5] 已成为首都伦敦生活的主要内容之一。《海浪》描述人们"在伦敦跳舞"，并用"脚尖旋转"。[6] 尽管后者是用来形容人物金妮的舞姿，但仍使人联想到当时在伦敦的俄罗斯芭蕾热。

1　Anne Olivier. Bell. Ed. *The Diary of Virginia Woolf, Vol. II, 1920–1924*. London: The Hogarth Press, 1978, pp.265-266.

2　ibid., p.310.

3　Virginia Woolf. *Between the Acts*. London: The Penguin Group, 1992, p.41. 以下引自该书的内容只在文中注明页码，不再另作脚注。

4　Virginia Woolf. *The Years*. London & New York: The Penguin Group, 1998, p.183. 以下引自该书的内容只在文中注明页码，不再另作脚注。

5　Virginia Woolf. *Jacob's Room*. New York: Bantam Books, 1998, p.116. 以下引自该书的内容只在文中注明页码，不再另作脚注。

6　Virginia Woolf. *The Waves*. Hertfordshire: Wordsworth Editions Ltd, 2000, pp.54-55. 以下引自该书的内容只在文中注明页码，不再另作脚注。文内译文基本参照外国文学出版社 1993 年的译本。

上述部分小说文本细节表明，俄罗斯芭蕾的影响渗入伍尔夫多部小说的创作之中，这一事实足以说明俄罗斯芭蕾在伍尔夫心中的重要地位和对她的持久影响。不仅如此，在她的日记和给友人的书信里清楚流露出对俄罗斯芭蕾的喜爱和密切关注。[1] 她在 1918 年 10 月 12 日致斯特拉奇的信里写道："因为和平和［佳吉列夫］俄罗斯芭蕾舞演员的到来，……10 月里所发生的一切都是在伦敦——这是一种令人愉悦的变化。[2] 将佳吉列夫的俄罗斯芭蕾与和平并置，表明伍尔夫对前者的重视，视它为一种好兆头，其欣喜之情不言而喻。同一时刻，她在日记里记载了与姐姐瓦奈莎去伦敦科利瑟姆大剧院（The Coliseum）观看"我们的芭蕾舞剧——*Sche*（*Sacre*?）[3]——（我既不会拼写也说不了），这不是最好的，我记得考文特花园的那次演出比这个要好"[4]。从中可知，她对俄罗斯芭蕾不仅十分了解，而且从她所用的限定词"我们的"，使人感到她对俄罗斯芭蕾怀有一种特别的亲切感。1919 年 6 月 11 日，她写信给萨克森·悉尼-特奈（Saxon Sydney-Turner）："我必须现在就赶往阿尔哈马布拉剧院［去观看佳吉列夫芭蕾舞演出］。"[5] 同年 7 月 1 日，她在信里对克莱夫·贝尔说："假如下周可能的话，你可以邀请我到某家便宜餐馆用餐，然后一起去看那个芭蕾舞剧，我会非常开心——我从未看过《彼德鲁什卡》，我想去看。"[6] 几天之后，她在日记中写道："我们愉快地看了一下午的芭蕾演出。"[7] 对俄罗斯芭蕾的喜爱之情一直伴随着她。1926 年 6 月 18 日她写信告诉瓦奈莎她与伦纳德及好友梅纳德"一起观看了莉迪亚的首场演出"，但"梅纳德太紧张了，没法好好看演出。"[8]

1　英国知识分子真正效忠于俄罗斯芭蕾只是在一战之后。参见 Lynn Garafola. *Diaghilev's Ballets Russes*. New York: Oxford University Press, 1989, p.300. 这解释了为什么伍尔夫关于俄罗斯芭蕾的信件和日记主要集中于战后；另一个原因是，伍尔夫战前曾经一度患有比较严重的抑郁症，期间主要辗转于养病。

2　Nigel Nicolsm & Joanne Trautmann. Eds. *The Letters of Virginia Woolf, Vol. II, 1912–1922*. London: The Hogarth Press, 1976, p.281.

3　此处应该指《春之祭》（*The Sacre of the Spring*）舞剧。

4　Nigel Nicolsm & Joanne Trautmann. Eds. *The Letters of Virginia Woolf, Vol. II, 1912–1922*. London: The Hogarth Press, 1976, p.201.

5　ibid., p.367.

6　ibid., p.375.

7　ibid., p.288.

8　Nigel Nicolsm & Joanne Trautmann. Eds. *The Letters of Virginia Woolf, Vol. III, 1923–1928*. London: The Hogarth Press, 1977, p.277.

俄罗斯芭蕾对伍尔夫为何具有如此持久的吸引力？这与她所处时代和家庭文化背景是分不开的。在少女时代，伍尔夫对舞蹈就情有独钟。在给狄金森的信里，她写道："我上周参加了双人舞，但我觉得上帝不可思议地给我安排了另一种命运……我情愿用我深厚的希腊语知识去换取精湛的舞艺"[1]。她的丈夫、著名学者伦纳德·伍尔夫曾说过，弗吉尼亚喜爱"社交界"，喜欢它的"各种功能和聚会"。[2]但他更倾向于认为，弗吉尼亚"享受社交"是因为作为"一个完完全全的职业小说家"，在那里她可以遇见"各色各样的人"，听到"各种对话"，享受"聚会的激动"。总之，"所有这一切都是她职业的素材。"[3]而对于当时锐意创新进取的青年作家弗吉尼亚来说，她敏锐地感到"文学正苦于有太多的束缚和戒律"[4]。伦纳德在其自传里明确指出，"文学领域里，人们似乎感到暴风雨前的寂静。"[5]显然，他们已经意识到，文学需要创新已势在必行。而俄罗斯芭蕾的到来为这暴风雨前夜的伦敦文学界带来了新的刺激。对于当时处在一战前后的英国伦敦而言，俄罗斯芭蕾则是一种全新的体验，如弗吉尼亚·伍尔夫所言，是"一种新变化"。正是在这种氛围下，她有意无意地从俄罗斯芭蕾汲取了灵感，并以独特的形式——舞蹈——将其融入小说创作之中，使之成为一个重要母题。

（二）舞蹈母题

舞蹈元素在伍尔夫小说中反复显现，引人注目。从 1915 年第一部小说《出航》直至 1941 年最后一部小说《幕间》，舞剧、舞会、聚会等场景频繁出现。与跳舞、起舞、跳动等相关联的描述词更是成为伍尔夫表现动态、节律的典型词语，共同构成了伍尔夫小说的舞蹈母题，成为小说结构和主题的一个重要连接和意象。笔者认为，小说中对舞蹈意象的大量使用与当时风靡英法的佳吉列夫俄罗斯芭蕾舞团以及接踵而至的俄

1　Jane Dunn. *Virginia Woolf and Vanessa Bell: A Very Close Conspiracy.* London: Virago Press, 2000, p.61.

2　Leonard Woolf. *Downhill All the Way: An Autobiography of The Years 1919–1939.* London: The Hogarth Press, 1967, p.98.

3　ibid., p.99.

4　Virginia Woolf. *Roger Fry: A Biography.* New York: Harcourt Brace & Company, 1940, p.172.

5　Leonard Woolf. *Beginning Again: An Autobiography of the Years 1911–1918.* London: The Hogarth Press, 1964, p.37.

罗斯热有着密切关系。

因此，所谓舞蹈母题，是指散见于伍尔夫小说中各类社交聚会、舞会以及反复出现的舞蹈词汇。确切地说，聚会或舞会是伍尔夫小说的一个重要而鲜明特征，也是其创作中一道亮丽的风景线。如《达洛维夫人》自始至终围绕女主人公久病康复后首次在家中举办的盛大社交舞会。小说的女主人公也反复强调，"我的本意是开舞会"[1]。《出航》中的海伦酷爱跳舞和奇妙的舞蹈动作（146）。《海浪》中的珍妮与舞蹈意象几乎形影相随。珍妮到哪里，那里就有舞蹈。这一切要么由人物自述，要么通过他人视角加以描述。比如，"我跳着。我滔滔不绝地说着。我好像一张光线织成的网罩住了你。我浑身颤抖地扑过来倒在你身上"（6）。"她在如闪烁着钻石光彩的阳光下跳着舞，轻得像一粒飞尘。"（7）"他们正在伦敦跳舞。珍妮吻了路易。"（55）实际上，在《出航》《夜与日》、《雅各的房间》《到灯塔去》、《海浪》《岁月》《幕间》等一系列小说中，伍尔夫将各种舞会、聚会、晚宴等社交活动或事件置于其作品中心，使之成为小说的主旋律。在这些小说中，聚会或舞会不仅成为以达洛维夫人为代表的中产阶级女主人的身份标志，也展示了英国中产阶级日常生活的主要内容和方式。一个有趣的现象是，小说中舞蹈及其意象似乎始终伴随着女性人物，这一组合既合理又颇具深意。首先，舞蹈不仅给人以美的感觉，而且还能使人变得年轻美丽。《出航》中，舞蹈/跳舞使年近中年的海伦充满活力，变得更妩媚动人，以至于坐在她身旁的艾略特夫人和桑恩伯雷夫人有了"想触摸她的冲动"（146），羡慕的眼神一直追随着海伦直至后者从她们的视线中消失，尽管与此同时，她们无法理解这个年龄的女人竟然会如此享受跳舞。同样，海伦也惊讶地发现雷切尔在舞会欢快的氛围下"毫无疑问"变得比"一般青年女性更加动人"，"对此她之前从未如此清晰地注意过"（149）。其次，舞蹈本质上具有身心合一的功能。随着音乐翩翩起舞，人们用身体语言自由表达内心思想，从而暗示女性对自我、对自由的渴望和诉求。而这一主题也暗合了伍尔夫始终坚持女性解放和女性权利的思想。因此，小说中的舞蹈母题可被视为是

1　Virginia Woolf. *Mrs Dalloway*. Hertfordshire: Wordsworth Editions Ltd, 1996, p.129. 以下引自该书的内容只在文中注明页码，不再另作脚注。

作家通过将其融入小说创作之中，以抒发内心情感和对人生的诉求。换言之，伍尔夫创作这些小说时，正值二次世界大战时期。战争摧毁了人的肉体，蹂躏人的心灵，对战争痛苦的记忆犹如阴霾笼罩着人们的心灵，自我封闭，缺乏信任，孤独无援，导致人与人之间的纽带断裂。作家希望，人与人之间是可以相互沟通、同情和理解的。正如通宵舞会之后苏珊所说，"它（音乐）似乎说出了我自己无法说出的一切……每个人都那么好——那么好"（153）。伍尔夫通过小说途径，向战后的人们表达了实现人生的希望和意义的可能性。

与小说中舞会和聚会密切相关的另一个醒目特征是不断重现的舞蹈和跳舞（dance, dancing）词语。这些词语不仅用来描述小说中的舞会和跳舞行为，而且延伸了跳舞的本义，从而生成新的意义。伍尔夫利用舞蹈的动词词性，强调被描述事物的动态性。这在《海浪》中表现得尤为令人难忘。请看以下片段中的黑体部分：

> 一条条黑白分明的暗影横在草地上，在花心草尖上**跳动的**露珠使花园显得像一幅尚未整个完工而只是一些零碎亮斑拼成的镶嵌画。（15）（粗体作者所加，以下同。）

> 不过我的前额、眼睛背后却跳得那么厉害，好像什么都**在跳舞似的**，——球网呀，草地呀；你们的脸像蝴蝶那么**飘来飘去**；树木也好像**在上下跳动**。全世界仿佛没有一样东西是稳定的，是静止不动的。什么都**在激荡**，什么都**在跳舞**；**仿佛一切都在那儿风驰电掣、喜气洋洋**。（24-25）

> "灌木树篱上有片叶子，并没有人吹它，却**在那儿抖动**。"珍妮说。（69）

上述粗体部分的词句不仅具有强劲的动感特点，而且充满了舞蹈动作的元素。伍尔夫借助舞蹈意象以及同类描述词，将人与景物并置和对比，示人以人与景、人与环境之间的一种和谐氛围，进而在叙述结构上形成一种重复节律，使人感受到生命的活力和人生的意义。如在《出航》中，跳舞令海伦沉醉，"运动（movement）——这难道不奇妙吗"（146）？"仿佛这间房间顷刻洪水泛滥……那些舞者富于节奏嗖嗖的移动声听起来像是一个旋转水池。"（139）"海伦一把抓住艾伦小姐的胳膊，在房间里转圈，一会儿行屈膝礼，一会儿旋转，一会儿像孩子穿过草坪那样地东蹦西跳。"（152）同样，《海浪》中对人和自然的描写也充满了动态词语，给人一种伴随着翩翩起舞而来的无限诱惑和阵阵冲动的印象。

> 所以我上楼急忙跑过他们，跑到下一个楼梯拐角上，那儿挂着一面长镜子，我可以看见自己的全身。现在我能连头带身子看到我的整体了。瞧，当我摆一摆头的时候，**我细细的身子就从上到下全摆动起来**；就连我瘦瘦的腿也**在摆动**；就像风中的花茎似的。我在苏珊的死板面孔和罗达的痴呆相中间**摆动着**；我**像地缝中燃烧的火焰那么跳动着**；**我晃动，我在跳舞**；我从来没有停止过晃动和跳舞。我晃动着，就像那片像个小孩在灌木树篱上晃动、曾经吓了我一跳的树叶那样。**我舞蹈着**，舞出那些围着黄色护壁板、斑斑驳驳、杂乱无章的墙壁，**就像炉火光跳跃着越过茶饮一样**。（22）

这些充满动态节律的描写令人感受到一股涌动着、不可阻挡的强劲生命活力。然而，借用动态词语，用以表达人与环境之间一种和谐和协调，并非伍尔夫的终极目标。《海浪》中作为作家的伯纳德说过这样一句话："节奏是写作的要素"（44）。在很大程度上，伯纳德可被视作是伍尔夫的代言人，这是因为伯纳德的这句话易使人联想到小说作者伍尔夫在《沃尔特·西克特》（"Walter Sicker: a conversation"，1934）这篇随笔中采用过类似表达。

> 至于散文作家，他们虽然假装清醒地走路，遵循理性的呼唤，但也总是针对他们所描述的种种感情采用**变化的节奏**去让我们读者感到兴奋的。最好的批评家德莱顿、兰姆、赫兹列特都敏锐地觉察到各种因素是混合在一起的。他们写的是文学，但头脑里也装着音乐与绘画。[1]

从上述引文可见，伍尔夫不仅发现绘画和小说创作之间存在相通之处，而且确信不同艺术之间存在互为影响、互为补充的互动关系。在她

1　弗吉尼亚·伍尔芙：《伍尔芙随笔全集》II，王义国等译，北京：中国社会科学出版社，2001，982页。

看来，文学家与作曲家和画家一样，在创作过程中努力捕捉情感变化的节奏。然而，伍尔夫的"变化的节奏"与其小说中的舞蹈元素有何关系？它与俄罗斯芭蕾之间又是什么关系？笔者将对此加以论述，并指出俄罗斯芭蕾在很大程度上促成伍尔夫关于变化节奏的小说理论的形成。

（三）"变化的节奏"和"封套"（envelope）

　　当伍尔夫提出"变化的节奏"时，她想要说明什么呢？什么是"变化的节奏"？要回答这些问题，首先要澄清"节奏"的含义。事实上，"节奏"一词非伍尔夫独创。它的英文对应词是 rhythm，也是 19 世纪后期至 20 世纪早期欧洲的一个流行术语，与当时前卫艺术和文学思潮密切相关。它没有明确定义，其意义颇为含混而难以界定。鲁特（F. Rutter）指出："节奏是当时的咒语。它究竟是什么意思，无人知晓。无数次的尝试，却不尽如人意。但它令人悦耳，使人接受；人们'明白它的含义'，因此不再苛求。当我们喜欢一幅绘画或画中的设计时，我们说它富有节奏。"[1] 英国小杂志《节奏》主编之一的萨德勒在题为《野兽派与野兽派画家》（"Fauvism and a Fauve"，1911）的文章里认为赖斯的绘画具有典型的"节律"特点，"充满活力和个性化"；"画像的活力和渴望是画家本人的活力和渴望。它超越了想象，它就像一次亲密的谈话。"[2]

　　对于当时英国知识界和文艺界来说，"节奏"这个词并不陌生，对它所涵盖的意义范畴有一定共识。首先，它是一个强大而富有弹性的词，用来泛指任何具有个性、充满活力的事物，特别指当时活跃于英法的后印象派和野兽派绘画艺术，这些艺术家们，特别是野兽派画家，常常被冠以"韵律主义者"（rhythmists）。他们中有毕加索、凡·高、塞尚、高更、雷东、德·塞贡查克（de Segonzac）、马蒂斯、德朗、戈蒂耶-布尔泽斯卡（Gaudier-Brzeska）、奥东·弗里茨（Othon Friesz）、弗格森、赖斯、杰西卡·迪斯莫尔（Jessica Dismorr）、乔治·班克斯等。需要指出的是，后印象派与野兽派绘画在当时被认为是等同的，同属前卫艺术。野兽派绘画的主要特征是强调个性和自我表达，画风强烈，充满活力和节

1　转引自 Faith Bincks. *Modernism, Magazines, and the British Avant-Garde: Reading Rhythm, 1910–1914*. Oxford: Oxford University Press, 2010, p.64.

2　Faith Bincks. *Modernism, Magazines, and the British Avant-Garde: Reading Rhythm, 1910–1914*. Oxford: Oxford University Press, 2010, p.65, p.64.

奏。著名艺术评论家罗杰·弗莱甚至把节奏看作是"后印象派画家高度个性化而表面简朴风格的价值指标。"[1]

巧合的是，在 1911 年至 1913 年间，伦敦出现了以节奏命名的文学小杂志《节奏》。关于杂志名称的来历，主编默里的解释是因他与弗格森(杂志的主要美术编辑之一)谈话中频繁使用"节奏"而应运而生。但事情并非如此简单。研究资料显示，杂志取名为"节奏"，还与当时在欧洲颇为流行的柏格森的宇宙生命论有部分关联。默里十分推崇柏格森，坚信'现代主义'将穿过'世界的外表'，释放其'事物内在的节奏'，获取'世界的原始和谐'。[2]杂志的宗旨也强调了这一理念:《节奏》"是一种新艺术的理想……我们的意图是提供艺术，不管它是绘画，文学还是批评，它将是充满活力、坚决的，并将植根于表面下，反映与人生相连的生命节奏。"[3]尽管杂志名如默里所言源于与弗格森的谈话，或如资料所示与柏格森的生命论相关，然而，杂志名也具有俄罗斯芭蕾影响的明显印记，因为后者向默里展示了节奏"是一切艺术中最独特的元素"[4]。俄罗斯芭蕾以聚绘画、音乐和舞蹈艺术于一体而闻名，这也是俄罗斯芭蕾最重要、最震撼人心的特点。[5]而将这三种艺术形式融合一体是其团长佳吉列夫的基本理念和创举。"只有三要素的完全融合，才能创造出完美的芭蕾舞剧。"[6]格拉佛拉认为，在俄罗斯芭蕾带来的现代主义元素中，英国当代作家看到了他们在文学中所追寻的与绘画同样的"设计、韵律和结构"[7]。杂志《节奏》里大量有关俄罗斯芭蕾的插图和讨论也曾充分表明这一点。换言之，杂志名反映了舞蹈和音乐对英美现代主义小杂志文化的美学影响。[8]

对伍尔夫来说，这本杂志并不陌生。她不仅认识主编默里，而且根

---

1 Faith Bincks. *Modernism, Magazines, and the British Avant-Garde: Reading Rhythm, 1910–1914*. Oxford: Oxford University Press, 2010, p.62.

2 John Middleton Murry. "Art and Philosophy". *Rhythm*, Vol. 1, No.1 (Summer 1911): 10, 12.

3 John Middleton Murry. "Aims and Ideals". *Rhythm*, Vol. 1, No.1 (Summer 1911): 36.

4 John Middleton Murry. *Between Two Worlds: An Autobiography*. London: Jonathan Cape, 1935, pp.156-157.

5 Sergel Lifar. "The Russian Ballet in Russia and in the West". *Russian Review*, Vol. 28. No. 4 (October 1969): 396-402, 397.

6 谢尔盖·利发尔:《佳吉列夫传》，焦东建、董茉莉译，北京:东方出版社，2001，164 页。

7 Lynn Garafola. *Diaghilev's Ballets Russes*. New York: Oxford University Press, 1989, pp.334-335.

8 Susan Jones. "Diaghilev and British Writing". *Dance Research*, Vol. 27, No. 1 (May 2009): 65-92.

据其日记的记载，杂志美术编辑弗格森还同时是她的私人医生，尽管她并不认为他是一名出色的艺术家。她在 1918 年 5 月 24 日给奥特林·莫瑞夫人的信中明确表示："但愿她（凯瑟琳·曼斯菲尔德，笔者注）和默里不会认为［J. D.］弗格森是位伟大的艺术家。他为她的小说设计了令人反胃的封面，我们差点都不想印刷这部作品了。"[1] 为伍尔夫所不屑的另一位野兽派画家是赖斯。后者在《节奏》上发表的主要画作是俄罗斯芭蕾系列插图。伍尔夫在 1918 年 5 月 15 日给邓肯·格兰特的信里毫不客气地说赖斯是"女性画家中最糟的一个"[2]。种种迹象表明，伍尔夫知道《节奏》，且对它还相当熟悉。

伍尔夫首次使用"变化的节奏"是她在 1934 年所写的《沃尔特·西克特》的文章里，也是她完成《海浪》三年之后。可以认为，这是她对自身一直努力寻求现代小说形式的总结。实质上，伍尔夫对现代小说形式的论述可见于她写于 1919 年、修改并发表于 1925 年那篇题为《论现代小说》（"Modern Fiction"）的文章。在这篇著名文章里，伍尔夫概括了当时较有影响的三类作家或三类小说的主要特点，即以威尔斯、贝内特和高尔斯华绥为代表的"物质主义者"的小说、以乔伊斯为代表的几位青年作家的小说、俄国小说。此外，她还简要概括了从斯特恩（Laurence Sterne）到梅瑞狄斯（George Meredith）的传统英国小说的特点。

伍尔夫认为，小说应该反映人的灵魂和内心，揭示生活的本来面目。"生活并不是一副匀称地装配好的眼镜；生活是一圈明亮的光环，生活是与我们的意识相始终的、包围着我们的一个半透明的封套。"[3]

"物质主义者"的小说虽然有精心设计的故事和高超的写作技巧，却只是写了一些无关紧要的东西；以乔伊斯为代表的几位青年作家"力求更加接近生活，更真诚地、更确切地把引起他们兴趣的、感动他们的东西保存下来"[4]，为此，他们打破常规，创作了令人耳目一新的、更接近生活本来面目的作品；俄国小说深刻地揭示人的灵魂和内心；传统英国小说表明了英国人天性喜爱幽默和喜剧，喜爱人间的美，喜爱智力的活动

1　Nigel Nicolson and Joanne Trautmann. Eds. *The Letters of Virginia Woolf, Vol. II, 1912–1922*. London: The Hogarth Press, 1976, pp.243-244, p.246.

2　ibid., p.241.

3　弗吉尼亚·伍尔夫：《论小说与小说家》，瞿世镜译，上海：上海译文出版社，2000，8 页。

4　同上，8 页。

和肉体的健美。伍尔夫发现，英国小说与俄国小说截然不同，这种差异使其充分领会了一种艺术具有无限可能性的观点，正如世界之广袤无垠、丰富多彩。伍尔夫形象地用"半透明封套"描述了这样一个多彩世界。换言之，伍尔夫所说的封套的意思是：世界像一个边界并不分明而又富有弹性的封套，人类社会万事万物居于其中，各自按其自身的性态和规律存在和变化，并不遵循某种统一的、特定的模式，于是，"一切都是恰当的小说题材；我们可以取材于每一种感情、每一种思想、每一种头脑和心灵的特征；没有任何一种直觉和观念是不适用的。"[1]另一方面，正因为事物各按其自身的性态和规律存在和变化，事物之间也可能存在各式各样的联系，它们绝不是杂乱无章、无迹可寻的。于是，事物的存在和发展变化就表现出某种内在的韵味和节律，这种韵味和节律不依我们的意志而转移，它们若隐若现，可意会而不可言传，需要真诚的心灵去感受，需要敏锐的眼光去捕捉，需要我们置身于其中去体验。在所描述的事物中发现、把握了这种韵味和节律，作家也就从本质上接近了生活的本来面目，从而也就获得了真正的创作灵感，这或许就是伍尔夫的"节奏"的本意。在这一点上，伍尔夫与上述对"节奏"的理解是吻合的，即指作品特有的一种内在的个性和韵律。

纵观后印象派、野兽派、《节奏》、弗格森、赖斯、俄罗斯芭蕾和伍尔夫的小说创作等方方面面，不难发现，它们之间形成了某种互动和推进关系。正如伍尔夫所言，最好的批评家写的是文学，但头脑里也装着音乐与绘画。如此观点与俄罗斯芭蕾舞团团长佳吉列夫的音乐、绘画和舞蹈三要素完美结合的主张完全契合。

伍尔夫作品中不仅含有大量舞蹈元素，而且还有色彩和音乐元素。在《罗杰·弗莱传》中，她对弗莱作出高度评价，指出后者毕生致力于对"形式的追求"，并发现艺术的"各种新的可能性"和"音乐、舞蹈和装饰各种新结合。"[2]实际上，这一评价也同样适用于伍尔夫本人。

总之，俄罗斯芭蕾对伍尔夫有过重要影响，它激发了她探究新的表现形式的兴趣，为她开辟了新的创作空间。从"封套"到"节奏"概念

---

1 弗吉尼亚·伍尔夫：《论小说与小说家》，瞿世镜译，上海：上海译文出版社，2000，13 页。
2 Virginia Woolf. *Roger Fry: A Biography*. New York: Harcourt Brace & Company, 1940, p.198.

的提出不仅是伍尔夫文学理念的一次升华，也是她小说创作中理念与实践的完美结合。"封套"概念强调世间万物的自由自在、丰富多彩，从而要求作家打破小说创作的一切固有模式，去追寻事物的本来面目；"节奏"概念强调事物的存在和发展变化具有内在的韵味和节律，从而既不是无迹可寻、杂乱无章的，也不是索然乏味、毫无意义的。这两个概念之间构成某种张力，奠定了伍尔夫新的小说形式的基础。在追寻过程中，俄罗斯芭蕾发挥了积极的影响。"变化的节奏"便是她在融合了绘画、音乐和舞蹈三种艺术形式并获得升华之后的新的表现形式。

因此，伍尔夫小说中的俄罗斯元素可以被视为伍尔夫对佳吉列夫俄罗斯芭蕾舞团的一种文学回应，她所主张的"变化的节奏"是俄罗斯芭蕾的现代主义主题在伍尔夫小说创作中发出的一种强劲的回响。

二、俄罗斯芭蕾与小说中的色彩元素 [1]

伍尔夫认为，现代艺术不能仅限于模仿形式，还必须创造形式。她的小说创作始终在追寻新的表现形式，其核心概念是"变化的节奏" [2]，并尝试用各种不同的方法来表现它。例如，在《达洛维夫人》中，她利用伦敦大本钟在形式上将钟点与人物的意识联系起来，使"意识的富于节律的波浪在钟点中流淌着，就像在河道里涌流一样，" [3] 从而以微妙而生动的方式展示人物对死亡富于韵律的思想活动。这种意识的节律是自然的，"从一个事物轻易地滑向另一个事物，没有任何敌意或阻碍感" [4]。在《海浪》中，她将 3 对男女人物由儿童到中年的经历以 9 个片段平行地编织于以海浪为形式的结构之中，使人物的"一系列戏剧独白"在"海浪的节律中进进出出。" [5] 以海浪隐喻人生的起伏，人生的短暂和永恒，在肉体和精神层面上探究人物的行为、思想和情感，探索人的生存意义。在她

1　本节主要内容已发表于《外国文学》2015（2）：55-62。

2　Virginia Woolf. "Walter Sickert: A Conversation". *The Essays of Virginia Woolf, Vol. VI, 1933–1941*. Ed. Stuart N. Clarke. London: The Hogarth Press, 2011, p.44.

3　Lyndall Gordon. *Virginia Woolf: A Writer's Life*. New York & London: W. W. Norton & Company, 1986, p.193.

4　Virginia Woolf. "The Mark on the Wall". *The Complete Shorter Fiction of Virginia Woolf*. 2nd ed. Ed. Susan Dick. New York & London: Harcourt, Inc., 1989, p.85.

5　Anne Olivier Bell. Ed. *The Diary of Virginia Woolf, Vol. III, 1925–1930*. London: The Hogarth Press, 1980, p.312.

的小说中，她还不时地运用舞蹈母题，借助舞蹈的节律及其动态特征巧妙地演绎和阐述了这种"变化的节奏"。1926 年 3 月 16 日，弗吉尼亚·伍尔夫在回复维塔·萨克维尔-韦斯特（Vita Sackville-West）关于恰当措辞的问题时对"变化的节奏"进行了阐释：

> 文体是一个非常简单的问题；它完全是节奏问题。一旦你得到了它，就不会措辞不当……嗯，何谓节奏，这是一个非常深刻的问题，它远非语言所能描述的。一个景象，一种情感，远在被恰当语言表达之前，已在人的脑海里创造出这种波浪；在写作领域（这是我当下的信念），作家必须重新捕捉这种波浪，使之运作（这显然与语言无关），接着，当它在脑海里破浪翻滚时，让语言来适合它。[1]

伍尔夫所说的"变化的节奏"，实际上与人的自发情感相关，它是一种生命活力。她认为，尽管散文作家"遵循理性的呼唤，假装清醒地走路，但他们遵循他们所描述的种种感情，通过永恒的变化的节奏来激发我们。"[2] 上述引文表明两点：一是作家要听从内心召唤，去捕捉和描写瞬间中人物的情感和意识；二是不同艺术形式之间有着密切的联系。

对节奏的尝试还进一步体现在她对色彩的实验上。伍尔夫小说中的色彩现象已引起了一些研究者的关注，他们大多强调伍尔夫作品中的色彩运用与后印象派绘画的相似性，或者直接认为她受到后印象派画家的影响。笔者通过对作家所处的历史文化背景和创作历程的广泛考察认为，对伍尔夫小说色彩描写影响更大的是当时风靡欧洲的佳吉列夫的俄罗斯芭蕾。

（一）色彩与伍尔夫对小说形式的探索

伍尔夫的小说具有很强的视觉性，部分原因是运用了不断变幻的多重色彩，给人五彩缤纷、充满动感的印象，以下片段分别摘自伍尔夫的《到灯塔去》《幕间》《达洛维夫人》《出航》《奥兰多》和《海浪》6 部小说。

1　Nigel Nicolson. Ed. *The Letters of Virginia Woolf, Vol. III, 1923–1928*. London: The Hogarth Press, 1977, p.247.

2　Virginia Woolf. "Walter Sickert: A Conversation". *The Essays of Virginia Woolf, Vol. VI, 1933–1941*. Ed. Stuart N. Clarke. London: The Hogarth Press, 2011, p.44.

1. 伽曼那花一片鲜艳的紫色；墙壁是耀眼的白色。既然她看到的是这样，篡改这鲜艳的紫色和这耀眼的白色，她认为就是不诚实的，尽管自从庞斯福特先生的来访之后，把一切看成暗淡、典雅、半透明的做法成了时髦。而颜色之下还有形状。[1]

2. 因为我听见音乐了，……音乐唤醒了我们。音乐让我们看见了隐藏着的东西，让我们加入到心力交瘁的人们之中。看一看，听一听。看看那些花儿。看它们怎样用自己的红色、白色、银色和蓝色发散出光芒。再看看那些用多种语言多种音节发音的树木，看它们绿色和黄色的叶子怎样推搡我们，调遣我们，命令我们，像椋鸟和秃鼻乌鸦那样，走到一起，聚集一道，去闲聊嬉戏，与此同时，那些红色奶牛缓步向前，而黑色奶牛却一动不动。（73）

3. 赛普蒂默斯·沃伦·史密斯躺在客厅沙发上，看着那淡淡的金光在墙纸的玫瑰花上似明似暗，像某种有生命的东西，具有惊人的敏感；他感到，那忽而把墙变成了红色，忽而把香蕉变成了鲜黄色，忽而把滨河大道变成了灰色，忽而把公共汽车变成显黄色的光和影时隐时现，在向他招手示意。（101）

4. 连衣裙是一小块亮晶晶的黄色锦缎，上面任意地点缀着镶有蓝绿色珠子的圆盾，用以模仿孔雀胸前的色彩。（146）

5. 奥兰多恰好站在盾徽的黄色豹身中央。他伸手推开窗户，把手臂放在窗台上，手臂立刻变成红、蓝、黄三色，像蝴蝶的翅膀。（10）

6. 午后的阳光晒暖着田地，使暗影中透出蓝色，把谷物映得通红，一片耀眼的光亮仿佛把田野涂上了一层漆。一辆大车，一匹马，一群老鸭——不管什么东西在它上面经过，就仿佛浑身被镀上了金色，要是一头牛把它的一条腿移动一下，就立刻会像在赤金的表面上激起一阵闪光的涟漪。它的两角也仿佛镶着一圈光晕。（102）

1　Virginia Woolf. *To the Lighthouse*. New York & London: Harcourt, Inc., 1927, pp.18-19. 以下引自该书的内容只在文中注明页码，不再另作脚注。

上述 6 个片断虽不足以充分展现伍尔夫作品中色彩运用的普遍性和丰富性，却代表了其基本特征：色彩缤纷，对比强烈，充满动感和变幻，色彩、形象、声音和动作互为融合，表现出人与自然的和谐与张力，凸显了生命的活力、节奏和自主性。

根据早川玲子（Reiko Hayakawa）对伍尔夫 6 部作品中色彩的统计[1]以及笔者的归纳，白、红、蓝、绿、黄、灰、黑、棕、紫、金、银、粉等色彩是伍尔夫着重描写的色彩，其中白、红、蓝、绿、黄、黑的出现频率高于其他色彩，表现出伍尔夫对鲜亮色彩的偏爱，这在她后期作品里表现得尤为突出，如《海浪》和《幕间》。这似乎表明，随着伍尔夫对小说形式探索的深入以及她的小说创作日臻成熟，她愈加刻意地在作品中运用丰富的色彩元素特别是鲜亮的色彩，不仅因为它们能够更充分地表现生命活力，而且赋予作品一种特有的节奏感。

（二）伍尔夫对色彩的灵感来自何方

按照通常的说法，伍尔夫对色彩的敏感和偏爱主要是受到后印象派绘画的影响，并且主要来源于她的画家姐姐瓦奈莎和著名艺术评论家兼画家罗杰·弗莱。后者于 1910 年 11 月和 1912 年 10 月在伦敦相继组织举办了两届后印象派绘画展。特别在第二届画展上，塞尚、高更、凡·高、马蒂斯、毕加索等后印象派绘画大师与英国和俄罗斯青年画家同台展出作品。这两次画展使伍尔夫认识到，"文学正苦于有太多的束缚与戒律。塞尚和毕加索为我们指明了道路；作家应完全抛弃旧的表现法，而追随他们。"[2]

根据伍尔夫的生活经历、社会交往、日记、信件和文学作品，她的小说创作受到后印象派绘画的影响毋庸置疑。然而，首先，伍尔夫小说中的色彩词的频率之高，色彩之鲜艳、斑斓，表现力之丰富、强烈，很难完全归因于后印象派绘画的影响。其次，近年来学术界的相关研究表明，在伍尔夫小说中，不仅色彩的运用独具特色，对音乐和舞蹈结构的感悟，对音乐和舞蹈意象的使用，也都十分引人注目，例如在《到灯塔去》中

---

1 Reiko Hayakawa. *Color and Light in the Works of Virginia Woolf. http://opac.library.twcu.ac.jp/metadb/up/convert/KJ00004861064.pdf*. Web, pp. 23-24.

2 Virginia Woolf. *Roger Fry: A Biography*. New York: Harcourt Brace & Company, 1940, p.172.

她采用了奏鸣曲式的结构，《海浪》和《幕间》则采用了交响乐式的结构。伍尔夫曾说："所有伟大的作家都是伟大的配色师，正像他们同时也是音乐家一样；他们总是设法使他们的场景鲜艳夺目，有明变暗，给人以变化的感觉。"[1]

基于上述情况，笔者认为，伍尔夫在小说创作中所追求的新的表现形式"变化的节奏"，在很大程度上是在融合了绘画、音乐和舞蹈三种艺术形式并获得升华之后提出来的，她的作品中对色彩的运用只是这种"变化的节奏"的一种表现形式，而"变化的节奏"的形成，虽然受到后印象派绘画的影响，也可能受到欧洲当时较为前卫的音乐和舞蹈的影响，但是，最自然、最直接的解释，则是受到当时风靡欧洲的佳吉列夫俄罗斯芭蕾的影响。

首先，将绘画、音乐和舞蹈三种艺术形式融合在一起本就是佳吉列夫芭蕾舞的基本理念，也是佳吉列夫俄罗斯芭蕾最重要、最震撼人心的特点，[2] 其"绚丽的色彩"和"强劲的节奏"结束了直至20世纪初期占据欧洲舞台的"那种苍白和呆板"。[3] 1928年佳吉列夫回忆说："我开始构思新的芭蕾舞短剧，它们是独立的艺术现象，它们中的三要素——音乐、绘画和舞蹈的紧密交融应超过目前的水平。""我越想越明白，只有三要素的完全融合，才能创造出完美的芭蕾舞剧。""我一直按照这个宗旨上演芭蕾舞剧，从未忘记过戏剧中的三要素。"[4] 音乐、绘画和舞蹈的紧密交融和创新，配之以浓郁的俄罗斯风情，大概是佳吉列夫芭蕾舞获得成功最重要的秘诀。当时的欧洲芭蕾同俄罗斯传统芭蕾一样缺少活力，佳吉列夫芭蕾如强劲的清风一扫传统芭蕾的浊气，获得了欧洲上流社会的认可，佳吉列夫因此被认为引领了20世纪的"新美学、新风格"，是"艺术复兴运动的发起者和主导力量"。[5]

1　Virginia Woolf, "Walter Sickert: A Conversation". *The Essays of Virginia Woolf, Vol. VI, 1933–1941*. Ed. Stuart N. Clarke. London: The Hogarth Press, 2011, p.44.

2　Sergel Lifar. "The Russian Ballet in Russia and in the West". *Russian Review*, Vol. 28. No. 4 (October 1969): 396-402, 397.

3　Mary E. Davis. *Ballets Russes Style: Diaghilev's Dancers And Paris fashion*. London: Reaktion Books Ltd, 2010, p.17.

4　谢尔盖·利发尔：《佳吉列夫传》，焦东建、董茉莉译，北京：东方出版社，2001年，164页。

5　Sergel Lifar. "The Russian Ballet in Russia and in the West". *Russian Review*, Vol. 28. No. 4 (October 1969): 401.

其次，根据当时的报刊评论，俄罗斯芭蕾舞团，特别是团长佳吉列夫与后印象派画家之间有着密切关系。尽管佳吉列夫本人既不会舞蹈，也不会谱曲，更不会设计布景和服装，但他身上有一种无可抗拒的魅力，善于发现和利用人才，热衷于使人震惊的创新，正如他本人所言，"让我震惊吧！"这些特征使他能将一群才华横溢的前卫艺术家聚集在他身边，为他工作。连接俄罗斯芭蕾和后印象派画家的重要纽带之一是法国诗人、画家和设计师让·考克托（Jean Cocteau）。1915 年秋，他遇见了萨蒂（Erik Satie）和毕加索。这次会面使他下决心要将《游行》改编为芭蕾舞剧的想法付之实施，说服佳吉列夫将它搬上舞台。1916 年 8 月下旬，毕加索同意加入，并与考克托、萨蒂和编舞马辛一起为佳吉列夫的芭蕾舞团创作了《游行》。之后，毕加索和马辛成为俄罗斯芭蕾舞团的重要设计师。理查德·鲍克尔（Richard Buckle）指出，立体派画家"是一个与俄罗斯芭蕾舞团及其崇拜者毫无关系的世界；而考克托是……他们之间的纽带"。[1]不仅如此，佳吉列夫的俄罗斯芭蕾还反映了诸如德朗、马蒂斯、米罗等当代艺术家不同的绘画风格。结果是，俄罗斯芭蕾在抽象的舞台设计和背景，尤其在服饰和布景设计上，采用新的色彩设计，[2]形成了它独特的风格。尼柯尔森（Virginia Nicholson）评价说，"20 世纪早期，在艺术家的眼里，似乎没有任何布景或色彩设计比由佳吉列夫——那位伟大的导演本人所引介的爆发性的新面貌更美更漂亮。"[3]普罗普特（W. A. Propert）说得更直率："随着俄罗斯芭蕾的到来，一种新的色彩感席卷了西方"[4]。

第三，伍尔夫不仅熟悉后印象派绘画，也经常观看俄罗斯芭蕾表演，并为之陶醉。自 1911 年以来，特别是 1918 年之后，伍尔夫和她的布卢姆斯伯里文化圈热衷于观看佳吉列夫的俄罗斯芭蕾舞团的表演。显然，英国作家、艺术家和知识分子被俄罗斯芭蕾所牢牢地吸引，使他们对俄罗斯文化及其社会产生浓厚的兴趣。伍尔夫在她的日记和书信中（特

1 Hargrove, Nancy D. "The Great Parade: Cocteau, Picasso, Satie, Massine, Diaghilev and T. S. Eliot". *Mosaic*, 31: 1 (Mar.1998): 86.

2 Sergel Lifar. "The Russian Ballet in Russia and in the West". *Russian Review*, Vol. 28. No. 4 (October 1969): 398.

3 Virginia Nicholson. *Among the Bohemians: Experiments in Living 1900–1939*. New York: Perennial, 2005, p.106.

4 W. A. Propert. *The Russian Ballet in Western Europe, 1909–1920*. London: John Lane the Bodley Head Ltd, 1921, pp. ix-xiv.

别是在 1918 年至 1920 年代）屡次兴奋地提到观看俄罗斯芭蕾舞剧的经历。同期，伍尔夫还撰写了数量可观的关于俄罗斯文学的评论文章。伦纳德·伍尔夫在其自传中是这样描述的："我们夜夜蜂拥着去考文特花园剧院观看处于巅峰时期的佳吉列夫和尼金斯基的俄罗斯芭蕾。"在他看来，俄罗斯芭蕾不仅是"一种新艺术"，而且对"英国人来说，更是"一场革命"。他甚至写道："俄罗斯芭蕾一时成为伦敦上流社会和知识分子共同的奇妙中心。"[1]鲁伯特·布鲁克仅 1911 年就多次观赏俄罗斯芭蕾演出。福斯特和克莱夫·贝尔多年后还对当时的情景记忆犹新。[2]可以想象，在俄罗斯芭蕾带来的现代主义元素中，他们不仅看到了他们在文学中所追寻的与绘画同样的"设计、韵律和结构"[3]，同时也确认了他们自己的创新意识。处在这样一个团体之中的弗吉尼亚·伍尔夫对俄罗斯芭蕾同样充满热情。根据昆汀·贝尔（Quentin Bell）的回忆，她在 1912 年至 1913 年间，尽管因结婚、应酬和疾病缠身，但仍抽出大量时间用于观看在考文特花园剧院和德鲁里巷剧院（Drury Lane）的俄罗斯芭蕾表演。伍尔夫的日记和书信中许多内容与俄罗斯芭蕾及其舞蹈演员有关，印证了她对俄罗斯芭蕾的浓厚兴趣和长期关注。

第四，在伍尔夫的小说里也屡次涉及俄罗斯芭蕾及其舞蹈演员，表明上述关注和热情对她的小说创作产生了直接的影响。例如，《达洛维夫人》中史密斯的外国妻子雷齐娅就是以洛普科娃为原型的。[4]在《奥兰多》的序言里，伍尔夫还特意提到在创作这部作品时，洛普科娃一直在一旁纠正其俄文的拼写。

综上所述，从佳吉列夫的艺术理想与伍尔夫小说创作理念的契合、佳吉列夫芭蕾舞团与后印象派画家群体的密切关系、伍尔夫和她的布卢姆斯伯里文化圈对佳吉列夫俄罗斯芭蕾的高度关注，以及俄罗斯芭蕾及其舞蹈演员在伍尔夫小说中的正面出现这些多方面的、明显的证据来看，

1　Leonard Woolf. *Beginning Again: An Autobiography of the Years 1911–1918*. London: The Hogarth Press, 1964, p.37, p.48.

2　Lynn Garafola. *Diaghilev's Ballets Russes*. New York: Oxford University Press, 1989, p.316.

3　ibid., pp.334-335.

4　1923 年 9 月 11 日，伍尔夫在日记中写道："我想对莉迪娅作为一种类型的雷齐娅加以观察"（1978：265-266）。1924 年 8 月 15 日的日记记载了伍尔夫"把她（莉迪娅）错叫为雷齐娅"（1978: 310）。雷齐娅是小说人物塞普蒂默斯·史密斯的外国妻子，而莉迪娅·洛普科娃则是英国著名经济学家凯恩斯的妻子，曾是佳吉列夫俄罗斯芭蕾舞团的主要演员之一。

俄罗斯芭蕾对伍尔夫的影响是毋庸置疑的。再根据上述第二条中的情况，即佳吉列夫芭蕾舞团与后印象派画家群体的密切关系，那么说伍尔夫的小说创作受到后印象派绘画影响，与说她的创作受到佳吉列夫的俄罗斯芭蕾影响，其实是高度一致的。伦纳德·伍尔夫认为，法国后印象主义和佳吉列夫的俄罗斯芭蕾是 1911 年英国伦敦正在经历的"深刻变化"[1]。无论对布卢姆斯伯里文化圈还是对弗吉尼亚·伍尔夫，其影响都是不言而喻的，而对后者来说，俄罗斯芭蕾的影响显然占有更重要的位置。

（三）俄罗斯芭蕾与伍尔夫小说中的色彩和人物

审视当时的报刊对俄罗斯芭蕾的评论，使人联想到伍尔夫在小说中的色彩运用。两者之间似乎有某种联系。首先，让我们来看第一组 1a-c 摘自报刊对俄罗斯芭蕾的评论。绚烂的舞台布景衬托出俄罗斯芭蕾热情、奔放、生命本能的特点，象征了舞蹈与布景设计的和谐性和有机统一。

> 1a. 俄罗斯芭蕾极具自然力，充满亚洲景象，热带的炎热，不是那种静止的炎热，而是每个瞬间都在诞生新生命的炎热。现实和幻想结合，**汇成一片涌动着红、蓝、橙、绿、紫色的色彩流**，形状各异，有三角形的、正方形的、圆形的、蜿蜒的和弯曲的……《埃及艳后》**再现了沐浴在狂欢舞蹈的绚烂的埃及景象，颤动的蓝色、红色、绿色、黄色**……[2]
>
> 1b. 《彼德鲁什卡》有一块别致的幕布，它再现了那位江湖骗子，令人印象深刻。**他身穿黄袍，在蓝灰色的云彩上加冕**……后者（第二块幕布）小一点，**与漂亮鲜艳的紫罗兰色、有着粉色线条并带有一点绿色饰物的侧扇协调一致**，……上方是一**个亮黄色的阳台板**，从上面设置框下有一个**蓝色呈 V 形的尖顶华盖覆盖物**……两块幕布分开，**显露了翠绿和金黄色的沼泽地**……**纸墙是黑色的，上面点缀着淡淡的金色星星**，这是**一扇黄色的小门**，上面有黑魔，墙上用**白粉笔画有一个**

1　Leonard Woolf. *Beginning Again: An Autobiography of the Years 1911–1918*. London: The Hogarth Press, 1964, p.37.

2　Anne Estelle Rice. "Les Ballets Russes". *Rhythm*, Vol. 2, No. 3 (August 1912): 108.

江湖骗子的人物……整个色彩设计是**白、黄、红，背景为黑色**。……最后这个画面里，那移动的色彩不断改变其色彩设计，始终惊人地保持大场景的一致——**橙色、柠檬色、蓝色、猩红色和洋红色总是交织一起**。[1]

1c.《舍赫拉查德》**色彩缤纷**，精心设计的疾驰快速的动作……幕布开启显露了巴克斯特的布景，仿佛是一座奢侈的土耳其宫殿，**装点着鲜绿和鲜红的色调**，拥有华丽的波斯地毯和厚软的靠垫。[2]

　　第二组 2a-c 分别引自伍尔夫的《雅各的房间》《奥兰多》和《幕间》三部小说。在这些片段中，各种颜色错落有致，交相辉映，生动有效地展示了自然美景，令人遐思无限。

2a. 锡利群岛水域**开始泛蓝**；**突然间，蓝、紫、绿在海面上涌动**；最后留下一片灰色；划出一道条纹，旋即消失了；但是当雅各把汗衫从头上撸下来以后，**整个波面蓝白相间，微波荡漾，水纹分明，尽管时不时地出现一片宽阔的紫痕，犹如一块青肿的淤伤；要么浮现出整块点染着黄色的翡翠**。（56）

2b. 约摸一小时过去，夕阳西沉，**白云化为漫天的红霞，把山峦映成淡紫色，森林成了深紫色，山谷则成了黛色**——号角声响起。（13）

2c. 太阳正在落山；**各种颜色汇合在一起**。（81）

　　对照上述 2 组片断，可以发现，伍尔夫小说中的色彩描写与俄罗斯芭蕾的布景色彩设计十分相近，色彩绚烂，富于动感，充满活力，可谓异曲同工。不可否认，俄罗斯芭蕾与后印象派绘画在色彩设计上有相互影响和渗透的可能性。瓦奈莎曾在 1910 年初跟克莱夫·贝尔说起伦纳德·伍尔夫，认为他们应该访问东方，因为"那里的色彩神奇"[3]。对英国人而言，俄罗斯芭蕾代表东方文化和艺术，其影响力之巨大，可用尼柯

1　Georges Banks. "Petrouchka—The Russian Ballet". *Rhythm*. Vol. 2. No. 2 (July 1912): 58-60.

2　Mary E. Davis. *Ballets Russes Style: Diaghilev's Dancers and Paris Fashion*. London: Reaktiong Books Ltd, 2010, p.121.

3　Victoria Glendinning. *Leonard Woolf: A Biography*. New York & London: Free Press, 2006, p.121.

尔森的话来加以概括，"俄罗斯芭蕾改变了它触及过的一切"[1]。

因此，俄罗斯芭蕾与后印象派绘画的关系强化了伍尔夫原有的色觉，促使她从文学角度探究色彩与文学表现形式之间的关系。伯纳德·布兰克斯通（Bernard Blackstone）指出，"她有造型艺术家的价值观。她对色彩、形状、色块感兴趣。"[2] 从伍尔夫对塞尚的 6 个苹果绘画的反应就可以证明她对色彩的高度敏感："它们真的太棒了。对它们看得越久，它们就变得越大越重越绿越红"[3]。而 3 天后她在日记里再次提到了塞尚的这幅画："那些苹果毫无疑问变得越来越又红又圆又绿"[4]。这足见其色觉的敏锐和这幅画的影响力。伍尔夫的反应与佳吉列夫在 1914 年 1 月的一次访谈中对冈察洛娃的舞美设计的评价十分接近，"简直好极了！"并用"极具诗意，非常引人入胜"[5] 描述其独特的色彩设计。

不难发现，俄罗斯芭蕾缤纷亮丽的背景和服装的色彩设计必然会对对色彩敏感的伍尔夫产生影响，迎合她对色彩的敏感和创新的诉求，并牢牢抓住她的文学想象力。不仅如此，她还从俄罗斯芭蕾中感受到对"形式追求的努力"[6]，以及"各种新的可能性"和"音乐、舞蹈和装饰各种新结合"[7]。即便到了 1932~1935 年间她还在书信里不时提及俄罗斯芭蕾演员洛普科娃以及与其的交往。在 1932 年她给友人的一封信中谈起要向洛普科娃请教芭蕾舞，并且感叹"人人似乎都喜爱新芭蕾和现代装饰"[8]。凡此种种，从多个侧面显示了佳吉列夫的俄罗斯芭蕾艺术对伍尔夫产生的深刻影响。

1　Virginia Nicholson. *Among the Bohemians: Experiments in Living 1900–1939*. New York: Perennial, 2005, p.xvii.

2　Bernard Blackstone. *Virginia Woolf*. London: The Hogarth Press, 1949, p.214.

3　Nigel Nicolson. Ed. *The Letters of Virginia Woolf, Vol. II, 1912–1922*. London: The Hogarth Press, 1976, p.230.

4　Nigel Nicolson. Ed. *The Letters of Virginia Woolf, Vol. III, 1923–1928*. London: The Hogarth Press, 1977, p.141

5　此访谈于 1914 年 1 月 29 日发表在《圣彼得斯堡报》上。冈察洛娃与米哈伊·拉里诺夫（Mikhail Larionov）是俄罗斯前卫艺术的代表人物，他们在法国现代主义和传统俄罗斯模式的基础上，发展出与表现主义和野兽派并行的新原始主义绘画。冈察洛娃的画作在弗莱组织的 1912 年后印象派绘画展上展出。Evgenia Iluchina. "Natalia Goncharova—Between Theater and Painting". *Natalia Goncharova: Between Russian Tradition and European Modernism*. Eds. Beate Kemfert and Alla Chilova. Russelsheim: Hatje Cantz, 2010, pp.41-42.

6　Susan Jones. "Diaghilev and British Writing". *Dance Research*, Vol. 27, No. 1 (May 2009): 65-92.

7　Virginia Woolf. *Roger Fry: A Biography*. New York: Harcourt, brace & Company, 1940, p.198.

8　Nigel Nicolson. Ed. *The Letters of Virginia Woolf, Vol. V, 1932–1935*. Florida: Harcourt Brace & Company, 1979, pp. 94-95.

　　《海浪》是伍尔夫运用色彩最为丰富的一部作品，除了每部分开始对一天不同时间海浪的描写使用大量色彩词外，色彩成为揭示小说中 6 位人物的个性、情感和心理的有效手段。其中吉妮简直就是舞蹈的化身，她的"我跳舞，我荡漾"成为人物的标记性特征。对人物吉妮的描写明显与舞蹈和色彩联系在一起，主色调是红、黄、金，特别是红色，有效地展示了吉妮鲜明乐观的个性和充满活力积极的人生态度。《海浪》被认为是一部富于自传色彩的作品。人物吉妮的原型是作家本人，因为吉妮是伍尔夫的父亲莱斯利·斯蒂芬（Leslie Stephen）对女儿的昵称。[1] 因此，我们不妨推测，伍尔夫在塑造这一人物时，她的脑海深处有着俄罗斯芭蕾和绘画的影响以及她的亲身体验。

　　这种用色彩塑造人物形象、揭示人物性格和感情及心理状态的作法不仅体现在伍尔夫的其他小说中，而且其中对色彩的运用具有同样的特征，显示着它们与俄罗斯芭蕾的联系。如，《到灯塔去》中一段关于拉姆齐夫人的描写：

　　　　她等待了片刻，一面织着袜子一面在琢磨，慢慢地，晚餐时他们说的那些话开始有节奏地冲击着她的脑海，月季盛开引来蜜蜂忙采蜜，随着这冲击，词句就像用灯罩遮着的盏盏小灯，一盏红灯，一盏蓝灯，一盏黄灯，在她脑海深处点亮，它们好像离开了悬挂在上面的横杆，飞舞着，或是高声喊叫引起阵阵回声。"（119）

　　从一种颜色变换到另一种颜色，隐喻人物内心思绪万千，情绪激动，表达了人物内心渴求交流和理解。《雅各的房间》描写一名时髦夫人旅行时，会携带多套衣裙。有适合晨间的白色服饰，也有适合夜晚的带紫色点子的沙黄色衣裙、一顶黑帽子，还有一部巴尔扎克的作品。通过并置女人、服饰、时间、色彩这些元素，作者巧妙而得体地向我们展示了这样一位有品位的时髦夫人。但紧接着接连 4 个由"仿佛"引导的排比句，却从另一个角度点明了这位夫人颇为令人同情的窘境。尽管她时尚且"很美"，但除了漂亮的衣衫，生活对她而言只是充满"仿佛"的虚幻，她本人充其量也只不过是一件漂亮的装饰品而已。诸如"她看上去真美"类

1　Deborah Parsons. "Introduction and Notes". Virginia Woolf. *The Waves*. London: Wordsworth Editions Ltd, p.ix.

似例子，不胜枚举。限于篇幅，不再赘言。

总之，俄罗斯芭蕾与后印象派绘画之间存在着密切的互动关系，伍尔夫同时从二者中汲取灵感，从前者获益尤深。在她看来，小说的审美价值就在于把"生活"表现为一种"变化的、未知的、难以界说的精神"。[1]这种精神是无形的、动态的，有节律的。伍尔夫关于未来小说的论述实际上强调了小说在形式和内容上保持一致的重要性，即保持其"变化的节奏"。在与俄罗斯芭蕾和后印象派绘画的近距离接触中，弗吉尼亚·伍尔夫感受到某种原始的、自发的、本能的生命活力，令其震撼。它们在色彩设计方面的创新赋予伍尔夫新的视野和想象，激励她开拓小说更大的潜能，而色彩及其对它的运用便是她所追寻并主张的未来小说的一种新颖而恰当的表现形式和内容。

三、俄罗斯想象与《奥兰多》

伍尔夫在 1917 年至 1933 年间共撰写了 18 篇俄罗斯主题的评论文章，其中 16 篇发表在 1928 年《奥兰多》出版之前。《俄罗斯背景》（"The Russian Background"，1919）、《俄罗斯人的观点》《胆小的巨人》（"A Giant with Very Small Thumbs"，1927）等重要评论文章都出自这个时期。伍尔夫在 1915—1929 和 1912—1928 年间所撰写的日记和书信中有关俄罗斯话题主要涉及 4 个方面：俄罗斯文学、俄罗斯芭蕾、俄罗斯革命和俄语学习。陀思妥耶夫斯基、托尔斯泰、契诃夫、屠格涅夫、阿克萨科夫、高尔基是她关注的主要俄罗斯作家；在此期间，她阅读了诸如《白痴》《罪与罚》《群魔》《被侮辱的和被损害的》《安娜·卡列尼娜》《战争与和平》《学生时代》等作品，并写下多篇读后感。从中，伍尔夫对俄罗斯作家，特别是对陀思妥耶夫斯基、托尔斯泰、契诃夫的评价令人印象深刻。如，1915 年 1 月 6 日的日记明确记载了她连续几晚阅读《白痴》[2]，十几天后（1915 年 1 月 19 日），她又谈起这部作品，并将陀斯妥耶夫斯基与沃尔特·司各特（Walter Scott）相比较，认为陀思妥耶夫斯基身上"具有司

---

1 Virginia Woolf. "Modern Fiction". *The Essays of Virginia Woolf, Vol. IV, 1925–1928*. Ed. Andrew McNeillie. London: The Hogarth Press, 1994, p.160.
2 Anne Olivier Bell. Ed. *The Diary of Virginia Woolf, Vol. I, 1915–1919*. London: The Hogarth Press, 1977, p.10.

各特一样的活力。只是司各特仅仅将普通人变得杰出，而陀（思妥耶夫斯基）则创造了奇迹，他有着非常微妙的大脑，且忍受着可怕的痛苦。"[1] 伍尔夫也因他曾经说过的"作家必须深情地写作"的话改变了对凯瑟琳·曼斯菲尔德的看法，对后者关于对事物的深刻感知的观点有了新的认识。[2]她甚至在 1922 年 9 月 26 日的日记里表达了不认同艾略特将乔伊斯与托尔斯泰相提并论的做法，认为虽然《尤利西斯》"标志着对整个 19 世纪的摧毁"，展示了"英国各类文体的徒劳无益"，[3]但拿乔伊斯的《尤利西斯》与托尔斯泰的《战争与和平》作比较，就"太荒诞"了。[4]

　　无疑，俄罗斯文学对当时的她有何等深刻的影响。她在 1928（9）年1 月 8 日致维塔的信里提到她一直在读巴尔扎克和托尔斯泰，并特别提到，虽然已有 15 年之久，但当年阅读《安娜·卡列尼娜》时的"每一个场景都深深地印在我的脑海里"。[5]她在 1925 年 5 月 26 日给 C. P. 桑格（Charles Percy Sanger）的信里写道："我完全同意你对契诃夫的评价——不过，俄罗斯作家一开始就具有超越我们的极大优势，他们身后没有任何文学，而且毕竟，所描写的是一个非常单纯的社会。"[6]从她的这段话看，伍尔夫当时也处在一种影响的焦虑下。在这个时期，伍尔夫所撰写的大量书评中有相当数量是关于俄罗斯作家的，多数针对她和伦纳德所参与翻译的俄罗斯作家的传记、书信、回忆录和少量作品，如，阿克萨科夫的《学生时代》（*A Russian Schoolboy*）、[7]契诃夫的《樱桃园》、高尔基的《托尔斯泰回忆录》[8]，以及契诃夫的《妻子故事集》和《女巫故事集》。[9]关于这一时期伍尔夫对俄罗斯芭蕾、她与俄罗斯芭蕾女伶莉迪娅·洛普科娃的关系、她的俄语学习及翻译活动、她与俄罗斯翻译家科特林斯基

1　Anne Olivier Bell. Ed. *The Diary of Virginia Woolf, Vol. I, 1915–1919*. London: The Hogarth Press, 1977, p.23.

2　Anne Olivier Bell. Ed. *The Diary of Virginia Woolf, Vol. II, 1920–1924*. London: The Hogarth Press, 1978, p.248.

3　ibid., pp.202-203.

4　ibid., p.200, 分别见 1922 年 8 月 16 日和 1922 年 9 月 6 日日记。

5　Nigel Nicolson. Ed. *The Letters of Virginia Woolf, Vol. IV, 1929–1931*. London: The Hogarth Press, 1978, p.4.

6　Nigel Nicolson. Ed. *The Letters of Virginia Woolf, Vol. III, 1923–1928*. London: The Hogarth Press, 1977, p.183.

7　关于该作品的评论刊登在 1917 年 11 月 8 日的《泰晤士报文学副刊》上，见 *The Diary of Virginia Woolf, Vol. I, 1915–1919*. Ed. Anne Olivier Bell. London: The Hogarth Press, 1977, p.69, 注 2, p.71.

8　伍尔夫 1920 年 7 月 13 日为德蒙·麦卡尔蓿（Desmond MacCarthy, 1877–1952) 撰写了这两部作品的书评，见 *The Diary of Virginia Woolf, Vol. II, 1920–1924*. Ed. Anne Olivier Bell. London: The Hogarth Press, 1978, p.53, 注 4。

9　契诃夫这两部短篇集均由康斯坦斯·加纳特翻译，伍尔夫的评论文章刊登在 1918 年 5 月 16 日泰晤士报文学副刊上，见 *The Diary of Virginia Woolf, Vol. I, 1915–1919*. Ed. Anne Olivier Bell. London: The Hogarth Press, 1977, p.149, 注 14。

的翻译合作，笔者已有论述，在此不再赘述。

（一）俄罗斯印象之旅

伍尔夫在这一时期，特别是 1918，1921—1924 年间的日记和书信里，格外关注与俄罗斯有关的事与人，对俄罗斯革命和俄罗斯社会新闻也都表现出极大兴趣，甚至还注意到俄罗斯的备战消息。她在 1925 年 9 月 24 日的日记记录了凯恩斯夫妇的来访以及他们之间的谈话，内容主要围绕后者在俄罗斯的见闻，涉及战后俄罗斯的政治、经济和社会以及未来发展等问题，"关于俄罗斯，我们进行了非常热烈的谈话"。[1] 在 1928 年 4 月 21 日的日记中她再次提到与凯恩斯夫妇的交谈，话题依然涉及俄罗斯及其政局。[2]

不仅如此，伍尔夫屡次将现实世界与俄罗斯小说的想象世界融合起来，把小说中的人物或景象巧妙地融入到现实生活中来。比如，1928 年 8 月 31 日的一则日记在描写了现实中的 8 月美好天气之后，很自然地进入陀思妥耶夫斯基的想象世界里："我时而看见牛在狂奔，就像陀思妥耶夫斯基书里所描写的一样。"[3] 1925 年 9 月 24 日，她在日记里将好友凯恩斯与托尔斯泰的小说人物联系起来，"凯恩斯穿着托尔斯泰风格的上衣，戴着俄罗斯黑羔皮帽"。[4] 显然，俄罗斯作家及其作品中的一些描写已深深地印刻在伍尔夫的脑海里，使她很容易不自觉地将两者联系起来。

从上述可见，俄罗斯话题构成了伍尔夫这一时期日常生活的一个重要组成部分，反映了她对当时在英国伦敦掀起的"俄罗斯热"的浓厚兴趣和热切关注。伍尔夫对俄罗斯及其文化艺术的回应是积极而肯定的。在与俄罗斯这一外来文化的思想碰撞中，伍尔夫的创作灵感得以激发和升华。

除此之外，影响伍尔夫创作《奥兰多》的另一个重要因素则来自于曾风靡英国的一部重要游记《英国主要航海、航行、交通和地理发现》（ *The Principall Navigations, Voiages, Traffiques and Discoueries of the English Nation*，

---

1 Anne Olivier Bell. Ed. *The Diary of Virginia Woolf, Vol. III, 1925–1930*. London: The Hogarth Press, 1980, p.43.

2 ibid., p.181.

3 ibid., p.192.

4 ibid., p.43.

1589-1600）。[1] 它是由文艺复兴时期英国地理学家、航海家和探险家理查德·哈克卢特（Richard Hakluyt）首次编辑的第一手英国探险报告，于1589年结集成书出版。这是一部迄今发表的最珍贵的英国旅游文献之一，忠实地记载了16世纪英国探险家们在世界多地的探险和游历，从新世界到俄罗斯、黎凡特、波斯、东印度和非洲。这不仅仅是一部探险记载史，也是一部英国海上主权的历史和经济文献，用19世纪英国历史学家、传记家、小说家弗鲁德（J. A. Froude）的话说：它更是一部"现代英格兰民族的散文叙事史诗"[2]。从伍尔夫的日记获知，她知道且早年读过这部游记。她在1929年12月8日的日记中谈到对伊丽莎白时期散文作家的极度喜爱的重要原因之一就是哈克卢特的这部游记"打动了她"。她依然记得，在她十五六岁那年，父亲把这套多卷本"搬回家"的情景。[3] "不知道为什么，但我感到狂喜，尽管不全是兴趣，然而黄色的大页面令我着迷。我常常阅读它，梦想着那些朦胧的冒险，毫无疑问，在抄写本里练习他们的文体，那时我正在写关于基督教的一篇独特的文章。"[4] 她在《伊丽莎白时代杂物间》（"The Elizabethan Lumber Room"，1925）这篇文章里，对这部巨著作了如下概括："与其说是一本书，不如说是一大捆松散地绑在一起的商品，一座大百货商店，一个堆满古旧粗布袋、废弃航海用具、大包羊毛、小袋红宝石绿宝石的杂物间。"在这个琳琅满目的杂物间里，伍尔夫发现了"位于世界边缘"、其"光耀未受世人注意的莫斯科"；见到了"头戴皇冠、左手持金棒、端坐在宝座之上的"俄罗斯皇帝。[5]

　　哈克卢特的这部作品对伍尔夫的影响之深还可从她在日记和随笔中屡屡提及哈克卢特以及16世纪英国探险的事实中看出。在此略举几例，

1　Darya Protopopova. "Virginia Woolf's Versions of Russia". *Postgraduate English*, Issue 13, Eds. Ollie Taylor and Kostas Boyiopoulos. www.dur.ac.uk/postgraduate.english ISSN 1756-9761, 2006, pp.2-3.
2　转引自 Francisco J. Borge. "Richard Hakluyt, promoter of the New World: the navigational origins of the English nation". *Sederi* 13 (2003): 1-9, 5.
3　根据伍尔夫1906年的一篇随笔《航海与发现》（"Trafficks and Discoveries"），她最初读到的版本是1811年出版的五卷本。见 *The Essays of Virginia Woolf, Vol. I, 1904–1912*. Ed. Andrew McNeillie. London & New York: Harcourt Brace Jovanovich, Publishers, 1986, p.120.
4　Anne Olivier Bell. Ed. *The Diary of Virginia Woolf, Vol. III, 1925–1930*. London: The Hogarth Press, 1980, p.271.
5　弗吉尼亚·伍尔芙：《伍尔芙随笔全集》I，石云龙等译，北京：中国社会科学出版社，2001年，40页，42页。伍尔夫文中的这些描述词与哈克卢特游记中对俄罗斯皇帝的描写所用词语十分吻合。

以示伍尔夫对哈克卢特的熟悉和欣赏程度。1918 年 12 月 7 日，伍尔夫在日记里写道："我花了整整一个礼拜……阅读哈克卢特，以现在成熟的眼光再看，他反复证明了我年轻时的偏见。"[1] 数年之后，她对哈克卢特的喜爱依旧，1924 年 8 月 15 日，她在日记中再次强调她的喜爱之情："我 20 岁时喜欢 18 世纪的散文；喜欢哈克卢特和梅里美。"[2]

在 1906 年至 1925 年间，伍尔夫共撰写了 6 篇关于哈克卢特专题的随笔。1906 年，基于最初阅读的哈克卢特"那笨重的五卷本"[3]，伍尔夫撰写了题为《交通与发现》（"Traffics and Discoveries", 1906）的评论文章："哈克卢特这部巨作的魅力与其说在于给人以沉思的愉悦，不如说它表达了一种粗犷质朴的单纯"。[4] 在 1918 年的一篇同名文章中，伍尔夫再次关注这部巨作，并对主要内容作了更详细的概述，表达了她对文艺复兴时期英国人探索世界、寻求商机、建立和发展大英帝国的雄心壮志意义的认识和赞许。她深知探险者为抵达一个未知国家，在海上航行途中必然要经历各种艰辛、磨难和危险，遭受各种不可知自然因素的影响，乃至牺牲生命，诸如在狂涛巨浪中遇难的航海家和探险家汉弗莱·吉尔伯特爵士（Sir Humfrey Gilbert），在途中被冻死的英国探险家休·威洛比爵士（Sir Hugh Willoughby），在海上被困两周以致舔食甲板上的泥水解渴的坎伯兰伯爵三世乔治·克利福德（George Clifford, 3rd Earl of Cumberland）等等。尽管如此，这些探险家们心中的期许和使命感远远抵消了所有的磨难和痛苦，他们是英国伊丽莎白女王的使者，也是沟通英国与世界的桥梁。在叙述这些使者在异国他乡的见闻时，伍尔夫特别提到了莫斯科的庆典仪式。"英国海员被邀出席观摩奇异而隆重的庆典仪式。他们看到了莫斯科皇帝'坐在他的宝座上，头戴王冠，左手握着金权杖。'"伍尔夫借英国哲学家约翰·洛克（John Locke）之言，"如此富庶的地球和形态各异的生物，不仅我的肉眼看到了，更多的是用我的心灵之眼看，"[5] 说出了自己内心的感受，也表达了她的艳羡之情。

1　Anne Olivier Bell. Ed. *The Diary of Virginia Woolf, Vol. I, 1915–1919*. London: The Hogarth Press, 1977, p.224.

2　Anne Olivier Bell. Ed. *The Diary of Virginia Woolf, Vol. II, 1920–1924*. London: The Hogarth Press, 1978, p.310.

3　Andrew McNeillie. Ed. *The Essays of Virginia Woolf, Vol. I, 1904–1912*. London & New York: Harcourt Brace Jovanovich, Publishers, 1986, p.120.

4　ibid., pp.121-122.

5　Andrew McNeillie. Ed. *The Essays of Virginia Woolf, Vol. II, 1912–1918*. London & New York: Harcourt Brace Jovanovich, Publishers, 1987, p.333.

　　这部鸿篇巨制共有四个版本。[1]第一版是单卷本；第二版是三卷本；第三版是五卷本，也是前两版的合成再版；第四版是 2014 年（电子）版共十六卷。伍尔夫读到的版本应该是第三版。这一版第一卷主要涉及莫斯科（Muscovy）和英国人早期对俄罗斯的探险。莫斯科是当时西方对俄罗斯的称呼。第四版第十六卷的第三、四卷涉及俄罗斯探险。这两卷详细记载了理查德·钱塞勒（Richard Chancelour）1553 年从白海经陆路到达俄罗斯，帮助建立了两国间的贸易联系。随后，1557 到 1572 年间，旅行家和探险家安东尼·詹金森（Anthony Ienkinson）访问俄罗斯，多次拜会伊凡大帝；1568 至 1569 年，托马斯·兰道夫（Thomas Randolph）作为外交使臣被派遣到俄罗斯，拜访过伊凡四世，同行的还有乔治·特伯维尔（George Turberuile）；1584 年伊凡四世驾崩，探险家、外交家和政治家杰罗·荷西（Jerome Horsey）亲临新沙皇的加冕礼；1588 年，贾尔斯·弗莱切（Giles Fletcher）成为驻俄罗斯大使，并与俄罗斯沙皇费奥多尔一世（Fyodor I Ivanovich,）重新缔结友好条约，并于 1591 年，出版了《关于俄罗斯联邦》（*Of the Russe Common Wealth*, 1591）一书，全面介绍俄罗斯的地理、政府、法律、战争方式、教会和礼仪。此书的节选版于 1598 年被收入哈克卢特的《英国主要航海、航行、交通和地理发现》的第二版。

　　根据上述卷本，对俄罗斯及俄罗斯人的描写一般来说可归为对立的两类。[2]一方面，对俄罗斯辽阔的领土、富庶的自然资源充满好奇、憧憬，甚至赞美；另一方面，对俄罗斯人的粗俗、野蛮感到不屑乃至厌恶。诚然，对于这种对立态度，伍尔夫的解释是："尽管不同人写这本书，但他们具有相同的世界观，相同的言语方式"，但她更清楚，这种对立实际上揭示了"某种更难以界定的东西，某种共性，即一种广博的、富于想象的、纯碎的思想。他们的身上有着某种高贵品质；透过他们的视角，这个世界显得清新而流畅，无限丰富，有待探索"。因此，她认为，要真正

1　第一版是个单卷本（London: G. Bishop and R. Newberie, 1589）；第二版是三卷本（London: G. Bishop, R. Newberie and R. Barker, 1598, 1599, 1600）；第三版是五卷本（London: printed by G. Woodfall, 1809–1812），也是前两版的合成再版；第四版是 2014 年（电子）版共十六卷（Goldsmid. Ed. 2014）。

2　Darya Protopopova. "Virginia Woolf's Versions of Russia". *Postgraduate English*. Issue 13, Eds. Ollie Taylor and Kostas Boyiopoulos. www.dur.ac.uk/postgraduate.english ISSN 1756-9761, 2006, p.6.

理解哈克卢特的航行的重要性，唯一可能的方法是"从头到尾读完它们"，"因为只有这样，你才能把握其整体性"。[1] 然而，这部巨作对伍尔夫产生的影响远不止此。它的影响还显现于《奥兰多》的创作中。对此，笔者将在下一节展开具体的讨论。

（二）《奥兰多》的俄罗斯想象

《奥兰多》于 1928 年出版，是伍尔夫毕生创作的两部传记小说中的一部。这是一部想象历史传记，有别于传统传记，伍尔夫将它描绘为"新派传记"。与她之前的作品极为不同，伍尔夫在这部作品中，运用独特的时空叙述手法，给予读者时光流逝、现在与过去交融的印象，这是一部具有超级想象力的鼎力之作。小说的灵感源头是伍尔夫的挚友维塔·萨克维尔-维斯特。后者和伍尔夫都是布卢姆斯伯里文化圈的成员，两人有着一段持续 10 年之久的亲密浪漫关系。伍尔夫在其日记中记载了她关于《奥兰多》的创作灵感和想法："我立马想到令人振奋的念头：一部传记，书名为奥兰多：维塔；唯一的变化是性别的改变，它始于 1500 年直至当下。"[2] 维塔·萨克维尔-维斯特之子奈杰尔·尼克尔森（Nigel Nicolson）对这部作品的描述证实了这部作品与维塔的关系："维塔对弗吉尼亚的影响全部都包含在《奥兰多》里了。这是一封她最煞费苦心写的情书，它使维塔成为一个双性人和不朽人物：它将她的故事变成了一个神话。"[3]

《奥兰多》的创作始于 1927 年 10 月 8 日，1928 年 3 月 22 日定稿，同年 10 月 11 日出版。伍尔夫自称这部作品"最初只是为了好玩而已，但接着便认真对待。"[4] 她曾言，这是一部"作为一个笑话太长，作为一本严肃的书却又过于琐屑无聊"的书。[5] 然而，出乎意料的是，《奥兰多》一出版就大获成功。伍尔夫在 1928 年 11 月 28 日的日记中是这样描述当时的情形的："伦纳德刚进来商量关于印刷《奥兰多》第三版事宜……我们

1　Andrew McNeillie. Ed. *The Essays of Virginia Woolf, Vol. II,1912-1918*. London & New York: Harcourt Brace Jovanovich, Publishers, 1987, p.333.

2　Anne Olivier Bell. Ed. *The Diary of Virginia Woolf, Vol.I II, 1925-1930*. London: The Hogarth Press, 1980, p.161.

3　Nigel Nicolson. Ed. *The Letters of Virginia Woolf, Vol. III, 1923-1928*. London: The Hogarth Press, 1977, p.xxii.

4　Anne Olivier Bell. Ed. *The Diary of Virginia Woolf, Vol. III,1925-1930*. London: The Hogarth Press, 1980, p.185.

5　ibid., p.177.

已售出 600 多本，卖得特别好，光今天就卖出了 150 本，通常一天卖出 50 到 60 本。"[1] 她在 1929 年 1 月 8 日写信告诉维塔："《奥兰多》至今在美国已售出 1 万 3 千本。"[2] 她的作家身份也随着《奥兰多》的大受欢迎而快速提升。"自从我写了这部作品，我在公众眼里高了 2.5 英寸。不妨说，我现在已跻身于著名作家的行列……。"[3] 看得出，此时的伍尔夫踌躇满志。尽管如此，这个结果仍令她感到意外，因为这部作品完全是一个"无法控制的冲动的结果"。"我想要乐趣，希望幻想，想要（这是认真的）赋予事物其漫画的价值"，但"缺乏时间打磨（它），过于异想天开且前后不均匀，不过，时而充满亮点"。[4]

　　简言之，《奥兰多》是一部十分独特的小说，它集想象和现实于一体。用如今时髦的说法，这是一部跨越 400 年的穿越小说，即从伊丽莎白女王统治时期一直到 1928 年小说出版；主人公奥兰多历经英国文艺复兴、18 世纪、19 世纪、维多利亚时期直至 20 世纪英国现代主义时期，从 15 岁怀有文学抱负的贵族少年变成了 36 岁的成熟女子。早年的他深受伊丽莎白女王的喜爱、国王詹姆斯一世的恩宠和国王查理一世的重用。在奥兰多出任土耳其君士坦丁堡大使期间，土耳其发生叛乱，他也在一次长眠之后蜕变成一个漂亮女人，尔后，与一名吉卜赛人逃离土耳其返回英国，活跃于社交圈，捕获了众多崇拜者，并在那里邂逅诗人蒲柏等文人墨客。在她对社交活动产生厌倦情绪之时，19 世纪悄然而至。维多利亚社会对家庭和婚姻的重视促进了她与谢尔默丁的联姻。与此同时，作家之梦想再次涌现在她脑海里，她痛下决心，终于写完了一再延宕的那首名为《大橡树》的诗歌。后来，她在一家书店买下所有维多利亚时期的文学作品，当她读完这些作品时，时间已到了 1928 年。此时的她一边反思过去，一边等待夫君的归来。小说在奥兰多和谢尔默丁的重聚中结束。

　　无论奥兰多是男还是女，他始终是他自己。正如小说所描写的，"性别的改变，改变了他的前途，却丝毫没有改变他的特性"。他的脸"还是原样"，他 / 她的记忆"毫无障碍地记载着过去生活的点点滴滴。"（97）这一特性最明显的表现是奥兰多对俄罗斯公主莎夏的不能忘怀，即便在

1　Anne Olivier Bell. Ed. *The Diary of Virginia Woolf, Vol. III,1925–1930*. London: The Hogarth Press, 1980, p.212.

2　Nigel Nicolson. Ed. *The Letters of Virginia Woolf, Vol. IV, 1929–1931*. London: The Hogarth Press, 1978, p.4.

3　Anne Olivier Bell. Ed. *The Diary of Virginia Woolf, Vol. III, 1925–1930*. London: The Hogarth Press, 1980, p.201.

4　ibid., p.203, p.184.

莎夏弃他而去以及他蜕变成女性之后，莎夏仍不时地浮现在奥兰多的记忆中，这从莎夏的名字散见于小说各章可见一斑。特别是，在小说末章，此时的奥兰多已全然是一位风度优雅的贵妇人，在她逛店购物之际，突然，卖爱尔兰亚麻制品的店里一股蜡烛的香气将她带回到对莎夏的回忆中，"香气曲曲弯弯，如贝壳包着一个人形儿，年轻、苗条、诱人。是男孩还是女孩啊？是个姑娘，上帝！毛皮、珍珠、俄罗斯裤子；但无情无义，无情无义。"（214）然而，"无情无义！"的重叠使用暗示了人物内心藏有未经痊愈的创伤。此处的"无情无义"与小说第一章末尾奥兰多发现莎夏弃他而去时所用的同样词语构成巧妙的呼应。"他站在没膝的水中，使出了女性注定摆脱不掉的所有最恶毒字眼，痛骂那个无情无义的女人。他骂她无情无义、反复无常、水性杨花；骂她是魔鬼、荡妇、贱人……。"（45）显然，此时的奥兰多分不清幻想和现实。他／她仿佛看到，整个商店"上下翻腾着滚滚黄水"，"远方出海口处那条俄罗斯大船的桅杆"；"那香气生出的海螺壳奇迹般地（或许门又开了）变成一个台子，从那高台上走下一个臃肿的女人，身着裘皮衣，保养得很好，妖冶冷艳，头戴冠冕，她是一位大公的情妇，正靠在伏尔加河畔吃三明治，一边看人们溺水而死；她开始穿过商店，向她走来。"（214）

> "啊，莎夏！"奥兰多喊了起来。她真的很震惊，没想到她会变成这样，那么臃肿，那么无精打采。她赶紧低下头看床单，好让那幽灵，那穿裘皮衣的半老徐娘和穿俄罗斯裤子的姑娘的幽灵，以及它所带来的蜡烛、白花和旧船气味从她身后过去，别注意到她。（214）

几百年过去了，时过境迁。奥兰多也由翩翩少年变成了高贵的女性。然而，她的记忆里依然保留着莎夏的影子。这一细节不仅暗示伍尔夫对这一人物所代表的俄罗斯及其文化的关注和执念，也符合伍尔夫对俄罗斯的认识和想象。这部小说的创作是在英国伦敦的"俄罗斯热"之后，其间，伍尔夫撰写了相当数量的关于俄罗斯、俄罗斯文学、俄罗斯芭蕾以及俄罗斯作家的评论文章，与伦纳德、科特林斯基合作翻译俄罗斯作品，她在这个时期的书信和日记也是最佳佐证。种种迹象显示，伍尔夫对俄罗斯不仅不感到陌生，相反，她感觉到某种亲近。伍尔夫生前一直计划到俄罗斯旅行，领略这个国家和民族的魅力，为此，她还自学俄语，然而她始终未能将心愿付诸行动。因此，她对俄罗斯的了解多是间接的，其主要渠道是通过阅读书籍和报刊文章、观看佳吉列夫的俄罗斯芭蕾表演，以及与俄罗斯翻译家科特林斯基的友情及其翻译合作。但这不仅没有影响她对俄罗斯的憧憬或削弱俄罗斯的魅力，相反，还丰富和增强了她的想象力和创造力，使她把对俄罗斯的想象和热情注入到创作活动之中。《奥兰多》中的人物莎夏便是一个有力的佐证。

小说人物莎夏是一位俄罗斯公主，书中对这个人物的描写以及对俄罗斯的描写都颇为夸张，在很大程度上体现了伍尔夫的俄罗斯想象。在奥兰多初见俄罗斯公主时，他发现她有一个非常夸张的名字："玛露莎·斯坦尼罗夫斯卡·达姬玛尔·娜达莎·伊丽亚娜·罗曼诺维奇"，从这一长串的名字可以窥见伍尔夫对俄罗斯公主形象的想象，暗示了公主有着古老而神秘的家世和背景，这一方面反映了伍尔夫对俄罗斯古老文化的刻板印象，另一方面或多或少地体现了哈克卢特游记对她的深刻影响。小说故事始于伊丽莎白女皇时代，而哈克卢特游记所记载的也正是伊丽莎白女皇时代英国探险家们周游世界的时期。这可从小说中的一段描写得到印证。

> 元帅们手擎玻璃杯，在狭窄的小路上踱来踱去，挥手指向地平线，讲述西北通道（伊丽莎白时代的探险家沿美洲北部海岸行驶，希望找到一条通往远东的海路）和西班牙无敌舰队（16世纪西班牙舰队，1588年被西班牙国王菲利普二世派遣去攻打英国，战败）的故事。（25）

巧合的是，小说中与俄罗斯相关的一些细节或描写与这部游记有多处重合。如哈克卢特游记中称俄罗斯为 Muscouie（莫斯科大公国），称俄罗斯人为 Muscovite。伍尔夫在小说中也多次使用 Moscovy 和 Muscovite，用以指俄罗斯或俄罗斯人（27，29，33），虽然她同时也用 Russia，但两者几乎没有分别。又如，游记中克莱芒·亚当斯（Clement Adams）记载了航海家休·威洛比爵士（Sir Hugh Willoughbie）以及航海家和冒险家理查德·钱塞勒（Richard Chancelor）对俄罗斯的印象：俄罗斯是一个辽阔的国家，有各种野兽出没的大森林，许多大江河，最长最著名的江河是伏尔加河。[1]伍尔夫在《奥兰多》里借莎夏之口，以夸张的语气描绘俄罗斯，它的"河床有十里宽，任六匹马并驾奔驰一天，不见人的踪影"（30）。而且，原本从不谈及往事的莎夏却对奥兰多讲述，"在俄罗斯的冬天，她会听到狼嗥叫着穿越草原。她三次学狼嗥给他听"（37）。再比如，游记中对于俄罗斯人的服饰是这样描述的："俄罗斯人大多身着毛皮服装，帽子上镶着钻石，上尖下宽的帽子尽显高贵，帽子越高，出身越高，越受人尊敬。"[2]《奥兰多》中与其相对应的描写是："对于莫斯科大公国，人们知道得不多。这些人都蓄长须，戴皮帽，沉默寡言"（27）。

如果说哈克卢特游记中对俄罗斯和俄罗斯人的描写表达了探险家们对这个神秘奇异国度的好奇和惊诧，然而，这些却总是伴随着对俄罗斯和俄罗斯人的原始、兽性、愚昧、无知的描写，如，"这是一个充满疾病、邪恶的国家"，俄罗斯人"粗鲁"，"野蛮"，"混乱"，"没有秩序"，[3]"嗜酒成瘾"，甚至认为与野蛮的爱尔兰人没有什么两样。[4]这种矛盾情感在这部游记中随处可见，清楚地表达了英国人对异族文化的偏见和对本族文化的优越感。以下片断是有力的佐证。[5]

> 莫斯科很大，伦敦加郊区都没有它大，然而，它非常粗鲁，且没有秩序。他们的房屋全是木头结构，很容易着火。

> 就大小而言，莫斯科等同于伦敦加上郊区。莫斯科有许多大建筑物，但论美和精致，莫斯科无法与我们相提并论。

类似表达在《奥兰多》中也可见到。比如，在对莎夏和俄罗斯人的描写中，奥兰多认为他们不属于文明世界，而且相信他们的身上具有某种动物性和非人类特征。当他初遇莎夏时，他的头脑里立刻很自然地涌现出莎夏的各种形象和比喻，这些想象往往与自然界的动植物紧密相连，

1 Richard Hakluyt. *The Principal Navigations, Voyages, Traffiques and Discoveries of The English Nation*, Vol. 3. Part 2. Edinburgh: E & G Godsmid, 1886, pp.62-63.

2 ibid., p.76.

3 ibid., p.221, p.68.

4 Richard Hakluyt. *The Principal Navigations, Voyages, Traffiques and Discoveries of The English Nation*, Vol. 6. Part 3. Edinburgh: E & G Godsmid, 1986, pp.31-38.

5 Richard Hakluyt. *The Principal Navigations, Voyages, Traffiques and Discoveries of The English Nation*, Vol. 3. Part 2. Edinburgh: E & G Godsmid, 1986, p.41, p.64.

因而具有两层含义。这些描述一方面凸显莎夏的自然朴实特征，另一方面却暗示莎夏作为一名俄罗斯人的原始和野蛮特性，与奥兰多所处的文明世界相距甚远，从而形成对立，暗含奥兰多对夏莎既喜欢又排斥的矛盾态度。

> 奥兰多脑中迅速涌出各种最极端和最奢侈的意象和比喻。他称她为西瓜、菠萝、橄榄树、翡翠和雪中之狐，一切都是在三秒钟之内；他不知道自己是听到、嗅到、看到她，还是三者兼而有之。（虽然我们的叙述一刻不能停，但此处我们可以飞快指出，此时他脑中所有的意象都极其简单，符合他的感觉，而且大多来自幼年他所喜爱嗅闻的东西。不过，若说他的感觉非常简单，这些感觉同时也非常强烈，让人难以停下来寻找其中的原因。）……西瓜、翡翠、雪中之狐，他如此狂热地赞美着，目不转睛地凝视着。（26）

> 关于莫斯科大公国，人们知道得不多。这些人都蓄长须，戴皮帽，沉默寡言。他们喝某种黑色的液汁，但不时把它们啐吐到冰上。（27）

> 她似狐狸，似橄榄树，似从高处俯瞰大海的波涛，似翡翠，似未被云彩遮蔽、照耀葱翠山岚的丽日，总之，她不同于他在英格兰的一切所见所知。（32-33）

> 他怀疑这是因为她的地位其实并非那样高贵，像她的外表显现得那样；或者她为自己同胞的粗野感到羞愧，因为他听说，在莫斯科大公国，女人蓄胡须，男人以毛皮遮羞。人人为御寒用动物油脂涂身，用手撕肉，住的草棚在英国贵族看来连牲口棚都不如。（33）

> 但她的语调中有某种东西（这可能是俄文辅音的毛病），让他想起几天前的一个情景：他碰上她在角落里偷偷啃食地板上捡起的蜡烛头。不错，蜡烛是粉红色的，镀了金，又是从国王的桌上掉在地上的，但它仍是动物脂油，而她竟然啃食它。（36）

上述两组引文表明，伍尔夫与伊丽莎白时代的英国探险家们一样，在赞美和欣赏俄罗斯和俄罗斯人、批评英国的同时，时刻不忘影射和贬损俄罗斯。这些迹象充分说明英国探险家们和伍尔夫对俄罗斯始终怀着一种矛盾心态。无论是哈克卢特游记中的俄罗斯，还是伍尔夫的《奥兰多》中所呈现的俄罗斯，都反映出这一双重性。在英国人眼里，俄罗斯是落后的、原始的，甚至野蛮的。而后者的这些特征又使包括伍尔夫在内的英国人充满民族自豪感和优越感以及对异族人的偏见和蔑视。尽管如此，伍尔夫作为当时的一名敏感且锐意创新的青年作家，深深地被俄罗斯所吸引，后者的东方异国情调不仅激发她的创作灵感，也点燃了她的好奇心和想象力。

（三）《奥兰多》的矛盾视角与新派传记

如前文所述，包括伍尔夫在内的英国人在对待俄罗斯及其文化上表现出一种矛盾态度。所不同的是，伍尔夫并未就此止步。相反，她通过小说主人公奥兰多，使自身处于对方的立场，用对方的视角来反观自身，或者说是英国人及其文化，这使原有的矛盾性具有了双重含义。换而言之，伍尔夫在暗示自身英国人身份的骄傲和自卑的双重情感的同时，展示了英国人的理性和自我批评精神。小说以隐晦的方式，通过奥兰多变性前后的经历和他的所见所闻巧妙而有效地展示这一矛盾的双重性。

故事开始时，英俊、优雅、浪漫、青春、有着诗人气质的奥兰多是人中翘楚，人见人爱。他的言行和他对待外国人的态度无不显示出他的高贵和自信，可以说，他也是英国人形象的象征：文明、自信、权威、优越。"有许多淑女为他倾倒。至少有三人的名字可在婚姻中与他的名字连为一体，她们是克罗琳达、斐薇拉和欧佛洛绪涅，他在他的十四行诗里如此称呼她们。"（22）在他初次邂逅俄罗斯公主时，他用水果和物名来命名她，称她为西瓜、菠萝、橄榄树、翡翠，甚至莎夏这个名字也是由他童年时代拥有的一只俄罗斯白狐的名字命名。（26，31）将俄罗斯公主与动物、植物乃至无生命物体并置的做法表现得自然、从容、随意，可见这种对异族的偏见和鄙视是根深蒂固的，暗示了他作为英国人与生俱来的傲慢和优越感。因此，对于他"宁可跳自己从小熟悉的简单的民族舞，也不喜欢那些复杂花哨的外国舞"的想法就不难理解（25）。但随着情节的展开，奥兰多的态度逐渐发生变化。尽管他对俄罗斯公主莎夏的情感依然充满矛盾，然而，在宴会上，她的一系列发问和奥兰多对此的反应却令人回味无穷。

> 这些蠢家伙是些什么人？那个坐在她身旁、举止像马夫的人是谁？他们倒在她盘子里的是什么？那堆乱七八糟的东西让人恶心。难道英国人与狗同桌用餐？那个坐在长桌另一端、头发梳得像五朔节花柱（英国民间庆祝五朔节时常绕此柱舞蹈、游戏）的滑稽人物，难道真的就是王后？国王平素吃东西也这样口水四溅吗？那群花花公子，哪位是乔治·维利耶（詹姆斯王的宠臣，后封为白金汉公爵）？（28）

尽管"这些问题最初令奥兰多不安"（28），但莎夏对英国人的不屑和嘲笑丝毫没有激起他的不快和反感，相反地，她"俏皮和离奇"的问题引发他开怀大笑，并为自己能用地道的法语与莎夏交流而洋洋自得。事实上，在他自信地用法语将其他人排除在外之时，他已经表明了立场。莎夏对他的国人的贬损不仅没有使他恼怒，而且还放声大笑，这对于莎夏来说，是一种默认，甚至怂恿。对比他对莎夏的最初印象，这一态度上的转变意味深长。换言之，在他眼里，莎夏是一个充满异国情调且粗俗、野蛮的另类，因为在她体内，"流淌的可不是英国血统"（32）。与此同时，她的异国风情吸引着他，激发了他的好奇心和求知欲，也唤醒了他心灵深处的焦虑和不安。这种对异国风情既渴望又排斥，和对英国文明既自豪又缺乏自信的复杂情感，也明显体现在他对莎夏的口才的佩服和对英语语言的贫乏的沮丧情绪中。

> 她一张口，就那么迷人，妙语连珠（感受到俄罗斯文学的魅力），透着聪颖（遗憾的是，她只说法文，众所周知，这些话一译成英文，立即韵味全无）……他在成千上万个意象中上下寻觅，想找出一些恰如其分的比喻，但这些意象都如同那些曾经给过他灵感的女人，一点儿没有新意……总之，她不同于他在英格兰的一切所见所知。他搜肠刮肚，寻觅不到适当的辞藻。他渴望另有一番风景，另有一种语言。因为用来描绘莎夏，英语太直白，太甜蜜。（32-33）

奥兰多的这一复杂情感表面上看是由两种不同语言对比引起的，然而，如果我们考虑到奥兰多的诗人身份，那么作为作家，他的这种矛盾情感实际上也暗示了他对于如何恰当有效地表达新体验的问题充满焦虑，这也在某种程度上解释了他一度延宕了那首题为《大橡树》的诗的创作。就此而论，莎夏和奥兰多的关系可以被比喻为俄罗斯文学与英国文学之间的关系，他们既相互吸引又相互排斥。正如鲁本斯坦在其《奥兰多：弗吉尼亚·伍尔夫关于俄罗斯主题的即兴创作》一文中所论述的，奥兰多与莎夏的关系"可以被认为是包括弗吉尼亚·伍尔夫在内的英国读者与俄罗斯文学的一个类似于求爱的故事。"[1]

因此，奥兰多对莎夏的矛盾情感实际上在很大程度上也表明伍尔夫对俄罗斯文学的一种矛盾心态。她一方面崇拜它，因为它给予她一种全新的写作体验；另一方面，她出于内心的骄傲，竭力维护英国文学的尊严，从而导致她在这个问题上的观点不统一，有时甚至前后矛盾，就像奥兰多对待莎夏一样：忽冷忽热，若即若离。伍尔夫的这种矛盾心理在奥兰多身上得到生动而具体的再现。

奥兰多真正的转变发生在他土耳其遇险之后。那时，他已变成了女性，并跟随吉普赛老人埃塞迪，离开土耳其君士坦丁堡，在吉普赛部落营地生活了一段时间。其间，在与吉普赛人的交往中，他/她意识到自身的不足。这种不足正是他一直担忧的语言上的不足。首先，他/她找不到恰当的词语向吉普赛人形容在篝火映照下美丽的夜空，只能用"How good to eat!"（100）替代，由此引来了吉普赛人的哄笑，尽管这些笑声充满善意，但仍令奥兰多感到尴尬。其次，他/她发现"这里的大自然比英国的更开阔更强大"（100）。他/她明显觉察到与英国的差异，他/她甚至想象在那里结婚并永久定居。而曾经使他/她引以为豪的有着几百年历史的英国房屋和世袭爵位，在吉普赛人看来，显得世俗、渺小而不值一提。他/她了解到，吉普赛人的祖先早在公元前几百年就建造了金字塔。奥兰多认识到，从吉普赛人的视角看，公爵只是一个奸商或是抢劫他人土地和财富的强盗。他/她不否认他/她的祖先积累了大量的田地、房屋、荣誉，但他们中没有一个是圣人或英雄，或是人类的大恩人。在吉普赛人部落的经历使奥兰多懂得财富之外还有更珍贵的东西，进而彰显了英国

1 Roberta Rubenstein. "Orlando: Virginia Woolf's Improvisations on a Russian Theme". *Forum for Modern Language Studies*, Vol. 9, No. 2 (April 1973): p.169. https://doi.org/10.1093/fmls/IX.2.166.169.

人的庸俗、市侩和吉普赛人的高尚品质。至此，奥兰多也已经由最初的英俊少年变成贵妇人，经历了作为时代宠儿的满满自信到被俄罗斯水手击败的自我怀疑直至《大橡树》的完成而重获自信，这些经历展现了他/她从不成熟到成熟的过程。它在很大程度上与伍尔夫对俄罗斯文化的接受过程相吻合。小说人物莎夏不仅是奥兰多的俄罗斯恋人，她还代表了俄罗斯和俄罗斯文学，而奥兰多则是英国的象征，莎夏身上的异国情调、神秘感代表了想象世界，而奥兰多则代表了英国社会的务实、缺乏想象力，与莎夏所代表的形成反照。在与莎夏的交往中，奥兰多表现出来的焦虑、矛盾情感可以被认为是作家伍尔夫自身对俄罗斯文学的感受、对影响的焦虑和对创新的渴望。莎夏是奥兰多的缪斯，更确切地讲，是伍尔夫的创作灵感和对象。奥兰多和莎夏的可能联姻可视作英国读者、作家和俄罗斯文学的联姻，表现了英国作家对俄罗斯及其文学的仰慕和青睐，充分表达了俄罗斯异国文化对以伍尔夫为代表的英国现代主义作家展示的无穷魅力。俄罗斯拓展了伍尔夫的想象力，无边无际，就像俄罗斯大草原（她读过契诃夫的《大草原》），使她浮想联翩，在想象世界里肆意遨游。伍尔夫在小说中采用比喻、夸张、象征、对比多种描写手法，表明她所想象的俄罗斯，以及她对俄罗斯的积极和消极的态度，展示了她心目中的俄罗斯。正如她在 1929 年 4 月 3 日在日记里写道，"我喜欢谈俄罗斯、战争、伟大的行为以及名人——假如我没有看见他们，我就虚构他们。"[1] 她在与友人的通信以及日记中屡次提到计划去俄罗斯旅游，去瞻仰这个古老而神奇的国土，但终因种种缘由，未能成行，这造成了她人生的一大缺憾，因此，借助文学创作成为她表达未能实现的夙愿的唯一途径。

　　《奥兰多》不仅表现了伍尔夫的俄罗斯想象，也是她一直以来力图创作她称之为新派传记的一种尝试。在这部小说中，伍尔夫以第三人称叙述者的身份讲述奥兰多的故事的同时，间或插入有关传记写作的论述，主要涉及传主与传记作者之间的关系以及传记作者的使命和责任。她明确提出，传记作者的首要职责就是"叙述已知的事实，然后让读者自己去推断"（46）。"生活是小说家或传记作家唯一适当的主题。"（188）在

1　Anne Olivier Bell. Ed. *The Diary of Virginia Woolf, Vol. III, 1925–1930.* London: The Hogarth Press, 1977, p.221.

如何选择和处理传主的多个不相同的自我的问题上，伍尔夫也给出了她的观点，"传记只须叙述六七个自我，就可以认为是完整的了"，尽管一个人"完全可能有上千个自我"（218）。显然，《奥兰多》是一部传记性质的小说，贯穿了伍尔夫的新派传记的思想。她在《传记文学的艺术》（*The Art of Biography*, 1939）和《新派传记》（*The New Biography*, 1927）两篇文章中，对她称之为传统传记的维多利亚时期的传记和新派传记进行了比较，认为后者优于前者。伍尔夫以她同时代的传记作家斯特拉奇和法国作家莫洛亚（Andre Mauriois）的传记为例，指出新派传记篇幅短小，但她接着指出，"篇幅的缩减只是内在变化的外部表征"。言下之意，新派传记的重要变化不仅限于表面的篇幅，更重要的是观念的变化。换言之，传记作者和传主的关系已不再像从前那样，传记作者"不再是那个一丝不苟、满怀同情的伙伴，不辞劳苦甚至是亦步亦趋地去寻找他书中主人公的足迹"，而是与传主平等，在任何情况下，"都保持着自己的自由和独立判断的权利"。他不再是一个"记事者"，而是一位"艺术家"。[1]传记不仅要描述实实在在的真实性，也应致力于传主本人的品性。伍尔夫把"真实性"看作是某种坚如磐石的东西，把人格或品性看作是捉摸不定的彩虹，而传记的目的就是要把这两者"天衣无缝地融为一体"，只有这样，传记才能"将人的个性活灵活现地展示出来"，而如此描绘出来的人物将不再是刻板僵化的，不再是"静卧的死人穿上讲究的衣裳的一种摆设"[2]，或"威斯敏斯特教堂的蜡像"[3]。正如萨克利夫（Anthony Sutcliffe）指出的，"利顿·斯特拉奇的《维多利亚名人传》（*Eminent Victorians*, 1918）在1918年出版时，是一个里程碑，它结束了圣徒传记文学，标志着破坏性新闻的开始。"[4]在批评维多利亚时期传记的刻板僵化的同时，伍尔夫却十分认同18世纪末和19世纪的三位传记作家，即约翰逊（Samuel Johnson）、鲍斯威尔（James Boswell）和洛克哈特（John Gibson Lockhart）。正如她所说的，"要是没有18世纪末一位似乎能以自然的口吻描述人物的充满好奇之心的天才人物来打破僵局的话，传记写

1　弗吉尼亚·伍尔芙：《伍尔芙随笔全集》IV，王义国等译，北京：中国社会科学出版社，2001，1703页。

2　同上，1700-1701页。

3　弗吉尼亚·伍尔芙：《伍尔芙随笔全集》III，王斌等译，北京：中国社会科学出版社，2001，1329页。

4　Anthony Sutcliffe. "Culture in the Sceptr'd Isle". *A Companion to Early Twentieth-Century Britain*. Ed. Chris Wrigley. Oxford: Blackwell Publishers Ltd, 2003, p.488.

作的发展走向或许就是成为为静卧的死人穿上讲究的衣裳的一种摆设。"[1]
在她看来，鲍斯威尔的传记方法打破了传记的陈规。他的《约翰逊传》
（*Life of Samuel Johnson*，1791）是一部生活的外在和内在完美结合的典范
之作，用她的形象比喻来说，是"花岗岩与彩虹"的结合。然而，要准
确把握和合理处理这两者之间的关系，对于传记作家则是一个挑战，虽
然"维多利亚式传记的时代已经结束"，但伍尔夫清楚地认识到，代表新
派传记的"尼克尔森的方法还有待于探索"[2]。

伍尔夫在其《奥兰多》的创作过程中致力于追寻那"花岗岩与彩虹
的永恒的姻缘"，混杂着真实与虚构、现实与梦境的融合的方式。她在
1927年9月20日的日记中写道：

> 但在这些天的某一天，我将在此勾勒出我所有朋友的轮廓，就
> 像一幅伟大的历史画面。昨晚我在床上考虑这个问题，由于某种原
> 因，我考虑就从杰拉德·布雷南开始。这个想法或许有些道理。它
> 或许是一种人们在世时书写自身时代的回忆录的方式。它可能是一
> 部有趣的书。问题是怎么写。维塔应该是奥兰多，一个年轻的贵族。
> 还应该有利顿，它应该是真实的却又异想天开。"[3]

她本人也在同年10月5日致友人的信中说过，《奥兰多》是"一部
始于1500年并延续至今的传记"。[4] 可以说，《奥兰多》体现了伍尔夫的新
派传记的理念和尝试，是一部真实与虚构、历史与想象融合一体的传记
作品，以亦真亦幻的方式，展示了作家对俄罗斯的矛盾态度。在得知这
部小说很受欢迎时，伍尔夫在1928年11月28日的日记里写道，

> 现在我可以继续像那样写……倘若能做到两者兼顾，我愿意保
> 持这些品质……那么我对于内外景问题的态度是什么？我认为某种
> 缓和、猛冲是有益的；——无疑。我想甚至外在（外部事物）也是
> 有益的；将两者加以某种结合应该是有可能的。我有这个想法，我
> 现在所要做的是使每个原子饱和。我的意思是消除一切浪费、无生

1 弗吉尼亚·伍尔芙：《伍尔芙随笔全集》IV，王义国等译，北京：中国社会科学出版社，2001，1701页。
2 同上，1707页。
3 Anne Olivier Bell. Ed. *The Diary of Virginia Woolf, Vol. III, 1925–1930*. London: The Hogarth Press, 1980, p.157.
4 Nigel Nicolson. Ed. *The Letters of Virginia Woolf, Vol. III, 1923–1928*. London: The Hogarth Press, 1977, p.427.

气和过剩：给予瞬间以整体。[1]

简言之，伍尔夫关于"花岗岩"般的事实和"彩虹"般的人物个性"天衣无缝地融为一体"的观点实际上融合了上文所提到的 18 世纪末和 19 世纪的三位传记作家以及与她同时代的斯特拉奇和尼科尔森的传记的艺术特点，也代表了她关于新派传记的理念以及现代传记的必然要素。

四、英俄文学观的碰撞与伍尔夫的文学观 [2]

随着弗吉尼亚·伍尔夫的书信、日记、文评等作为其文学遗产的一个重要组成部分被重新整理和编辑出版以来，[3] 国外伍尔夫研究者们开始关注和探究作家的个人文献、作家所处时代的文化背景与其创作之间的关系，这些成为近年来伍尔夫研究的热点问题。伍尔夫与俄罗斯文学的关系便是其中一个重要议题。这一议题在很大程度上与 20 世纪 70 年代以来作家的这些"新书"的出版是分不开的。就国外现有对伍尔夫作品中的俄罗斯主题的研究而言，主要涉及两个方面：对文化他者性和现代主义小说形式及其本质的探究。通过解读伍尔夫的想象小说《奥兰多》以及俄罗斯主题文章，探询作家"跨文化空间"的现代主义文学观，研究伍尔夫对俄罗斯文学的接受包括阅读、翻译和评论俄罗斯作家的发展过程。就已有研究成果而言，伍尔夫在她关于俄罗斯的系列文章中常提及她对俄罗斯文学有种"陌生感"（或"奇异感"）（strangeness），但这一现象并未引起研究者们的重视。诚然，在弗吉尼亚·伍尔夫与科特林斯基合译的《俄文译作》（*Translations from the Russian*）的前言中，劳拉·马库斯（Laura Marcus）在论及伍尔夫的《再论陀思妥耶夫斯基》（"More

---

1　Anne Olivier Bell. Ed. *The Diary of Virginia Woolf, Vol. III, 1925–1930*. London: The Hogarth Press, 1977, p.209.

2　本节部分内容已发表于《俄罗斯文艺》，2008（2）：61–66。

3　自 1975 年代以来，重新编辑出版的伍尔夫书信、日记、文评、翻译主要包括：*The Essays of Virginia Woolf*. Ed. Andrew McNeille, Volumes (1–6). London: The Hogarth Press, 1986–2011. *The Letters of Virginia Woolf*. Eds. Nigel Nicolson and Joanne Trautmann, Volumes (1–6). London: The Hogarth Press, 1975–1980. *The Diary of Virginia Woolf*. Eds. Anne Olivier Bell and Andrew McNeille; Intro. Quentin Bell, Volumes (1–5). London: The Hogarth Press, 1977–1984. *Books and Portraits*. By Virginia Woolf. Ed. Mary Lyons. London: The Hogarth Press, 1977. *Virginia Woolf's Reading Notebooks*. Ed. Brenda R. Silver. Princeton: Princeton University Press, 1983. *Translations From The Russian*. By Virginia Woolf and S. S. Koteliansky. Ed. Stuart N. Clarke. Intro. Laura Marcus. London: Virginia Woolf Society of Great Britain, 2006.

Dostoevsky"，1917）时，将它与利顿·斯特拉奇在 1912 年所撰写的文章联系起来，认为，对英国读者来说，伍尔夫的这篇文章是对俄罗斯文学的"陌生感"的一种磨合。[1] 马库斯还注意到伍尔夫在《俄罗斯人的观点》中对托尔斯泰也几乎怀有同样的"陌生感"，但倾向于认为这是作家"对俄英文学传统之间的差异以及英国读者与俄罗斯文本之间存在的障碍的一种探究"[2]，并没有从陌生感的角度来考察伍尔夫对俄罗斯文学的看法。笔者认为，伍尔夫的这种陌生感值得探讨。首先，她关于俄罗斯的文章几乎都涉及了这种陌生感；其次，有助于更好地理解她的俄罗斯文学观以及这种文学观对她创作的影响和作用。因此，本节将从陌生感切入，探究其表现形式、原因和影响，进而阐明俄罗斯文学对弗吉尼亚·伍尔夫的影响和作用。

（一）对俄罗斯文学的"陌生感"

从 1917 年至 1933 年，仅就俄罗斯议题，弗吉尼亚·伍尔夫所发表的文章有 18 篇之多。这些文章主要包括对俄罗斯作家作品的评论，如托尔斯泰、陀思妥耶夫斯基、屠格涅夫、契诃夫、高尔基、瓦莱里·布鲁索夫（Valery Bryusov）等。这些评论的一个显著特点是，伍尔夫反复强调俄罗斯文学给人一种陌生感，俄罗斯作家时常令她惊讶、困惑。对于陀思妥耶夫斯基的《永恒的丈夫》，伍尔夫指出，它令读者"感到某个奇异而重要的事件已经发生"。"在所有伟大的作家中，我们认为没有一个人比得上陀思妥耶夫斯基，他是那么奇特、那么令人迷惑。"[3] 在评论《赌徒》时，她认为小说人物给予读者的印象是"困惑而令人绝望"[4]。在阅读陀思妥耶夫斯基的《诚实的贼》时，伍尔夫再次感到"他由于共鸣而发出的笑声超越了欢快而变成没有任何快乐可言的一种奇异的狂欢"[5]。

1 Virginia Woolf and S. S. Koteliansky. *Translations from the Russian*. Ed. Stuart N. Clarke. Intro. Laura Marcus. London: Virginia Woolf Society of Great Britain, 2006, p.xix.

2 ibid., pp.xx-xxi.

3 Andrew McNeille. Ed. *The Essays of Virginia Woolf, Vol. II, 1912–1918*. London: The Hogarth Press, 1987, p.83. 本节有关俄罗斯议题的引文译文，部分参阅王义国、石云龙等译《伍尔芙随笔全集》I，II，IV（北京：中国社会科学出版社，2001 年）；瞿世镜译《弗吉尼亚·伍尔夫文集：论小说与小说家》（上海：上海译文出版社，2000 年）。

4 Andrew McNeille. Ed. *The Essays of Virginia Woolf, Vol. II, 1912–1918*. London: The Hogarth Press, 1987, p.165.

5 Andrew McNeille. Ed. *The Essays of Virginia Woolf, Vol. III, 1919–1924*. London: The Hogarth Press, 1988, p.114.

同样，契诃夫给予她最初的印象是"困惑而不是简洁"。"我们必须四处抛垂钓鱼钩，从而发现这些奇特的故事中的真正重点。"[1] 她视契诃夫具有"古怪的俄罗斯气质"[2]，评论他在《主教》中的"选材奇特"[3]。1920 年，在评论契诃夫的《樱桃园》时她再次强调了这种陌生感："在英国文学中根本没有类似《樱桃园》那样的作品……但在那种场合，既然一切都是那么奇特，黎明来临，鸟儿在樱桃树上开始歌唱，那就让我们围着咖啡杯而坐；就让我们来谈天说地。我们都处在那种奇怪的情感之中……。"[4] 对于托尔斯泰，纵然她感到他"见我们所见，也和我们一样，习惯于不从内向外，而是从外向内开始"，她依然感觉到某种陌生和困惑。

> 甚至在译文中，我们感到被安放在山顶上，手里被放入望远镜。一切事物惊人地清晰且轮廓分明。然后，突然间，正当我们欣喜若狂、做着深呼吸，感觉振奋而纯洁时，某种细节——或许一个人头——令人震惊地从画里向我们走来，仿佛被其生活的力量挤压出来一般……一次又一次地，我们分享着《家庭幸福》中马莎的感受。……但总是有一种畏惧的东西使我们跟马莎一样希望逃避托尔斯泰对我们的凝视。"

在她眼里，托尔斯泰是这些伟大的俄罗斯作家中"最令人陶醉"但也是"最令人畏惧"的。文章的结语——"对于那个生来就有偏见的头脑而言，当它接触到像俄罗斯文学那样的一种异己文学时，毫无疑问，它就会突然离题而讲一些与事实不符的话"[5]——再度强化了她的这种陌生感和困惑感，而这种陌生感反过来又令她感到震撼。

（二）陌生感的影响及其缘由

这种陌生感对伍尔夫最显见而直观的影响可溯至其幻想小说《奥兰多》。事实上，小说的俄罗斯主题已引起不少研究者的关注，但这些

1　Andrew McNeille. Ed. *The Essays of Virginia Woolf, Vol. IV, 1925–1928*. London: The Hogarth Press, 1994, pp.183-184.

2　Andrew McNeille. Ed. *The Essays of Virginia Woolf, Vol. III, 1919–1924*. London: The Hogarth Press, 1994, p.83

3　ibid., p.84.

4　ibid., p.246.

5　ibid., pp.188-189.

研究主要指向文化差异。然而，在俄罗斯与英国之间存在文化差异是自然而正常的，作家在小说中对俄罗斯和莎夏的夸张描写不光为了彰显这种文化差异，而是另有意图。对小说中的那些夸张描写，如，俄罗斯有"10英里宽的江河，可任由6匹马在上面并肩驰骋，而整天不见人的踪影"（27）；"冰冻的江河、野马和男人……他们相互割开对方的咽喉"（32）；莎夏声音里的"某种东西使奥兰多想起几天前的某个夜晚的一幕，当时，他撞上她正在一个角落里偷偷地啃吃从地上捡起来的蜡烛"（33）；"有三次，向他演示，她像狼一样吼叫"（34）。史密斯认为作者意在获得喜剧效果，[1]但笔者更倾向于认为，这种近乎怪诞的夸张也可以被看作是作家的一种心理投射，以再现和强调俄罗斯文学给予她的陌生感。而其与作家的一种心理投射联系起来也非空穴来风。请看小说中对莎夏的一段描写：

> 莎夏毕竟没有一点英国的血统，她从俄罗斯来，比起英国来，那里的晚霞更长，黎明不是突如其来，语句也通常因不知如何结束最好而不了了之……她说起话来，那么迷人，那么诙谐，那么聪明（可惜她总是说法语，众所周知，它在翻译中失去了风味）……她像什么呢，白雪、奶油、大理石、樱桃、雪花石膏、金线？什么都不像。她像一只狐狸，或者一棵橄榄树；像你从高处望着大海的波涛；像绿宝石；像普照在还被乌云笼罩着的青山上的太阳——不像他在英国所见过的或所了解的任何事物。他搜肠刮肚地寻找合适的语言，但他找不到确切的词语来形容她……她所说的一切，无论她看起来多么开放和妖娆，总是藏着什么，她所做的一切，无论多么大胆，也总是掖着什么。（29）

将这段描写置于伍尔夫的俄罗斯文章的语境下来解读，其中的巧合之处令人寻味。文中的"语句的不了了之"；莎夏"不像他在英国所见过的或了解的任何事物"；莎夏的一言一行给人的感觉"总是掖着什么""藏着什么"，与伍尔夫评论俄罗斯小说具有"无结论性结尾""含混""缺乏结

1　Marilyn Schwinn Smith. "Woolf's Russia: Out of Bounds". *Virginia Woolf Out of Bounds: Selected Papers from the Tenth Annual Conference on Virginia Woolf*. Eds. Jessica Berman and Jane Goldman. New York: Pace University Press, 2001, p.267.

构""在英国小说中几乎找不到"等特点遥相呼应。对于"在翻译过程中失去其风味"的观点也可在《俄罗斯人的观点》中找到对应。她认为在翻译过程中,"俄罗斯作家就像那些经历了地震或铁路事故的人一样,不仅失去了衣衫,而且丧失了某种微妙且更重要的东西——风格和人物特质。"[1]这清楚表明,伍尔夫发现了俄罗斯文学的这一特质,认识到翻译的局限性,并为此感到遗憾。小说中,莎夏对俄罗斯江河的夸张描述同样使人联想到伍尔夫对契诃夫的《大草原》的一段评论:"从你的窗户望去,看到的只是杳无人烟的大草原,感觉每个人都是旅行者,他们将只被人见到一次,便永远消失,然后,生命'本身'是如此可怕而奇妙以至于无需异想天开地加以渲染。"[2]显然,伍尔夫借助小说媒介,渲染其陌生感,从而强化异己文化给她带来的震惊和耳目一新之感。伍尔夫还通过莎夏对奥兰多连珠式的提问,如 "那些坐在她旁边、行为举止像马夫的乡巴佬是些什么人啊?他们堆在她盘子里的那些是些什么恶心的东西?在英国,狗与男人同桌就餐吗?那个坐在餐桌末端头发索得像五月柱的女人(……)真是王后?国王总是那样唠叨?那些纨绔子弟中哪位是乔治·维利尔斯?(26)",从另一个角度展示了俄罗斯人对英国文化的困惑和不解,巧妙地暗示了文化差异的不可逾越。莎夏与奥兰多最终未成连理可以被解读为是对文化差异不可逾越的某种暗喻。

对俄罗斯文学的陌生感和困惑不仅反映了伍尔夫对文化差异具有独特的敏感性,而且也表达了她对由此而来的沟通和理解障碍的关注。在《俄罗斯人的观点》里,她对英国人能否真正理解俄国作家的作品充满疑虑。"既然我们经常怀疑,和我们有这么多共同之处的法国人或美国人是否能够理解英国文学,我们应该承认我们更加怀疑,英国人是否能够理解俄国文学,尽管他们对它满腔热忱。"[3]诚然,伍尔夫是在 1925 年说出这番话的,而《奥兰多》是在 3 年之后才发表的,但可以推断,伍尔夫并未改变其初衷。仔细审视她有关俄罗斯的文章,我们发现,文化差异的不可逾越这个问题一直缠绕着她,它在某种意义上解释了她文章中贯穿始终、驱之不散的陌生和困惑感。

1　Andrew McNeille. Ed. *The Essays of Virginia Woolf, Vol. IV, 1925–1928*. London: The Hogarth Press, 1994, p.183.

2　Andrew McNeille. Ed. *The Essays of Virginia Woolf, Vol. III, 1919–1924*. London: The Hogarth Press, 1988, p.85.

3　Andrew McNeille. Ed. *The Essays of Virginia Woolf, Vol. IV, 1925–1928*. London: The Hogarth Press, 1994, p.181.

　　然而，仅以文化差异一言概之这种陌生感，未免过于笼统且简单化。问题是，这种驱之不散的陌生感从何而来？因何而生？让我们先来关注她用来评价俄罗斯小说的另一组多次重现的词语，如，"无形式（无结构）的"（formless）、"无结论（不确定）"（inconclusive）、"开放式的"（incomplete）、"断片（不连续的）"（fragmentary）、"淳朴"（simplicity）、"善良"（goodness）、"心灵"（soul）、"受苦"（suffering），它们在文中与令作家耿耿于怀的陌生感、困惑和惊讶交相辉映。将这两组词语并置，可以推断，伍尔夫的陌生感很大程度上与俄罗斯小说独特的无结构和关注心灵主题有密切关系。然而，这些特点在使她惊讶和困惑的同时也激发了她的好奇心和欣赏感。她在《俄罗斯的背景》（"The Russian Background"，1919）中评论契诃夫的《主教》时，尽管认为这是一则结构颇为含混且无结论性的故事，但肯定地说，"迄今为止，我们已意识到无结论性的故事是合理的"[1]，并进而认为，这种无结论性的故事源于"俄罗斯人思想的无结论性"[2]。虽然《樱桃园》中的句法"怪异、混乱"，然而，故事"又是如此轮廓清晰，集现实主义、幽默和艺术统一于一体。"[3]在《俄罗斯人的观点》里，她指出米利茨伊娜的《乡村牧师》具有"使我们想象某事就要发生的奇异力量"，但它"几乎没有什么结构（form）"，且"平淡"，即便如此，她仍感受到蕴含其中的"精神效果"。[4]1925年，经过大量修改后的这篇文章观点更加鲜明，伍尔夫明确指出，"除了在俄罗斯作家中间，我们在别处再也找不到可以与此媲美的品质。"[5]

　　不言而喻，伍尔夫不断提及的陌生感与俄罗斯小说的开放式结局、奇特的无结构和注重普通人心灵的刻画这些具体特点紧密相连。俄罗斯小说独特的主题和叙事结构使包括伍尔夫在内的英国读者"局促不安"，这是因为这些"与他们所习惯的本国文学的叙事过程恰好相反"[6]，且与

1　Andrew McNeille. Ed. *The Essays of Virginia Woolf, Vol. III, 1919–1924*. London: The Hogarth Press, 1988, p.84.

2　ibid., p.36.

3　ibid., p.248.

4　Andrew McNeille. Ed. *The Essays of Virginia Woolf, Vol. II, 1912–1918*. London: The Hogarth Press, 1987, pp.341–342.

5　Andrew McNeille. Ed. *The Essays of Virginia Woolf, Vol. IV, 1925–1928*. London: The Hogarth Press, 1994, p.185.

6　ibid., p.187.

英国维多利亚的小说模式——"有情人终成眷属，坏人遭报应，阴谋被揭露"[1]——形成鲜明对照。对于具有"虽极为复杂却井然有序的文明"[2]背景的英国读者来说，"'心灵'是异己的，甚至是令人厌恶的。它几乎没有幽默感，也没有什么喜剧感。它没有形状。与理智关系甚微"[3]。利顿·斯特拉奇也曾在《论陀思妥耶夫斯基》中描述了这种陌生感。"对英国读者而言，陀思妥耶夫斯基的天赋中具有某种非常奇特的东西——其本质似乎是那么陌生、那么独特、那么意想不到——以至于我们自然地抵制，"并认为陀思妥耶夫斯基的小说虽然"表面上混乱，缺乏严密的结构，却"像某座哥特式大教堂"蕴含着"某种令人难忘且重要的形式"。[4]无独有偶，艾略特在论述翻译的标准时也使用了"陌生"这个词语。他认为，"译者所产出的必须是陌生的（foreign），但非怪异的东西，它是一些新的东西。"[5]这一巧合表明，这些作家共同感受到俄罗斯文学与英国本土文学之间的差异，而这种由外国文学带来的"陌生"感却又反过来成为20世纪早期包括伍尔夫、劳伦斯、曼斯菲尔德在内的英国现代主义作家的创作灵感来源，激励他们去突破，去创新，以改变当下英国小说停滞不前的局面。

（三）伍尔夫眼中的俄罗斯文学

显然，这种文化震惊或纳塔尔娅·莱茵霍德（Natalya Reinhold）称之为"文化的他者性"[6]的因素给予伍尔夫的并非消极的影响，她在排斥它的同时又深深为它所吸引，因为它激发了她对俄罗斯文学的新奇感和求知欲。俄罗斯小说的"另类"特点对于这位好奇而又渴望革新的作家来说无疑有巨大的吸引力、震撼力和反叛性。也正是在此期间，伍尔夫

1　Stuart N. Clarke. Ed. *Essays by Virginia Woolf, Vol. V, 1929–1932*. Boston & New York: Houghton Mifflin Harcourt, 2010, p.48.

2　Andrew McNeille. Ed. *The Essays of Virginia Woolf, Vol. III, 1919–1924*. London: The Hogarth Press, 1988, p.84.

3　Andrew McNeille. Ed. *The Essays of Virginia Woolf, Vol. IV, 1925–1928*. London: The Hogarth Press, 1994, pp.184-186.

4　Lytton Strachey. "Dostoevsky". *The Spectator*, 28 Sept (1912): 451-452.

5　T.S. Eliot. "On a Translation of Euripides". *The Complete Prose of T. S. Eliot, the Critical Edition. Vol. I: Apprentice Years, 1905–1918*. Ed. Jewel Spears Brooker and Ronald Schuchard. Baltimore: Johns Hopkins University Press, 2014, p.501.

6　Natalya Reinhold. " 'A Railway Accident': Virginia Woolf Translates Tolstoy". *Woolf Across Cultures*. Ed. Natalya Reinhold. New York: Pace University Press, 2004, p.3.

开始刻意追寻新的写作方法，意在将她称之为包括她在内的乔治亚时代作家从以班内特、威尔士和高尔斯华斯绥为代表的爱德华时代作家的唯物主义小说模式中解放出来。[1]"俄罗斯小说家为她提供了一种审美经验的范式，"[2]赋予她新的视野，激励她摆脱她称之为"旧调子"的维多利亚的传统文学模式，从而促使她的现代主义小说观的最初形成。从这个意义上说，文化差异显示出巨大的优势和影响力。对伍尔夫来说，文化差异既具有局限性也蕴含创造潜力，成为她寻求新的写作方式的灵感和推动力。

从伍尔夫对俄罗斯文学的接受来看，彼得·凯伊将她对陀思妥耶夫斯基的接受分为兴趣、热忱、冷却三个阶段。[3]莱茵霍德则以"俄罗斯文章揭示了作家对俄罗斯文学的日益失望"[4]概括了整个接受过程。上述两种观点的一个共同点是将伍尔夫对俄罗斯文学的兴趣的淡化归咎于对后者的失望和不满。前者通过引述伍尔夫拒绝俄罗斯翻译家科特林斯基为陀思妥耶夫斯基的《魔鬼场景》写序一事以及她在 1933 年的一则日记中所写的"不能再读陀思妥耶夫斯基了"[5]作为她失望和冷淡的依据；后者认为伍尔夫的冷淡是因受当时俄罗斯的社会政治因素以及陀思妥耶夫斯基和托尔斯泰对待女性的态度的影响。[6]但上述解释缺乏足够证据。首先，拒绝写序一事，其背景是科特林斯基与伍尔夫夫妇的友情变得很微妙。这恐怕是伍尔夫拒绝的根本原因。她在 1935 年 7 月 17 日给奥特琳·莫瑞的信里明确表达了她的恼怒。"有一天，科特来了，还是老一套，同样的计划，同样的诅咒。"[7]其次，"不能再读陀思妥耶夫斯基了"这句话也不能单纯地被理解为对后者的幻灭或不满。从紧接的下文看，伍尔夫

1　弗吉尼亚·伍尔夫在《俄罗斯人的观点》中将英国作家划分为爱德华时代作家和乔治亚时代作家。她称前者为唯物主义者（materialists），属于维多利亚时代；后者为精神主义者，乔伊斯、劳伦斯以及她本人属于后者。显然，伍尔夫所说的乔治亚时代作家就是后来的现代主义作家。
2　Nena Skrbic. " 'Excursions into the Literature of a Foreign Country': Crossing Cultural Boundaries in the Short Fiction". *Trespassing Boundaries, Virginia Woolf's Short Fiction*. Eds. Kathryn N. Benzel and Ruth Hoberman, New York: Palgrave MacMillan, 2004, p.30.
3　Peter Kaye. *Dostoevsky and English Modernism 1900–1930*. Cambridge: Cambridge University Press, 1999, pp. 66-95.
4　Natalya Reinhold. "Virginia Woolf's Russian Voyage Out". *Woolf Studies Annual*, Vol. 9 (2003): 2.
5　Anne Olivier Bell. Ed. *The Diary of Virginia Woolf, Vol. IV, 1931–1935*. London: The Hogarth Press, 1982, p.172.
6　Natalya Reinhold. "Virginia Woolf's Russian Voyage Out". *Woolf Studies Annual*, Vol. 9 (2003): 21.
7　Nigel Nicolson and Joanne Trautmann. Eds. *The Letters of Virginia Woolf, Vol. V, 1932–1935*. London: The Hogarth Press, 1979, p.203, pp. 216-217, p.418.

拿陀思妥耶夫基与屠格涅夫比较，一是因其声誉和影响力，二是因其迥然相异，并非为了表明对前者的失望。"我们怎么知道陀的形式比屠的形式更好还是更糟？它似乎不是永恒的。屠的观点是作家陈述要点，余下的事留给读者。陀尽可能提供给读者帮助和暗示。屠减少了这些可能性……我们或许以这种方式开始。文章或许更支离破碎，没有以往那样的从容不迫。"[1] 显然，伍尔夫所关注的是小说的潜能，对两位作家的比较只是为阐明两种截然不同的写作模式。引文中最后的两个"或许"说明她正在考虑尝试新的方法。因此，此处对陀与屠的比较只是一种手段而并非论述孰是孰非。然而，为了证明伍尔夫对陀思妥耶夫斯基的冷淡，凯伊甚至认为她的《小说概观》的重要性主要在于文章阐述了陀思妥耶夫斯基与其他作家的相同点，否认了她早期对他的赞美[2]。这一解读未免失之偏颇。事实上，通过举例和比较英、法、俄作家及其作品，伍尔夫批评性地回顾了小说的发展轨迹，展示了小说形式所蕴含的灵活性和丰富的潜能。陀思妥耶夫斯基只是其中一位代表作家；另一方面，伍尔夫选择他而非其他俄罗斯作家本身就表明他对现代小说发展的影响以及她本人对这种影响的认可。此外，莱茵霍德的观点也值得商榷，其观点与日后的观点似乎有点自相矛盾，"唯有她对进一步拓展英国散文的可能性的兴趣解释了她对俄罗斯文学的批评阅读"[3]。她日后的热情冷却只是她成为现代主义小说家发展过程中的必然结果，并不完全代表对陀思妥耶夫斯基或对俄罗斯文学的失望。尽管她对俄罗斯文学的态度看起来充满矛盾，实质上却十分一致。换言之，即使在她最为陶醉并对其大加赞美时，她始终头脑清醒，表现出某种矜持，而这种双重性又是如此首尾一贯。鉴于这一点对理解伍尔夫的俄罗斯文学观至关重要，让我们再稍加关注。

从伍尔夫的俄罗斯系列文章中我们注意到，她随时对英俄文学加以比较，并没有因欣赏俄罗斯文学而将本国文学搁置一旁。几乎在所有文章里，直接或间接，或褒或贬，她都将本国文学作为一种参照物。她在《托尔斯泰的"哥萨克人"》（"Tolstoy's 'The Cossacks'"，1917）中坦言，

---

1 Anne Olivier Bell. Ed. *The Diary of Virginia Woolf, Vol. IV, 1931–1935.* London: The Hogarth Press, 1982, pp.172-173.

2 Peter Kaye. *Dostoevsky and English Modernism 1900–1930.* Camridge: Cambridge University Press, 2004, p.82.

3 Natalya Reinhold. " 'A Railway Accident': Virginia Woolf Translates Tolstoy". *Woolf Across Cultures.* Ed. Natalya Reinhold. New York: Pace University Press, 2004. p.238.

托尔斯泰的作品使她愿意以世态剧方面的优势来换取俄罗斯作家在小说创作中所展示的那种"深刻心理和真诚"[1]。这一对比在不经意间展示了英国文学的优势。在对陀思妥耶夫斯基的《永恒的丈夫》的评论中，她承认小说的视角与"我们所习惯的视角不同"，意识到"必须摆脱这种传统的调子"。与此同时，她又指出陀思妥耶夫斯基所表现的那种情感"似曾相识"，"在某一本能的瞬间，还曾怀疑他人身上有这种情感"，只是"我们从来没有论及它"。[2] 在《契诃夫的问题》（"Tchehov's Questions", 1918）中，她认为契诃夫不属于最伟大的俄罗斯作家行列，理由是他"更接近于我们"，是"非英雄式的"，而众所周知她对契诃夫的评价一贯很高。在述及瓦莱里·布鲁索夫（"Valery Brussof", 1918）时，她指出布鲁索夫关于现实与想象、生活与幻想之间没有界限的观点在英国小说中"并不陌生"。[3] 在 1919 年对陀思妥耶夫斯基的另一篇评论中，赞美之余，她写道："我们不必因为陀思妥耶夫斯基的生花妙笔令最完美的英国作品黯然失色，仿佛后者漏掉了最重要的内容似的。这就像拿一英寸纹理细腻的象牙与 6 英尺纹理粗糙而结实的帆布作比较古老而不必要的争吵"[4]。诚然，她在对契诃夫的《樱桃园》（"The Cherry Orchard", 1920）的评论中，承认英国文学中根本没有如此作品，而她对此的解释"或许我们更超前，或落后，或朝着全然不同的方向前进"与随后的引证显然缺乏说服力，但她坚持认为，"我们没有理由讥笑英国喜剧或风行我们舞台的表演传统。"[5] 尽管她在《论现代小说》中的一段话——"对于现代英国小说最基本的评价，也难免不涉及俄罗斯小说对它的影响。而如果述及俄罗斯小说，人们就会不情愿地感觉到，除了他们的小说，任何别的小说创作都是在白费心机"——表明了她对俄罗斯文学的欣赏；然而，她稍后的一番话"他们或许是正确的，而且毫无疑问他们比我们要看得远，也没有我们那样巨大的遮蔽视线之物。但是我们或许看到了一些他们未曾注意到的东西……"[6]，其弦外之音不容忽视。1927 年，她一方面赞扬屠格涅夫精湛的人物刻画技巧，尤其是后者对父与子、新与旧秩序的关系的娴熟

1　Andrew McNeille. Ed. *The Essays of Virginia Woolf, Vol. II, 1912-1918.* London: The Hogarth Press, 1987, p.79.

2　ibid., p.86.

3　ibid., p.86, p.245, p.317.

4　Andrew McNeille. Ed. *The Essays of Virginia Woolf, Vol. III, 1919-1924.* London: The Hogarth Press, 1988, p.115.

5　ibid., pp. 246-248.

6　ibid., pp.35-36.

处理可以"令英国小说家汗颜"[1];另一方面,又通过叙述屠母的教子故事,提醒读者屠格涅夫并非地道的俄罗斯作家,而是一名国际性作家。在她最后一篇关于俄罗斯文学的文章《屠格涅夫的小说》("The Novels of Turgenev",1933)中,她最初的感受仍依稀可见。[2]

种种迹象表明,伍尔夫对俄罗斯文学的态度始终具有这种双重性。她的《俄罗斯人的观点》的两个版本(1918,1925)就是最有力的证明。前一版本主要针对高尔斯华绥模仿俄罗斯作家有感而发。她认为,不合国情的模仿会"使我们变得尴尬,或更糟糕。通过否认自身特点,很快,我们就会以某种滥情、做作的淳朴和善意来进行写作"[3]。然而,到了1925年,伍尔夫的态度更加明朗,视这种失去自我的写作"极度令人恶心",因为俄罗斯文学的淳朴和心灵力量使我们脱离自身的"已烤干的光辉和烧焦了的大道",其后果是"灾难性的"。[4]文章开篇,伍尔夫便亮出文化差异不可逾越的观点,通过比较,首先对与英国人有众多共同之处的法国人、美国人能否真正理解英国文学提出了疑问,并由此推断,对于如此"异己"的俄罗斯文学,即便国人"对它满怀热忱,我们必须承认我们更加怀疑英国人是否能真正理解俄罗斯文学"。[5]这是因为不仅文化有差异,而且语言差异令作品在翻译中丧失原汁原味。通过借喻地震或铁路事故,她强调,翻译将某种"更为微妙、更重要的东西"丢失了,认为要克服由文化差异引发的陌生感和困惑感,只有通过大量的阅读,才能找到满意的感觉,才能理解俄罗斯文学的特点和内涵,用她的话说,发现这些"奇怪故事里的重心"。然而,文章结尾似乎又暗示了她的保留。

在深入研究和思考俄罗斯文学的观念与叙事技巧的过程中,伍尔夫不断将其与英国文学的观念和叙事技巧进行比较。例如,在《论现代小说》(1919)的结尾部分,伍尔夫首先强调了俄罗斯文化特别是俄罗斯小说对现代英国小说的影响,进而对二者做了对比,发现它们几乎毫无共同之处。然后她写道:

---

1 Andrew McNeille. Ed. *The Essays of Virginia Woolf, Vol. IV, 1925–1928*. London: The Hogarth Press, pp.163, 418.

2 Virginia Woolf. "The Novels of Turgenev." *The Captain's Death Bed and Other Essays*. London: The Hogarth Press, 1950, p.54, p.56.

3 Andrew McNeille. Ed. *The Essays of Virginia Woolf, Vol. II, 1912–1918*. London: The Hogarth Press, 1987, p.343.

4 Andrew McNeille. Ed. *The Essays of Virginia Woolf, Vol. IV, 1925–1928*. London: The Hogarth Press, 1994, p.183.

5 ibid., p.181.

把这两种南辕北辙极端相反的小说进行一番比较，想要推论演绎出什么结果来，那是徒劳无功的，除了它们确实使我们充分领会了一种艺术具有无限可能的观点，并提醒我们，世界是广袤无垠的，而除了虚伪和做作之外，没有任何东西——没有一种"方式"，没有一种实验，甚至是最想入非非的实验——是禁忌的。这就是这番比较演绎出来的结论，此外再也没有别的了。所谓"恰当的小说题材"，是不存在的。一切都是恰当的小说题材；我们可以取材于每一种感情、每一种思想、每一种头脑和心灵的特征；没有任何一种知觉和观念是不适用的。如果我们能够想象一下，小说艺术像活人一样有了生命，并且站在我们中间，她肯定会叫我们不仅崇拜她、热爱他，而且威胁她、摧毁她。因为只有这样，她才能恢复其青春，确保其权威。[1]

在这里，伍尔夫明确地表达了这样的观点：对于小说创作，任何题材都可以写，任何写作方法都可以用，任何感情、思想、观念、头脑和心灵都可以作为取材的对象，对小说仅有的限制就是不允许虚伪和做作。一旦这样进行创作，小说就有了生命，它不再仅仅承担说教的任务，不再仅仅令人崇拜和热爱，也可以令人憎恨厌恶，因为它反映真实的生活、真实的人。

在《小说的艺术》（"The Art of Fiction"，1927）一文中，伍尔夫表达了十分类似的观点。在这篇文章的结尾部分，她比较了英国、法国和俄国小说。她首先断言，"至少在英国，小说不是一种艺术品。没有什么可与《战争与和平》《卡拉马卓夫兄弟》或《追忆逝水年华》并肩媲美的作品。"[2] 然后她举例说明福楼拜和托尔斯泰的小说创作是如何严肃认真。最后写道：

如果英国的批评家们的家庭观念不是如此浓厚，如果他们不是如此孜孜不倦地去维护他们喜欢称之为生活的那种东西的权利，英国的小说家们或许也会变得更勇敢些。他就会离开那张永恒的茶桌和那些貌似有理而荒唐无稽的日常程式，那些东西历来被认为是代表了我们人类的全部冒险生涯。要是那样的话，故事可能会摇晃抖

1　弗吉尼亚·伍尔夫：《论小说与小说家》，瞿世镜译，上海：上海译文出版社，2000，13 页。

2　同上，345 页。

动；情节可能会皱成一团；人物可能被摧毁无遗。总之，小说就有可能会变成一件艺术品。[1]

伍尔夫认为，英国的小说家和批评家过分局限于固有的经验、观念、题材和形式中。打破了这些固有的限制，小说情节或许不再连贯甚至变得模糊，它要告诉读者的东西也可能会变得模糊不清，它的人物或许也不再可爱，但唯有如此，小说才会成为真正的艺术品。

关于小说创作与小说家，伍尔夫发表了大量文章，其中很多是对俄罗斯小说与英国小说、俄罗斯作家与英国作家的比较和评论。从本书上篇可以看到，伍尔夫不仅读了大量俄罗斯小说、俄罗斯作家的日记、随笔和传记，还热衷于俄罗斯芭蕾。在此基础上，伍尔夫形成了对俄罗斯文学的较为全面和深入的认识，包括俄罗斯文学的题材、情节、观念、思想和形式等，它们与她所了解的英国文学的题材、情节、观念、思想和形式形成了巨大的发差和激烈的碰撞，从而逐步形成了全新的文学观念。

（四）伍尔夫的文学观

在与《小说的艺术》大体同时的另一篇文章《狭窄的艺术之桥》（"The Narrow Bridge of Art"，1927）中，伍尔夫不再对比俄罗斯小说与英国小说，而是充分和自主地发挥了前述思想，或许可以说，在这篇文章中，伍尔夫试图较为系统全面地阐发自己的文学观。

她首先指出，在她的时代，作家们到处都在做着一件不可能做到的事情，即试图用他们所习惯的形式来表达一种陌生的意蕴。换言之，时代已经发生了深刻的变化，而作家们的观念和方法却并未适应这样的变化。她进一步指出，现代人的精神和情感也发生了巨大的变化，并处于一些强烈的矛盾和冲突之中。她写道：

> 人们的心里充满着可怕的、混杂的、难以控制的感情。地球的历史有三十亿年之久，人类的生命不过持续短暂的一瞬而已；尽管如此，人类的思维能力却是无限的；生活是无比美丽，却又令人厌

1　弗吉尼亚·伍尔夫：《论小说与小说家》，瞿世镜译，上海：上海译文出版社，2000，345 页。

恶；人的同胞们既值得爱慕，又叫人憎恨；对立着的科学和宗教把夹在它们之间的信仰给毁了；人与人之间互相联合的所有纽带似乎都已经断裂，然而，某种控制必定还是有的——现在作家们正是不得不在这种彷徨怀疑和内心冲突的气氛中创作，……[1]

她认为，虽然伊丽莎白时代的诗剧具有表现类似的矛盾冲突的能力，但它已经死亡，并且完全没有复活的可能。她指出，有各种不同的人，也有各种不同的作家，他们对人生各有不同的看法。这些看法在平时受到各种制约而无法充分表现出来，一旦有了适当的场合，情况就完全不同了。他们会关注各种事物，无论是美丽、有趣的，还是丑恶、肮脏的，他们还会把本来没有明显联系的事物在他们的头脑中以某种奇特的方式联系起来。她认为现代诗歌已经在展现现代心灵：似乎现代的心灵总是想要验证核实它的各种情绪，它已经丧失了单纯地按照事物的本来面貌来接受事物的能力。毫无疑问，这种怀疑和验证的精神，已经使灵魂更新、节奏加速。现代作品中有一种坦率、真诚的品质，如果说它不是非常可爱的，它却是有益的。[2]

她指出，散文（或者更直接地说，小说）将要承担某些一度曾经由诗歌来履行的职责。这种新型小说将极大地不同于传统的小说，但却"冒用"了小说的名义，而我们将被迫为这样的作品发明一些新的名称。然后，伍尔夫概括了她心目中的新小说的本质与特征：

> 它和我们目前所熟悉的小说之主要区别，在于它将从生活后退一步、站得更远一点。它将会像诗歌一样，只提供生活的轮廓，而不是它的细节。它将很少使用作为小说的标志之一的那种令人惊异的写实能力。它将很少告诉我们关于它的人物的住房、收入、职业等情况；它和那种社会小说和环境小说几乎没有什么血缘关系。带着这些局限性，它将密切地、生动地表述人物的思想感情，然而这是从一个不同的角度来表达。它将不会像迄今为止的小说那样，仅仅或主要是描述人与人之间的相互关系，以及他们的共同活动；它将表达个人的心灵和普通的观念之间的关系，以及人物在沉默状态

1　弗吉尼亚·伍尔夫：《论小说与小说家》，瞿世镜译，上海：上海译文出版社，2000，319 页。
2　同上，325 页。

中的内心独白。因为，在小说（指传统小说——译注）的统治之下，我们密切地仔细观察了心灵的一部分，却把另一部分忽略了。我们已渐渐忘记：生活的很大而且很重要的一部分，包涵在我们对于玫瑰、夜莺、晨曦、夕阳、生命、死亡和命运这一类事物的各种情绪之中；我们忘记了：我们把许多时间用于单纯地睡眠、做梦、思考和阅读；我们并未把时间完全花费在个人之间的关系上；我们所有的精力也并不是全部消耗于谋生糊口。那些心理小说家，太过倾向于把心理学这个概念局限于个人交往范围之内；心理小说家们往往纠缠于某人陷入或摆脱了情网、汤姆爱上了裘迪斯而裘迪斯也爱上了他或者完全不爱他等等，而我们有时却渴望从这些不断的、无情的分析中解脱出来。我们渴望某些更加非个人的关系。我们渴望着理想、梦幻、想象和诗意。[1]

然后，伍尔夫以莎士比亚的剧作为例，指出莎士比亚给我们的是深刻的思想和心理学的见解，而不再企图给予我们某些其他东西。例如我们不能指望从他的作品中获得关于他那个时代的社会、经济状况方面的知识。她接着写道：

那么，就这些方面而论，小说或者未来小说的变种，会具有诗歌的某些属性。它将表现人与自然、人与命运之间的关系，表现他的想象和他的梦幻。但它也将表现出生活中那些嘲弄、矛盾、疑问、封闭和复杂等特性。它将采用那个不协调的奇异的混合体——现代心灵——的模式。因此，它将把那作为民主的艺术形式的散文之珍贵特性——它的自由、无畏、灵活——紧紧地攥在胸前。因为，散文是如此谦逊，它可以到处通行；对它来说，没有什么它不能涉足的太低级、太肮脏、太卑贱的地方。它又是无限忍耐，虚心渴望得到知识。它能用它有黏液的长舌，把事物最细微的碎片也舔上来，把它们搅拌成一团，形成一个最精巧的迷宫；它能在门口默然倾听，尽管在门后面只能听到一阵喃喃自语或低声耳语。它有一种被不断使用的工具的灵活惯熟的全部性能，能够曲尽其妙地记录现代心灵

1　弗吉尼亚·伍尔夫：《论小说与小说家》，瞿世镜译，上海：上海译文出版社，2000，327-328 页。

的典型变化。对于这一点，有普鲁斯特和陀思妥耶夫斯基作我们的后盾，我们应该表示赞同。[1]

根据上述几篇文章的相关内容，可以概括出以下几个主要观点：

第一，时代发生了根本的变化，人们的思想、感觉和心灵同样发生了根本的变化，原有的文学观念和形式已经不能承载这样的变化，因而作家必须建立新的文学观念，探索新的文学形式。伍尔夫心目中的新小说，将是诗歌与散文的融合体。

第二，对于小说创作，任何题材都可以写，任何写作方法都可以用，任何感情、思想、观念、头脑和心灵都可以作为取材的对象，对小说仅有的限制就是不允许虚伪和做作。只有打破固有的经验、观念、题材和形式，小说才会成为真正的艺术品。

本章第一节曾经论述过伍尔夫的"封套"概念：世界像一个边界并不分明而又富有弹性的封套，人类社会万事万物居于其中，各自按其自身的性态和规律存在和变化，并不遵循某种统一的、特定的模式；这里的观点则显然是封套概念的延伸与深化。

第三，小说要从主要关注表观的现实，转向更多关注个人的情感和心灵，关注人的内心活动和人性；从主要是描述人与人之间的相互关系以及他们的共同活动，转向表达个人的心灵和普通的观念之间的关系、人与自然的关系、人与命运的关系以及人物在沉默状态中的内心独白。

伍尔夫明确地把她倡导的关注心灵的小说与当时的心理小说相区别，她认为传统的心理小说主要局限于个人交往的范围内，纠缠于人与人之间的情感纷扰，她却说："我们有时却渴望从这些不断的、无情的分析中解脱出来。我们渴望某些更加非个人的关系。我们渴望着理想、梦幻、想象和诗意。"[2]换言之，当时流行的心理小说主要局限于个人的情感纷扰，而新小说所要表现的是现代心灵，也就是现代人作为一个具有自我意识的人面对整个世界的时候，他的情感、思想、灵魂、命运以及相应的心灵历程。

第四，在现代人的心灵中，充满着矛盾对立的东西，它也总是想要验证核实它的各种情绪。它并不单纯地按照事物的表观现实来理解和接

1　弗吉尼亚·伍尔夫：《论小说与小说家》，瞿世镜译，上海：上海译文出版社，2000，328-329 页。
2　同上，328 页。

受它，而是通过怀疑和验证的精神，将某些本来没有明显联系的事物在头脑中形成某种联系，从而形成它对事物的理解。现代文学的观念和叙事形式必须适应现代心灵的要求。

本章第一节曾论述过伍尔夫的"变化的节奏"的概念：事物各按其自身的性态和规律存在和变化，事物之间也可能存在各式各样的联系，它们绝不是杂乱无章、无迹可寻的。于是，事物的存在和发展变化就表现出某种内在的韵味和节律，这种韵味和节律不依我们的意志而转移，它们若隐若现，可意会而不可言传，需要真诚的心灵去感受，需要敏锐的眼光去捕捉，需要我们置身于其中去体验。伍尔夫最初受俄罗斯芭蕾的启发提出了"变化的节奏"的概念，在很大程度上它只是一种感性的东西，对于如何在文学中体现这种变化的节奏，还需要更为具体清晰的思路和方式。现在，这种思路和方式完全明确了，那就是现代世界的矛盾性与现代人内心世界的矛盾性，形成了外在与内在的双重张力，通过现代心灵的怀疑和验证的精神，将某些看似无关的事物在头脑中形成某种联系，这种张力和联系，就是变化的节奏在文学中的具体体现，它不再是若隐若现的东西，而是现代世界、现代心灵的直接体现。

第五，与传统小说相比，新小说将从生活后退一步、站得更远一点。一方面，它重在提供生活的轮廓而不是其细节，另一方面它又会关注个人心灵或现实生活的某些最细微的碎片，将其糅合重塑为一个精巧的迷宫，你可以感受它，体会它，却无法将其尽收眼底，一览无遗。

如前所述，从对俄罗斯文学感到陌生、迷惑、惊讶到新奇、欣赏、批判地接受，弗吉尼亚·伍尔夫经历了从感性到理性、从实践到理论的一个升华过程，完成了与俄罗斯文学大师展开有效的智性"对话"和交流，发现并拓展了英国小说的潜能。实际上，从最初的兴趣到兴趣盎然直至淡化的过程正好对应于她逐步成为现代主义作家并走向成熟的完整过程。俄罗斯系列文章为她本人设立了一个锤炼观点和澄清思想的论坛，同时也清晰地展现了上述过程。其间，她一方面与由俄罗斯文学的另类特点导致的陌生感磨合，另一方面又与自身的观点切磋，并由此提炼出现代小说创作的基本观点和方法，最终在《狭窄的艺术之桥》（1927）中较为全面和成熟地阐明了她的文学观，标志着她完成了对俄罗斯文学的超越，步入独具特色的创作未来。

第五章　戴维·赫伯特·劳伦斯：生命力的书写[1]

　　与同时代的作家一样，劳伦斯作为 20 世纪早期英国现代主义文学的重要代表人物之一，不可避免地受到其时代的影响。因此，俄罗斯议题也必然成为劳伦斯创作中的一个重要议题。尽管劳伦斯本人从不承认俄罗斯作家对他创作的影响，但他作品中的俄罗斯元素以及他对俄罗斯作家特别是托尔斯泰和陀思妥耶夫斯基的关注表明了俄罗斯的影响和他的回应。本章将首先从劳伦斯对托尔斯泰和陀思妥耶夫斯基的"道德体系"批评入手，阐述劳伦斯的小说道德理念及其"血性哲学""血性生命"和"菲勒克想象"的含义和关系，论述劳伦斯小说文艺观的生成背景和罗扎诺夫对其后期创作的影响；其次，通过劳伦斯对托尔斯泰《安娜·卡列尼娜》的解读和批判，追溯后者对作家小说创作上的影响；并以《圣莫尔》（*St. Mawr*, 1925）为例，进一步展示劳伦斯如何将其对托尔斯泰的人物塑造的批判转化为他创作的灵感和启示，如何在人物塑造上实现超越，以此展示他的艺术主张；最后，本章聚焦劳伦斯的生命文学观及其独特性，指出劳伦斯的生命文学观的形成在一定程度上有赖于他对俄罗斯作家的解读，在理论和实践两个层面上彰显了俄罗斯文学对劳伦斯的深刻影响。

一、智性交锋：劳伦斯与俄罗斯作家

　　提起劳伦斯，人们就会立刻联想到他的几部重要小说，如《虹》《恋爱中的女人》和《查特莱夫人的情人》，出版之际不仅全面遭禁，而且招

1　本章部分内容已发表于《国外文学》，2011 (4)：37-38；《解放军外国语学院学报》，2012 (1)：86-90。

致各种责难和谩骂。"淫秽""下流""骇人听闻""一场道德灾难""令人厌恶""性的狂欢"——诸如此类的言辞充斥书评，劳伦斯自然也被冠之以色情作家的恶名。具有反讽意义的是，劳伦斯不仅是一位才华横溢的作家，对小说中的道德问题也可谓是一位执着的探索者。事实上，在上述作品诞生之前，他对小说的道德问题已有深入思考，并形成了一套独到的见解。

早在 1914 年 6 月 5 日，劳伦斯写信给他的朋友兼出版商爱德华·加纳特，回应后者对他的《婚戒》（后改名为《虹》）的误读。他写道："这种一成不变的道德体系正是我所反对的。在屠格涅夫、托尔斯泰和陀思妥耶夫斯基的作品中，适用于所有人物的道德体系几乎是相同的，不管人物本身是多么杰出卓越，而这种道德体系却是乏味的、陈旧的、僵死的。"[1] 这封信道出了劳伦斯与俄罗斯作家的根本分歧。虽然这个结论性的评价因过于笼统且有武断之嫌，但劳伦斯并非信口开河。相反地，他的这一观点是建立在他阅读俄罗斯作家的基础上的。关于劳伦斯对俄罗斯文学的接受，劳伦斯研究者泽塔洛克在《戴·赫·劳伦斯对俄罗斯文学的接受》里已有专论，其他相关研究大多产生于 1950 年代或之前，如简科·拉弗林（Janko Lavrin）、蒂弗顿神父（Father Tiverton）以及雷纳托·波吉奥利（Renato Poggioli）等人的研究，但这些研究大多只是一般意义上的平行研究，通常以描述某一共性告终，没有对俄罗斯文学与劳伦斯独特的小说文艺观的形成之间的关系加以探究。因此，重新审视这一关系，有助于我们对劳伦斯的小说文艺观和他作为英国现代主义作家的发展过程有一个更完整的认识，丰富现有的英国现代主义文学的研究成果。

本节拟从由上述信件引发的小说的道德议题入手，论述劳伦斯眼里的俄罗斯作家的"道德体系"、他对此的批判以及他的小说道德主张及其文艺观的形成，从而揭示劳伦斯的小说文艺观的形成与俄罗斯作家之间的关系。

1　James T. Boulton. Ed. *Selected Letters of D. H. Lawrence*. Cambridge: Cambridge University Press, 1996, p.78. 根据记载，劳伦斯早在 1908 年 12 月 2 日就开始阅读托尔斯泰的作品，但他与俄罗斯及其文学的亲密关系却始于与俄罗斯翻译家科特林斯基成为毕生挚友之后。劳伦斯在 1914 年 8 月 5 日至 1930 年 2 月 9 日期间写给科特林斯基的信达 346 封之多。参见 George J. Zytaruk. Ed. *The Quest for Rananim: D. H. Lawrence's Letters to S. S. Koteliansky 1914–1930*. Montreal and London: McGrill-Queen's University Press, 1970.

（一）劳伦斯眼中的俄罗斯作家的"道德体系"

从劳伦斯的一系列的评论文章和信件来看，一部小说道德与否是他反复探究的一个问题，其核心是涉及两性关系的道德。鉴于劳伦斯对俄罗斯作家的消极评论主要基于对托尔斯泰和陀思妥耶夫斯基两部小说中人物塑造的解读，我们有必要先弄清他们之间的根本分歧所在。

对托尔斯泰的批评主要是对《安娜·卡列尼娜》中安娜·卡列尼娜的悲剧结局的解读，可见于他的《托马斯·哈代研究》（"Study of Thomas Hardy," 1915）和他为由他翻译的乔万尼·维尔加的《乡村骑士》所写的译序（1928）。劳伦斯认为，托尔斯泰对安娜和沃伦斯基以及他们之间的关系的描写囿于社会道德和传统习俗，夸大了社会对人的道德的限制及其社会后果的重要性，却忽视甚至无视人物自然的内心情感，背叛了人际间特别是男女间真正的、富于生命活力的自然关系。换句话说，安娜和沃伦斯基的爱情悲剧不是因为他们违背社会道德和传统礼教，而在于他们最终向传统的"人类道德"——"人类统治与既定的道德体制"的屈服，沦落为社会、"人们评判"的牺牲品，是"人们的评判而不是他们的自我灵魂或永恒的上帝的审判毁了他们"。[1]而造成这一悲剧后果的罪魁祸首正是作家本人，他仅凭自己的或正统的道德判断强行干预了人物的命运，违背了人的自然本性而蓄意设计了这出悲剧，从而不仅使他所塑造的人物失去了真实性，同时也使作品变得不道德。

在这一点上，劳伦斯将托尔斯泰与哈代相提并论，并指出，"跟托尔斯泰一样，哈代在这个问题上被迫地总是与社会站在一起……，代表人类、或整个社会利益，排除个人利益"[2]。劳伦斯还拿托尔斯泰与莎士比亚和古希腊悲剧作家索福克勒斯（Sophocles）进行比较，认为托尔斯泰作为艺术家的伟大因此不仅被大大地打了折扣，而且也使小说变得不道德，因为安娜和沃伦斯基违抗的是"那个小的人类道德即那个僵化的体系"[3]。"他们并不是与上帝较量，只是与社会较量。但他们都被人言吓破

1　Edward D. McDonald. Ed. *Phoenix: The Posthumous Papers of D. H. Lawrence.* New York: The Viking Press, 1968, p.420.

2　ibid., p.439.

3　Edward D. McDonald. Ed. *Phoenix: The Posthumous Papers of D. H. Lawrence.* New York: The Viking Press, 1968, p.420.

了胆，而他们自己的灵魂是正确的，是别人的评判杀了他们，而不是他们自己对自己的评判，或永恒的上帝对他们的评判。"[1] 劳伦斯还认为，作家理应也必须超越社会以及一切可能阻碍他获得名副其实的个人主义的约束与限制，托尔斯泰恰好违背了生命与自然的这条法则。

对陀思妥耶夫斯基的批评，主要指向后者的基督式人物的滥情描写。劳伦斯指出，"滥情（sentimentalism）就是在你身上发泄你并非真正拥有的情感"[2]。换句话说，劳伦斯无法容忍陀思妥耶夫斯基作品中那些被动、富有悲剧色彩的人物，他鄙视反省，认为这扼杀了人身上的自然生命活力。需要说明的是，劳伦斯抨击陀思妥耶夫斯基并不仅仅因为后者描绘了那些具有闪光心灵的平凡人，或因为劳伦斯的反基督教情结，而是陀思妥耶夫斯基对人物所受痛苦和折磨的过度夸大和渲染以及由此反衬出的人物灵魂不真实的完美高尚。他的小说中反复描写极为"平凡的人"（其中包括流浪汉、小偷、妓女）却有着世上"最温柔、独特、有着闪光的灵魂"[3]。他们"总是……向对方敞开胸怀，整个晚上，都可以为你倒着茶水，掏着心窝子说心里话……总是没完没了地说，全是因了性无能"[4]。劳伦斯认为，这些人物是"病态的"，"反常的"，"装模作样的"，"人格分裂的"，唯独不是他们自己。"又一个病态自省的俄罗斯人，沉溺于对耶稣的病态崇拜。……陀思妥耶夫斯基越渲染人的灵魂的悲剧性，我就越兴趣索然。"[5] 他把这些人物统称为"纯陀思妥耶夫斯基式的"[6]。这些人物还往往自命不凡。"普通人暗地自视过高，尽管表面上说：当然，我一点不比别人强！……陀思妥耶夫斯基或契诃夫笔下的每个人物都在内心里把自己看成是无可匹敌的人，绝对地与众不同。"[7]

概括地讲，劳伦斯对托尔斯泰和陀思妥耶夫斯基的批评的差别在于认为前者过分强调社会道德准则而后者则过于彰显耶稣精神。但无论是

---

1 Edward D. McDonald. Ed. *Phoenix: The Posthumous Papers of D. H. Lawrence*. New York: The Viking Press, 1968, p.420.

2 Anthony Beal. Ed. *Selected Literary Criticism*. London & Toronto: William Heinemann Ltd, 1955, p.125.

3 Edward D. McDonald. Ed. *Phoenix: The Posthumous Papers of D. H. Lawrence*. New York: The Viking Press, 1968, p.227.

4 ibid., p.230.

5 ibid., p.367.

6 ibid., p.390.

7 ibid., pp. 227-228.

哪种因素令劳伦斯反感，有一点是明确的，即劳伦斯所反对的东西属于社会正统观念的范畴，是绝大多数人习以为常的社会习俗和宗教观念，也是人们赖以接受或信仰的事物。劳伦斯认为，一部道德的作品必须是忠实于内心感受的作品，小说家要创作出如此作品，就应摈弃外在的社会因素和传统观念束缚的影响。他认为，托尔斯泰错在将社会道德这个外在因素强加给他的人物以达到掩盖自身的过失或失败，将他自身早年荒淫无度的生活的负疚感转嫁于他的人物，并且由他们来承受一切痛苦。他谴责托尔斯泰，"因为年轻时的荒淫无度，因为由于生活的无节制或嫖娼而憎恨肉体的自己"。

> 因此，在他的学说里，他不得不否认自己，否认他的自我存在，从而摆脱对自己所做的一切的厌恶之情，回避承认自己的失败。"劳伦斯承认托尔斯泰是一位伟大的作家，但同时对后者屈从于社会道德而放弃自己的观点极为不满。"当我们阅读托尔斯泰的回忆录时，我们为他极为胆怯地否认他身上一切伟大的优点而感到羞愧……托尔斯泰否认圣父，宣传他拒不屈从的伟大体系，详述他自身的弱点，亵渎他自身的力量。""写一名军官如何爱上一个已婚女人有什么困难？"他常常这样说他的《安娜·卡列尼娜》；"做这件事没有困难，最重要的是，做这件事没有好处。"[1]

对劳伦斯来说，最大的罪孽莫过于抑制真实情感的流动，或伪装情感。他认为这样的小说是不道德的。道德的艺术作品应表现真实的情感和充满生命活力的人际关系，并向人们展示美好生活的可能性。"任何反生命，任何使活力火焰或生命活力变弱或被摧毁的事物都是邪恶的。"[2]"艺术是一种充满激情、隐性的道德，但非教条式的。它是一种改变血性而非头脑的道德。改变血性在先，头脑在后。"[3]这就是劳伦斯反对俄罗斯作家的那种"乏味的、陈旧的、僵死的"道德体系的根本原因。

1　Edward D. McDonald. Ed. *Phoenix: The Posthumous Papers of D. H. Lawrence*. New York: The Viking Press, 1968, p.479.

2　转引自 Armin Arnold. "D. H. Lawrence, the Russians, and Giovanni Verga", *Comparative Literature Studies*, Vol. 2 (1965): 249-257, 252.

3　D. H. Lawrence. *Studies in Classic American Literature*. Middlesex: The Penguin Group, 1971, p.180.

（二）"血性信仰"与"非勒克想象"（phallic vision）

上述从小说道德的角度论述了劳伦斯与托尔斯泰和陀思妥耶夫斯基的根本分歧所在。不过，当他对小说道德的这种理解运用于他的几部重要小说的创作时，正如本节开篇所示，他遭到几乎所有评论家的一致责难，言辞激烈而刻薄。对此，我们记忆犹新。譬如，《虹》中的人物"跟野兽一样，寡廉鲜耻，抑制了普通的文明生活……无论在描述方面或说教方面，一点也没有真实性。在我看来，全书主要是茫茫一片枯燥无味的生殖力崇拜的荒野"[1]。《恋爱中的女人》是"那种在青少年手中可能导向难以言说的道德灾难的书籍"[2]。《查特莱夫人的情人》是"一次性的狂欢"[3]，一部"可以毫不含糊地称之为给我国（英国）文学抹黑的淫秽透顶的坏书"[4]。诸如"警察必须行动"之类诉诸法律的呼声在当时也非鲜见，劳伦斯也因此背上了道德败坏作家的名声。然而，值得注意的是，这些作品的创作和出版时间不仅与他多篇关于俄罗斯作家的评论和书信在时间上相吻合，而且与当时在英国掀起的一股"俄罗斯热"也遥相呼应。因此，时间上的这一巧合颇具意味。首先，这说明劳伦斯始终关注小说的道德问题，俄罗斯作家成为他展现和厘清思路的参照物之一；其次，他在此期间所创作的几部重要小说与他对小说的道德议题的探询有着紧密的联系，因而可被视为他一系列新尝试的结果。当劳伦斯说"这种一成不变的道德体系正是我所反对的"时，他同时也在试图表明他所追寻的两性关系的道德新体系与为社会所认可而被绝大多数人所遵循的道德体系迥然相异。正因为这种截然对立，他的作品被贴上"淫秽作品"的标签也就不足为奇。于是，如同他批评托尔斯泰和陀思妥耶夫斯基的人物"不真实"，他也被认为"在描述和说教方面"，缺乏"真实性"。

无论对评论家还是对劳伦斯来说，小说的道德议题始终是个核心问题。劳伦斯认为传统的涉及两性关系的道德标准中存在着反直觉反自然的东西，因而是不道德的，他试图倡导一种不同于传统道德的新道德。

---

1 蒋炳贤编选：《劳伦斯评论集》，上海：上海文艺出版社，1995 年，5 页。
2 W. Charles Pilley. Review of Women in Love. *John Bull* (17 September 1921).
3 蒋炳贤编选：《劳伦斯评论集》，上海：上海文艺出版社，1995 年，6 页。
4 同上，38 页。

他在 1913 年 1 月 17 日写给厄内斯特·科林斯（Ernest Collings）的信中说：

> 我最大的信仰是血性的信仰和肉体的信仰，血性和肉体比理智更聪慧。我们的理智可能犯错误，但我们的血性所感、所信、所说永远是正确的。理智不过是一具枷锁。我为什么在乎知识？我所想要的一切是与我的血性相呼应，直接的呼应，无需理智，或道德，或诸如此类的东西无聊的干涉……我们变得如此可笑地在意，竟然全然不知我们自己成什么了……这就是为什么我喜欢在意大利生活。那里的人根本没有意识。他们只有感觉，只有愿望：他们什么都不知道。我们知道的太多了。不，我们只是以为我们有许多知识。火焰之所以是火焰并不是因为它照亮了桌上的两件或二十件的东西，而是因为它本身的存在，而我们竟然忘记了我们本身。[1]

他通过强调"血性之声""血性意识"，从对立的角度表达了对理智、对意识的否定态度，甚至对于道德、有意识的产物，他也同样不以为然。因此，要弄清他的道德主张，首先要了解他的"血性信仰"。

劳伦斯认为，人最核心的本质是纯真，其重要性远远超过人的思维能力或理智。只有通过人的无意识的纯真这个核心，人才最终成为有责任感、可依赖的人。对于理智，劳伦斯的态度是否定的，因为理智"没有自己的生命"，是一种"纯寄生且具毁灭性的东西，世上人们的意识变得越理性，就越快使自己彻底毁灭。"[2] 但劳伦斯敬畏生命。他在《道德与小说》（"Morality and the Novel"，1926）一文中指出，"生命是某种闪光的东西，具有永恒和完美的第四纬度的特性"。"生命"本身代表了"人与其环境之间完美的关系。"[3] 但这种关系并非一成不变，相反地，它总是处在变化之中。道德就是人与周围环境之间所产生的那种微妙、不断颤动而变换的平衡，这种平衡先于并伴随一种真正的关系。由此得出，劳伦斯所谓的道德实质是指人与宇宙之间所建立的一种崭新的关系。"在

1　James T. Boulton. Ed. *Selected Letters of D. H. Lawrence*. Cambridge: Cambridge University Press, 1996, p.53.

2　Edward D. McDonald. Ed. *Phoenix: The Posthumous Papers of D. H. Lawrence*. New York: The Viking Press, 1968, p.245.

3　ibid., p.527.

我们自身与宇宙之间建立的一种新关系意味着一种新的道德。"[1]"没有什么是真、是善、是正确的,它们只在与周围世界及同流者活生生相连时才真、才善、才正确。"[2]劳伦斯在论述中,反复使用"活力""血性""自发""自然""生命力""菲勒克意识""流动""变化"等描述词,使这种充满生命活力关系的主题更加凸显。他认为小说家必须尊重这种关系本身,小说必须要揭示充满活力的瞬间里人与周围世界之间的一种纯粹关系的获得。这样的小说才是道德的。劳伦斯借助天平意象,形象地描述了这种人与宇宙间的关系和小说道德之间的关系。他指出,小说道德正是"那天平上颤动的不稳定性……当小说家把拇指放在天平上,把天平朝自己偏爱的一边按下去时,那就是不道德"[3]。托尔斯泰和陀思妥耶夫斯基作为小说家正是犯了这样的错误,他们根据自己的偏爱决定人物的命运,从而破坏了这种天然的平衡。这样的作品不能被视为道德的。而且,根据劳伦斯的观点,这种"关系"在时间的隧道里将会不断更新,不断变化,它是"一道不断变化的活生生关系的彩虹"[4]。因此,小说是活生生的,充满变化,不同于哲学、宗教和科学,因为后者

> 都忙于将事物钉死,取得稳定的平衡。宗教和他的钉牢的唯一的神,总是说,"你看,你不要",每次都说的透彻;哲学和他的固定的思想;科学和它的"定律";他们全都无时不刻想将我们固定在一株树上。但是小说则不然。小说是人类发现的描写内在关系的最高典型。每一事物在它自己的时间、地点和环境中都是真实的。[5]

但假如小说家试图"在小说里把什么都固定下来,那这要么毁了这部小说,要么就是小说站起身来,带着钉子径自离去"[6]。因此,唯一的道德是人要忠实于这种关系;忠实于这种关系,也就等于忠实于生命。而对人类而言,男女间的关系永远是最伟大的。男女间的接触也是最根本

---

1 Edward D. McDonald. Ed. *Phoenix: The Posthumous Papers of D. H. Lawrence.* New York: The Viking Press, 1968, p.526.

2 ibid., p.525.

3 ibid., p.528.

4 ibid., p.532.

5 ibid., p.528.

6 ibid.

的血性关系，这是一种积极的、真正的、充满活力的关系。劳伦斯在小说中注重描写这种活力关系，而非人物与"道德法则"的复杂关系。换言之，他侧重于性关系以及心灵的"心理"方面难以捉摸的直觉节奏，也即生命的原生态。

（三）劳伦斯的小说观的生成背景

如前所述，在劳伦斯的创作理念中，关于两性关系的新道德体系占有十分重要的地位。如何看待和评价这种道德体系，对于理解和评价劳伦斯小说中的人物形象进而理解和评价其文艺观至关重要。

在人类历史上，道德问题在每个国家或民族、每种社会制度、每个时代都是一个基本的问题。关于道德由何而来、以什么为依据，千百年来世界各国哲人、学者提出了各种各样的解释，是伦理学中长期探讨的核心问题之一。在西方文化中，这些理论大体上可分为五类：

1. 道德规范是上帝的启示和约定。这种观点集中体现在《旧约》中，并在西方文化中长期居于统治地位。

2. 道德来自人的理念、观念和良知。从古希腊直到近代有许多哲人持这种观点，古希腊如苏格拉底、柏拉图，近代如康德（Immanuel Kant）在《实践理性批判》的结论部分写道："有两样东西，人们越是经常持久地对之凝神思索，它们就越是使内心充满常新而日增的惊奇和敬畏：我头上的星空和我心中的道德律。"[1] 这段话后来作为康德的墓志铭广为人知。

3. 道德起源于动物界。例如俄国的克鲁泡特金（Пётр Алексéевич Кропóткин），认为互助是动物所具有的一种本能。

4. 道德源于人的自然本性、生理本能。例如费尔巴哈（Ludwig Andreas Feuerbach）认为合理的利己主义和追求幸福的愿望是道德的基础，"道德不是别的，而只是人的真实的完全健康的本性，因为错误、恶德、罪过不是别的，而只是人性的歪曲、不完整、与常规相矛盾，并且常常是人性的真正低能儿。真正有道德的人不是根据义务、根据意志（因为这会成为道德是由虚无中创造出来的）而有道德，而是他根据本性就

---

[1] 伊曼努尔·康德：《实践理性批判》，邓晓芒译，北京：人民出版社，2003，220 页。

是道德的。"[1]

5. 道德源于人类的社会存在。这是马克思主义道德学说的基础。

因此，从较为客观的角度考察道德的起源和依据，道德首先基于人类（甚至包括动物）生存和繁衍的需要，在人类社会的演进中，它又不断受到社会因素的调整和制约，而两性关系也不能例外。随着文明程度的提高和社会进步，社会因素对道德规范的影响逐渐居于主导的地位。

劳伦斯所倡导的两性道德体系明显受到上述第四种观点的影响，而完全排斥了第一、第二和第五种观点，其特点是纯自然、非理性和拒斥社会制约，它与维多利亚时期的道德观、欧洲文化的正统道德观具有明显冲突，因此，他的观点在当时受到非议也就不足为奇。在今天看来，它既有片面性，又有合理性。它的片面性在于，道德不光基于人类生存和繁衍的需要、基于人类的自然属性，在文明社会，道德首先是一种社会意识形态，是在一定社会关系下调整人与人之间以及人与社会之间关系的行为规范总和，代表着社会的主流价值取向，从而必然受到社会各种其他因素的调整和制约。因此，完全不顾这种调整和制约、单纯强调个人需求和个性解放、单纯强调人的自然属性而罔顾人的社会属性的"道德"，在任何文明社会都不可能被认可。但另一方面，劳伦斯崇尚健康、自然的两性关系，崇尚人性，崇尚个性解放和自由，反对维多利亚时期压抑人性的虚伪道德，是合理的，而且在他的时代具有革命性。

伴随着维多利亚主义的瓦解，在维多利亚时期占统治地位的现实主义文学观念和形式也被认为已经过时，锐意进取的年轻作家迫切需要找到符合自己的一种新的表达方式来演绎新的人生体验。因此，小说则成为亟需改革的重要文类。曼斯菲尔德指出，"在当下，没有比小说这种写作形式得到更热烈更广泛的讨论。它将是什么命运？我们从可靠的权威得知它正在消亡；我们同样从可靠的权威了解到直到现在它才开始活着……但无论人们意见如何不一，众说纷纭，但似乎有一点是一致的，那就是，这宣告了将是一个实验时代。倘若小说消亡，它将由某种新的表达形式来取代；倘若它活下来，它必定接受一个新世界的事实"[2]。艾略

---

1 费尔巴哈:《费尔巴哈哲学著作选集（上卷）》，荣震华、李金山译，北京：商务印书馆，1984，590 页。

2 John Middleton Murry. Ed. *Novels & Novelists by Katherine Mansfield*. London: Constable & Co. Ltd, 1930, pp.107-108.

特在论及英国当代小说状况时承认，"我不得不得出有点极端的结论，当代英国小说落伍了"[1]。弗吉尼亚·伍尔夫在其著名文评《贝纳特先生和布朗夫人》（"Mr. Bennet and Mrs. Brown", 1924）中指出，"人与人之间的一切关系都已经发生了变化……而人与人之间的关系一旦发生了变化，信仰、行为、政治和文学也随之而发生变化"[2]。社会的巨大变化使他们渴望找到表达新体验的模式。凯瑟琳·曼斯菲尔德给默里的信中的一段话十分贴切地表达了这个需求："我最深切地感到一切都不再像原先那样了——作为艺术家，假如我们不这样感觉的话，我们就是背叛者：我们必须考虑到这一点，为我们的新思想和新情感，找到新的表达方式，新的模式"[3]。对劳伦斯而言，战争不仅"推翻了通常意义上的'优秀'畅销小说脆弱的基础。……人们的感受力变得更强，将不再为那些所谓'严肃'却肤浅的作品所骗"[4]，而且也给作家带来了新的空间。他在给平克（James Brand Pinker）的信中写道，"如果卢卡斯读了我的小说，他应该会了解它非常优秀，而且他应该尊重它"[5]。从中可见他对创新的急切心情以及对本国文学现状的关注和不满。

> 事实上，我们需要更多的宽松。我们需要一种明显的无形式。明确的形式是呆板的。我们需要更多情绪间和行为间的轻松转换。生命和艺术的绝大部分意义在于那些明显枯燥的空间，那些通道，那些无足轻重的过道。它们是真正的通道，那些逾越的空间。[6]

他所谓的"无形式"实质上是他希望倡导的一种自觉的、自发的、

1　T. S. Eliot. "The Contemporary Novel". *The Complete Prose of T. S. Eliot, The Critical Edition Vol. III: Literature, Politics, Belief, 1927–1929*. Eds. Frances Dickey, Jennifer Formichelli and Ronald Schuchard. Baltimore: Johns Hopkins University Press, 2015, p.89.

2　Virginia Woolf. *The Captain's Death Bed and Other Essays*. New York & London: Harcourt Brace Jovanovich, Publishers, 1978, pp.96-97.

3　Katherine Mansfield. "Letter to J. M. Murry", 10 November 1919, *Letters and Journals of Katherine Mansfield, a Selection*. Ed. C. K. Stead. London: The Penguin Group, 1977, p.147.

4　James T. Boulton. Ed. *Selected Letters of D. H. Lawrence*. Cambridge: Cambridge University Press, 1996, p.81.

5　卢卡斯（Edward Verrall Lucas, 1868—1938），英国评论家、主编和选集编者。自 1914 任 Methuen 出版社董事长。可能是由于他的推荐，Methuen 出版了劳伦斯的《虹》。文中提到的他的小说是指《虹》，参见 James T. Boulton. Ed. *Selected Letters of D. H. Lawrence*. Cambridge: Cambridge University Press, 1996, p.81.

6　Edward D. McDonald. Ed. *Phoenix: The Posthumous Papers of D. H. Lawrence*. New York: The Viking Press, 1968, p.248.

流动的、充满生命活力、始终处于变化颤动中的小说形式，而不是如他所形容的"固定的"、呆板的、"带着钉子到处走动"的模式。

在这样的背景下，对俄罗斯文学的译介给亟需新形式来表现新体验的英国知识界带来了活力，并产生了极大的影响。乔伊斯说过，"正是他（陀思妥耶夫斯基）的爆破力毁灭了……维多利亚小说"[1]。他敏锐地意识到，在维多利亚女王统治终结时，英国，不仅仅大不列颠爱尔兰，已成为地方主义和文化平庸的代名词。对于任何假装前卫的人来说，有必要超越英国，展望法国象征主义诗歌和自然主义小说、欧洲戏剧以及那些伟大的俄罗斯小说家的成就。小说便自然地成为革新的先锋。现代主义诗人庞德（Ezra Pound）的名言"推陈出新"就是在这样的氛围下提出的，它几乎成了现代主义文学的宣言。对当时锐意创新的青年作家劳伦斯来说，俄罗斯作家不仅令他耳目一新，而且赋予其灵感，激发其创造力，还为他的创作理念树立了参照对象。从他对托尔斯泰、陀思妥耶夫斯基等作家的最初赞美到后来的批判，都表明俄罗斯作家对他产生了重要影响，使他更清楚地意识到自己的追求和使命。他在《为〈查特莱夫人的情人〉一辩》（"A Propos of 'Lady Chatterley's Lover'"，1929）中对此作了明确的回答：

> 很明显，写这本书是在向传统挑衅，既然不值得抱有让资产阶级震惊、让普通人困惑这种愚蠢的愿望，或许我应为这种挑衅的态度说明点理由：如果说我用了禁忌词，那是有理由的。只有当我们使用阳物本身的阳物语言，使用淫词时，我们才能将阳物的真实从"高雅的"玷污中解放出来，对阳物真实最大的亵渎就是"将其高雅化之"。[2]

由此推断，劳伦斯正是以这种表面上看起来不道德来表达他的新道德的方式，来惊醒那些沉湎于传统道德价值观的人们，渴望发现新的事物、新的声音和新的价值观。在当时的社会文化语境里，劳伦斯的这种道德观念是惊世骇俗的，颇具革命性。

这篇自我辩护完成于 1929 年。然而，假如对它所产生的背景加以审视，我们会注意到一个耐人寻味的现象：1927 年 4 月 12 日，他写信给南

1　Arthur Power. *Conversations with James Joyce*. Ed. Clive Hart. London: Millington Ltd, 1974, p.58.

2　Warren Roberts and Harry T. Moore. Eds. *Phoenix II: Uncollected, Unpublished, and Other Prose Works*. New York: The Penguin Group, 1978, p.514.

希·皮爱恩（Nancy Pearn），谈及《查特莱夫人的情人》的创作时说，"菲勒克想象"始终是他努力的目标。"我总是努力做同一件事，从而使两性关系变得健康而可贵，而不是可耻的。在这部小说中我已竭尽所能。"[1] 两周之后（即 4 月 27 日），他又致信俄罗斯挚友翻译家科特林斯基，告诉他他读了罗扎诺夫的《隐居》（Solitaria，1912），非常喜欢它，并为之撰写了一篇评论。[2] 翌年，《查特莱夫人的情人》出版。[3]1928 年 1 月 10 日，他致信凯瑟琳·卡斯威尔（Catherine Carswell），承认小说第三稿在"语言上非常不得体……不过真的很有道德的。"1929 年 7 月 22 日，在给皮诺（Pino Orioli）的信里，他提及了《查特莱夫人的情人》首稿（写于 1926 年）："我突然有个好主意，我可以把《查夫人》首稿拿去给 Knopf and Secker，对他们而言这是一个合适的版本。我相信里面几乎没有任何脏字，事实上几乎没有任何这方面的内容"[4]。从时间上来看，这一连串的事实表明劳伦斯一直在执着地追寻理想的表达模式，而显然，罗扎诺夫的《隐居》和《当代启示录》（The Apocalypse of Our Time，1917—1918）给了他前所未有的启示，使他领悟了"一种真正的激情"。"罗扎诺夫或多或少重新获得真正的异教想象，菲勒克想象，他用那种目光惊恐地注视着基督教的困境"。[5] 罗扎诺夫使劳伦斯感到心有灵犀[6]：

> 我们第一次获得了一种真正的、积极的人生观，这是我们无法从任何俄罗斯人那里获得的……他是第一位对我真正说了些什么的俄罗斯人。他的想象充满了激情，充满活力、健康。他是第一位认为不朽存在于生命的活力之中，而不是生命的失去之中。蝴蝶对他、以及对我们变成了一个全部的启示。[7]

毋庸置疑，劳伦斯从罗扎诺夫那里找到了思想的共鸣和依据，使他更确信自己的想法和追求，至少确认了自己"正朝着正确的方向前行

1　James T. Boulton. Ed. *Selected Letters of D. H. Lawrence*. Cambridge: Cambridge University Press, 1996, p.345.

2　劳伦斯对罗扎诺夫《隐居》的评论于 1927 年 7 月发表《日历》（*Calendar*）杂志上。

3　这是 1927 年至 1928 年之间第三次撰写的《查特莱夫人的情人》。

4　James T. Boulton. Ed. *Selected Letters of D. H. Lawrence*. Cambridge: Cambridge University Press, 1996, p.378, p.458.

5　Anthony Beal. Ed. *Selected Literary Criticism*. London: William Heinemann, 1955, p.247.

6　ibid., p.247.

7　ibid., p.248.

的艺术自觉"[1]。他指出,"当罗扎诺夫处于这种心境、这种想象时(意指 pagan vision or phallic vision,笔者加),他既不是双重的,也不是自我分裂的,而是一个完整的人"[2]。这使我们想起劳伦斯曾批评过陀思妥耶夫斯基小说中的双重人物形象,直言这种"分裂是有害的"[3],是不道德的。可以想象,劳伦斯在读了罗扎诺夫之后写出"他是第一位对我真正说了些什么的俄罗斯人"时的激动心情。事实上,罗扎诺夫的"万物源于菲勒斯"与劳伦斯的"血性信仰"和"异教想象"或"菲勒克想象"可谓异曲同工。换言之,罗扎诺夫肯定性的神圣性,认为"性与上帝的联系比理性与上帝的联系,甚至比良心与上帝的联系更坚固"[4]。正是"这种新的声音"吸引了劳伦斯,也肯定了他的追求。"罗扎诺夫对未来举足轻重。"[5] 劳伦斯之后所创作的小说都有明显的罗扎诺夫的影响,如《查特莱夫人的情人》(1928)和《已故男子》(The Man Who Died)或《逃脱的公鸡》(The Escaped Cock, 1929),对两性关系的描写较之前期的《虹》和《圣莫尔》,更大胆直露。从《虹》《圣莫尔》到《查特莱夫人的情人》《已故男子》,从托尔斯泰、陀思妥耶夫斯基到罗扎诺夫,反映了劳伦斯小说文艺观在不断的探索追求中逐步得以形成和完善。大体上讲,俄罗斯作家对劳伦斯的影响,前期主要源于托尔斯泰和陀思妥耶夫斯基,后期则是罗扎诺夫。这两个阶段与劳伦斯的几部重要却最具争议的小说的诞生相互呼应。通过刻画小说人物的两性关系,劳伦斯充分演绎了他关于血与肉的信仰,有力地表达了他的小说文艺观。简言之,这一切与他对俄罗斯作家及其作品的阅读和批判是分不开的。

实质上,劳伦斯关于小说的道德理念在 1915 年之前给友人的信中已初露端倪,而在 1915 年至 1918 年间,这些思想以更完整的形式呈现于他的《托马斯·哈代研究》、《皇冠》("The Crown",1915)、《美国经典作品研究》(Studies in Classic American Literature,1923)以及多篇书评中。在这些著述里,劳伦斯通过评论别国文学特别是俄罗斯文学来反观本国文学,探索新时期的小说模式。

1 George J. Zytaruk. *D. H. Lawrence's Response to Russian Literature*. The Hague, Paris: Mouton, 1971, p.157.

2 Anthony Beal. Ed. *Selected Literary Criticism*. London: William Heineman Ltd, 1955, p.248.

3 ibid., p.249.

4 V. V. Rozanov. "Solitaira", trans. S. S. Koteliansky. *The New Age*, Vol. 40 (1926).

5 Edward D. McDonald. Ed. *Phoenix: The Posthumous Papers of D. H. Lawrence*. New York: The Viking Press, 1968, p.371.

　　和同时代的弗吉尼亚·伍尔夫和凯瑟琳·曼斯菲尔德一样，劳伦斯早年曾高调自习俄文语法，一度十分赏识俄罗斯作家，并且热心于俄罗斯作家作品的译介。然而，在其创作力的巅峰时期，劳伦斯对俄罗斯文学的态度时而肯定，时而否定，时而两者兼而有之。这种矛盾情感同样显现于他对俄罗斯翻译家科特林斯基始终如一的真挚情谊和对那些以默里为代表且被他戏谑为"Russianitis"的狂热崇拜者的极度反感中。"我很高兴读到罗扎诺夫的作品——我真的很讨厌那些契诃夫和陀思妥耶夫斯基式的人：他们太默里化（Murryish）了。"[1]可见，他颇为极端的态度与对那些俄罗斯崇拜者的反感有很大关联。或许也正因如此，劳伦斯才能保持头脑清醒，始终将本国文学置于首位。他在 1916 年写给凯瑟琳·卡斯威尔的信中说："我原以为他们（屠格涅夫、托尔斯泰、陀思妥耶夫斯基，笔者注）是历史上最伟大的作家，不过现在，我有点惊讶地意识到他们的作品具有某种粗俗和迟钝、未开化、不敏感的愚蠢，我意识到我们自己的作品比他们的更好更纯更为精妙"[2]。

　　种种迹象表明，俄罗斯作家对劳伦斯特别是对他的小说理论的形成有着不可或缺的影响。尽管他本人从未明确承认这种影响，而且对俄罗斯作家批评甚多，并总是力求与他们保持距离，但这恰恰说明俄罗斯作家对他的影响；他那持续多年、数量可观的关于俄罗斯主题的文章和信件证明了他对其始终保持着密切关注。此外，劳伦斯的书评常常会将俄罗斯作家与其他作家如乔万尼·维尔加（Giovanni Verga）、莎士比亚、哈代、库珀（James Fenimore Cooper）、梅尔维尔（Herman Melville）并置，并加以比较，几乎到了情不自禁的地步。可以说，劳伦斯通过他的小说和评论与俄罗斯作家展开了智性的对话和交锋，他的小说理论也在这个过程中逐步得以形成、成熟并臻于完美。

二、批判、借鉴与升华：《圣莫尔》与《安娜·卡列尼娜》

　　托尔斯泰的《安娜·卡列尼娜》以安娜和沃伦斯基的爱情悲剧告终，

1　1927 年 4 月 27 日致信科特林斯基，见 James T. Boulton. Ed. *Selected Letters of D. H. Lawrence*. Cambridge: Cambridge University Press, 1996, p.346.

2　James T. Boulton & Andrew Robertson. Eds. *The Letters of D. H. Lawrence, Vol. III, October 1916–June 1921*, Cambridge: Cambridge University Press, 1984, p. 45.

如前所述，这一结局曾遭到劳伦斯的严厉批判。劳伦斯认为，作家仅凭自己的或正统的道德判断强行干预人物的命运，违背人的自然本性而蓄意设计了这出悲剧，这不仅使人物缺乏真实性，而且这样的作品也是不道德的。劳伦斯的这一观点也引发了一些争议。亨利·杰夫德（Henry Gifford）认为劳伦斯对托尔斯泰的批判完全正确，并确信"小说的策略是直接针对安娜的"[1]。换句话说，小说家预设了安娜必然毁灭的结局。但雷蒙德·威廉斯（Raymond Williams）认为劳伦斯的批评是一种误读。"考虑到托尔斯所创作的元素，他的逻辑是合理的"，因为"他将他一切虚构置于真实的社会背景下"[2]。对于劳伦斯关于托尔斯泰出卖安娜并与"社会"一起置她于死的观点，泽塔洛克不以为然。他认为劳伦斯误读了安娜的性格。"劳伦斯对这个有勇气去追求、去争取、去实现自我完善的女人的偏爱使他不愿接受她的死亡。然而，她的死并非托尔斯泰之错……安娜死时其头部完好无损的这个事实表明托尔斯泰不愿看到她的死。"因此他得出，"安娜的悲剧完全在于这个如此充满生命活力的女人没有活的勇气"。[3] 但笔者对威廉斯和泽塔洛克的观点不予苟同，并将对此加以质疑和探讨。

（一）安娜的悲剧是必然的吗？

简单地说，威廉斯和泽塔洛克都认为劳伦斯对托尔斯泰的批评是一种误读。按他们的说法，安娜的悲剧是合理的，符合情节和人物性格的发展。然而，小说中与人物和情节相关的一些细节令人困惑，引领我们去重新思考这个问题：安娜的悲剧是否是必然而自然的？根据威廉斯和泽塔洛克，安娜的悲剧是必然的。泽塔洛克指出，"毋庸置疑，在安娜身上，存在着某把把安娜推向她的自我毁灭的必然性或决定论。但这种必然性与其说是小说家强加在小说身上的道德，还不如说是安娜的性格及其自身偏爱的结果。安娜·卡列尼娜始终被描绘为将死亡看作是失去

1 Henry Gifford. "Anna, Lawrence and 'The Law'". *Russian Literature and Modern English Fiction: A Collection of Critical Essays.* Ed. and Intro. by Donald Davie. Chicago & London: The University of Chicago Press, 1965, p.152.

2 William Raymond. "Lawrence and Tolstoy". *Russian Literature and Modern English Fiction: A Collection of Critical Essays.* Ed. and Intro. by Donald Davie. Chicago & London: The University of Chicago Press, 1965, pp.157-158.

3 George J. Zytaruk. *D. H. Lawrence's Response to Russian Literature.* The Hague, Paris: Mouton, 1971, p.94.

沃伦斯基的爱的唯一选择；她真的不想活了，她的自杀只是她摆脱尴尬处境的捷径罢了"[1]。然而，笔者认为安娜的悲剧既非必然也非自然的结果，而是托尔斯泰蓄意设计的，理由是小说的某些细节的设计有悖常理。

　　首先，安娜的性格与最后悲剧结局似乎不合逻辑。从性格来讲，她"单纯、自然、雅致、快乐而充满生气"[2]。凡是听过她说话或见过她的人，都会被她身上的独特魅力所吸引和征服。列文，一个曾经严厉地谴责她的人，在与之交谈之后，彻底改变了先前对她的看法，成为一个"欣赏她，欣赏她的美丽、聪明和教养，欣赏她的淳朴和真挚"的人。安娜天性善良，善解人意，关爱他人。比如，她一接到哥哥的求助信，就立马启程来他家，以真情劝服嫂子并使他们言归于好。对侄子和侄女，她"不仅记得他们的名字，而且记得他们的出生年月、性格以及害过什么病"（69）。陶丽为此十分感动。这样一个富有爱心、对生活充满热忱、善解人意的人，怎么可能在遇到感情挫折时选择死亡呢？其次，安娜与沃伦斯基的关系是有感情基础的。换句话说，从最初彼此倾心、相爱并育有一女，到一起私奔去意大利及之后回到圣彼得堡沃伦斯基的庄园一起生活，可以说，这段感情前后持续了5年之久。即使安娜和沃伦斯基从意大利回到圣彼得堡后遇到种种令人难堪的事件，也因此发生过一些争执和不快，但他们的关系不至于因而发展到安娜因绝望而去卧轨自杀。况且，像安娜这样一个感情丰富且个性独立的女子，不可能如此轻易地去死。如果他们之间果真出现沃伦斯基迫于社会道德压力而放弃对安娜的爱情，那么安娜选择自杀以报复他的绝情尚合情理。然而，鉴于他们的感情基础以及社会地位和价值观趋同的背景，如此悲惨的结局难以令人信服。而且，沃伦斯基在得知安娜的死讯时的反应足以说明他没有背叛安娜。第三，小说强化了安娜对儿子的母爱，却弱化了对女儿的关爱，这一现象也有悖常理。如果说她对儿子的爱是母爱的天性使然，那么对女儿的漠视却令人费解，何况女儿又是她与沃伦斯基的爱情结晶。小说中有这样一个细节，当安娜的嫂子陶丽去看望安娜时，她发现"安娜难得到育儿室来。她想给孩子找一件玩具，可是找不到。最使人惊奇的是，问到婴孩有几颗牙，安娜竟回答错了，她根本不知道她最近长出的两颗

1　George J. Zytaruk, *D. H. Lawrence's Response to Russian Literature*. The Hague, Paris: Mouton, 1971, p.94
2　列夫·托尔斯泰：《安娜·卡列尼娜》，草婴译，上海：上海文艺出版社，2007 年，81 页。以下引自该书的内容只在文中注明页码，不再另作脚注。

牙"（591）。如果我们认为沃伦斯基的频繁社交使他忽视了与安娜的交流，女儿恰好使她空虚的感情有了寄托，从而把她对沃伦斯基的关注转移到女儿身上，而小说的描写正相反，这在逻辑上是说不通的。第四，安娜对丈夫卡列宁除了厌恶和鄙视，没有爱。因此，关于安娜为自己追求爱情和幸福而愧对卡列宁并希望求得他的宽恕的描写也因不合情理而显得不真实。第五，安娜离家前往沃伦斯基母亲家，打算与沃伦斯基理论后坐火车离开，并没有死的打算，况且，根据小说描写，安娜的性格不是冲动型的，因此，在车站看到车厢之间的链接，突然跳下站台自杀，这似乎与安娜的性格不符。

然而，如果正如小说所描写的那样，安娜是因为失去沃伦斯基的爱而无法活下去，并采用这种血淋淋的自杀方式以示报复，那么，安娜充其量只是一个极度自我、自私之人，不值得同情。但从上述分析来看，故事情节的发展存在内在的逻辑缺陷。可以断定，这些作为铺垫性的细节是为了推出这个悲剧的结局而设计的几个必要条件，因为小说的前提是安娜必须死而且死得惨烈。事实上，小说将安娜首次现身与火车站的一次车祸并置时就已预设了安娜的悲惨结局。劳伦斯认为，托尔斯泰之所以这样做，是因为他对自己早年荒淫无度的生活的愧疚感。安娜因而变成了替罪羊，为他赎罪。劳伦斯认为，是托尔斯泰亲手杀死了安娜。这种仅凭自己的或正统的道德判断强行干预人物的命运的做法违背了人的自然本性，从而使人物失去了真实性，也使作品变得不道德。

尽管劳伦斯对托尔斯泰的批判并非仅限于《安娜·卡列尼娜》，然而，在他多篇有关其他论题的文章里，劳伦斯似乎总是拿它作为参照对象，足见这部小说对他的影响。从 1915 年到 1920 年代期间，劳伦斯作品中的 5 部小说在一定程度上均可被看作是对托尔斯泰的《安娜·卡列尼娜》的或直接、或间接、或无意、或有意的回应。[1]《虹》《恋爱中的女人》《圣莫尔》《已故男子》《查特莱夫人的情人》几乎展示了同样的主题基调和人物模式，后者又相应成为劳伦斯演绎其小说理论的重要渠道。《圣莫尔》是一部中篇小说，它在一定意义上可被视为是《已故男子》和

---

[1] 参见 Raymond Williams. "Tolstoy, Lawrence and Tragedy". *Kenyon Review*, XXV (Autumn, 1963): 636; "Lawrence and Tolstoy". *Critical Quarterly*, II (Spring 1960): 33-39; George J. Zytaruk. *D. H. Lawrence's Response to Russian Literature*. Hague, Paris: Mouton, 1971, p.95, p.103.

《查特莱夫人的情人》的序曲，后两部作品再现了《圣莫尔》中女主人公卢在小说结尾时的希望，即与人建立完美的温柔关系[1]，成功地与它前后的几部作品联结起来，清楚地勾勒出劳伦斯小说理论形成的脉络。

简言之，托尔斯泰对劳伦斯最直接的影响主要来自后者对《安娜·卡列尼娜》的结局的处理不满，从而引发他通过小说创作，与托尔斯泰展开智性交锋，表达他的文艺主张。鉴于劳伦斯对这部小说的批评主要针对人物塑造，笔者将关注劳伦斯的小说人物，探询他在人物塑造上对托尔斯泰的借鉴和修正。笔者选择劳伦斯的《圣莫尔》作为研究对象，一是基于它是在作家对俄罗斯文学及其作家作品的阅读和评论最频繁的时期诞生的，二是它与《安娜·卡列尼娜》之间的相似之处曾被粗略提及，但迄今没有得到充分探究。

（二）人物模式的借鉴

《圣莫尔》创作于 1924 年，于翌年首次出版。故事讲述了女主人公卢·维特一个偶然的机会与一匹十分漂亮的取名为圣莫尔的烈性枣红马邂逅，并将它买下为其拥有。她发现她与这匹马之间有着某种强烈的相互吸引，这是她在她俊美的新婚丈夫利克身上无法感受到的一种情感。卢最终结束了她和利克这段毫无生气且乏味的婚姻，买下了新墨西哥山区里的一个偏僻遥远的农场，并决定与母亲以及驯马师菲尼克斯一起在那里生活。

劳伦斯的卢·维特与安娜有很多相似之处，其中一个显著而重要的特点是她们似乎都没有过去。除了知道安娜是圣彼得堡上流社会的一名贵妇人、她的婚姻不幸和她对军官沃伦斯基狂热的爱情之外，对她的过去以及她对人生、孩子、家庭等一般意义上的问题的看法，我们几乎一无所知。[2] 而安娜在离家与沃伦斯基私奔之后，基本处于无家可归的状态。尽管从意大利回来之后在沃伦斯基的庄园里过着衣食无忧的优裕生活，但没有名分的身份很快使她完全脱离了上流社会，因而丧失了归属

1　Alan Wilde. "The Illusion of St. Mawr: Technique and Vision in D. H. Lawrence's Novel". *PMLA*, Vol. 79, No. 1 (Mar., 1964): 170.

2　梅列日科夫斯基（Dmitri Merezhkovsky）转引自 George J. Zytaruk. *D. H. Lawrence's Response to Russian Literature.* The Hague, Paris: Mouton, 1971, p.97.

感。劳伦斯的卢同样缺乏归属感。小说《圣莫尔》开篇对卢的一番描写给人印象最深的是她游历各国，四海为家，这种无根生活使她变得特立独行，"我行我素"。不过，这种生活方式也使她到 25 岁时"仍迷失自我"，无法确定自己该是美国人还是欧洲人。"那么她究竟是哪种美国人呢？或是哪种欧洲人呢？"她唯一确信的是她"不'属于'任何地方。"[1]然而，卢并没有因此像安娜一样感到不安和焦虑，相反地，这种若即若离的生活状态却成为她魅力的一部分。这一差异的根源在于卢在经济上是独立的，"她相当富有"，而安娜必须依赖于他人，先是她丈夫卡列宁，尔后是爱人沃伦斯基。

其次，我们注意到，在卢和安娜的身上都洋溢着巨大的生命活力。沃伦斯基在车站初次与安娜邂逅时，就发现"她脸上有一股被压抑着的生气"，"她身上洋溢着过剩的青春。"（63）就是这股"按捺不住的生气"终于使她无法容忍与大她二十岁的卡列宁，一个醉心仕途、虚伪冷酷的人一起生活下去。僵死的婚姻窒息了安娜的生命，窒息了她身上一切有生气的东西。作为一名个性独立、热爱生活的女性，安娜渴望激情和充满活力的爱情，沃伦斯基就是这种爱情的象征。车站的邂逅和舞会上的相识使安娜与沃伦斯基感受到彼此身上那种富于生命活力的激情。这种心灵相通的自然情感使他们能坦然面对世俗目光，毅然决然地一起出走，向社会的伦理道德公开挑战。

虽然《圣莫尔》中的卢与丈夫是一对年龄相仿的新婚夫妇，且彼此喜欢，但这是"一种神经而非血性的奇怪振动。一种神经性的爱恋而非性爱。一种奇怪的意志张力而非自发的激情"。他们的"婚姻更多地像是友情，是柏拉图式的。这是一个没有性的婚姻"。他们的关系"恰似兄妹关系。"（44）与安娜和卡列宁单调乏味的婚姻一样，卢与利克的婚姻也毫无激情可言。然而，当她第一次看到那匹纯种马时，"她惊愕地感觉到从马身上有一股充满生命活力的热流穿入她的体内"。当她把手放在马脖子上时，她"隐隐约约"地感到有"一种古老的理解似乎涌入她年轻却疲惫的心灵"（50），给予她的心灵前所未有的震撼。与马的这种感应或交流使她意识到圣莫尔和利克属于两个截然不同的世界，圣莫尔的世界

1　D. H. Lawrence. *The Woman Who Rode Away/St. Mawr/ The Princess*. London: The Penguin Group, 2006, p.41. 以下引自该书的内容只在文中注明页码，不再另作脚注。

是古老的、洋溢着生命的原始活力，而利克的世界是一个充满物欲、浅薄的现代世界。自此之后，她越来越疏远和回避利克，而且再也"无法忍受与人的那种平庸和浅薄的关系"（51）。跟安娜一样，卢对利克希望在社会上出人头地的思想感到厌恶。当利克说话的语气和方式"越来越像亨利爵士和政府官员时，卢浑身上下感觉不舒服"（68）。圣莫尔的出现使卢感到自己的生活"毫无意义"，她感到懊恼、痛苦，利克对她来说似乎就是"毫无意义的生活的象征"。（71）显然，令人窒息的生活现状与生气蓬勃的安娜和卢相互冲突。沃伦斯基和圣莫尔的出现使他们突然找到了人生的意义。

　　然而，沃伦斯基和圣莫尔并非如安娜和卢所想象的能将她们从令人窒息的生活现状中解救出来。沃伦斯基和圣莫尔自身的局限性注定安娜和卢被救赎的幻想破灭。就我们所知，安娜对卡列宁的厌恶主要源于后者对官场的热衷和对社会地位的追捧。"沽名钓誉，飞黄腾达——这就是他灵魂里的全部货色……至于高尚的思想啦，热爱教育啦，笃信宗教啦，这一切无非都是往上爬的敲门砖罢了。"（203）尽管沃伦斯基为了爱情，毅然放弃成就功名的机会。但他从小就有的强烈的功名心却时常折磨着他，尤其是当他再次见到他童年时代的朋友、军校校友且现已晋升为将军的谢普霍夫时，他为自己还是个骑兵大尉感到颇不自在，使他再次受到被压抑的功名心的折磨。"只要时机成熟，像我这样的人也是可以很快飞黄腾达的。三年前他的地位还跟我一样。我要是退伍，就会葬送自己的前途。留在军队里，就什么也不会丧失。"（296）沃伦斯基的局限性恰如他的"那张生气勃勃的脸……忽而被菩提树林漏下的阳光整个照亮，忽而被照到一部分，忽而又被阴影遮住"（597）。威廉斯认为，"安娜的悲剧在于她离开了一个不称职的男人而选择了另一个不称职的男人"[1]。劳伦斯认为沃伦斯基只是一种社会工具。显然，安娜所寻求的那种与爱人一起过上充满活力、健康而自然的生活只是她的奢望。

　　同样，卢在追寻自我完善的过程中一直寻觅与人建立自然的、富有生命活力的关系。在罗马，她遇见并爱上了英俊潇洒的青年画家利克，之后，两人结了婚。但利克热衷于社交生活，穿梭于各种聚会，高谈阔

1　Raymond Williams. "Tolstoy, Lawrence, and Tragedy". *The Kenyon Review*, Vol. 25, No. 4 (Autumn 1963): 636.

论，与卡列宁和沃伦斯基一样，他渴望社会地位。卢对此感到非常厌恶，她深切地感到他们的关系中缺失了"某种另外的东西"（71）。她发现在利克或在大多数现代男人身上都缺乏被劳伦斯称为"quick"的"原始生命活力"。但在烈马圣莫尔的身上，卢首次感受到了这种强烈的生命力，这是一种狂野、热烈、纯粹、自然、高贵的东西，这是一个完全不同于现代世界的另一个世界。卢买下了这匹马，并决定离开利克与马一道前往美国得克萨斯的一个牧场。然而，她再次幻灭。那里她所见的一切是"那么粗俗、那么安逸、那么做作的文明、那么毫无意义"（151）。她还惊恐地发现曾经是那么孤傲、超然、高贵的圣莫尔此刻却开始了与其他母马的调情、献媚、堕落，最终沦落为需要母马配种的纯公马。她感到茫然，不禁连声自问："什么是真实的？究竟什么是真实的"（152）？理想的破灭，追求的失落，意味着她梦寐以求的东西虽不是遥不可及，但却漂浮在远处，抓不住，摸不着。

卢最终放弃了烈马圣莫尔。与安娜一样，她也选择了放弃，因为她们不接受不纯粹的东西。但劳伦斯在人物结局的处理上与托尔斯泰的方法迥然相异。对此，笔者将在下文加以论述。

（三）人物形象的升华

从上述对卢和安娜的比较分析来看，劳伦斯对人物命运或者说小说结局的处理不同于托尔斯泰对安娜的处置。安娜对失意的回应是发出痛苦的叹息："一切都是虚假，一切都是谎言，一切都是欺骗，一切都是罪恶"（729）！卢却感到一片茫然："什么是真实的？究竟什么是真实的？"两者反应看似不同，但实质相同，都表达了对人生意义的怀疑和对理想的幻灭和绝望。然而，劳伦斯并未就此却步。卢的话没有成为她的临终遗言，而只是她追寻自我完善过程中的一次受挫。饶有趣味的是，在此之后，圣莫尔悄然消失，象征了卢与马的决裂，如同她之前选择马而放弃利克一样。这一结局体现了劳伦斯对安娜的悲惨结局的修正。劳伦斯认为，一个充满如此生命活力的人是不该以自杀的方式结束生命的。尽管卢在追寻自我完善的过程中频频受挫，沮丧绝望，但她没有像安娜那样去选择死亡。相反地，她选择了生，并继续她的追梦。她买下了荒野山地的一个荒废的牧场，因为在那里，她找到了她所谓的"某种另外的东西"——"一种精神"。这是一种"需要她的精神"，一种"狂野的精神"，它超越了"低俗的性"，"深刻而神圣"。（175）然而，卢承认她无法确定这种精神究竟是什么。这一细节暗示了卢的追寻自我完善的历程还将继续，同时也反映出劳伦斯本人的困惑和尴尬。劳伦斯似乎跟卢一样，也将继续他的追寻旅途。而事实上，他后来的《已故男子》和《查特莱夫人的情人》在很大程度上对这部小说中的困惑作出了回应。此外，劳伦斯对卢这个人物还作了一些其他修正。首先，卢在经济上有一定程度的独立，尽管不是十分富有，但足以使她衣食无忧；其次，卢没有儿女，从而避免了由此而来的一系列矛盾和痛苦。

为了使人物更可信，更值得同情和理解，劳伦斯在男性人物的塑造上也进行了精心的设计。小说中的男性人物几乎个个有缺陷，缺乏男性威严，与生气蓬勃的女主人公构成鲜明的反照。利克是一名肖像画家，他英俊潇洒，高贵时尚，风流倜傥，但他浅薄乏味，缺乏内涵，精神空虚。"他双目中央最醒目的特征是一种无能为力感。"（51）这一描述将他直接置于卢的对立面，为他们的婚姻注定死亡作了铺垫。他因那次坠马而终身成为瘸子又进一步削弱了他的男性威严。此外，他喜爱穿紫色衬衫，锦缎睡衣，怪异骑装，喜欢与女人有调情但无性的关系，这些充满女性特征的喜好使他与卢之间的鸿沟更加难以逾越，为卢最终与他分道扬镳提供了充分的理由。

路易斯和菲尼克斯是卢和其母维特夫人雇佣的马夫。与利克不同，他们的身上涌动着原生态的激情。换句话说，这种原生态激情也是卢和维特夫人在烈马圣莫尔身上所感受到并且向往的生命活力。马夫路易斯是威尔士人，他肤色黝黑，有着"浓密的头发和胡子"，除了那匹纯种马圣莫尔外，他对周围的一切漠然视之。而马夫菲尼克斯是半个印第安人，他"机警敏捷，具有快速应变能力，冷漠无情，充满了无声的性力"（56）。概括地讲，路易斯和菲尼克斯代表了本能和阳刚之气，有效地反衬出利克的虚弱和苍白。然而，他们同样具有致命的弱点和缺陷。路易斯本能地排斥女人，声称他从来不能也绝不会爱一个女人，因为他"不想那样做。那种想法使我感到羞耻"（132）。他对维特夫人说的一席话表明了他的极度自恋，反而使他丧失了男性气质，从而消解了他的激情男性魅力。相对而言，菲尼克斯是小说中最具阳刚之气的人物，但他幼稚、自负、愚钝和鄙俗。一方面，他蔑视卢及其所代表的阶级，另一方面，他又渴望与卢建立一种纯肉体关系，来提升自己的社会地位。然而，他无法真正理解卢的追求和需求。卢与母亲的谈话暗示了菲尼克斯的局限性，也表达了卢对他的极度排斥。"我必须为某种重要的东西活着，在我的心灵深处。我想，对我的心灵来说，性可能很重要，假如它是真正神圣的。但廉价的性会致我于死地"（174）。甚至连那匹纯种马圣莫尔最终也没能像卢想象的那样保持生命的活力和自由。它与那些阿谀奉承卢的男人没有两样，到了得克萨斯州农场后，便开始与母马调情。它之前的高贵和尊严与利克的男性魅力一样充其量只不过是一种装腔作势，卢对它所怀有的美好幻想也随着其堕落而烟消云散。

综上所述，小说中的男性人物具有这种或那种局限性，他们要么缺乏男子气概，要么胆怯自恋，要么觊觎社会地位，要么贪恋功名。简言之，在他们身上缺失与人、与环境、与宇宙之间建立起一种自然、自发、充满活力的和谐关系。这一切表明，卢的追求注定不会成功。

《圣莫尔》借鉴《安娜·卡列尼娜》中的意象，塑造了全新的人物形象，暗示人类应努力去追求男女之间、人与人之间、人与自然之间的一种完美关系。然而，或许如小说中所写的，这只是人类的一种"美妙的圣莫尔幻想"（137）。尽管小说的结尾似乎表明劳伦斯对这种完美关系是否真实存在而心存疑虑，但他并没有让其人物卢像安娜一样，因理想的破灭而自杀身亡。小说开放式的结尾为读者留下了希望和想象的空间，也暗示了劳伦斯本人对人与其周围环境、与宇宙建立和谐关系的可能性执着的追求和希望。

三、劳伦斯的生命文学观

劳伦斯是英国现代主义文学三位巨匠之一，一生著述丰硕，是一位多产作家，涉猎小说、短篇小说、剧作、诗歌、散文、评论、游记，还有数量可观的书信，特别值得一提的是他写给其俄罗斯挚友兼翻译家科特林斯基的346封书信。然而，劳伦斯也是一位颇具争议的作家，因为他还有另一个声名狼藉的形象。他一生中的几部重要作品，如《虹》《恋爱中的女人》《查特莱夫人的情人》，都曾遭受了未经发行便被禁的命运，其后果是作家的名誉受到极大损害。被禁的原因主要在于作品中对人物特别是男女性关系大量且直露的描写。换言之，当时的评论以压倒性的多数认为上述作品是淫秽之作，有违社会传统道德观念，对社会、对人特别是青少年极具害处，也因此在很大程度上忽略了这些作品的前卫性和创新性。甚至连著名作家高尔斯华绥和著名现代主义诗人、评论家T. S. 艾略特也不例外。前者在写给友人平克的信里，明确持否定态度，认为《虹》"在审美情趣上令人感到可憎"；缺乏"精神方面、动人的、或甚至真实的东西"；是一部"怪诞不经的作品"。[1]后者甚至直接将劳伦斯的系列小说说成是"标志着一个人类堕落的逐步深化过程"[2]。

随着时间的推移，对劳伦斯及其作品特别是上述小说的评价逐渐由消极否定转向积极肯定，且批评视野逐步拓展、深入，呈现出多元态势。具有代表性的评论家首先是利维斯。他竭力为劳伦斯辩解，坚持认为"劳伦斯的《虹》和《恋爱中的女人》证明作家是最伟大的艺术家之一"[3]，强调劳伦斯"是迄今为止最卓越的技巧革新家之一"[4]。他不满艾略特对劳伦斯的评价，指责艾略特利用其无限威望和权威，贬低劳伦斯，攻击劳伦斯是"性病态"，"不能进行我们通常所说的思考"，"写得非常糟"。此后，不同视角的评论文章和专著开始涌现，从单纯的作品研究到理论视野下或历史文化语境下的作品解读，使劳伦斯研究变得丰富而多元。如，《〈恋爱中的女人〉中的象征手法》《〈查特莱夫人的情人〉：生命的真谛》《论劳伦斯的三部曲——〈儿子与情人〉〈虹〉〈恋爱中的女人〉》《〈虹〉中的自我与社会》《〈查特莱夫人的情人〉的创作》《劳伦斯：女权主义与战争》《劳伦斯的"玄学"思想》《劳伦斯对俄罗斯文学的回应》，等等。这些著述为劳伦斯及其作品一直以来的恶名平反昭雪，使读者对其作品有了更深刻的理解和公正的评判，虽然人们对劳伦斯早先狼藉的声名仍记忆犹新。

无论贬褒，其焦点都是劳伦斯作品中人物的关系尤其是男女之间的关系的描写。这种现象与劳伦斯作品最初遭禁的共同点是劳伦斯在作品

1　蒋炳贤编选：《劳伦斯评论集》，上海：上海文艺出版社，1995，9 页。
2　同上，36 页。
3　同上，111 页。
4　同上，110 页。

中所要表达的理念不为人所理解乃至误解、错解甚至歪曲。对读者而言，正确理解劳伦斯所主张的那些理念是真正理解和欣赏劳伦斯作品的关键，因为评论所抨击和责难的特点也正是劳伦斯的创新之处，恰恰体现了他的文学观最重要的组成部分。

因此，不管采用何种视角或方法来研读劳伦斯，首要的问题是要澄清劳伦斯的基本理念。在他小说创作的背后，存在着其创作的理念和原则。纵观他毕生所写的散文、评论和书信，一个显著的特点是某些词汇的高频率使用，且形成某种重复链。这种重复反过来强调了这些词汇及其含义的重要性。作为一位擅长遣词造句的文学家，词语的重复并不意味着劳伦斯语言匮乏。相反地，这种重复表明作家本人执念于某种理念，并企图构建一套独特的理论。因此，理清这些关键词的意义及其之间的关系，有利于更好地展示劳伦斯的小说创作理念以及贯穿于他写作实践中的文学观。在此，还需特别指出，在生命文学观的形成过程中，劳伦斯受到过多种影响，最重要的莫过于俄罗斯哲学家罗扎诺夫的影响，后者对劳伦斯的生命文学观的完善和最终形成起到了至关重要的影响。

（一）生命文学观中的系列关键词

性、关系、生命力、阳物意识、道德、完整性是经常出现在劳伦斯著述中的主要系列关键词，与之紧密相连的还有诸如人性、性格、火焰、彩虹、活力、河流、节律、变化、灵魂、安宁等词语，它们共同构筑了一个完整的词汇链，展现了劳伦斯文学观的基本理念，也是他早期提出的关于小说创作的"血性信仰"的具体体现。因此，厘清这些关键词的意义及其之间的关系，对于深刻理解劳伦斯的创作理念和文学观，实为必要且有意义。

首先关于性的界定，劳伦斯的解释是，"性是一团生命火焰，一团暗火，它少言寡语，而且大部分时间潜踪隐迹。它埋藏在人的内心深处，是人性之火的精髓"[1]。他认为，"性与美是一回事，就像火焰和火是一回事一样。如果你憎恨性，你就是憎恨美。如果你爱上了有生命的美，你

---

[1] 劳伦斯：《在文明的束缚下：劳伦斯散文精选》，姚暨荣译，北京：新华出版社，2006，126 页。也见劳伦斯：《劳伦斯读书随笔》，陈庆勋译，上海：上海三联书店，2007，16 页。

就是在敬重性；当然你尽可以去爱那些垂老和临死的美而憎恨性；但倘若想要爱有生命的美，你就必须尊重性。""性和美是不可分隔的，就像生命和意识那样。那些随性和美而来，从性和美之中升华的智慧就是直觉。我们文明的最大灾难就是对性的病态的憎恨。"从上述引文看，劳伦斯把性喻为某种形式的火焰，因为"它总给人带来温暖和灼热，一旦这种灼热变成纯粹的燃烧，我们就感觉到了美。这种性的温暖和灼热的传递就是性的吸引。"[1]

　　阳物意识是劳伦斯书信中反复出现的一个重要词语，并与"阳物感觉"和"阳物现实"交替使用。与之形成对立关系的是"大脑反应""大脑意识"和"心理过程"。劳伦斯在给友人的信里明确指出，《查特莱夫人的情人》是一部阳物小说，但非通常意义上的性小说，它"温柔""细腻"。劳伦斯反复强调，阳物意识或阳物现实完全不同于我们通常所说的性。依据他的观点，性是大脑业务，是反映人体活动中的心理过程，它是枯萎的、堕落的，因而也是令人厌恶的，而阳物意识则忠实于自身。[2] 换言之，劳伦斯认为，"阳物是一个伟大而神圣的意象，代表了我们身上一直遭拒绝、现在仍被拒绝的深刻而内在的一种生命。"[3] 劳伦斯的阳物意识实际上是对其早期提出的一个重要概念"血性信仰"更进一步阐释和概括。"血性信仰"这一术语最早出现在劳伦斯 1913 年 1 月 17 日写给画家朋友厄内斯特·科林斯的信里。[4] "血性信仰"和阳物意识代表了作家寻求回归自然、弘扬人性的集中体现，也表达了劳伦斯反理性的立场，这一思想也是对过去和现代文明的极端反省的产物。

　　关于关系，劳伦斯首先作了如下分类。他认为，对人类而言，男人与女人之间的关系永远是主要关系，而男人与男人，女人与女人，父母与子女之间的关系则永远是次要关系。将男女关系视为是所有关系之最，是因为这种关系"永远都是变化的，而且永远是探索人类新生命的中心

<hr>

1　劳伦斯：《在文明的束缚下：劳伦斯散文精选》，姚暨荣译，北京：新华出版社，2006，128 页。

2　James T. Boulton, Margaret H. Boulton and Gerald M. Lacy. Eds. *The Letters of D. H. Lawrence, Vol. VI: March 1927–November 1928*. Cambridge: Cambridge University Press, 1991, p.319, p.324-27, p.331, p.335, p.337, p.342, p.355.

3　James T. Boulton and Lindeth Vasey. Eds. *The Letters of D. H. Lawrnce, Vol. V March 1924–March 1927*. Cambridge: Cambridge University Press, 1989, p.648.

4　参见本章第一节"智性交锋：劳伦斯与俄罗斯作家"。

线索。生命的中心线索是关系本身"。换句话说，与关系本身相比较，男人与女人的关系是在它之下，却在男人与男人、女人与女人、父母与子女之间的关系之上。其次，鉴于男人与女人的关系永远是变化的，"永远都有一种微妙而不断变化的联系"，劳伦斯强调这个关系不需要任何"纽带"，将他们扭在一起。他借喻彩虹和雨点的特征，证明这种关系富于生命力，且变幻莫测。因此，将这种关系强扭在一起不仅无效而且不可能，更甚，这样做是不道德的。他坚信，只要男女各自忠实于自我本性，这种男女关系就是生命的本质。劳伦斯用钉钉子的比喻，强调完美的关系不可有任何的人为限制，否则就是不道德的。"如果我们讲道德，那就不要往任何东西身上钉钉子，既不要往对方身上钉钉子，也不要往第三者——相互关系上钉钉子，这种相互关系永远都是我们双方的圣灵。"[1]

对于生命力一词，劳伦斯用它来指充满活力的人，它与世上那种生机勃勃，生趣盎然的生存方式紧密相连。劳伦斯说过，"在我的手与我的头脑或者思想之间……我的手是活的，它闪烁着自己的生命。它接触周围世界里陌生的一切，认识了许许多多的东西，也懂得了许许多多的事情。""每个人的生命就到他自己的手指尖为止。"但他又说，那个活生生的人不能与哲人圣贤所谓的精神、启示和敬喻相提并论。那些只是以太中的震动罢了，根本没有生命可言。只有当这些精神之类的东西传送到人身上，人便因此焕发新生，它们也因此变得重要。在劳伦斯眼里，除了生命之外，其他都是附属的、次要的，因为"所有拥有生命的东西都是神奇的，而所有死东西都是活东西的附属物"。因此，作为一个活生生的人，"我大于我的灵魂、精神、身体、思想、意识，也大于任何只是我的一部分的东西"[2]。

变化是劳伦斯另一个常用词，与永恒、绝对相对立。劳伦斯相信，世界万物之间的关系是"日日更新，悄然变化的"。而变化会"产生新的存在"，"建立新的节律"，[3]展现或获得新的关系。他奉劝人们"别去寻求什么绝对。快让那丑恶霸道的绝对永远地、统统地见鬼去吧，没有什么绝对的善。没有什么绝对的正确。万事万物都在流动和变化，甚至变化

1　劳伦斯：《劳伦斯读书随笔》，陈庆勋译，上海：上海联书店，2007，30-31页。

2　同上，19-20页。

3　同上，26页。

也不是绝对的。"[1]因此，他认为，在对待人生时，人们对人对己应该更理智行事，而不要为一些固有的观念，诸如性、金钱、做人的"准则"等所束缚，从而失去人生的完整性；另一方面，他又强调在变化中保持某种完整性。"变化归变化，我仍然保持着某种完整性。"劳伦斯的变化是动中有静，静中有动，既强调其动态性，也不否定个人的独立性和自主性。劳伦斯以河流意象，诠释男女之间的关系，形象地展示了变化的蕴含意义。"女人是一种源泉，一条生命之河，这条河和男人的生命之河迥然有异。每一条河都必须按照自己的方式流淌，在自己的通道上，不突破它的界限。男人同女人的关系就像两条并排流动的河流，时而聚合，时而分离，但无论如何总是滚滚向前。这两种关系一生都在变化，一生都在流动——这就是性。有时，性欲本身会完全消失，但伟大的源流却依然滔滔不止，永不枯竭——这就是充满活力的性的源流，男女之间的关系。"[2]

关于道德，劳伦斯将它分为大道德和小道德。大道德指自然与生命，小道德则是由人类制定的机械体系。在劳伦斯看来，大道德代表了命运，难以或者不可能被人类所理解。人类对此的违背或反抗都是无效的，因为生命的道德，也就是大道德，是永远不可改变和不可战胜的。小道德具有社会性，它建立在社会礼教的基础上，是人为的。人们对它的反抗意味着触犯社会礼教，从而引发它对人的惩罚，这种裁决是人为的。因此，由此而来的悲剧后果也是人为的。劳伦斯以莎士比亚、索福克勒斯和哈代、托尔斯泰为例，通过比较，形象地阐述了大道德和小道德之间的不同之处，明示了哈代、托尔斯泰与莎士比亚、索福克勒斯之间的差距。劳伦斯还将道德引入他对小说和艺术的阐述之中，反映了他对文学艺术创作中道德问题的思考和重视。关于道德与小说和艺术的关系，笔者将在后文加以论述。

完整性也是不断被提及的重要术语之一。在劳伦斯的话语体系里，完整性指人自身的完整性意识。"所谓完整，实际上就是和平、安宁。我们所缺乏的、青年人所缺乏的就是自己的完整感意识……我这儿所说的安宁，决不是指惰性，而是指饱满的充实的生命源流，就像滔滔的河水

1　劳伦斯：《劳伦斯读书随笔》，陈庆勋译，上海：上海联书店，2007，22 页。

2　劳伦斯：《在文明的束缚下：劳伦斯散文精选》，姚暨荣译，北京：新华出版社，2006，160 页。

一样。"就是说，完整性源于灵魂，而灵魂则来自劳伦斯反复强调的人际关系。劳伦斯认为，人缺乏安宁感是因为不完整，而后者的缺失又是因为没有认识到我们本来可以拥有的至关重要的关系。我们生活在一个相信剥夺人际关系的时代。在这个时代里，人际关系变得只剩下空虚两字了。[1] 此处所言的人际关系，主要指男女之间的关系，以及男人与男人之间的关系。在劳伦斯看来，这两种关系是人类有可能存在的最伟大的关系。就当下而言，这两种关系还处在一片混乱之中，毫无头绪。或许正因为这个原因，劳伦斯毕生都在致力于厘清这两种关系，这从他的主要作品的创作中可窥一斑。

上述关键词组成了劳伦斯独特的词汇链，代表了他关于人生和创作的主要理念和理论依据。我们大致可将其归纳为三点。首先，生命的本质是人与周围世界或环境的关系。人类最重要的关系是男人与女人的关系。男女之间生机盎然的关系犹如一道彩虹，瞬息万变，多姿多彩，充满无穷生命力；男人和女人犹如"两条并排流动的河，时而聚合，时而分离，但总是滚滚向前"，"滔滔不止，永不枯竭"。[2] 其二，性乃是人性之精髓，它是暗藏于人内心深处的一团生命火焰，充满变化，如天上的彩虹，色彩斑斓，包含所有的色彩，所有的美，所有的痛苦，所有的忧郁。无论人性中跳动着的哪一种火焰，那火焰便是你，那就是你的人性。因此，人性便是忠实于人心中的这团五颜六色的火焰。其三，所谓的人与周围世界或环境的关系是指人寻求和他人建立真正的人际关系，但这种关系的建立几乎是无意识的。人类在相互关系中，特别是男女之间和男人与男人之间，来获得真正的个性和独特的存在价值，并且使这种关系充满生机和变化，进而使人获得灵魂。劳伦斯认为，"一个从来没有和其他人有过生机勃勃关系的人实际上是没有灵魂的"[3]。灵魂则又代表了人的完整性。劳伦斯通过借用法国后印象派画家凡·高著名的《向日葵》，形象地阐述了人与周围世界的关系这一概念。他指出，画布上展现出来的东西既不是向日葵本身，也不是画家本人，而是向日葵与画家相结合

1　劳伦斯：《在文明的束缚下：劳伦斯散文精选》，姚暨荣译，北京：新华出版社，2006，160 页。

2　同上，161 页。

3　同上，159 页。

而产生的一个第三者，它是超越向日葵和画家本身的一种摸不着说不清的东西，劳伦斯称其为具有"第四向度性质的东西"[1]。根据劳伦斯的描述，第四向度性质的东西是指在某一瞬间达到了完美境界的人与物之间的关系的展现。换句话说，在这一瞬间达到了人与周围世界的和谐，融入一体，到达了忘我的境界，即永恒。劳伦斯相信，人的生命"就是存在于为在人自己和周围生机勃勃的世界之间建立一种纯粹关系的奋斗之中"[2]。人与周围世界有着无数种纯粹关系。这种完美关系就是生命的本质，它是永恒的，完美的，但又是瞬间的，微妙的，崭新的。只有这样，人才有了灵魂，才具有了完整性。而道德就是这种关系中的一架天平，永远颤动着，永远变化着，是一种真实的关系的先导且又与它相伴相随。劳伦斯的"万物都是相对的"[3]的这句名言实际上就是对上述观点的概括。对此，笔者将在下文论述劳伦斯小说创作的基本理念时作进一步探讨。

（二）小说创作的基本理念与实践

很少有作家像劳伦斯一样，将自身的学说和创作密切联系起来。也很少有作家像他那样既盛产学说又盛产故事。劳伦斯的文学观融合了他自身的学说和小说创作，但最为醒目的特征是他关于人的关系论。简而言之，他的关系论与他的世间"万物都是相对的"观点可谓异曲同工。而他对相对性的坚持，很重要的一个原因是受爱因斯坦的相对论的影响。他与科特林斯基之间往来的信件证明了他对爱因斯坦的相对论的兴趣。在 1921 年 6 月 4 日至 15 日数日内写给科特林斯基的信里他屡次提及爱因斯坦，还要求科特林斯基把相对论的英译本寄给他，因为当时劳伦斯并不在英国国内。在他 15 日收到并阅读了此书后的第二天，即 6 月 21日，他又致信科特林斯基："爱因斯坦在形而上学方面没有那么杰出，但我喜欢他取下了固定在我们颤动的小小物理宇宙上的大头针"[4]。翌年，

1　劳伦斯：《在文明的束缚下：劳伦斯散文精选》，姚暨荣译，北京：新华出版社，2006，28 页。

2　同上，26 页。

3　D. H. Lawrence. *Psychoanalysis and the Unconscious and Fantasia of the Unconscious.* New York: Dover Publications, Inc., 2005, p.191.

4　Warren Robert, James T. Boulton and Elizabeth Mansfield. Eds. *The Letters of D. H. Lawrence, Vol. IV: June 1921– March 1924.* Cambridge: Cambridge University Press, 1987, p.37.

他在其《无意识幻想曲》(*Fantasia of the Unconscious*, 1922)一书里再次表达了对爱因斯坦相对论的看法。"爱因斯坦摧毁了那个宇宙外轴,对此,我们都感到非常满意……因此,现在宇宙摆脱了穿过它的那枚大头针。"[1]尽管跟大多数普通人一样,劳伦斯并不完全理解爱因斯坦的相对论,但他汲取了他认为他理解的内容,并将之与自身的理念融为一体。他为此还以《相对论》作诗一首。

> 我喜欢相对论和量子论
> 因为我不懂
> 它们使我觉得空间似乎在移动
> 像一只无法安定下来的天鹅,
> 拒绝静坐和被测量;
> 好像这个原子是一个冲动之物
> 总是在改变主意。[2]

　　无独有偶,当时还流传着一首无名氏打油诗[3],不无幽默地表达了包

1　D. H. Lawrence. *Psychoanalysis and the Unconscious and Fantasia of the Unconscious*. New York: Dover Publications, Inc., 2005, p.72.

2　D. H. Lawrence. *The Complete Poems of D. H. Lawrence*. Intro. and Notes by David Ellis. Hertfordshire: Wordsworth Editions Ltd, 1994, p.437. 该诗的英文原文如下:
　　I like relativity and quantum theories
　　because I don't understand them
　　and they make me feel as if space shifted about
　　like a swan that can't settle,
　　refusing to sit still and be measured;
　　and as if the atom were an impulsive thing
　　always changing its mind.

3　Alan J. Friedman and Carol C. Donley. *Einstein As Myth and Muse*. Cambridge: Cambridge University Press, 1985, p.3. 诗中的斯泰因的英文是 Stein, 格特鲁德全名是格特鲁德·斯泰因(Gertrude Stein, 1874—1946), 美国作家和诗人, 1903 年移居法国巴黎直至去世, 现代主义文学和艺术的领袖人物之一, 毕加索、海明威、菲茨杰尔德、路易斯、庞德、安德森和马蒂斯曾是她巴黎沙龙的常客。爱泼全名是雅各布·爱泼斯坦(Jacob Epstein, 1880-1959), 雕塑家, 曾帮助开拓现代雕塑。他出生于美国, 1902 年移居欧洲, 1911 年成为英国人。他经常创作有争议的作品, 挑战关于什么是公共艺术品的适当主题的想法。爱因是阿尔伯特·爱因斯坦(Albert Einstein, 1879-1955), 理论物理学家, 创立了现代物理学的两大支柱之一的相对论, 也是质能等价公式的发现者, 1921 年获诺贝尔物理学奖。打油诗的英文原文如下:
　　In a notable family called Stein,
　　There were Gertrude, and Ep, and then Ein.
　　Gert's writing was hazy,
　　Ep's statues were crazy,
　　And nobody understood Ein.

括劳伦斯在内的大众对爱因斯坦既无比崇拜又无法理解他的相对论的
遗憾。

> 一个著名家族叫斯泰因，
>
> 有格特鲁德，有爱泼，还有爱因。
>
> 格特朦胧的作品，
>
> 爱泼疯狂的雕像，
>
> 但无人能懂爱因。

　　尽管如此，爱因斯坦的相对论赋予他灵感和启示，并为他的生命关
系理念提供了理论基础。"我本人倾向于相对论。我认为，宇宙没有绝对
原理。我认为，万物是相对的。但我也因此感到，非常强烈地感到，就
其本身而言，每个个体生物是绝对的：以它自身的存在。但宇宙万物与
这个个体生物的关系只是相对的。而且个体生物相互之间的关系也是相
对的。"[1] 显然，"对劳伦斯和他同时代的人来说，爱因斯坦与其说是一位
科学家，倒不如说预示着一个新的世界秩序的一种革命标志。"[2] 对于劳伦
斯而言，爱因斯坦还意味着新时代和新形式，是他寻找新小说题材和形
式的参照物。可以断言，爱因斯坦的相对论赋予他更大启示和灵感，为
他的关系论，也为他正在寻找的新时期新形式的想法提供有力的支持和
证明。

　　如前文所述，充满生命活力的人类关系是劳伦斯文学观的核心概念。
他认为，小说有别于散文、诗歌、戏剧、哲学著作或科技论文之类的作品。
它是"人类拥有的最高表达形式"[3]，是生活之书，是万能钥匙，人们可从
中寻找答案。它可使人明白如何成其为一个活生生的人，一个完整的活
人。而小说家便是这种活人。因此，他也胜过圣徒、科学家、哲学家和
诗人，因为他们都只擅长某个方面，而小说中的这个活人大于他的灵魂、
精神、身体、思想、意识，他是由各个互相矛盾的部分组合起来的一个

1　D. H. Lawrence. *Psychoanalysis and the Unconscious and Fantasia of the Unconscious*. New York: Dover Publications, Inc., 2005, p.209.

2　Kumiko Hoshi. "D. H. Lawrence and Hannah Höch: Representing Einstein and the Post-World War I World". *Études Lawrenciennes* [En ligne], 46 (22 October 2015): http://journals.openedition.org/lawrence/244.

3　劳伦斯：《劳伦斯读书随笔》，陈庆勋译，上海：上海联书店，2007，1 页。

整体。小说能使整个活人颤动起来。这种振动又是诗歌、哲学、科学或者其他任何书籍的振动无法比拟的。劳伦斯认为小说之所以比哲学、科学、宗教等其他领域伟大，是因为这些东西都只顾忙于把事物钉得结结实实，以求得一种稳定的平衡。宗教钉出来的唯我独尊的上帝在指手画脚："你应当"，"你不可"，句句不容辩驳；哲学钉出一套一成不变的概念；科学则钉出一套"法则"。[1]但小说不是这样。劳伦斯以为，假如小说也像"哲学、宗教、科学那样试图使事物固定下来，获得一个稳定的均衡状态"的话，那么，"要么小说完蛋，要么小说冲破这种定格，走它自己的路。小说中的道德是天平上颤动着的不稳定状态，如果小说家把手放在天平上，以自己的偏好使天平向一边倒，那就是不道德的"，因为"在所有艺术形式中，小说最要求天平的那种颤动和摇摆。"[2]小说的这种不道德，其根源在于小说家"那不由自主的、无意识的偏爱"[3]阻碍建立最重要的纯碎关系与纯粹联系的可能性。劳伦斯以托尔斯泰、陀思妥耶夫斯基、哈代和霍桑为例，指出艺术与说教之间的不同，从而相信我们必须倾听于小说，而不是小说家，因为后者可能具有一个"与他的激情灵魂完全相反"的哲学理论[4],并且完全可能被他自己的那套哲学理论的目的所蒙蔽。换言之，小说家完全可能"是个骗子"。后者的干涉则导致小说的不道德。

劳伦斯认为，小说与道德是统一的。一部小说是否道德取决于它是否向我们展现各种真实和生机盎然的关系，"不管这种关系的性质如何，它都是一部有道德的作品。如果小说家尊重这种本来就存在的关系，这部作品就是一部伟大的小说"[5]。

劳伦斯所指的道德并非是我们通常意义上所理解的道德。劳伦斯反对小说中任何形式的道德说教，他认为，小说不同于哲学、宗教和科学。按劳伦斯的说法，这三样东西忙于制定各种概念、规则、法则，试图把

1 劳伦斯：《劳伦斯读书随笔》，陈庆勋译，上海：上海联书店，2007，27 页。

2 Edward D. McDonald. Ed. *Phoenix: The Posthumous Papers of D. H. Lawrence (1936)*. New York: The Viking Press, 1968, pp.528-529.

3 劳伦斯：《劳伦斯读书随笔》，陈庆勋译，上海：上海联书店，2007，27 页。

4 Warren Roberts and Harry T. Moore. Eds. *Phoenix II. Uncollected, Unpublished, and Other Prose Works*. Middlesex: The Penguin Group, 1978, p.417.

5 劳伦斯：《劳伦斯读书随笔》，陈庆勋译，上海：上海联书店，2007，28-29 页。

事和人钉得结结实实，钉死在某棵树上，以求得一种稳定的平衡。小说则正相反，它试图打破这种平衡，使之保持那架颤动着的天平的不稳定性。如果小说也像哲学、宗教和科学那样确立一整套的条条框框，小说终将因失去活力而变得不道德，因为小说的道德存在于生命力中。因此，劳伦斯始终认为，小说的目的就是要削弱哲学的基础。这是他在整个创作生涯中反复思考的一个问题。劳伦斯对小说的现状深感忧虑，渴望改变它。然而，他也清楚地意识到小说家所处的尴尬境地，他称之为"法与爱的矛盾"，也就是学说与故事之间的矛盾。劳伦斯指出，"每一件艺术品都依附于某一个道德系统。但只要这是一件真正的艺术品，那么它就必须同时包含对自己所依附的道德系统的批判。"[1] 根据他的观点，道德系统，或者说形而上学，意味着"爱与法是两个永远相互矛盾而又永远谐和的原则"[2]，艺术形式因这两者的结合而生成。然而，劳伦斯认为，"小说家和剧作家最难使他们的形而上学、他们关于存在和知识的理论与活生生的生存体验和谐起来。因为一部小说是一个微观世界，也因为人类在观察宇宙时必须从一种理论的角度来观察它，所以每一部小说都必须有某种存在理论、某种形而上学的背景或结构框架。但形而上学必须始终服务于艺术家的自觉目标之外的艺术目的。否则，小说就成了一篇论文。"[3]

由此，劳伦斯提出，一部道德的小说需具备以下三大基本特征。[4] 它首先是富有生气的。换言之，小说中的人物必须是"活的"。人物必须和小说中的一切其他事物具有一种富有生命力的联系。[5] 这些事物实际上指的是人生活环境中的一切事物，人置身其中并与之形成充满活力的联系。其次，它所有部分是生动地、有机地联系在一起的。劳伦斯认为，一切都是相对的。没有任何人或任何事是绝对的，甚至没有可能是绝对的，事物只有在其特定的关系中才成其为真。因此，小说之美也在于此。其三，它是正直诚实的。在《论小说》（"The Novel"，1925）一文中，劳伦

1　Edward D. McDonald. Ed. *Phoenix. The Posthumous Papers of D. H. Lawrence (1936)*. New York: The Viking Press, 1968, p.476.

2　ibid., p.477.

3　ibid., p.479.

4　劳伦斯:《劳伦斯读书随笔》，陈庆勋译，上海：上海联书店，2007，11 页。

5　同上，7-8 页。

斯谈及小说的道德问题，认为，小说的伟大之处在于它"不允许你说教撒谎，也不会理睬你的说教撒谎"[1]。小说只要具备了这三大特征，便具有了真正意义上的生命力。这时，小说才是道德的，才是伟大的。

劳伦斯认为，在小说的世界里，变化是常态，万事万物之间的关系都是在日新月异、悄然变化的。"任何事物与其他事物之间都是一种相对关系。"[2]小说能指导人们怎样生活，这是任何其他东西都办不到的，但又不做任何说教。他执着的信念是：小说是人们理解现实的最好方法，因而他不仅仅是允许而且在最佳状态，甚至是鼓励小说从作家手中夺取意义大权，改写，或称之为"多层着色"，正是他借以达到上述目标的方法。[3]他关于托尔斯泰和哈代的批评态度很大程度上也是因他们"把大拇指伸进秤盘，使天平向自己偏爱的一边倾斜"[4]。他认为，一部真正的小说应"使人听到人物发出的低沉的却有时发自内心的召唤"[5]。

综上所述，我们可从中管窥到劳伦斯对开创新小说模式所作的努力。劳伦斯对小说的未来不仅满怀期望，而且强烈意识到新的小说形式产生的必要性。"小说是有前途的。在不使用抽象概念的前提下，它必须勇敢地对待新命题；它必须向我们呈现新的、真正意义上的新情感，那是全部的新情感，把我们从刻板的一成不变的情感中解救出来。"[6]他指出，"现代小说是那个有着百十种面孔的魔鬼，枝繁叶茂，像棵树"[7]。这一观点清楚地反映在他的小说创作活动中。他的《虹》《恋爱中的女人》《查特莱夫人的情人》，以及短篇小说《圣莫尔》和《死去的男人》等一系列重要作品都是他所主张的生命文学观的具体再现。

1　劳伦斯：《劳伦斯读书随笔》，陈庆勋译，上海：上海联书店，2007，2 页。

2　同上，1 页。

3　弗兰克·克默德：《劳伦斯》，胡缨译，北京：生活·读书·新知三联书店，1986，20-21 页。

4　劳伦斯：《劳伦斯读书随笔》，陈庆勋译，上海：上海联书店，2007，27 页。

5　同上，38 页。

6　Edward D. McDonald. Ed. *Phoenix. The Postthumous Papers of D. H. Lawrence (1936)*. New York: The Viking Press, 1968, p.520.

7　ibid., p.517.

第六章 凯瑟琳·曼斯菲尔德："英国的契诃夫"

　　凯瑟琳·曼斯菲尔德常被称作"英国的契诃夫"。对此，有两种理解。首先，这表明曼斯菲尔德在英国文学史上的独特地位和她写作的特色。"要找出她的前辈，我们必须到俄罗斯和契诃夫那里找。她显然虔敬地研究过契诃夫，但她把从他那里获得的方法完全变成了她自己的，因为她是一位足够优秀的艺术家，成为契诃夫的门徒。"[1]这是一种对作家的研究方法，因为"这种比较是有益的"，但曼斯菲尔德"决非一个模仿者，一个他或任何人的门徒。她的艺术是她独有的。"[2]"在曼斯菲尔德开始创作的时代，在英国短篇小说没有被当作是一种艺术形式时，很少有哪些英国的重要作家认真探索过短篇小说的可能性或考虑它的结构有别于小说结构，正如阿尔珀斯（Antony Alpers）指出的，短篇小说"主要被认为是初学者写作的媒介，或一种临时媒介，或仅仅是好玩。"[3]其次，它强化俄罗斯作家契诃夫的影响，认定曼斯菲尔德有相当数量的作品完全是对契诃夫作品的模仿、改写甚至抄袭。这一观点的根据可溯至她1910年出版的《在一个德国公寓里》（*In a German Pension*，1911）短篇集中的《一个疲倦的孩子》（"The Child-Who-Was-Tired"，1910），后者被认为是契诃夫的《渴睡》的翻版。引发这场争议的是伊丽莎白·西奈德（Elizabeth Schneider）1935年6月在《现代语言注释》（*Modern Language Notes*）上发表题为《凯瑟琳·曼斯菲尔德和契诃夫》（"Katherine Mansfield and

---

1　Martin Armstrong 转引自 Joanna Woods. *Katerina: The Russian World of Katherine Mansfield*. Middlesex: The Penguin Group, 2001, p.250.

2　Joseph Collins 转引自 Joanna Woods. *Katerina: The Russian World of Katherine Mansfield*. Middlesex: The Penguin Group, 2001, p.250.

3　Mary H. Rohrberger. *The Art of Katherine Mansfield*. Michigan: University Microfilms International, 1977, p.29.

Chekhov"）的一篇文章。文中，西奈德对两个文本作了平行比较，把相同情节部分归咎于曼斯菲尔德的"无意识记忆"，但并没有指向剽窃。1951 年 10 月，这篇小说再度引发争议。一位名叫依·姆·阿尔梅登根（E. M. Almeidingen）的俄罗斯评论家在《泰晤士文学增刊》上发文，公开谴责曼斯菲尔德对契诃夫作品的剽窃行径，并且认为作家日后不愿再版《在一个德国公寓里》的事实恰恰证明了她的心虚。[1] 然而，无论是哪种理解，"英国的契诃夫"这一标签某种程度上弱化了曼斯菲尔德在英国文学史上的重要性，暗含曼斯菲尔德的重要性不是独立的，而是依附的，也间接地表明短篇小说未获得作为一种文类应具有的地位和尊重。

本章将从俄罗斯作家契诃夫的影响切入，辨析曼斯菲尔德作品中的契诃夫因素，展示作家的创新以及对契诃夫的成功超越，结合作家的书信、日记、书评等个人文献和对作品的深度解析，阐述她的二元文学观以及对英国现代主义文学的重大贡献和影响，强调她在英国文学史上不可被取代的地位和重要性。

一、回顾与回应

有关契诃夫对曼斯菲尔德的影响问题的讨论仍在继续。从调研结果看，研究者更多关注的是曼斯菲尔德作品中的契诃夫元素，强调后者的影响，而低估甚至忽略曼斯菲尔德的创新。如俄罗斯文学学者吉尔伯特·菲尔普斯在其《英国小说中的俄国小说》（*The Russian Novel in English Fiction*，1956）里谈到曼斯菲尔德的作品比其他任何作家的作品更接近契诃夫，特别是《疲倦的孩子》。他不无讥讽地说，这个故事被后来成为曼斯菲尔德的传记作家阿尔珀斯"慷慨地描述为对契诃夫的《嗜睡》的'自由改写'"，不仅如此，她的其他好几个故事与契诃夫的作品的相似处也很明显。[2] 菲尔普斯实际上暗示了曼斯菲尔德有剽窃契诃夫作品之嫌。同样，彻莉安妮·科里洛（Charyanne Kurylo）通过比较曼斯菲尔德早期和后期作品，在情节、主题和技巧方面追溯契诃夫元素，甚至认为曼斯菲尔德后期的伟大之作《苍蝇》（"The Fly"，1922）也源于契

1　Claire Tomblin, *Katherine Mansfield: A Secret Life*. London: The Viking Press, 1988, p.210.

2　Gilbert Phelps. *The Russian Novel in English Fiction*. London: Hutchinson's University Library, 1956, p.189.

诃夫的《小人物》（"The Small Fry"）[1]。持上述观点的还有克莱尔·汤姆林（Claire Tomalin），她甚至猜测，曼斯菲尔德还因此受到她早年波兰情人弗洛恩（Floryan Sobieniowski）的要挟[2]。汤姆林相信，曼斯菲尔德在那个时期已经接触到契诃夫的作品。这种推测的依据是，弗洛恩是波兰人，会说俄语，且是一名职业译者，因此很可能是他向曼斯菲尔德推荐了契诃夫的作品。这种推测实际上没有确凿证据能证明曼斯菲尔德在创作《苍蝇》前或期间读过契诃夫的《小人物》。根据曼斯菲尔德的日记记载，契诃夫在1914年才首次被提及，而直到1918年，她才开始在信中谈论契诃夫。[3] 这些细节或多或少地有助于解释多年来学界为何纠结于《疲倦的孩子》是抄袭之作还是模仿品的争议。也有评论家否认《疲倦的孩子》是剽窃之作，而侧重对两者异同的区分。比如，伦诺德·苏哲兰德（Ronald Sutherland）在《凯瑟琳·曼斯菲尔德：剽窃者，信徒，还是忠实的崇拜者》（"Katherine Mansfield: Plagiarist, Disciple or Ardent Admirer"）一文中指出，作家"改进了"契诃夫的故事[4]；西尔维亚·伯克曼以"粗心"而"非故意"，一言蔽之。[5] 阿尔珀斯把它看作是一种"自由改写"。[6] 但这类解释性的辩解或否认却显得软弱无力，反倒使人感到这是肯定剽窃的一种间接说法。

　　直到20世纪80年代，这种状况才有所改观。学者们开始用不同视角来审视曼斯菲尔德的作品及其作品中的契诃夫元素。罗达·B. 内森（Rhoda B. Nathan）在其传记《凯瑟琳·曼斯菲尔德》（*Katherine Mansfield*）中明确指出，契诃夫的故事是"对压迫的抗议，接近政治社会主义"，而曼斯菲尔德却赋予故事一种"象征性的寓意"[7]。萨莉琳·R. 戴利（Saralyn R. Daly）的观点更有创见。她认为，《疲倦的孩子》与作家早期作品《罗莎蓓尔惊梦记》（"The Tiredness of Rosabel"，1908）具有相似性，特别是后者用来描绘女主人公疲惫的故事技巧。[8] 汉森和戈尔

1　Gillian Boddy. *Katherine Mansfield: The Woman and the Writer*. Ringwood, Vic.: The Penguin Group, 1988, p.173.

2　Claire Tomblin. *Katherine Mansfield: A Secret Life*. London: The Viking Press, 1988, pp.261-272.

3　ibid., pp.261-272.

4　ibid., p.209.

5　Sylvia Berkman. *Katherine Mansfield: A Critical Study*. New Haven: Yale University Press, 1951, pp.151-160.

6　Antony Alpers. *The Life of Katherine Mansfield*. Oxford: Oxford University Press, 1982.

7　Rhoda B. Nathan. *Katherine Mansfield*. New York: Continuum, 1988, p.148.

8　Saralyn R. Daly. *Katherine Mansfield*. Revised Edition. New York: Twayne Publishers, 1994, p.13.

（Clare Hanson & Andrew Gurr）的观点则完全忽视甚至否认契诃夫的影响。他们认为，契诃夫的《渴睡》关注当代社会现实问题，是现实主义的；而曼斯菲尔德的《疲倦的孩子》侧重孩子内心的感受，是一个心理故事，二者不可同日而语。他们更倾向于把曼斯菲尔德的早期作品视为"模仿了黄皮书作家的故事"，她是"从他们而不是契诃夫那里学到了内心独白、倒叙和白日梦那些……技巧的"。[1] 20 世纪 90 年代，卡普兰（Sydney Janet Kaplan）从女性主义批评视角，对曼斯菲尔德的《苍蝇》进行了全新的解读。如前文所述，这个故事通常被视作契诃夫的短篇《小人物》的翻版。卡普兰却从性别差异的角度探究了曼斯菲尔德和契诃夫的关系，指出"通过复述，曼斯菲尔德的《苍蝇》是对消解一个男权中心的神话的一种尝试"[2]。邓巴（Pamela Dunbar）指出，卡普兰的这一颠覆性的观点对于评价契诃夫与曼斯菲尔德作品之间的关系，具有"启示性的意义"[3]。

诚然，曼斯菲尔德研究有了新的突破，但 2001 年出版的伍兹（Joanna Woods）的《凯特丽娜：凯瑟琳·曼斯菲尔德的俄罗斯世界》（*Katerina: The Russian World of Katherine Mansfield*, 2001）却没有超越上述基本观点。她概述了这场关于《疲倦的孩子》争议的主要观点，指出两个故事情节雷同，即，都是关于一个孩子的故事。孩子因缺睡而频临疯狂边缘，最终将她看护的婴儿闷死，只是因为在她看来，婴儿是她一切痛苦的根源。同样，伍兹认为曼斯菲尔德在创作过程中深受契诃夫《嗜睡》的影响，而且与其波兰情人弗洛恩有关。显然，伍兹完全接受了 20 世纪 80 年代前对曼斯菲尔德的主要批评观点。伍兹还从故事情节的角度罗列了曼斯菲尔德的系列作品，如《帕克妈妈的一生》（"Life of Ma Parker", 1921）、《已故上校的女儿们》（"The Daughters of the Late Colonel", 1921）、《理想家庭》（"An Ideal Family", 1921）、《时髦婚姻》（"Marriage a la Mode", 1921）、《苍蝇》、《芦荟》（*The Aloe*, 1930）、《邮递员太太出席婚礼》（"Frau Brechenmacher Attends a Wedding", 1910）、《雷蒙咖啡馆》（"At Lehmanns'", 1910），来对应契诃夫的《苦恼》《三姊妹》《没意思的故事》

1　Clare Hanson and Andrew Gurr. *Katherine Mansfield*. London: Macmillan, 1981, pp.19-34.
2　Sydney Janet Kaplan. *Katherine Mansfield and the Origins of Modernist Fiction*. Ithaca & London: Cornell University Press, 1991, p.202.
3　Pamela Dunbar. *Radical Mansfield: Double Discourse in Katherine Mansfield's Short Stories*. London: Macmillan Press Ltd, 1997, note 27, p.186.

《蚱蜢》（或《跳来跳去的女人》）、《多余的人》《决斗》《小人物》《农民》《草原》，并对它们进行了笼统的平行比较研究，指出曼斯菲尔德的作品中有着深厚的契诃夫影响，用她的话说，这些作品"更进一步借用"或"明目张胆地利用"契诃夫的题材。[1] 不言而喻，这些言辞直接指向曼斯菲尔德对契诃夫作品的剽窃。

无可否认，这些评论对曼斯菲尔德的作家名声产生了极为消极的影响，其结果就是，她对英国现代主义文学的卓越贡献被低估甚至被遮蔽。然而，在这些占主导地位的批评声中，我们听不到作家的声音。作家英年早逝，无法知道身后之事。假定她还活着，对这些批评又会作何回应？她当年的真实想法又会是什么呢？

从作家的个人文献中发现，曼斯菲尔德曾以前辈身份写信教诲、鼓励有志写作的青年人，如阿诺德·吉本斯（Arnold Gibbons）。曼斯菲尔德在 1922 年 6 月 4 日和 7 月 13 日曾两次写信给吉本斯，字里行间默认了契诃夫对她的影响。

> 我想你对契诃夫的极度崇拜使你放纵了自己，但是你从他那里吸取的东西比你意识到的要多得多，而且从目前来看这阻碍了你的个人表达……当你将自己从契诃夫以及你从他那里学到的一切中解脱出来时，你就会写出极好的故事了。[2]

> 我感到很震惊，由于我的笨拙表达使你采用了"剽窃"这个词。我恳请你宽恕我；这绝不是我的本意。我想说的是吸收。或许你会同意这种说法，当我们彼此喜欢时，作为作家的我们某种程度上都会互相吸收。（我推测你喜爱契诃夫。）……你的故事给我的感觉是你还没有将你从契诃夫那里收到的"礼物"变成你自己的。你还不能随意使用它，使之为你所用。[3]

上述两段文字表面上是在宽慰、鼓励那位年轻作家，为她之前的不

1　Joanna Woods. *Katerina: The Russian World of Katherine Mansfield*. Middlesex: The Penguin Group, 2001, p.209, p.211.

2　John Middleton Murry. Ed. *The Letters of Katherine Mansfield, Vol. II*. New York: Alfred A. Knopf, Inc., 1929, pp.220-201.

3　ibid., p.228.

慎之言道歉，但也同时传递出另一个信息，即曼斯菲尔德也在为自己早年的写作经历辩护。尽管她对契诃夫情有独钟，且承认后者的影响，但她回避正面回答契诃夫及其作品对她某个作品创作的影响，特别是对于她早年作品对契诃夫作品的仿写。在这点上，曼斯菲尔德的态度与美国现当代著名作家乔伊斯·卡罗尔·欧茨（Joyce Carol Oates）的态度截然不同。欧茨的《带狗的女人》（"The Lady with the Pet Dog", 1972）是对契诃夫的同名小说《带狗的女人》（"The Lady with the Little Dog", 1899）的改写。欧茨本人声称这样做是出于对大师的"崇敬"，公开承认她对契诃夫的感恩之情。[1] 而对于为什么改写契诃夫这一短篇，欧茨给出的理由是：首先，这是一则对爱情主题的经典演绎的故事，而爱情是她心爱的话题；其次，这类故事有很大拓展前景。[2] 显然，曼斯菲尔德的缄默和回避与欧茨的公开承认导致完全不同的结果，可以说，她缺乏欧茨的勇气和坦荡。因此，同样是改写或仿写，由于态度不同，结果也不相同。这或许与她们所处的时代背景有很大关系。欧茨的《带狗的女人》写于1972年，正值后现代主义时期。就文学创作而言，改写或仿写或重写经典是这个时期文学的重要特征之一，受到很多作家的青睐和践行。正如安吉拉·卡特（Angela Carter）所言，"旧瓶装新酒"[3]。因此，对经典的改写或仿写或重写成为后现代文学创作的一道亮丽的风景线，如卡特、库弗（Robert Coover）、阿特伍德（Margaret Atwood）对传统童话经典的改写，欧茨对她称之为文学大师的作品的改写，还有彼得·阿克罗伊德（Peter Ackroyd）对过去的改写、重写，等等。他们通过改写或重写，保留原作中的一些互文元素，并以此为灵感，创作出属于他们自己的作品。但在曼斯菲尔德时代，对经典作品的改写或仿写的做法并不流行，而且轻则被视为模仿，重则被认为是抄袭或剽窃。曼斯菲尔德的《疲倦的孩子》及其他一些短篇曾引发争议，作家本人也因此受到非议甚至抨击。在今天看来，仿写或重写已有了新的含义，它不再被简单地归结为模仿或抄袭，后现代主义作家这种有意识地对经典进行改写或仿写，被视为是一种创

1　Monica Loeb. *Literary Marriages: A Study of Intertextuality in a Series of Short Stories by Joyce Carol Oates.* New York & Oxford: Peter Lang, 2002. p.92.

2　ibid., p.93.

3　Michelene Wandor. Ed. *On Gender and Writing.* London: Pandora, 1983, p.38.

新写法。换而言之，对于后现代作家而言，对杰作的模仿"也是一种创意"[1]。"模仿在拉丁文学的构成中既非剽窃也非缺陷。它是其存在的一种动态规律。"[2]哈钦（Linda Hutcheon）进一步指出，"与古典模仿一样，改写也不是原样复制，它是一个把被改写的材料变成自己的过程。创新产生于一个文本对另一个文本做了什么。"[3]

曼斯菲尔德认为从前辈那里汲取的越多，反而有可能压抑自身创造力，因此，只有在对前辈及其作品喜爱的基础上，方能做到相互吸收。这是一种互动互惠的关系。从曼斯菲尔德的日记和书信中可见，她并非一味地盲从或借用，相反，她十分清楚自己在做什么，抱着探询的态度去阅读俄罗斯作家作品，从中获取养料，激发灵感。1916 年 3 月的日记记录了她阅读陀思妥耶夫斯基的《白痴》和《群魔》的心得，看得出，她十分关注小说人物特别是女性人物性格的刻画。"陀思妥耶夫斯基说她（纳斯塔斯娅，笔者加注）的行为是'出于恶意'时，目的是为了展示她的权力。"[4]曼斯菲尔德敏锐地感觉到了人物身上的报复情感。这令她困惑，但同时激发她对作家的写作意图和技巧的好奇心，并对其创作意图提出疑问："陀思妥耶夫斯基真正的目的是什么呢？"[5]他"何以了解那种支配痛苦女人的独特的复仇情感，那种对痛苦笑声的喜爱"？"这是一件非常私密的事，然而，意义深远。她们不愿饶恕她们所爱之人。"[6]曼斯菲尔德还试图从心理学的角度来解释陀思妥耶夫斯基对人物的描写。"假如那个人以愚忠的方式爱她们，就像沙托夫爱玛丽那样，她们就渴望折磨他，这种折磨给予她们真切的解脱。这与陀在描写沙托夫的激情生活中反复出现的那种'折磨'有何共同之处？当女人们折磨她们的爱人时，她们快乐吗？不，她们也同样处在分娩阵痛之中。她们将产生出新的自我，她们从来不信她们能够解脱"。[7]1919 年 12 月 30 日，她在日记里再次记

1　Linda Hutcheon. *A Theory of Adaptation.* New York & London: Routledge, 2006, p.20.

2　David West and Tony Woodman. Eds. *Creative Imitation and Latin Literature.* Cambridge: Cambridge University Press, 1979, p.ix.

3　Linda Hutcheon. *A Theory of Adaptation.* New York & London: Routledge, 2006, p.20.

4　Margaret Scott. Ed. *Katherine Mansfield Notebooks.* Complete Edition. Minneapolis: University of Minnesota Press. 2002, p.27.

5　ibid., p.33.

6　ibid., p.28.

7　ibid.

载了她"晚上阅读陀思妥耶夫斯基,(次日)上午讨论'外部生活'的重要性。"[1]

这些读书笔记表明,曼斯菲尔德是带着批评的眼光和立场阅读陀思妥耶夫斯基的。默里在他的自传《两个世界之间》(*Between Two Worlds: An Autobiography*,1935)里是这样描述的:"凯瑟琳相当激烈地抨击陀思妥耶夫斯基的'为愚蠢的人们敞开大门'。跟劳伦斯一样,曼斯菲尔德不能容忍陀思妥耶夫斯基的谦卑。"[2]然而,对陀思妥耶夫斯基的创作流露出的不满情绪,在很大程度上源于他们对后者的不了解乃至误解,从而将自己的观点强加给陀思妥耶夫斯基。

尽管如此,陀思妥耶夫斯基对她创作的影响毋庸置疑。她的《我不说法语》("Je ne parle pas français",1917)、《莳萝泡菜》("A Dill Pickle",1917)、《没有脾性的男人》("The Man Without a Temperament",1921)、《一杯茶》("A Cup of Tea",1922)无不弥漫着陀思妥耶夫斯基作品特有的氛围。默里在读完曼斯菲尔德寄给他的《我不说法语》("Je ne parle pas français",1920)的手稿后,用了"一流""绝了""独特""令人着迷"等形容词来描述他对这部作品的感受,认为它使他重获阅读陀思妥耶夫斯基的《地狱来信》时的那种感觉,它"完全不同于他读过的她的其他任何作品。"默里的这一评价一方面说明他意识到曼斯菲尔德正在尝试新的写作方法——转入内心,"反省自我";[3]另一方面暗示了曼斯菲尔德的创作无疑受到陀思妥耶夫斯基的心理小说的影响。

这种批判性接受的态度同样也折射在她对其他俄罗斯作家的评论中。即便是她最钟爱的契诃夫也不例外。1917年,她在日记里写道:"契诃夫使我感到创作长短不均的故事的这种欲望完全合法。《日内瓦》("Geneva",1917)是个长篇,但《汉密尔顿》("Hamilton")很短,应该真正写给我弟弟的,另一个是关于新西兰生活的。"[4]但在1921年5月25日给默里的信里,她说了这样一段话:"伟大艺术家是那个高举困难的人……我越来越发现,只有困难之事才值得去做,那是多么的真实。人有

1　Margaret Scott. Ed. *Katherine Mansfield Notebooks*. Complete Edition. Minneapolis: University of Minnesota Press. 2002, p.186.

2　John Middleton Murry. *Between Two Worlds: An Autobiography*. London: Jonathan Cape, 1935, p.314.

3　ibid., p.464.

4　Clare Hanson. Ed. *The Critical Writings of Katherine Mansfield*. London: Macmillan Press, 1987, p.28.

意选择难事去做。我认为契诃夫并没有像他应该做的那样地认识到这一点。《偷马者》中有几个故事——着实令人震惊。"[1] 最后的那句"着实令人震惊"不无对其仰慕的大师的失望之情。可以断言，曼斯菲尔德在创作活动中，超越了她的时代局限。换言之，在她的小说创作中已显露出后现代文学特征的端倪，尽管她和她同时代的人并没有真正意识到这一点。

二、仿写、改写和超越：简单的对比

本节旨在讨论契诃夫对曼斯菲尔德的创作影响和曼斯菲尔德对契诃夫的仿写、改写和超越。讨论重点将是那些被认为是对契诃夫作品的模仿、甚至剽窃的作品，特别是评论家伍兹在其专著中进行平行对比的7组短篇。它们包括：（一）《苦恼》与《帕克妈妈的一生》；（二）《多余的人》《蚱蜢》与《时髦婚姻》；（三）《渴睡》与《疲倦的孩子》；（四）《没意思的故事》与《理想家庭》；（五）《三姊妹》与《已故上校的女儿们》；（六）《小人物》与《苍蝇》；（七）《农民》与《邮递员太太出席婚礼》《雷蒙咖啡馆》。通过比较上述作品的异同点，探究曼斯菲尔德对契诃夫作品的再想象，揭示作家如何通过解读、保留原作的元素，与此同时，又是如何重新聚焦、改变和拓展原作，得以创新，并最终形成具有自身特色的作品，实现对契诃夫的超越。

（一）《苦恼》与《帕克妈妈的一生》

契诃夫的《苦恼》（1886）描写一个死了儿子的老马夫姚纳向人倾诉心中的痛苦，无奈偌大一个彼得堡却找不到一个能够倾听他诉说的人，最后他只能对着小马驹诉说。小说以冷峻的笔触写出了姚纳的辛酸和苦恼，如副标题所示，"我拿我的苦恼向谁去诉说？"作品通过无处诉说苦恼的姚纳的悲剧，揭示了人世间的自私、冷酷和无情。这也正是当时俄国社会现实的写照。《帕克妈妈的一生》描述了钟点工帕克妈妈在孙子死后的精神状态。她的雇主文人先生无法理解帕克妈妈的心情。通过倒叙，故事呈现了孙子向她要零花钱而她说没有的情景。然后，她回忆起搬迁

1　Clare Hanson. Ed. *The Critical Writings of Katherine Mansfield*. London: Macmillan Press, 1987, p.114.

到伦敦后，丈夫死亡，孙子夭折。在打扫了文人先生的屋子之后，帕克妈妈希望在某个地方可以尽情痛哭一场，但天突然下起雨来，她无处可去，但她又不愿在家中被人看到她伤心欲绝。

从主要情节看，两个故事非常相似，这也是以往负面评论的主要依据。但细心观察，它们之间存在明显差异。首先，就主题而言，契诃夫的故事表达了对社会现实的批判。通过采用第三人称客观叙述，作者有效地揭示了作品的批判主题。《苦恼》写于1886年，这个时期正值沙皇俄国黑暗时期，沙俄的残酷统治使很多人变得麻木不仁，冷漠自私，不愿正视社会现实。在这样的背景下，作者以冷峻的笔触，客观地描绘了这种可怕的社会现状，为不幸的人们抗争，对社会现实进行了无情的抨击。曼斯菲尔德的故事聚焦于社会的阶级意识。阶级鸿沟成为人们交流时无法逾越的障碍，不同的两个阶级就像两条平行的直线永远无法相交。文人绅士以为帕克妈妈只关心葬礼是否体面，不会太在意孩子夭折这件事一样，他并无恶意。这与契诃夫故事中坐他马车的那位军人、3个年轻人以及那个年轻车夫的不耐烦或漠不关心有很大不同。文人绅士至少做出努力去同情帕克妈妈的不幸。其二，就主人公来说，姚纳希望向人诉说他的痛苦遭遇，然而这小小的愿望却屡遭挫折。帕克妈妈只是希望找个陌生之地痛哭一场，因为她不愿让人看到她的痛苦，更不想用自己的痛苦去打扰他人的生活。即使在巨大的悲痛下，她还顾及他人感受，以惊人的毅力克制住自己，并像往常一样，将文人肮脏的寓所打扫得干干净净，充分展现了她作为人的尊严。小说所采用的转换视角和倒叙手法，一方面强化了帕克妈妈失去孙子后的痛苦，再现了一位贫穷、朴实、坚强、自尊、包容、具有美好心灵的女性形象；另一方面，作者通过视角转换，透过帕克妈妈的视角，将文人凌乱不堪的居所与窗外"惨淡"的景色并置，有效地展示了文人"落魄"的生活窘境。换言之，与帕克妈妈相比，文人的生活状态也颇为窘迫，从而极大地削弱了小说的批判性。

> 他的寓所看来简直就是一只大垃圾箱。连地板上都洒满了烤面包屑、信封、烟头。可是巴克妈妈并不埋怨他。她反而可怜这个没人照料的年轻人。从那熏黑了的小窗子望出去，可以看见一大片惨

淡的天空。有云的时候，云片也显得很破旧，边缘上好像都磨破了，中间还有些窟窿，或者像染上茶渍的污斑。[1]

与此同时，小说还刻意表现了他们对对方的善意，这些都表明小说的本意并不在于对现实的批判，而是通过帕克妈妈与雇主之间的交流障碍，反映英国社会不同阶层之间的理解障碍，以及处于不同阶层的人的生活和精神状态。曼斯菲尔德似乎在告诉读者，生活中有这样或那样的不如意，但这就是生活的本来面目，必须勇敢面对。如果要说两部作品之间存在相同点，除了伍兹认为的情节设计相同以外，笔者认为姚纳和帕克妈妈的共同特点是，尽管出身低微，生活艰辛，困难重重，但字里行间都可见他们作为人的尊严。姚纳的赶车姿势"笨重而优雅"，在车座上"微微挺起身子"，"跟天鹅那样伸出脖子"；[2] 帕克妈妈经历了一次又一次的生死离别，从未有人见过她哭泣。她"从不让活着的人看到她的软弱，即便她自己的孩子也从未见过她情绪失控。她总是保持着一张骄傲的脸。"[3] 这些描写展示了他们的人格尊严，同时也表明了作家对劳动阶级或底层民众的同情、尊重和关切。

（二）《多余的人》《蛣蜢》与《时髦婚姻》

《多余的人》（又译《没人要的东西》，1886）是契诃夫写于 1886 年的一个名篇。故事讲述了巡回法庭的法官巴维尔·玛特维伊奇·蔡金在现实生活中的遭遇和他的不满情绪。他对现状充满怨气。在家庭生活中，他是个局外人。作为父亲，他缺乏耐心，不惜与 6 岁的儿子争吵。他的妻子爱好艺术，追随时尚。他却对表演艺术毫无兴趣。在他回家的那个夜晚，还被驱赶到书房与儿子同寝，这使他心中充满怨气，却无处发泄，只好到户外去释放心中的闷闷不乐，然而，极度的自尊又阻碍他向外人吐露心声，因此，他只好强忍委屈，仰望天空，自哀自叹。

契诃夫的另一名篇《蛣蜢》（也译《跳来跳去的女人》，1892）则聚

---

1 凯瑟琳·曼斯菲尔德：《曼斯菲尔德短篇小说选》，陈良廷、郑启吟等译，上海：上海译文出版社，1983，66 页。以下引自该书的内容只在文中注明页码，不再另作脚注。

2 安东·契诃夫：《契诃夫小说选》，汝龙译，北京：人民文学出版社，1984 年，52 页。

3 Katherine Mansfield. "Life of Ma Parker". *The Stories of Katherine Mansfield*. Ed. Antony Alpers. Oxford: Oxford University Press, 1984, p.407.

焦女主人公奥丽加·伊凡诺夫娜。她漂亮、聪明、可爱。丈夫是医生，很宠爱她。奥丽加经常在家中举行各种聚会。画家、诗人、演员和作家是这些聚会的常客，参加聚会的"各种艺术活动"：朗诵，演奏，唱歌，谈论文学、戏剧和绘画。奥丽加的丈夫戴莫夫通常会在半夜时分用"牡蛎、火腿或者小牛肉、沙丁鱼罐头、奶酪、鱼子酱、蘑菇、伏特加和葡萄酒"招待他们。只有在此时，他才受人关注。奥丽加终日闲极无聊，时而学画画，时而学朗诵，时而学表演，时而去裁缝铺做服装，或造访某位女影星或画家。后来她结识了一位叫里亚博夫斯基的画家并爱上了他。当后者明确告诉她："我要是您的话，早就把画笔扔了……您算不得画家"时，奥丽加才明白自己并无什么艺术天分，也才发现真正爱自己的人只有自己的丈夫戴莫夫。然而为时已晚，因为就在那时，戴莫夫在给病人吸痰时染上了白喉杆菌而丧命。

曼斯菲尔德的《时髦婚姻》里的男主人公威廉是一家伦敦公司职员，两个孩子的父亲。每逢周末，他便回家与妻儿团聚，享受天伦之乐。自从搬迁新居之后，家庭生活发生了变化。妻子伊莎贝拉是个醉心于时尚生活的女性，整天在家与她那群"趣味相投"的艺术家朋友们一起画画，谈艺术，谈创作。而他们所谓的艺术创作只不过是些乱涂在墙上的奇形怪状的图画：一个蜷着双腿的青年把一束雏菊献给一个一条胳膊短、另一条胳膊长的女人。这幅画表现了这群所谓的艺术家的病态审美观和扭曲的人生观。家里，沙发上、椅子上，沾有碎鸡蛋似的颜料，盛满烟蒂的烟灰缸；仆人们旁若无人地高声交谈。"突然传来一阵尖笑声，接着是同样高声的'嘘！'他们记起了他。……他只待到明晚。"[1]作为一家之主的威廉被人遗忘，他更像是一个陌路人，一个过客，一个妨碍他人生活的多余之人。

三个故事的基本情节相同。三位男主人公中，一位是地方法院的法官，一位是医生，还有一位是公司职员，他们都有一个酷爱艺术、醉心于追逐时尚生活方式的年轻妻子。作者通过第三人称客观视角，展示了他们在家庭生活中的尴尬处境，与他们的公共身份格格不入。这也是曼

---

1 Katherine Mansfield. "Marriage a la Mode". *The Stories of Katherine Mansfield*. Ed. Antony Alpers. Oxford: Oxford University Press, 1984, p.436. 以下引自该书的内容只在文中注明页码，不再另作脚注。

斯菲尔德的《时髦婚姻》被认为是契诃夫的《多余的人》或《蚱蜢》的另一个版本的主要理由。但契诃夫的两个故事均以人物为标题，而曼斯菲尔德的《时髦婚姻》则聚焦现代婚姻。因此，关注点有所不同，后者更具有一般意义。故事的结局也耐人寻味。《多余的人》中的节日达·司节潘诺夫娜是一个如福斯特所说的"偏平人物"。自始至终，她没有改变。《蚱蜢》中的奥丽加尽管最终有所醒悟，但太晚了。两个故事的结局都暗含了对女主人公的讽刺与批评。《时髦婚姻》在结尾处给女主人公留有余地。她的瞬间醒悟、对自己"浅薄、轻浮、虚荣"的认识以及之后的"默默保证"，即"一定会"给威廉写信，不仅暗示了人物的可能变化，而且展示了曼斯菲尔德对现代婚姻中女性地位和角色的暧昧态度，在契诃夫的作品中是读不出这种矛盾情感的。

其次，如前文所示，三个故事都采用了第三人称叙述。契诃夫的故事自始至终是在一个客观视角下展现的。人物的生活现状和问题被客观地呈现。曼斯菲尔德的故事则采用了一个混合视角，即第三人称全知视角和人物有限视角相结合。在情节发展中，这两个视角时而分离，时而重合，时而相互转换，有效地揭示了故事的内涵，特别是在对艺术作品的呈现方法上，作家采用人物的有限视角，即威廉的视角，展示了他妻子及其艺术家朋友们所欣赏的艺术实际上只是些乱涂在墙上的奇形怪状的图画：一个蜷曲着双腿的青年把一束雏菊献给一个两条胳膊长短粗细不一的女人。通过视角的转换，故事巧妙地揭示这群自诩为艺术家的人只不过是一群装模作样的精神畸形儿，其审美观和人生观是颓废的和病态的，从而间接地对伊莎贝拉的艺术追求和品位提出了质疑和讽刺。在《多余的人》和《蚱蜢》中对节日达的艺术家朋友和业余演员的简单介绍里，字里行间无不透出贬损之意，然而，作家并没有抨击当时的艺术品味。同样，对于奥丽加的艺术家朋友以及她从事的种种艺术活动，契诃夫只是客观描述，并没有作任何评述。显然，艺术或艺术家并非他的批评对象。契诃夫关注的更多的是普通人和他们的生活困境，以及他们所处的社会环境给他们带来的影响。

（三）《渴睡》与《疲倦的孩子》

《渴睡》（1888）和《疲倦的孩子》被认为是情节雷同的一对故事。

前者讲述了小保姆瓦尔卡的故事。因为父亲去世，瓦尔卡到主人家做保姆，每天有干不完的活儿，忍受着主人的打骂，最要命的是，她还得哼曲，哄睡始终啼哭不断的婴儿。由于超负荷工作，年仅 13 岁的瓦尔卡有一天终于累得睁不开眼，整个人处在昏昏欲睡之中。就在她梦到母亲和已故的父亲时，又被婴儿的哭喊声唤醒，被主人残忍地支使干这干那。婴儿无休无止的哭闹和没完没了的家务终于使瓦尔卡忍无可忍，她认为造成这一切不幸的敌人是婴儿，唯一摆脱这一困境的方式是将婴儿杀死。在极度瞌睡的恍惚中，她将婴儿闷死，然后高兴地瘫倒在地，沉沉睡去。《疲倦的孩子》的情节基本相同，小保姆与瓦尔卡一样，也是个孤儿，而且是一出生便遭遗弃。她不仅要听候频繁的使唤，而且还要忍受人格上的侮辱，终因不堪疲惫、瞌睡而杀死婴儿。这也是曼斯菲尔德备受非议，被控剽窃契诃夫的《渴睡》的主要原因。但通过仔细阅读和比较两者，发现相同点主要停留在情节上。但两个故事在立意、人物刻画、叙述技巧、意象运用方面却存在明显差异。

首先，曼斯菲尔德的故事中出现了这样一个画面：每当女孩昏昏欲睡时，她的脑海里便呈现出一幅令人神往的美好景象——她正沿着一条白色的小路走着，路的两旁是黑黝黝的大树，这是一条通向乌有之乡的小路，路上没有任何行人……显然，这一梦境源于她内心对于美好生活的向往，曼斯菲尔德通过呈现小保姆梦中的美好景象，暗示了美好生活的可能性，并以此来淡化现实生活中的失望和痛苦。相比之下，瓦尔卡在半睡半醒中看到的朦胧幻影与她所过的丑陋生活并没有什么不同。"乌云在天空互相追逐，跟孩子一样地啼哭。"她所看见的一条宽阔大路"到处是稀泥、货车和背着行囊的人们。"那些人"忽然倒在烂泥地上睡着了，乌鸦和喜鹊坐在电线上，像娃娃一样地啼哭。"[1] 此外，她还梦见已故父亲病危求医。显然，即使在梦里，瓦尔卡也摆脱不了现实生活的窘迫，梦境更多的是反映她的真实生活状态。在对待啼哭的婴儿的问题上，曼斯菲尔德的小保姆对婴儿不断的啼哭声的厌恶主要源于它阻扰并破坏了遐想带给她的欢愉，这使她感到焦躁不安，由此产生了停止所有妨碍她遐想的想法，使她果断采取报复行为；而瓦尔卡的想法要单纯得多，只是

---

1 安东·契诃夫：《契诃夫小说选》，汝龙译，北京：人民文学出版社，1984 年，145 页。

希望能美美地睡上一觉。

其二，曼斯菲尔德的小保姆无名无姓，取而代之的是一个大写的"孩子"。不仅如此，她的压迫者男女主人同样也无名无姓。因此，可以说，他们的窘迫隐含了某种普遍意义上的生活和精神窘迫。整个故事充满了一种沉重的压抑感。男女主人固然是虐待女孩而致使她成为诛杀婴儿的罪魁祸首，但他们的生存环境同样糟糕透顶，与契诃夫故事中的老板和老板娘有所不同。男主人的叹息声——"猪的一天——猪的生活"——准确地描绘了他们的生活窘境，正如窗外天空"鼓鼓地、沉重地笼罩着毫无生气的大地"，[1] 甚至连新生儿的即将降临也没能给他带来一丝喜悦，"又一个孩子"（23）；女主人则因频繁生育而"内脏都打了结"（27）。孩子们彼此间打闹取乐，常常给对方造成痛苦。"安顿完全醒了，转过身去，给了汉斯的屁股一脚，而汉斯则去拉蕾娜的辫子，蕾娜尖声地向母亲求救"（24）。每个人物身上都释放出沉重和焦躁的信号，生活的一团糟暗示了人的精神颓废。如果说女孩借助梦幻来摆脱其生活困境，那么他们则通过虐待女孩来发泄对生活的无奈，以此达到某种心理平衡。

其三，与契诃夫不同，曼斯菲尔德不仅对小保姆寄予同情，而且对男女主人也不乏恻隐之心。故事的视角转换有效地展现了底层社会和边缘人物的窘迫生活和由此而产生的精神窘迫。叙述者在对待小保姆和男女主人时的暧昧态度似乎表明她不愿意将生活中的悲剧归咎于任何一方，而是更倾向于认为是恶劣的生活现状导致人的行为乖戾、变态。两者的区别在于，契诃夫的作品更多指向对俄国社会现实的批判，小人物和农民、车夫都有比较鲜明的阶级性；而曼斯菲尔德的故事则倾向个体生活现状的描写，并不特指某个社会，某个阶级，主要关注的是一般意义上的普通人的心理和精神健康。

（四）《没意思的故事》与《理想家庭》

契诃夫的《没意思的故事》（1889）和曼斯菲尔德的《理想家庭》是又一组被认为情节雷同的故事。《没意思的故事》中的主人公尼古拉

1　Katherine Mansfield. "The Child Who Was Tired". *The Stories of Katherine Mansfield*. Ed. Antony Alpers. Oxford: Oxford University Press, 1984, p.23. 以下引自该书的内容只在文中注明页码，不再另作脚注。

（"我"）是一位教授，学富五车，成就卓著，为人正直谦逊，在知识界享有很高声望。然而，在步入晚年时，尼古拉愈来愈感到力不从心，头脑里缺乏"中心思想"，"一种重要的、非常重大的东西"。对他来说，"如果缺少这个，那就等于什么也没有了"，活着也便"丧失意义"，之前的成就以及与人的关系，也都变得毫无意义。为此，他痛苦不堪，患上了严重的神经衰弱症。而家人的不理解和不关心更令他感到孤独无援，使病情更重。《理想家庭》中的尼伍先生是一位实业家，一家大公司的总裁，也是人人羡慕不已的幸福之家的一家之主。然而，当他踏入家门的瞬间，心头陡然升起一股孤独苍凉之情和一种从未有过的倦意。可以说，生活中的尼伍并不像他在事业上那样显赫，他的妻儿们除了对物质享受感兴趣外，对一切都显得冷漠和不耐烦。他们甚至无视他的存在，也不顾及他的感受，他完全成了一个多余的人。"他被遗忘了……他们对他简直是陌生人。"[1]两个故事的相同点还在于都以"再见了，我的宝贝！"而终结。根据故事的创作时间和曼斯菲尔德的日记，"'他们说哲学家和真正智慧的人都是漠然的；这不对：漠然是心灵麻痹；是夭折。'（契诃夫：《没意思的故事》）从来没有比这些更真实的了！ K. M."[2]完全可以断定，契诃夫的《没意思的故事》激发了曼斯菲尔德创作灵感，与此同时，她将对契诃夫的故事的理解折射在她自己的作品中，换而言之，《理想家庭》具有更深刻的心理张力。

　　曼斯菲尔德采用了梦境 / 梦幻的叙述策略。较之曼斯菲尔德的人物，契诃夫的人物更具真实感，描述也更客观。自始至终，教授"我"清楚地意识到自己的问题，冷静、理性地对待自己和周围发生的一切，对于将要面临的死亡也显得从容不迫。"我"虽然感觉到身体功能急速退化，但无法遁入梦境，原因之一是"我"还患有失眠症，以至于无处可遁。对曼斯菲尔德来说，白日梦、梦幻是人物用来回避残酷现实、缓解随之而来的伤害的最佳途径。一个值得关注的现象是，曼斯菲尔德的那些耽于梦幻的人物身上往往都有明显的疲惫特征。这种疲惫不全然是机体的，

1　Katherine Mansfield. "An Ideal Family". *The Stories of Katherine Mansfield.* Ed. Antony Alpers. Oxford: Oxford University Press, 1984, p.425. 以下引自该书的内容只在文中注明页码，不再另作脚注。

2　Joanna Woods. *Katerina: The Russian World of Katherine Mansfield.* Middlesex: The Penguin Group, 2001, p.211.

也是心灵的。正如前文提到她在日记中所写的，"漠然是心灵麻痹，是夭折"。通常，曼斯菲尔德运用视角的巧妙转换，通过并置手法，来揭示人的机体疲倦即是精神麻痹和灵魂死亡的反映。如，"他已经累了。虽然夕阳未下，他可冷得出奇，浑身感到麻木。忽然一下子，他没有这份精力，也没有这份心思了，这片欢乐明媚的春光叫他受不了；叫他心烦意乱。"[1]引文中，全知叙述者向读者呈现了一幅明媚的景色与疲惫不堪的尼伍老先生并置的画面。接着，作者笔锋一转，全知视角变成了尼伍的视角。读者透过他的目光，看到一位孤独的攀登者。这个攀登者实际上是尼伍本人。在物质的富裕中，他突然感觉到一种精神的空虚和失落，感到灵魂也像那位古人干瘪萎缩的细腿一样，正在开始衰亡。视角的转换使现实世界与尼伍的梦幻世界有机地交织在一起，真实地揭示了老尼伍迷茫和痛苦的内心。丰富的物质生活非但没有给人带来相应的精神财富，相反地，却导致了精神世界的贫瘠和人对自我身份的困惑。

（五）《三姊妹》与《已故上校的女儿们》

契诃夫的《三姊妹》（1899）讲述了俄罗斯边城一个帝俄军官家庭中的三个女儿和一个儿子的故事。他们从小都受到良好的教育。哥哥学识渊博，三个妹妹精通多国语言。他们准备卖房，然后到度过了少年时代的莫斯科去生活。莫斯科是三姊妹心中的精神家园，也是她们最向往的地方。但出生于小市民阶层且没有受过良好教育的娜塔莎成为他们的嫂子之后，一切都改变了。大姐奥尔加是中学老师，后来做了校长，始终没有找到自己的爱情。二姐玛莎的丈夫是个平庸的中学教师，玛莎厌倦平庸的生活，爱上了来自莫斯科富有新思想的炮兵中校威尔什宁。然而部队调防，玛莎不得不与自己的恋人别离。小妹妹伊琳娜多才多艺，人见人爱。她希望回到莫斯科去开创自己的生活。就在她答应屠森巴赫男爵的求婚后，后者在与上尉军官索列尼的决斗中丧生。故事结尾时，三姊妹丧失了去莫斯科的机会，然而却更加思念心中的莫斯科。曼斯菲尔德的《已故上校的女儿们》讲述了已过中年仍待字闺中的姊妹俩在父

1　凯瑟琳·曼斯菲尔德：《理想家庭》，陈良廷译，引自《曼斯菲尔德短篇小说选》，陈良廷、郑启吟等译，189 页。

亲的葬礼后商量如何处置父亲遗物的故事。故事着重描写了她们在长期相依为命的老父亲去世后的惆怅和失落心态。姊妹俩希望开始新的生活，但是发现她们最终都"记不得想要说什么了"。

两部作品题材相似，都涉及家父过世后女儿们的生活处境。其差异主要表现为三个方面：第一，《三姊妹》着重父亲过世后的生活状态和她们对未来的设想，从对她们的心灵之城莫斯科的憧憬到希望破灭，表达了不如人意的生活现状和前景暗淡的未来。《已故上校的女儿们》叙述了葬礼之后发生的事。姊妹俩商量如何处置父亲遗物、家庭事务以及对未来生活的安排，其间穿插了大量有关父亲在世时的回忆。通过倒叙手法，她们此前的生活状态变得清晰可见。故事以她们记不得她们想说什么戛然而止，耐人寻味。《三姊妹》平铺直叙，指向未来，而《已故上校的女儿们》则聚焦过去生活对现在甚至未来的影响。其次，两个作品中都有一个军人父亲，但不可同日而语。《三姊妹》中的父亲是位慈父。生前，他给予她们良好的教育；死后，他给她们留下了一幢庄园。特别是，许多年轻的军官都曾是这座庄园的常客。这与《已故上校的女儿们》中所描写的情况恰好相反。父亲的专横跋扈阻碍了年轻异性的上门拜访。整个故事弥漫着姊妹俩对父亲的敬畏乃至恐惧，即便在他死后，这种胆战心惊的不安全感仍存在于她们内心深处，致使她们难以适应或重启新的生活。然而，纵然她们无法摆脱父亲的影响，从姊妹俩的对话或描述中隐约可见其复仇心理，这与《三姊妹》中女儿对父亲的怀念和敬仰全然有别。这一差异部分地可归咎于作家所采用的不同叙述视角。《三姊妹》通过人物对话展开情节，线性发展；而《已故上校的女儿们》采用的是第三人称混合视角，结合倒叙、自由联想和时空交织等多个叙述手段，从多个层面特别是心理层面表现了人物复杂的个性以及生活现状。

（六）《小人物》与《苍蝇》

契诃夫的《小人物》（1885）和曼斯菲尔德的《苍蝇》的相似之处在于两位作家对作品中主要意象的处理。《小人物》讲述了平庸穷酸的公务员涅维拉济莫夫在复活节那天的遭遇。他为了区区两卢布的报酬，替人值班。当他耳闻目睹窗外人们欢庆的景象时，他悲叹自己的境遇。为了区区两卢布，他写贺信给他鄙视的上司，阿谀奉承，以博取好感。就在那时，他看到身旁一只爬行的蟑螂，便将它拍死、烧掉。《苍蝇》的情节简单。故事地点也是在室内——老板的办公室。老板得意地向比他小5岁的伍德菲尔德炫耀他经过重新装修的办公室里的一切，还请他喝了一杯威士忌酒。之后，伍德菲尔德告诉他，他的女儿们在比利时公墓凭吊其兄时，看到了附近他儿子的坟墓。伍德菲尔德离开后，老板便陷入沉思。突如其来的消息勾起了他痛苦的记忆。这时，桌上的一只苍蝇吸引了他的注意力。他突发奇想，用蘸满墨水的钢笔，在苍蝇身上滴上一大滴墨水，如此反复，直到苍蝇终于精疲力竭，惨死在墨水中。

两个故事从情节设计，特别是对小蟑螂和苍蝇意象的处置，颇为相似，但差异也十分明显。小蟑螂卑微可怜，生活在黑暗的角落里，没有出路，是主人公生活的写照，将它拍死并烧掉象征了主人公内心的阴暗和对现状的不满。《苍蝇》里的老板一而再再而三地将苍蝇置于绝境，而苍蝇一次又一次地死里逃生。这一方面可以说反映了命运的残酷和生命的顽强，另一方面，老板如此反复的动作更多是一种心灵求索。借苍蝇不屈不挠的求生精神，他渴望从中获得生存的勇气，找到人生意义，以求得精神上的平衡。但苍蝇的最终死去，又使他重新陷入了绝望和恐惧之中，他"心里突然感到一阵难熬的痛苦，自己不禁害怕起来"。[1] 因此，苍蝇意象表达了死亡的必然性和对这一残酷现实的恐惧和拒斥。从对比的结果看，《小人物》对《苍蝇》的影响主要在情节的设计上；但就故事的立意而言，两个作品不可同日而语，就犹如苍蝇远非蟑螂，老板也不是那位小公务员。另外，跟《疲倦的孩子》一样，老板始终无名无姓，在某种意义上，老板具有多重含义，作品也因此变得复杂而丰富。关于《苍蝇》的构思、酝酿、写作直至完成的过程，笔者将在下文详细论述，在此不再赘言。

（七）《农民》与《邮递员太太出席婚礼》《雷蒙咖啡馆》

契诃夫的《农民》（1897）与曼斯菲尔德的《邮递员太太出席婚礼》和《雷蒙咖啡馆》的主题均涉及普通人的生活现状。《农民》是契诃夫的晚期作品，也是被视为作家农民系列作品的代表作，它描述了农民在

---

[1] Katherine Mansfield. "The Fly". *The Stories of Katherine Mansfield*. Ed. Antony Alpers. Oxford: Oxford University Press, 1984, p.533. 以下引自该书的内容只在文中注明页码，不再另作脚注。

19 世纪八九十年代极度贫困的生活现状，表达了作者对农民悲惨命运的关心和同情。《邮递员太太出席婚礼》和《雷蒙咖啡馆》是曼斯菲尔德早期作品集《在一个德国公寓里》中的两个短篇。契诃夫的故事围绕尼古拉一家展开，他曾是莫斯科一家饭店的侍者，因病辞职，携妻女返乡，因为他相信，"在家养病便当得多，生活也便宜得多。俗话说'天南海北，家里最好'"。[1] 然而，回家后的所见所闻令他震惊，这是一个充满贫困、污秽、无知、怨恨、暴力、道德堕落肮脏而危险的世界。根据伯克曼（Sylvia Berkman）的观点，曼斯菲尔德的《邮递员太太出席婚礼》是"最令人难忘的故事"[2]，鲍狄（Gillan Boddy）则直言它对"男权的不加掩饰的抨击"[3]。邮递员太太目睹了婚礼上来宾们对新娘的恶作剧，在一片不怀好意的取笑声中，感觉到一种伤害和屈辱。"她注视着周围一张张笑脸，突然他们对她似乎都是陌生人……她想象所有的人，甚至比屋里更多的人，都在嘲笑她，大家都在笑她，因为他们太强大了"。[4] 尽管此时此刻她的感受更多的是触景生情，但她深切体会到人性的麻木和残忍。同样，《雷蒙咖啡馆》描写了女招待萨毕娜的情窦初开以及伴随而至对性的好奇和对生育的恐惧的混杂情感。一方面，单调乏味的生活使她渴望有爱和孩子的生活，另一方面，她又惧怕像老板娘一样因怀孕而变得"丑陋不堪"。萨毕娜始终在甜蜜的梦想和痛苦的现实之间徘徊和纠结。

伍兹认为，曼斯菲尔德在这两部作品中采用了与契诃夫的《农民》同样的叙述风格，向读者展示了一个同样残忍的世界。[5] 这一结论听起来有一定道理，但细读文本，两者的差异还是十分明显的。首先，《农民》主要采用的是客观视角，叙述者是旁观者，自始至终以超然的姿态，不带任何感情色彩讲述故事。即便如尼古拉突然病亡这样重要的情节，叙述者也只是轻描淡写，一笔带过，尼古拉便悄然消失了。表面上，尼古拉的死无足轻重，没人当回事，我们既看不到他亲人的嚎哭，也体会不

---

1 安东·契诃夫：《农民集》，汝龙译，上海译文出版社，1982，30 页。以下引自该书的内容只在文中注明页码，不再另作脚注。

2 Sylvia Berkman. *Katherine Mansfield: A Critical Study*. New Haven: Yale University Press, 1951, p.43.

3 Gillan Boddy. *Katherine Mansfield: The Woman and the Writer*. Ringwood, Vic: The Penguin Group, 1988, p.197.

4 Katherine Mansfield. "Frau Brechenmacher Attends a Wedding". *The Stories of Katherine Mansfield*. Ed. Antony Alpers. Oxford: Oxford University Press, 1984, p.47.

5 Joanna Woods. *Katerina: The Russian World of Katherine Mansfield*. Middlesex: The Penguin Group, 2001, p.86.

到他们的悲痛。然而,紧接着的第九部分开篇的一句式段落:"啊,这个冬天多么苦,多么长呀!"(50)却耐人寻味,暗示了令人煎熬的苦难人生使这些可怜的人们变得麻木不仁。故事在母女俩返途中的乞讨声中告终:"东方正教的教徒啊,看在基督的份上,尽您的心多多调济调济吧,祝您爹娘在天国得到永久的安息……"(54)。《邮递员太太出席婚礼》和《雷蒙咖啡馆》所采用的是一种混合视角,即客观视角和人物的有限视角相结合。作者通过这种混合视角有效地记录了邮递员太太参加村里一位姑娘的婚礼的经过和她的内心感受;《雷蒙咖啡馆》也以同样的叙述方式,讲述了萨毕娜作为咖啡馆女侍者的日常生活和她的感受。其次,非常巧合的,三个故事都是以寒冬为背景,讲述的也是底层民众的故事以及他们在生活中的种种窘迫,因此作为主要背景的寒冬十分应景。然而,对背景以及它与人物的关系的处理上,两位作家方法迥异。《农民》中的背景主要是自然景观,如下文所示,

> 那条河离村子有一俄里远,在美丽的、树木苍翠的两岸中间弯弯曲曲流淌过去。河对岸又是一个广阔的草场、一群牲口、好几长排的白鹅;过了草场,跟河这边一样,升起一道陡坡;坡顶上有一个村子和装着五个拱顶的教堂,再远一点是一个地主的庄园。"这儿真好!"奥里格说,看见教堂,就在胸前画十字。"主啊,多么豁亮!"(5)

小说中的自然景观往往用来衬托人物,形成人与环境的一种强烈对立。如,

> 尼古拉和奥里格坐在陡坡的边上,观赏日落,看金黄和猩红的天空怎样映在河面上,映在教堂的窗子上,映在空气中。空气柔和、沉静、说不出的纯净,这是莫斯科从来也没有的。(6)

在这个对立中,人物显得无足轻重,而环境则在明媚的阳光和洁净的空气下生机勃勃,从而更加彰显人物的渺小,他的无能、无知、冷漠、无奈和无助,甚至堕落。

> 这些人生活得仿佛比牲口还糟;跟他们在一块儿生活真可怕;他们粗野、诡诈、肮脏、熏醉;他们不和睦,老是吵嘴,因为他们

不是互相尊重，而是互相害怕、怀疑。（52）

　　太阳升得很高；天热起来。茹科渥远远地撇在后面了。走路是痛快的；奥里格和沙霞不久就忘了村子，忘了玛丽亚；她们兴致很高；样样东西都使她们快活。看啊，那边是古老的坟丘；那边是一长排电线杆子；一根挨着一根，伸展到不知什么地方去，到了地平线不见了，电线神秘地嗡嗡响；那边远处是农家，遮掩在一片苍翠里，飘来一股湿气和大麻的香气，不知怎么那地方总好像住着一些幸福的人似的；那边有一匹皮包骨的马，在田野上成为孤零零的一个白点。百灵鸟不停地歌唱；鹌鹑互相呼应；秧鸡清脆地叫着，仿佛谁猛地丢出一个旧铁环去似的。（53）

　　上述引文表明，美丽乡村景色更凸显了尼古拉一家及其邻里的生活现状的不堪和难以忍受。此外，这些乡村美景大多与人物奥里格相连。换言之，美丽的风景都是透过她的视角展现的，并常常伴随着教堂和她的祈祷或感恩声。奥里格是个笃信宗教的人，每天念福音书，书中的"那些神圣的句子把她感动得流泪"，"她的脸容也会变得温柔、慈祥、放光"。（11-12）契诃夫通过对景色的描写，喻情于景。通过奥里格的行为举止，作家似乎在暗示，人生仍有希望。相比较之下，曼斯菲尔德的两个短篇中的外部描写不足挂齿，更多的描写则局限于人物的心理活动，即对生存环境做出的一种内心回应。这有别于契诃夫在作品中相当比重的背景或环境描写，环境和人物相互映照。此外，《农民》的焦点不是个体，而是作为一个阶层。在故事中，无论男女都被生活所逼迫，其处境令人泄气，饥饿、疾病、酗酒、家庭暴力无处不在，极度贫困熬干了他们的耐心和善良，取而代之的是冷漠、自私、无知和堕落。曼斯菲尔德的两个短篇更多地聚焦于个体人物，确切地说，个体女性。如《在雷蒙咖啡馆》里的萨毕娜和《邮递员太太出席婚礼》中的邮递员太太以及她们对周围一切的反应，其关注的问题相对于契诃夫的《农民》则更具体，更明确，人物个性鲜明，形象也更丰满。尽管萨毕娜和邮递员太太在生活中处于从属、被动地位，缺乏自主权，然而她们对人充满同情、善意，有正义感。譬如，萨比娜常常需要"承担额外工作"，帮助减轻怀孕的老板娘的工作负担，但她从未想过要"任何额外报酬"，还"不时地跑到楼上去问老板娘有什么需求"，表现出对后者的关切之情，"她情绪低落，但也是预料之中的"。[1] 其中的善意和关心在《农民》中是看不到的。同样，《邮递员太太出席婚礼》中的邮递员太太尽管自己生活现状并不如意，但当她看到人们在婚礼上没心没肺地嘲弄小新娘以及后者的无助时，同情之心油然而生，她似乎从周围的笑脸中看到了虚伪和恶意，原本充满期待的欢乐心情也戛然而止，"她注视着周围的笑脸，突然，在她眼里，他们都很陌生。她想回家，再也不出来了"（47）。

可见，萨毕娜对于咖啡店女老板怀孕期间承担额外工作负担既无怨言，也没有索要额外报酬，还表现出对孕妇女老板的关心和同情；邮递员太太在婚礼上目睹新娘遭到不无恶意的奚落时流露出关切和焦虑之情，这清楚表明了她们具有爱和同情的能力，而《农民》中的人物却不具备这种能力。

三、仿写、改写和超越：进一步的分析

从上述 7 组故事的对比结果看，曼斯菲尔德基本上保留了契诃夫作品的主要情节、人物特征以及开放式结局等一些元素，导致这些故事与原作非常接近。其结果是对曼斯菲尔德的这些作品的评论颇为消极，它们轻则被说成是"自由改写"，重则被冠以"剽窃之举"，但这些批评主要指向故事题材或情节相似的层面上。问题在于，一位思想活跃、头脑敏锐、刻意求新的青年作家真的会犯如此低级的错误吗？实际上，单纯地讲一个与契诃夫小说情节类似的故事绝非曼斯菲尔德的本意。那么，曼斯菲尔德为什么要冒着轻则被人说成模仿者重则被冠以剽窃者如此大的风险呢？尽管如前文所示，已有研究者对此进行过探究，却始终没有把作家作品的特色与其创新结合起来，从而在很大程度上忽视了曼斯菲尔德在创作过程中对契诃夫的超越，特别是在叙述方式、意象特点以及心理描写方面，表现得尤为突出。

首先，从叙述方式看，上述 7 组作品中，第三人称叙述视角占据主导。

1　Katherine Mansfield. "At 'Lehmann's'". *The Stories of Katherine Mansfield*. Ed. Antony Alpers. Oxford: Oxford University Press, 1984, p.38. 以下引自该书的内容只在文中注明页码，不再另作脚注。

契诃夫的作品多以客观叙述为主，但有时为了凸显人物特征，采用有限视角，从而压抑客观视角。在《多余的人》里，读者透过主人公蔡金的视角，了解到他之所以对儿子的问题不耐烦，是因为"他缠住人，就跟浴池里的一片树叶似的"（119-120），让人难以摆脱。对于小说中其他人物的描绘，也都是透过蔡金的视角，如，"满脸雀斑"的瘦女人奥尔加·基里洛芙娜，满头红卷发、长着一个挺大的"亚当的苹果的瘦高个"，还有"脸儿剃得光光的，跟戏子一样，还长着一个发青的、翘起的下巴"（122）的胖矮个。这一组合使这些人物不仅缺少艺术家的风范，而且还显得滑稽可笑。显然，对人物的这一描写来自蔡金的观察。在《没意思的故事》开篇，叙述语气客观、中立，但首段末句的"所有这些，再加上以外许多也可以提一提的事情，就构成了我的名声"[1]，标志着从客观叙述视角到人物有限叙述视角的转换。后来的情节发展基本是在客观叙述和人物有限叙述之间转换中进行。《蚱蜢》中的客观视角与奥尔加·伊凡诺夫娜的视角互为交织，有效地展现了伊凡诺夫娜的人物特征。《小人物》则从开始的客观视角逐步转换为人物涅维拉济莫夫的视角，两种视角的结合使这个小人物可怜又可鄙的生活现状和心态栩栩如生，跃然纸上。

曼斯菲尔德同样采用了视角转换的叙述技巧。不同的是，曼斯菲尔德所采用的第三人称叙述不仅仅是一个混合视角，人物有限视角也不单纯地局限于某个人物，这是一种多重视角。通过大量使用自由间接引语、自由联想等技巧，作者有效地揭示了人物丰富的内心世界，以隐喻的方式展示主题和创作意图。换言之，曼斯菲尔德通过这种叙述策略，在有限的篇幅里传递出密集的信息，从而使作品具有多层含义。笔者就以曼斯菲尔德作品中的两个片段为例，作较为细致的解读分析。以下片段引自《已故上校的女儿们》[2]。

> 在墓地，当棺材入土时，约瑟芬全身感到一阵恐怖，因为她想到她和康斯坦西娅这么做并没有得到父亲的允许。一旦父亲发觉她们就这样把他给葬了，他会怎么说？他迟早会发现的。过去他总是

---

[1] 安东·契诃夫：《契诃夫小说选》上，汝龙译，上海：上海译文出版社，1984，292 页。

[2] Katherine Mansfield. "The Daughters of the Late Colonel". *The Stories of Katherine Mansfield*. Ed. Antony Alpers. Oxford: Oxford University Press, 1984. 以下引自该书的内容只在文中注明页码，不再另作脚注。

这样。"埋葬，你们两个闺女把我给埋葬了！"她听见他的手杖戳地的声音。唉，她们将说什么好呢？能找出什么借口呢？（268-269）

　　"父亲为这将永远不会原谅我们——永远不会！"（269）

　　上述片段生动地再现了女儿们内心对父亲的恐惧，从而使一个家庭暴君和两个受害者的形象同时跃然纸上，唤起读者的愤愤之情和恻隐之心。产生这种效果应归功于小说所采用的一种混合视角，更确切地说，多重视角，并通过自由间接引语和直接引语的相互交织，展示了人物内心既内疚又恐惧的内心纠结。引文中的两句直接引语虽视角不同，却源自同一人物：约瑟芬。在此，约瑟芬同时扮演了父亲和女儿两个角色。约瑟芬擅自利用故人视角的做法耐人寻味。这一行为也可以被解读为约瑟芬惯于擅自行事。这种多重视角的特点也体现在故事其他细节描写中，尤其与上校有关的细节描写。读者对已故上校的了解大多是通过姐妹俩的回忆。可以说，他的存在是由其女儿们创造出来的，他生前的一切所为也都是通过她们的视角得以反映。因此，对于姐妹俩对上校的专横和乖戾脾气的回忆，也凸显了姐妹俩有夸大其词的倾向。她们在整理上校遗物时所表现出来的极度恐惧令人感觉蹊跷，给人一种夸张和不实的印象。这反倒削弱了上校的专横跋扈的可信度。这种混合或多重叙述视角在《已故上校的女儿们》里互为交织。具体地说，第三人称叙述视角有时是姐妹俩的，有时是女佣凯特的，有时是侄子西里尔的，有时是置身事外的叙述者的。但在多数情形下，它是混合而多重的。饶有意味的是，这一多重视角却独缺上校的视角，因为作为小说关键人物的上校已不复人间，而所有描述却又与上校密切相关。作者选择这种方式讲述这样一个故事，显然不仅仅是为了再现姐妹俩悲凉无为的一生，以此揭露作为家庭暴君的父亲对她们的精神压迫，导致后者丧失了在社会上独立生存的能力。作者更多地是通过采用多重视角和怪诞意象等叙述策略，赋予小说新的意义，通过制造男性人物缺席，男性声音的沉默，消解男权中心，成功颠覆了传统性别的刻板模式，从而令父权社会的传统价值体系得以间接且自动消解，进而从深层意义上对父权制社会的传统价值观提出质疑和批判。

　　接着，让我们来审视《理想家庭》中的一幕：

在样样东西后面他都看见一个干瘪老头儿在看不到尽头的楼梯上向上爬着。他是谁呢？

……

"行！行！行！"尼夫老先生站起来，跟爬楼梯的那个小老头一起走到他的更衣室里去了。

小查尔斯正等着他，一边小心翼翼地把一条毛巾围住热水桶，仿佛他办的事样样都可靠。小查尔斯一向深得他的欢心。当年到宅子里来当烧火工的时候，还是一个脸色红彤彤的小厮，就已博得他的欢心了。尼夫老先生坐在窗前的藤躺椅上，伸直了腿，照例每晚都要扯几句俏皮话。

"查尔斯，给他装扮起来吧！"查尔斯紧张地呼吸着，皱着眉头，弯下腰来替他拿掉领结上的别针。

……

尼夫老先生叹了口气，站起来，一只手撩起胡子，从小查尔斯手里接过梳子，把白胡子仔细梳了梳。查尔斯递给他一块折好的手绢、他的表和印章，还有眼镜盒子。

"行了，小伙子。"门关上了，他又躺下来，就他一个人了……

这会儿，那个小老头儿从看不到头的楼梯上爬下来了，走到金碧辉煌、富丽堂皇的餐厅里去了。他的腿多难看！像蜘蛛腿一样——又瘦又干。

"你们家真是个理想家庭，先生，一个理想家庭。"

这句话要是真的话，夏洛特和几个姑娘为什么不拦住他？为什么让他这么一个人爬上爬下？哈罗德在哪儿？唉，休想从哈罗德身上指望什么。下去了，那只小小的老蜘蛛下去了，转眼间尼夫老先生竟看到他溜出餐厅，走向门廊，到暗沉沉的车道，出了车马出入的大门，进了办公室，不由猛吃一惊。拦住他！拦住他！来人哪！

尼夫老先生惊醒了。更衣室里已经暗下来。窗户那里一片灰茫茫。他睡多久了？他静听着，在这幢凉爽而昏黑的大房子里，远远飘来说话声和响声。他迷迷糊糊地想，自己大概睡着老半天了。人家忘掉他啦。（195-196）

　　在这里，曼斯菲尔德同样采用了混合视角。第三人称全知视角与人物尼伍老先生的有限视角相结合。尼伍老先生有两个自我，现实中的他和梦幻中的他，两者既分离又融合。通过作者对视角转换的巧妙操纵，尼伍老先生的一个自我盯着他另一个自我，现世的他注视着梦幻中的他，两种视角的来回转换，使得现世和梦幻互为交织，造成人物多重身份的幻觉。在尼伍老先生的梦境中，他看到"一个瘦小干瘪的古人"用他"萎缩的细腿"，正吃力地一步一步地爬着那没有尽头的楼梯。他是谁呢"（194）？他"加入了这位古人"的行列，"跟爬楼梯的那个小老头一起走到他的更衣室去了"（195）。梦境的运用使人物不仅反观自我，反省自我，也使读者自然而然地深入人物的意识，获得切身体验。

　　上述两例只是部分地展示了曼斯菲尔德对叙述视角的巧妙运用，且形式多变。除了对视角的操纵，曼斯菲尔德在作品特别是后期作品里不同于契诃夫的另一大特色是，大量采用自由间接引语和自由联想等现代主义写作技巧。这标志着她在借鉴契诃夫的基础上实现了对后者的超越。契诃夫的作品素以客观叙述著称，契诃夫认为，"作家必须跟化学家完全一样地客观；他必须把自己从日常的主观性中解脱出来，他必须懂得肥料在自然界扮演着一个非常受人尊敬的角色，而邪恶的激情也跟美德一样是人生的组成部分。"[1]作家"能聚集越多的客观性"，他"所产生的效果就越强大"[2]。他在给作家伊凡·列昂捷夫（笔名谢格罗夫）的信中写道，"要客观，透过一个好人的眼睛，透过你自己的眼睛，来看待一切。也就是说，坐下来，根据俄罗斯生活，写一个故事或一个剧本，不是对俄罗斯生活的评论"[3]。简言之，客观性是契诃夫的创作原则，但他也因此被指责为"对善恶的漠然"，"缺乏理想和思想"。[4]契诃夫则坚持"读者或

1　Anton Chekhov. "Letter to Maria Kiselyova", Moscow, January 14, 1887. *How to Write Like Chekhov: Advice and Inspiration, Straight from His Own Letters and Work*. Ed. and Intro. by Piero Brunello and Lena Lenček. Trans. from the Russian and Italian by Lena Lenček. Philadelphia: Da Capo Press, 2008, p.22.

2　Anton Chekhov. "Letter to Lydia Avilova", Melikhovo, April 29, 1892, *How to Write Like Chekhov: Advice and Inspiration, Straight from His Own Letters and Work*. Ed. and Intro. by Piero Brunello and Lena Lenček. Trans. from the Russian and Italian by Lena Lenček. Philadelphia: Da Capo Press, 2008, p.40.

3　Anton Chekhov. "Letter to Ivan Leontyev (Shcheglov)", Yalta, February 2, 1900, *How to Write Like Chekhov: Advice and Inspiration, Straight from His Own Letters and Work*. Ed. and Intro. by Piero Brunello and Lena Lenček. Trans. from the Russian and Italian by Lena Lenček. Philadelphia: Da Capo Press, 2008, pp.46-47.

4　Anton Chekhov. "Letter to Alexei Suvorin", Moscow, April 1, 1890, *How to Write Like Chekhov: Advice and Inspiration, Straight from His Own Letters and Work*. Ed. and Intro. by Piero Brunello and Lena Lenček. Trans. from the Russian and Italian by Lena Lenček. Philadelphia: Da Capo Press, 2008, p.43

观众不仅应能领会一种艺术惯例在起作用，而且作者完全意识到他在再现的情景现实"[1]。相形之下，曼斯菲尔德的作品被注入了更多的主观色彩，人物刻画也更具心理纬度；此外，人物的无根无基，没有确切定位，则给作品增添了许些神秘色彩，使作品意义更为含蓄丰富。

其二，意象独特。曼斯菲尔德频繁使用怪诞意象，这是契诃夫的作品里所没有的。个中缘由或许仍与他们的创作理念和表达方式有着密切关系。如前文所述，契诃夫的作品富于社会批判。相比之下，曼斯菲尔德更侧重人物的心理变化的描写。怪诞意象或场景则成为揭示人物心理的一种有效途径。比如，在《疲倦的孩子》中，没完没了的家务和婴儿无休止的啼哭声将小女孩折磨得几近崩溃，在忍无可忍的情况下，她不无恶意地告诉男主人她曾听说一个婴儿死时，人们"在她的胃里，找到了她所有的牙齿"（23）。读者还透过她的目光，看到一个"滑稽、孱弱、丑陋"（28）的婴儿。婴儿"突然有两个头，然后又没有了头"（27）。当作者描述婴儿在被闷死前的挣扎，"就像一只无头鸭子那样，扭动着"（28）。这在契诃夫的《嗜睡》中是没有的。同样丑陋而令人恐惧的扭动的鸭头意象在《序曲》（"The Prelude", 1917）中得以再现。被断了头的鸭子"竟摇摇摆摆走起来了——脖子里还喷出长长一股鲜血呢；它无声无息地慢慢走向那陡峭的河岸……"[2] 采用家禽意象，作者或许意在削弱噬杀婴儿的恐怖程度，但同一意象在不同作品中呈现，使人不免联想到现实生活中潜在的血腥和暴力，令人毛骨悚然。《理想家庭》中尼伍老先生梦见那个用"萎缩的细腿"爬楼的"瘦小干瘪"老头，勾起对千年干瘪的木乃伊的联想。《时髦婚姻》透过威廉的视角，展示了墙上奇形怪状的图画：一个蜷着双腿的青年把一束雏菊献给一个一条胳膊短、另一条胳膊又细又长的女人，似乎暗示艺术的颓废和堕落。《已故上校的女儿们》多处出现变形意象，这些意象又与上校紧密相连，已故上校或父亲的碎片状形象从房间里的衣橱、抽屉、床和门把后面，无所不在，且几近畸形，极具漫画性。结果是，这些畸形漫画式甚至怪诞的碎片意象不仅营造了

---

1 Anton Chekhov. "Letter to Grigory Rossolimo", Yalta, October 11, 1899, *How to Write Like Chekhov: Advice and Inspiration, Straight from His Own Letters and Work*. Ed. and Intro. by Piero Brunello and Lena Lenček. Trans. from the Russian and Italian by Lena Lenček. Philadelphia: Da Capo Press, 2008, p.23.

2 凯瑟琳·曼斯菲尔德：《序曲》，刘文澜译，引自《曼斯菲尔德短篇小说选》，陈良廷、郑启吟等译，314 页。

一种阴森、怪异、不祥的氛围，而且削弱了先父的威严。特别是将父亲的形象与畸形断肢并置，更令人毛骨悚然。曼斯菲尔德就是通过这些怪诞意象来折射出姐妹俩的内心情感，表达她们对先父的怨恨。某种意义上，对怪诞意象的使用也成为她们无能的报复手段。

类似的怪诞意象还见出于曼斯菲尔德其他作品中。如，《杂货店中的女人》("The Woman at the Store", 1912）里的孩子埃尔丝是一个"矮小、猥琐的孩童"，有着"苍白色的头发"和"无神的双眼"，[1] 并画有"俗不可耐"的"疯子的杰作"，是一个"脑子有病"的孩子。（116）通过怪异意象，曼斯菲尔德间接地表达了她对人物的追求、品味以及所处时代的风尚和社会现实提出了质疑和讽刺。然而，正如她的人物缺乏明确的归属感，她的批判多趋于间接，缺乏针对性，因此，作品的批判力度也相对减弱。

其三，就题材而言，契诃夫的作品关注日常生活中的典型的人和事，客观地描写当时俄罗斯社会以及俄罗斯普通人的生活现状，充满对俄罗斯社会的强烈批判。曼斯菲尔德的作品同样涉及普通人的生活，但她的人物往往给人以从天而降的印象，无根无基。换句话说，小说人物是孤立的，缺乏明确的地理定位，而这一差异决定了曼斯菲尔德的作品的社会批判性明显减弱。不仅如此，曼斯菲尔德的人物常常耽于幻想或空想，其根源却不是因为浪漫和富于理想，而更多的是现实生活的艰辛使她们产生身体上的倦怠，幻想只是作为某种逃避现实的方式之一，也因此在小说叙事结构上打破了简单的时间顺序。例如，《理想家庭》中的老尼伍下班回到家中，疲惫地"一屁股坐在那张宽敞椅子里打起瞌睡来，耳边听着她们的说话，像在做梦一样，毫无疑问，他是累坏了，撑不住了"（195）。《疲倦的孩子》里的小女孩整天被主人驱赶着干这干那，永无止境，致使孩子极度困倦，几次三番不由自主地沉入梦境。故事中对同一梦境的重复描写反映了小女孩对摆脱现实困境的内心渴求。《雷蒙咖啡馆》中的女招待萨毕娜的"倦怠"和"朦胧的睡意"将她带入了春心萌动的梦境——年轻人、孩子，给予她既甜蜜又痛楚的体验，从而使她暂时忘

1　Katherine Mansfield. "The Woman At The Store". *The Stories of Katherine Mansfield*. Ed. Antony Alpers. Oxford: Oxford University Press, 1984, p.113. 以下引自该书的内容只在文中注明页码，不再另作脚注。

却现实生活的"丑陋",甚至拒绝长大,因为不想变成女主人因怀孕变丑并遭丈夫嫌弃。"给我一百马克,甚至一千马克,我也不愿跟夫人一样难看。"(40)

事实上,疲惫-白日梦的这一特征可以被视作是曼斯菲尔德作品中的一个重要母题。其渊源可溯至她的早期作品《罗莎蓓尔惊梦记》。故事中的主人公罗莎蓓尔是一名女帽店售货员。故事描写她一天工作下来,回到简陋的小屋,累得瘫倒在地,感到一种从未有过的机体疲惫,随之进入了美妙的梦乡,再现了她现实生活中的匮乏、内心的忧虑和渴望。可见,在这些作品中,机体疲惫促使人物进入梦境,而梦境反过来帮助其消除机体疲惫,忘却现实生活中的烦恼。这一重要母题在曼斯菲尔德的作品中不断重现。譬如,在《稚气可掬,但处于天然》("Something Childish But Very Natural", 1914)中,爱恋中的男女主人公亨利和艾德娜在无尽的等待中感觉到"疲惫不堪";《幸福》("Bliss", 1920)里的贝莎被一种莫名的幸福感搞得"疲惫不堪",以至于误读丈夫和女友之间的关系,直至最终幻灭;《小姑娘》("The Young Girl", 1920)里的"她"言行举止中无不透出某种"厌倦"和"疲乏";《在海湾》里的坎贝拉太太不仅声音听起来"疲乏",而且神态"疲惫";《一个已婚男子的故事》("A Married Man's Story", 1921)里自称"我"的叙述者,是一名已婚男子和作家,"我"所写的"每一行、每一页都透着倦意"。尽管与后期作品相比,《罗莎蓓尔惊梦记》显得不够成熟,但显然它与作家后来的作品有相当密切的关联,从而成为作家日后梦幻人物的原型。这一点实际上对曼斯菲尔德的《疲倦的孩子》是契诃夫的《嗜睡》的剽窃之作的批评提出了异议。尽管契诃夫的人物也同样感到机体疲惫,如《多余的人》中的蔡金"觉得疲乏、肚子饿",但在契诃夫的故事里,机体疲乏不是梦幻的前奏或催化剂。在《没意思的故事》中,机体疲惫表现为一个才62岁的名教授感觉"智力活动衰退",患有失眠症,萎靡不振,一个"垂死之人"和"多余的人"。但自始至终,契诃夫的人物活在实实在在的现实世界里,并不依赖幻想来逃遁现实生活中诸多的不如意。相反,曼斯菲尔德的人物在生活窘境中选择遁入心理世界之中,而不是直面现实,因此,其人物也更具心理张力。总之,疲惫-白日梦不仅是曼斯菲尔德小说人物逃避现实的基本行为模式,也成为其小说反映人物心理的一种独特的叙述策略。

四、新形式-新曲调-新表达

如前文所示，曼斯菲尔德在其创作过程中无疑受到俄罗斯作家特别是契诃夫的影响，但这不等于说，曼斯菲尔德缺乏创新意识和创作原则。相反，自始至终，曼斯菲尔德有志于对短篇小说艺术进行实验和革新，借助于从俄罗斯作家那里汲取的养料和获得的灵感，实现自己的目标：新时代，新表达。所谓新表达就是她所说的"新词"（new word）或"新曲调"（new tune）。

曼斯菲尔德一系列的日记、书信和随笔表明，传统的写作模式已无法适应新环境和新时代。她批评伍尔夫的《夜与昼》是"一派谎言"，正是源于她对如何采用新的形式来表达新的体验的想法。为了找到她所谓的"新词"或"新曲调"，曼斯菲尔德反复尝试，不断拷问自己，这从她的日记中可窥一斑。以下日记片段记载了曼斯菲尔德在 1921 年 7 月至 10 月的部分创作感想，从中可见她对自己的严苛和对写作的精益求精。

> 昨天完成了《鸽子先生和鸽子太太》。我对它一点都不满意。它有些牵强、做作，不逼真，不令人信服……它不够有力。我想要更贴切些——远比那样更贴近真实。

> 昨日完成了《理想家庭》。它看起来比《鸽子先生和鸽子太太》好些，但是还不够好。天知道，我写它写得多辛苦。可是我没有抓住思想的真谛，一次也没有。这是一种什么感觉？我再次感到这种事情对我太容易了；这甚至是一种欺骗。我知道得更多。这初闻乍听之下像个故事，但是我不会买它。我不想拥有它——与它生活在一起。决不。

> J. 正在把《园会》的最后一稿打出来。我是在生日那天完成的。我花了近一个月的时间，才把自己从《在海湾》中"调整过来"。我至少开了三次头，都不理想。但我无法忘掉大海的波涛声，无法忘掉贝丽尔站在窗口头发被风吹起的画面。这些东西不会消失。可现

在我对它一点把握也没有……《园会》要好些，但也不够好。[1]

1918 年，她在日记里写道："每当我谈论或多或少有趣的艺术时，我就开始向上帝许愿，想要能摧毁我所写的一切，然后重新开始：所有的开始似乎都是虚假的"[2]。她的传记作家阿尔珀斯也曾对此有所评论：

> 不管是回忆还是在当时，1920 年的英国散文小说不值一提。威尔斯和贝内特已开始失去他们曾作为小说家享有的尊敬，他们已不再是时代的声音。福斯特、赫胥黎和多萝西·理查森出版的只是些小作品，尽管在美国能买到《恋爱中的女人》，但它还没有在英国出版。弗吉尼亚·伍尔夫的名字只有很少人听说，乔伊斯就更是无名之辈，凯瑟琳·曼斯菲尔德本人那年写的都是些平庸之作的书评，当时唯一出彩的名字似乎是高尔斯华绥的《大法官的法庭里》。这就是为什么尽管《幸福集》是短篇小说且非人们所期待的，但它似乎是，也是一个重大事件：它是看待英国散文中的新声音的一种全新方式。
>
> 不仅是贝内特、高尔斯华绥以及所有业余小说家，而且似乎弗吉尼亚也准备继续爱德华时代的生活旧模式。凯瑟琳明白这一点，对她来说，作为战争和疾病的结果，至少必须为新思想和新情感找到"新的表达，新的模式"。[3]

上述评论反映了阿尔珀斯清楚地意识到当时英国文学界举步维艰的状况，非常理解并赞同曼斯菲尔德关于创作充满"新词"和"新曲调"的作品的理念。可见，曼斯菲尔德清醒地认识到新时期作家需要什么和需要做什么。她在 1921 年 11 月 11 日写给画家好友多萝西·布雷特的信里谈到她的最新作品《已故上校的女儿们》时说，她"把全部精力都投入到这个故事中去了，但几乎没有人明白我的意思，甚至连亲爱的老哈代都对我说要多写些关于那两姐妹的故事。好像还有很多可说似的！"[4]曼斯菲尔德的这番话除了对堂堂大作家哈代居然无法理解她的写

1　C. K. Stead. Ed. *The Letters and Journals of Katherine Mansfield: A Selection*. London: The Penguin Group, 1977, pp.225-226, pp.233-234.

2　John Middleton Murry. Ed. *Journal of Katherine Mansfield*. London: Constable & Co. Ltd, 1927, p.94.

3　Antony Alpers. *The Life of Katherine Mansfield*. Oxford: Oxford University Press, 1982, pp.326-327.

4　John Middleton Murry. Ed. *The Letters of Katherine Mansfield*. New York: Alfred A. Knopf, Inc., 1932, p.414.

作方法及其用意感到惊讶之外,还说明了两点,一是曼斯菲尔德的作品的创新性无可置疑,二是她对小说创新的信念和决心不可动摇。阿尔珀斯指出,"这种英语形式当时还不为人们所熟悉。乔伊斯的《都柏林人》(Dubliners,1914)故事集虽已发表 6 年,但在 1920 年,仍是一部被忽略的书(而且没有证据证明曼斯菲尔德曾经阅读过它)"。在当时,"形式与内容在一个'故事'里具有同等地位的想法并不被接受"。戴维·戴奇斯(David Daiches)称曼斯菲尔德的作品为"几乎是一种独特的写作"。阿尔珀斯进一步指出,

> 它不是讲述故事最明显的方式,也不是最容易的。可以说是,通过依赖呈现现状的方法使某个现状值得呈现,没有为了符合理念而歪曲事实,也不作任何评论,让内容依赖于形式即是冒着完全失败的风险。这种方法没有折中法;评论家不能说,"一个讲得极好的故事,尽管有点毫无意义",因为意义与叙述紧密相连,如果没有意思,叙述就没有了目的,的确,两者不能分离,根本不能。[1]

事实上,早在 1919 年 7 月,曼斯菲尔德写信给奥特琳·莫瑞时就肯定地说,"'新表达 / 新词 /'的时候已经来临。"但她也意识到这绝非易事,因为"人们从未探索过散文这一媒介。它依旧是一片未经探索的国土。"[2] 无疑,对志在创新的曼斯菲尔德来说,她在当时的英国找不到可以遵循的标准,而英国传统小说需要改革又势在必行。因此,很自然地,以契诃夫为代表的俄罗斯作家就成为她所追求新形式的标志性作家,其作品也因此成为新形式的标准。当然,选择俄罗斯作家契诃夫为标杆的理由主要在于,首先,与契诃夫一样,曼斯菲尔德也是个短篇作家,且身患同疾,使后者对契诃夫有种莫名的亲近之感。其次,作为一个在英国伦敦的新西兰殖民地人,其身份与异族人等同,一方面,异族身份使她更容易亲近和接受外来文化影响,没有如弗吉尼亚·伍尔夫和劳伦斯身上的那种抵触情绪和矛盾情感;另一方面,作为异族人,她急需得到承认,以证明自我价值和自我存在。因此,以俄罗斯作家作为创作典范,

1　Antony Alpers. *The Life of Katherine Mansfield*. Oxford: Oxford University Press, 1982, p.330.
2　John Middleton Murry. Ed. *The Letters of Katherine Mansfield*. New York: Alfred A. Knopf, Inc., 1932, p.210.

可以被视作对俄罗斯文学大师的一种敬意，但更重要的是，曼斯菲尔德为自己寻找到了文学前辈，有效地将自身置于业已形成的文学传统之中。与此同时，曼斯菲尔德对新的表达形式的追寻，也顺应时代的需要，两者均可被视作是对自我身份和自我价值的确认。在对新形式和新方法的探索中所表现出来的焦虑之情，又何尝不是作家自我认同的焦虑呢？！曼斯菲尔德日记中的一段话——"啊，契诃夫！你为什么死了呢？为什么我不能同你说话，在黄昏的一间光线暗淡的大房间里，屋外摇曳的树木透出绿色的光线。我想写一系列天堂的故事：那个会是其中一个。"[1]——十分贴切地表达了她孤独、无奈，甚至绝望的自我。

因此，契诃夫对曼斯菲尔德具有很大的亲和力，他的创作理念和思想毫无疑问地会成为她创作活动的有力依据。1922 年 2 月 12 日，她在日记中写道："约翰大声地朗读契诃夫的作品。我本人阅读了其中的一个故事，对我而言，好像没什么。但是大声朗读，它却是一部杰作。这是怎么回事呢？[2] 1919 年 5 月，她把文学杂志《雅典娜神庙》将刊登契诃夫的一封信的消息告诉了弗吉尼亚·伍尔夫，在信里，她援引了契诃夫的话，"作家所做的不是解决问题，而是提出问题。必须有问题提出。这对我来说似乎是真假作家的一条分界线"[3]。她曾经说过，契诃夫关于艺术家只管"提问题，不解决问题"的观点是她"所读过的最有价值的东西之一。因为它开启，更确切地说，发现了一个新世界。""我所珍视、崇拜和尊敬他（契诃夫）小说里的东西是他的知识。它们是真实的，我信任他。这对我来说正变得尤为重要———一名作家必须有知识——他必须让人感到他脚下的地是坚实的。"[4] 契诃夫的写作风格也令她神往。"我重读了《大草原》。我能说什么？它简直就是世界上最伟大的故事之一———一个《伊里亚特》或《奥德赛》。我想我将铭记这一旅行。人们谈论事物：它们是不朽的。人们感受这个故事不是因为它变得不朽——它一直如此。它没头没尾。契诃夫只是用他的笔这里点一下，然后又在那里点一下：那个东

1　John Middleton Murry. Ed. *Journal of Katherine Mansfield*. London: Constable & Co. Ltd, 1927, p.91.

2　ibid., pp.230-231.

3　John Middleton Murry. Ed. *The Letters of Katherine Mansfield*. New York: Affred A. Knopf, Inc., 1932, p.204.

4　John Middleton Murry. Ed. *Katherine Mansfield's Letters to John Middleton Murry*. New York: Alfred A. Knopf, Inc., 1951, pp.564-565.

西就包含其中，好像它一直都在那里。"[1]言辞之中流露出渴望和崇拜。

但她并非就此止步。她清楚地认识到，优秀作品不仅仅是形式完美，优秀作家也不单纯依靠敏锐的洞察力。形式与内容必须相互依存，缺一不可。她在致好友悉尼·希夫（Sydney Schiff）和维奥莱·希夫（Violet Schiff）夫妇的信里写道："敏锐的洞察力是不够的，必须找到表达这种敏锐洞察力的精确方法。"[2]同样的意思在给理查德·默里（Richard Murry）的信里也表达得十分明了。"我也酷爱技巧。我特别喜欢把事物变成一个整体，如果你明白我的意思。从技巧生成真正的文体。我相信，没有任何捷径。"[3]契诃夫不仅成为她评判自己和他人的一个重要标准，印证她已有的某些创作思想的依据，而且在此基础上，拓展和提升她的创作理念。那么，曼斯菲尔德所说的新表达形式究竟是什么？对此，她没有给出确切定义，而是采用了一种含混的界定，并以"我"代表这种新的表达形式：

> 假设我们将它置于一个谜语的形式中：我不是一个短篇小说，不是一个小品，不是一种印象，也不是一则故事。我是以散文体写的。我比小说要短得多，也许只有一页篇幅。但是，反过来讲，没有任何理由我为什么不该有30页的篇幅。我有一种特质——一种东西，一种立刻、完全可辨认的东西。它属于我；这是我的精髓。我好像近乎因它站立或倒下。它对于我就像一首歌的第一个乐句对于歌唱者的关系。那些认识我的人觉得："对，那是它。"然后，他们从那个时刻开始准备下一步即将发生之事。这里有我的几个例子，比如："一件生活小事"，"关于爱"，"牵小狗的女人"。我是什么呢？[4]

简而言之，形式与内容相辅相成，没有形式，小说就失去意义，没有内容，小说便失去灵魂。因此，形式与内容相结合构成了曼斯菲尔德的主要批评理论。对此，她有过一些论述。对技巧的关注是为了寻找恰当的表达形式。正如她在1917年的日记中写道，"契诃夫使我感到创作

1　John Middleton Murry. Ed. *The Letters of Katherine Mansfield*. New York: Affred A. Knopf, Inc., 1932, p.215.

2　ibid., p.312.

3　ibid., p.364.

4　Katherine Mansfield. *Novels & Novelists*. Ed. John Middleton Murry. London: Constable & Co. Ltd, 1930, p.211.

篇幅不匀的故事的这种欲望是完全合乎情理的。"[1]

她用来举例的三部作品均出自契诃夫之手。定义虽颇为含混，但至少它表明这个新的表达形式与契诃夫有密切关系。她在契诃夫的作品中找到了她一直寻觅并立志建构的新的表达形式的灵感。但细心体会她最后的问题："我是什么呢？"，却又让人不敢妄下结论，即曼斯菲尔德未来的新形式是对契诃夫形式的全盘模仿。相反地，这个问题再次回归到作家最初的困惑状态。这表明，曼斯菲尔德意识到她的新表达形式并非完全照搬契诃夫模式，它将有所不同，有所超越。正如她日后写信鼓励青年作家时所说的那番话，实际上，它也反映了她内心的想法和对自己的鞭策。对于契诃夫，她也并非一味盲从，而是有鉴别地接受，甚至还提出质疑。

> 契诃夫错误地认为倘若他有更多的时间，他就会写得更充分，描写雨、接生婆以及医生喝茶的场面。事实是我们写进一个故事里只能那么多；总是要牺牲一些的。我们不得不删去我们所知道的且渴望使用的。为什么？我不知道，但是事实如此。在它消失之前，我们紧着尽可能多地多写入一些。[2]

形式创新绝非易事。曼斯菲尔德很早就开始了对形式的探索，但真正意义上的探索应该说始于她为《雅典娜神庙》文学杂志撰写书评时期。这个时期也正是她与科特林斯基合作翻译契诃夫等俄罗斯作家作品的时期。她在一篇题为《一艘驶入港口的船》（"A Ship Comes into Harbour"，1919）的书评中写道："当下，小说的写作形式是所有写作形式中受到最热烈最广泛的讨论的形式。但在所有的分歧和混乱中，大家似乎一致认为这是一个实验时代。倘若小说死亡，它将让道给某种新的表达形式；倘若它生存下来，它必须接受一个新世界的事实。"[3]对劳伦斯的小说《阿伦的仗杆》（Aaron's Rod，1922），她的评价是，"有长进"，"没有要取悦或讨好公众的任何欲望"[4]。曼斯菲尔德明显感觉到了小说创新的必要性和

1　John Middleton Murry. Ed. *Journal of Katherine Mansfield*. London: Constable & Co. Ltd, 1927, p.65.

2　John Middleton Murry. Ed. *Journal of Katherine Mansfield*. London: Constable & Co. Ltd, 1927, p.218.

3　Katherine Mansfield. *Novels & Novelists by Katherine Mansfield*. Ed. John Middleton Murry. London: Constable & Co. Ltd, 1930, pp.107-108.

4　Vincent O'Sullivan. Ed. *Katherine Mansfield: Selected Letters*. Oxford & New York: Oxford University Press, 1989, p.268.

紧迫性，小说形式革新已刻不容缓。

1920 年 8 月 6 日，她评论乔治·莫尔的《伊斯特·沃特斯》（*Esther Waters*, 1894）不是一部杰作，并断言，它永远都不可能是，因为它"没有情感"，"没有丝毫的生命气息，"而是"枯燥得就像旅行后剩下的饼干"。[1] 在曼斯菲尔德看来，"情感对艺术作品来说是必不可少的，是它使艺术品成为一个整体。没有情感的作品是死亡之作"[2]。这段话使人联想到她 1919 年 12 月 13 日写给默里的信。信中，她直言不讳地说萧伯纳"不是艺术家"，并将其与俄罗斯作家进行对比，以示前者的不足。

> 你读他的剧作时难道不觉得有点特别单调吗？它们时常或许非常有趣，但你总是因它们而发笑，而绝不会同声欢笑。他的散文也是如此：你可以随心所欲地表示赞同，但他只是在写或用语言在写……他是文学大厦的看门人——坐在玻璃亭里，看到一切，万事知晓，检查信件，打扫楼梯，但是不参与，不参与到正在进行的生活之中。但当我写着这些时，我想：是的，但谁生活在那里呢？就像我们所指的生活那样生活在哪里呢？陀思妥耶夫斯基、契诃夫、托尔斯泰和哈代。我想不出还有其他什么人了。[3]

在 1920 年 10 月 27 日，她写信给休·沃波尔（Hugh Walpole），再次谈及艺术与生活之间关系的问题。"难道你不觉得今天的英国作家所缺乏的是生活体验。我说的不是表面意义上的生活体验，但他们自我禁锢。"[4]1922 年 8 月 26 日在给友人悉尼·希夫的信中，曼斯菲尔德进一步表达了对英国文学现状的忧虑，英国知识分子"太傲慢"，"过于置身事外"，"毫不关心"。

> 英国文学的主流正慢慢地以无数小沼泽的形式出现。它们没有汇聚一道，缺乏力量，没有动力，完全没有激情！……令人感到每个人身上有一种死一般的谨慎——一种不被发现的决心。谁想要揪出他们或出卖他们？我无论如何觉得没有必要如此极度怀疑和小气。

1 Katherine Mansfield. *Novels & Novelists by Katherine Mansfield*. Ed. John Middleton Murry. London: Constable & Co. Ltd, 1930, p.235.

2 ibid., p.236.

3 John Middleton Murry. Ed. *The Letters of Katherine Mansfield*. New York: Alfred A. Knopf, Inc., 1932, p.278.

4 Clare Hanson. Ed. *The Critical Writings of Katherine Mansfield*. London: Macmillan Press, 1987, p.109.

也许，唯一要做的事就是对此视而不见，继续做自己的事。但我承认这看起来是个糟糕的结论。假如我，作为交响乐团的一名成员，认为自己演奏正确，并尽最大努力来正确地演奏，我不想不顾这么多人继续演奏——根本不演奏或如我认为的假演奏。[1]

可见，曼斯菲尔德对英国文学现状不满意，她一方面感到焦虑，另一方面感觉到自己应有一种使命感和责任感。具有敏感触角的她清楚地意识到，英国小说已到了必须改革的关键时刻。

较之她对于英国小说现状的态度，她对俄罗斯作家的评价却很高。她在 1920 年 12 月 1 日给默里的信里明确表现出对契诃夫的崇拜之情，甚至提出愿意用莫泊桑（Guy de Maupassant）的全部作品来换取契诃夫的一个短篇。[2] 当她得知科特林斯基有关于契诃夫的书时，异常兴奋地写道："该是有一本关于契诃夫的书的时候了……人们总的说来不太了解契诃夫……你必须走近他，看见他，从整体上去感觉他"[3]。同样，她在信里与悉尼·希夫一起讨论俄罗斯作家。"在我看来，契诃夫的确是一位杰出的作家……像《流亡》或《失踪》那样的故事……是无与伦比的……还有托尔斯泰……当安娜发现沃伦斯基也正旅行去圣彼得堡时，她的火车之旅以及她整个形象——对我来说，我觉得她是多么真实，多么富有活力，多么栩栩如生——我觉得我对托尔斯泰充满感激之情——所谓感激——我想说的是，对他的作品充满赞美。"[4]

五、曼斯菲尔德的二元文学观

纵观曼斯菲尔德的全部书信、日记和书评，不难发现，对新形式、新曲调、新表达的追寻占据了她毕生的精力。在追寻过程中，她的注意力总是投向俄罗斯作家以及与俄罗斯相关的人和事。在审视俄罗斯作家的影响时，有一个有趣的现象值得关注。跟弗吉尼亚·伍尔夫一样，曼

1　Vincent O'Sullivan. Ed. *Katherine Mansfield: Selected Letters*. Oxford & New York: Qxford University Press, 1989, p.268.

2　C. K. Stead. Ed. *The Letters and Journals of Katherine Mansfield: A Selection*. London: The Penguin Group, 1977, pp.202-203.

3　John Middleton Murry. Ed. *The Letters of Katherine Mansfield*. London: Constable & Co. Ltd, 1927, p.480.

4　ibid., p.355.

斯菲尔德也善于将现实生活中的人与事与俄罗斯作家作品中的人物和事件联系起来或直接对号入座，甚至作为解决问题的一种独特方法，从而使写作与生活，虚构与现实两者合二为一，两者相辅相成，不可分离。这种将创作生涯和现实生活融于一体实质上概括了曼斯菲尔德的二元文学观。

那么，曼斯菲尔德是怎样将这两者完美结合的？在此，笔者略举数例加以阐明。

1921 年秋，曼斯菲尔德的健康状况明显恶化。俄罗斯翻译家科特林斯基建议她去看曼诺金医生，后者曾是高尔基的私人医生。事后，她写信告诉科特林斯基，尽管她与医生不能互相交谈，但“没有关系。我们就像娜塔莎会说‘就这样’那样谈话。”[1]而娜塔莎是托尔斯泰小说里的人物。1917 年 3 月，她致信奥特琳·莫瑞，说非常喜欢有着一颗“奇异、颤动、闪烁特质”的头脑的弗吉尼亚·伍尔夫，后者在她眼里，“就像是陀思妥耶夫斯基的那些‘纯真’、受伤害的女性人物之一。”这使她“立刻确定”能“完全懂她”[2]。当现实令她困惑或无奈时，特别是对“人人说谎”的现象感到苦闷不堪时，她便求助于陀思妥耶夫斯基，因为她相信，“至少陀思妥耶夫斯基完全能理解”[3]。她甚至认为自己的父亲具有托尔斯泰人物的特征。“《安娜·卡列尼娜》中的斯捷潘总让我想起一个人——他那精力充沛、保养得很好的身躯给我一种奇特的熟悉感——当然——他是我爸爸，甚至连胡子的气味都一样。”[4]

自 1916 年之后，陀思妥耶夫斯基频繁出现在她的书信、日记和笔记中。[5]曼斯菲尔德不仅十分熟悉陀思妥耶夫斯基，而且对其以“Dosty”相称，表达对后者的惺惺相惜之情。[6]“为什么我对陀思妥耶夫斯基会有如此感觉？我的陀思妥耶夫斯基，不是任何别人的，一个不顾一切地热爱、

1 Galya Diment. *A Russian Jew of Bloomsbury: The Life and Times of Saumuel Koteliansky.* Montreal & Kinston: McGill-Queen's University Press, 2011, p.119.
2 Antony Alpers. *The Life of Katherine Mansfield.* Oxford: Oxford University Press, 1982, p.249.
3 John Middleton Murry. Ed. *The Letters of Katherine Mansfield.* New York: Alfred A. Knopf, Inc., 1932, p.243.
4 Margaret Scott. Ed. *The Katherine Mansfield Notebooks Complete Edition (Vol. I, II).* Minneapolis: University of Minnesota Press, 2002, p.95.
5 John Middleton Murry. Ed. *The Letters of Katherine Mansfield.* New York: Alfred A. Knopf, Inc., 1932, p.247.
6 Vincent O'Sullivan. Ed. *Katherine Mansfield: Selected Letters.* Oxford & New York: Oxford University Press, 1989, p.145.

敬畏人生的人，即使对于那些黑暗之处他也了如指掌。"[1] 对契诃夫，更是如此。这不仅仅出于崇拜和敬仰，而是视其为知己、同类。"让我们坦诚相见。我们从他信里对他了解多少呢？全部吗？当然不是……那么，读一读最后的那些信。他放弃了希望……再也没有契诃夫了。病魔吞噬了他。"[2] 同病相怜不仅将她与契诃夫自然地联系在一起，而且还将她与那些相关的人、事、景串联起来。她在日记里写道，主治大夫索拉普尔有一颗跟契诃夫一样纯洁的心灵。[3] 对她求医的诊所，她是这样描写的："一个如此奇妙之地，完完全全的'俄罗斯风格'——我想说的是，与契诃夫所描写的一模一样。某一天它会在某个故事中出现。"[4] 契诃夫的名字在她的日记、书信里反复显现，特别是在 1918 年间她因健康原因辗转疗养期间，契诃夫更是她沮丧、孤独和无奈的影子伴侣。"契诃夫！你为什么死了！为什么我不能跟你谈话——在一个黑乎乎的大房间里——在深夜……"[5] 可以想象，俄罗斯的一切占据了她整个思想。这种现象也反映了她在心理上对俄罗斯作家的全盘接受。

由此，我们还注意到一个奇特的现象。曼斯菲尔德那些重要而富有特色的作品（其中多部被认为具有浓重的契诃夫因素的作品）的生成时期与三种杂志，即《节奏》、《新时代》（*The New Age*）和《雅典娜神庙》有密切关系。简而言之，曼斯菲尔德不仅担任过这些杂志的撰稿人，而且曾是《节奏》的主编之一。这些杂志都刊登过有关俄罗斯主题的文章。如，《节奏》以相当篇幅刊登佳吉列夫的俄罗斯芭蕾舞团的评论文章和大量插图；《新时代》和《雅典娜神庙》也有俄罗斯专栏，登载过俄罗斯作品的翻译和有关俄罗斯政治、社会的热点话题的文章。曼斯菲尔德为这些杂志撰写过书评，发表过多个短篇故事，以及与科特林斯基合译契诃夫的《书信》和高尔基的《革命日记》。[6] 对曼斯菲尔德来说，这一切意义非凡。纵观她的日记、书信、评论和短篇小说，尤其在 1917—1922 年

1 参见 1919 年 11 月 4 日给默里的信。
2 John Middleton Murry. Ed. *Journal of Katherine Mansfield*. London: Constable & Co. Ltd, 1927, p.250.
3 ibid., p.164.
4 John Middleton Murry. Ed. *The Letters of Katherine Mansfield*. New York: Alfred A. Knopf, Inc., 1932, p.158.
5 Margaret Scott. Ed. *The Katherine Mansfield Notebooks Complete Edition (Vol. I, II)*. Minneapolis: University of Minnesota Press, 2002, p.141.
6 John Middleton Murry. Ed. *The Letters of Katherine Mansfield*. New York: Alfred A. Knopf, Inc., 1932, p.194.

间她的所有作品，俄罗斯元素俯拾即是。与科特林斯基合作的翻译活动开启并促进了曼斯菲尔德的小说创作。这层关系在 1920 年 15 日的一则日记中得以佐证。我"开始写我的短篇《暮春》(后来更名为《小姑娘》)。寒冷的一天。整个白天都在翻译契诃夫，然后写我自己的故事，一直写到晚上 11 点为止。"[1] 显然，翻译和创作交替进行，两者之间的互动关系不言而喻。这一时期还见证了曼斯菲尔德最优秀之作的完成和发表，如《序曲》、《莳萝泡菜》(1917)、《我不说法语》(1918)、《幸福》(1919)、《已故上校的女儿们》(1921)、《帕克妈妈的一生》(1921)、《理想家庭》(1921)、《时髦婚姻》(1921)、《在海湾》(1921)、《园会》("The Garden Party"，1921)、《苍蝇》(1922)。这些作品或多或少都包含了俄罗斯元素。

在她的创作实践中也反映了虚构和现实相结合。为便于阐述她的虚构-真实统一的创作模式，本节拟以曼斯菲尔德的著名短篇《苍蝇》为例，展示其创作的全过程。同时也从相反的角度，证明该作品的独立性和独创性，从而回应把这一作品视作契诃夫《小人物》的翻版的观点。

《苍蝇》从构思到出版经历了一个漫长时期。1918 年 1 月 11 日，曼斯菲尔德因健康原因坐火车去法国南部疗养，一路颠簸之后，她在信里向默里诉说，她感觉"就像一只掉进牛奶罐又被掏出来的苍蝇，浑身浸透了牛奶，无法清理。"[2] 同年 2 月 1 日，她在信里向默里描述了"有 3 只苍蝇在她房间里翩翩起舞"[3] 的景象。随后，3 月 13 日，她再次在信里写道，"在这里，一位极度悲哀的鳏夫带着四个小男孩，他们穿着清一色的黑衣服，全家人都穿着黑衣服，就像是掉进牛奶里的苍蝇"[4]。到了 12 月 31 日，她在以苍蝇命名的一则日记里描述了午时的情景，看到一只苍蝇"正在天花板上倒立行走，然后跑上闪闪发光的窗格，飞落在波光粼粼的湖面上，掠过一束绚丽的阳光！上帝看着这只苍蝇跌入牛奶罐，看到这一切很棒。最小的小天使和六翼天使也幸灾乐祸，一边拍打他们的银琴，

1　Margaret Scott. Ed. *The Katherine Mansfield Notebooks, Vol. Two. Complete Edition (Vols. I, II)*. Minneapolis: University of Minnesota Press, 2002, p.187.

2　John Middleton Murry. Ed. *The Letters of Katherine Mansfield*. New York: Alfred A. Knopf, Inc., 1932, p.86.

3　ibid., p.105.

4　ibid., p.137.

一边尖叫：'苍蝇摔惨啰，摔惨啰！'"[1]无论从语气、氛围还是设计来看，对苍蝇的这番描述都与1922年发表的《苍蝇》惊人地相似。1919年5月31日，曼斯菲尔德在她的创作笔记中写道："一只小苍蝇意外地跌入了那一大杯香浓的木兰花茶里。"同样的话在7月18日给挚友布雷特的信里以"小昆虫"再次出现。然而，信里并没有直接用苍蝇这个词，且与前文所谈之事表面上没有直接关系，我们当然可视其为作家对天空、太阳、风的遐想时的瞬间之念，但是"小昆虫跌落进那杯木兰花茶"[2]，似乎与上述创作笔记所记载的片段有关联，这只小昆虫很有可能就是她脑海里的苍蝇。这只苍蝇还现身于6月给奥特琳·莫瑞夫人的信里。"我多么厌倦所有这一切的表面事物。为什么没有更多的人实实在在地生活呢？……倘若不是这种表面虚无，那就是默里步溺死苍蝇后尘，完全将自己整个儿地扔进牛奶壶里！"[3]12月3日，她又在日记里写道："我感觉就像一只刚跳出牛奶壶里的苍蝇"[4]。在10月13日给默里的信里，曼斯菲尔德先是描述了一番天气，接着写道："虫子叮咬依然很厉害。汤米知道苍蝇吗？就像迎面扑来的普通家蝇一样，它叮咬人。它就在这里"[5]。之后，大约在1921年，她又以幽默的笔触写道，"黑博盖有点想跳入牛奶壶里去营救那只苍蝇。"除了上述书信和日记的记载外，实际上，苍蝇意象在很早时候已经出现在曼斯菲尔德其他作品中。如《维奥莱特》（"Violet"，1913）中有一位"温柔而忧郁的女人一边从一只牛奶玻璃杯里拎出一只小小的绿苍蝇，一边谈论着圣·弗朗西斯"[6]。还有在《旅行》（"The Voyage"，1921）中，身着黑衣戴着白围巾的小男孩"犹如一只掉进奶油里的小苍蝇"[7]。《在海湾》里，会计乔纳森被形容为"每天须以观

1 John Middleton Murry. Ed. *Journal of Katherine Mansfield*. London: Constable & Co. Ltd, 1927, p.101.
2 John Middleton Murry. Ed. *The Letters of Katherine Mansfield*. New York: Alfred A. Knopf, Inc., 1932, pp.211-212.
3 ibid., p.206.
4 ibid., p.224.
5 ibid.
6 Katherine Mansfield. "Violet". *The Stories of Katherine Mansfield*. Ed. Antony Alpers. Oxford: Oxford University Press, 1984, p.142.
7 Katherine Mansfield. "The Voyage". *The Stories of Katherine Mansfield*. Ed. Antony Alpers. Oxford: Oxford University Press, 1984, p.470.

察苍蝇消磨时光的囚犯"[1]。直到 1922 年 2 月 26 日，她写信给画家布雷特，告知后者新作《苍蝇》将发表于《国家》（*The Nation*）杂志上。"我刚写完一个叫《苍蝇》的奇特故事。它讲述了一只掉进一个墨水瓶的苍蝇和一位银行经理的故事。"[2] 从首次提到苍蝇到作品《苍蝇》的完成，整个过程前后持续了 9 年时间。而 9 年的酝酿、斟酌和设计足以表明，《苍蝇》被认为是全然模仿或窃取契诃夫的《小人物》的结论缺乏依据。其次，苍蝇意象在作家的书信、随笔集和日记的重现现象也进一步证明，文学和现实对曼斯菲尔德来说是浑然一体，两者没有分别。

尽管如此，《苍蝇》的创作在某种意义上也不能说与契诃夫全然无关。细心审察，在同一条笔记里，不管是有意为之，还是纯属巧合，曼斯菲尔德提到近期打算"收养一名俄罗斯小孩"的想法，并告诉布雷特，她的这个想法"由来已久"。表面上看，这两段话毫不相干，但细品上下文，还是让人感到有俄罗斯作家的影响，特别是当她在笔记最后提到要将收养的俄罗斯小孩取名为安东，科特林斯基为孩子的教父，契诃夫夫人为教母，而安东就是契诃夫的教名。[3] 两者之间的关系显而易见，但这种关系又非评论界通常以为的她对契诃夫的过度借用乃至剽窃的关系。事实上，契诃夫的作品对曼斯菲尔德的创作影响更多的是一种催化剂或点拨作用。关于这一点，可参见第二、三节对 7 组作品的比较和分析。

总之，从《苍蝇》的构思到完成，其间经历了许多变化和思考。正如曼斯菲尔德在 1916 年追忆在伦敦皇后学院的岁月时写道:"没有人像我那样看见这一切。我的头脑犹如一只松鼠。我不断地收集、储存，为了在那个漫长的'冬季'，我应该重新发现所有这一切瑰宝——还有倘若有人走近，我便迅速爬上最高、光线最暗的那棵树，藏身于树枝中"[4]。在她的日记和书信所记载的点点滴滴中，契诃夫、陀思妥耶夫斯基、托尔斯泰、高尔基、布宁等人名并不陌生。事实上，除莎士比亚外，很少有哪位英国作家有幸得到她如此的关注和关爱，这只能说明她对俄罗斯作家的认

1 Katherine Mansfield. "At the Bay". *The Stories of Katherine Mansfield*. Ed. Antony Alpers. Oxford: Oxford University Press, 1984, p.464.
2 Vincent O'Sullivan. Ed. *Katherine Mansfield: Selected Letters*. Oxford & New York: Oxford University Press, 1984, p.248.
3 Margaret Scott. *Recollecting Mansfield*. Auckland: Random House New Zealand, 2001. p.316.
4 John Middleton Murry. Ed. *Journal of Katherine Mansfield*. London: Constale & Co. Ltd, 1927, pp.52-53.

同和接受，对契诃夫，更是情有独钟。"艺术家是多么纯洁，多么清白，多么可信。想一想契诃夫，就连约翰的谈话和安妮的笑声，也如此高洁，远离所有这一切的腐败。"[1] 词语之间不乏欣喜和感恩。为此，她还特意致信康斯坦斯·加纳特，表达了对后者所做一切的感激之情。然而，如果我们知道在此之前她对加纳特夫人的翻译颇有微词，我们便可知道是什么使她改变了她的初衷。

> 今晚，当我放下我的《战争与和平》时，我觉得我再也忍不住要感谢你通过对这些俄罗斯作家的杰出翻译向我们揭示了这整个世界……对你，我这代人（我32岁）和我的后辈感激不尽。这些书竟然改变了我们的生活！[2]

现实与想象的统一实际上也代表了曼斯菲尔德的文学观，准确地讲，她的二元文学观。所谓二元，主要指两种不同或对立的事物或元素的并置或统一，比如：形式与内容，虚构与现实，善与恶，生与死，梦幻与现实，黑与白等。

这种二元文学观的形成既与曼斯菲尔德的经历、性格有关，也是俄罗斯文化影响的结果。曼斯菲尔德是新西兰人，但自从她在20岁的时候离开家乡后，长期侨居英国。她的矛盾身份对她的性格、文学观和小说创作都产生了影响。另一方面，本章前面各节表明，曼斯菲尔德的文学创作深受俄罗斯文化影响，而俄罗斯文化本身就具有深刻的矛盾性，或者可以称之为二元性。别尔嘉耶夫在《俄罗斯灵魂》一文中以陀思妥耶夫斯基为例，对俄罗斯文化的矛盾性或二元性进行了深刻剖析。他指出，

> 俄罗斯的存在之矛盾总是能够在俄罗斯文学和俄罗斯哲学思想中找到反映。俄罗斯的精神创造和俄罗斯的历史存在一样，具有双重性。表现得最为明显的是在我们民族最典型的思想体系——斯拉夫主义中和我们最伟大的天才——陀思妥耶夫斯基身上，这个俄罗

1　John Middleton Murry. Ed. *Katherine Mansfield's Letters to John Middleton Murry*. New York: Alfred A. Knopf, Inc., 1951, p.503.

2　Joanna Woods. *Katerina: The Russian World of Katherine Mansfield*. Middlesex: The Penguin Group, 2001, p.205.

斯人中的俄罗斯人。俄罗斯历史的一切悖论和二律背反都在斯拉夫主义和陀思妥耶夫斯基那儿留下了烙印。陀思妥耶夫斯基的面孔如同俄罗斯的面孔一样，具有双重性，激发着一些相互对立的情感。无限的深邃和非凡的崇高与某种低贱、粗鄙、缺乏尊严、奴性混杂在一起。对人无限的爱、真诚的基督之爱，与仇恨人类的残忍结合在一起。对基督（宗教大法官）的绝对自由的渴望与奴性的驯服和平共处。俄罗斯本身难道不是这样吗？[1]

那种谜样的二律背反在俄罗斯随处有迹可循。可以建立无数有关俄罗斯特性的命题与反命题，揭开俄罗斯灵魂中的许多矛盾。……陀思妥耶夫斯基，称得上是研究俄罗斯的灵魂的范例，在自己关于宗教大法官的惊心动魄的轶闻中，他就是基督身上大胆无畏的自由的预言家，尽管这是一则世间无人能确信的轶闻。[2]

此外，法国学者安德烈·纪德（Andre Gide）在《关于陀思妥耶夫斯基的六次讲座》中明确指出陀思妥耶夫斯基的小说人物具有明显的矛盾情感特征。

陀思妥耶夫斯基为我们提供了一些什么呢？他的人物毫不顾及性格的一致性，他们乐于向其天性尚能容忍的一切矛盾、一切否定面让步。也许正是这一不连贯使陀思妥耶夫斯基最感兴趣。他不但不隐藏它，而且从不停歇地让它显现出来，让它发出光辉。

或许，他的作品中还有不少未被解释之处，但我不认为有许多不可解释之物，一旦我们听从陀思妥耶夫斯基的邀请，允许人物自身有矛盾情感地共处，我们就不难找到答案。这种共处，在陀思妥耶夫斯基的作品中，经常表现得违背常理，尤其因为人物的情感被推向极端，夸大到荒诞的地步。[3]

1　尼·亚·别尔嘉耶夫：《俄罗斯灵魂——别尔嘉耶夫文选》，陆肇明、东方珏译，上海：学林出版社，1999，6 页。

2　同上，613-614 页。

3　安德烈·纪德：《关于陀思妥耶夫斯基的六次讲座》，余中先译，桂林：广西师范大学出版社，2006，84 页。

任光宣概括俄罗斯文化的特性，其中之一就是它是一种二元文化现象：

> 俄罗斯文化是一种二元文化现象。所谓二元文化现象就是说俄罗斯文化在文化的各个层面是由两个或多个互为依存、互为对立甚至互相斗争的部分或方面构成的，而且这种多元局面贯穿于俄罗斯文化发展的自始至终。俄罗斯文化的许多现象都是两级的矛盾统一。如，专制思想与自由思想、斯拉夫派与西欧派、传统与反传统、"自然派"与"纯艺术"、欧洲因素与亚洲因素、官方文化与"地下文化"、集结与个体，等等。这些现象都是俄罗斯文化中矛盾的、但又互为依存的几个部分，这些部分构成了俄罗斯文化的二元体系。[1]

与伍尔夫、劳伦斯相比，曼斯菲尔德更热情、更彻底地接受乃至拥抱俄罗斯文学，她的文学观和文学创作受到的俄罗斯影响也更为直接。具体说来，曼斯菲尔德的二元文学观的形成与作家在三家杂志社的工作经历特别是与俄罗斯翻译家科特林斯基的翻译合作以及第一次世界大战的经历有密切关系。对俄罗斯文化的体验和喜爱使她欣然接受俄罗斯的一切：文学、服饰、香烟。她甚至多次使用俄罗斯笔名。这份挚爱对她的创作实践也产生了积极而重要的影响。如前文所述，曼斯菲尔德最重要的作品均发表在 1917 年之后，特别是在 1919—1922 年间，并且获得巨大成功，受到评论界和同行们的极大关注和赞扬。以下是对当时部分代表性评论的回顾，以便读者管中窥豹。

继 1921 年 2 月纽约克诺夫出版社（Knopf）出版《幸福集》并获得巨大成功之后，评论家康拉德·艾肯（Conrad Aiken）给予了这样的评价：

> 曼斯菲尔德小姐是杰出的。她比人们能想到的同时代任何小说家更明显具备一种细腻且无限好奇的敏感；这是一种永不言退、年轻的敏感，效劳于一个经常玩世不恭、有时残忍且总是世故的头脑。人们在未读完曼斯菲尔德小姐的一页书时说"契诃夫"：但在读了不

1　任光宣：《俄罗斯文化十五讲》，北京：北京大学出版社，2007，12-13 页。

到两页之后就完全忘了契诃夫。[1]

　　尽管弗吉尼亚·伍尔夫对《幸福集》评价不高，且颇有微词，却十分肯定曼斯菲尔德的《序曲》，即便当时出现了对这部作品的消极评价。伍尔夫在 1918 年 7 月 16 日给姐夫克莱夫·贝尔的信里谈了自己对《序曲》的看法："我只是坚持认为，凯·曼的短篇故事除了那种显而易见的聪明，还具有某种艺术品的特征，使得这部作品值得付印，无论怎样，它都比大多数短篇小说要好得多得多。"[2]

　　1920 年 4 月 2 日，苏利文（Vincent O'Sullivan）在《雅典娜神庙》上以《短篇小说写作天才》为题，指出《我不说法语》是"天才之作"，因为小说开篇就有那种让我们使用"天才这个词的特征"，特别是小说人物的呈现使人想起"陀思妥耶夫斯基的《地狱来信》"，并认为，尽管"陀思妥耶夫斯基和契诃夫可以被视作她其中的先辈"，"但就她喜爱确定的点、'干'货来说，她依然是英国人，或，也许，是法国人"。[3]

　　1921 年 5 月，《已故上校的女儿们》在《伦敦信使》（*London Mercury*）上发表。亲俄者威廉·格哈蒂（William Gurhardi）将它与契诃夫的作品媲美："我认为它……具有惊人的美……自［契诃夫的］《三姊妹》之后，我不记得还读过如此难以忍受的真实且令人窒息的作品。"[4] 话里话外，充满了对这部作品的由衷赞美。鲍狄发现，《已故上校的女儿们》采用的多重视角"赋予读者不断变化的视角和越来越多的参与。"[5]

　　对于《在海湾》，韦斯特（Rebecca West）1922 年 3 月 18 日在《新政治家》上撰文指出，它"是《序曲》的延续……一部天才之作"[6]。

　　汉金（C. A. Hankin）也认为，《在海湾》"大概是她最伟大的短篇

1　转引自 Joanna Woods. *Katerina: The Russian World of Katherine Mansfield*. Middlesex: The Penguin Group, 2001, p.207.

2　Nigel Nicolson. Ed. *The Letters of Virginia Woolf, Vol. II: 1912-1922*. London: The Hogarth Press, 1976, p.262.

3　J. W. N. Sullivan. "The Story-writing Genius". *The Athenaeum*. (2 April 1920): 447.

4　Joanna Woods. *Katerina: The Russian World of Katherine Mansfield*. Middlesex: The Penguin Group, 2001, p.209.

5　Gillian Boddy. *Katherine Mansfield: the Woman and the Writer*. Ringwood, Vic.: The Penguin Group, 1988, p.258.

6　Rebecca West. *New Statesman* (18 March 1922).

小说"[1]。

1923年2月10日，也就是在曼斯菲尔德去世1个月之后，《旁观者文学增刊》[2]上刊登了一篇阿姆斯特朗（Martin Armstrong）的评论，文章肯定"曼斯菲尔德显然从契诃夫那里学到了很多写作技巧"，然而，他也承认，曼斯菲尔德是一位"极具独创性的作家，一定会吸收她从他那里学到的一切，甚至当她创作如《时髦婚姻》这样的作品时。它是契诃夫《多余的人》的英国版……她的版本生动，充满活力，活脱是她自己的"。[3]

阿姆斯特朗还在《半月谈》（Fortnightly Review）[4]上发表了关于曼斯菲尔德小说的评论文章。他指出："我们可以说，凯瑟琳·曼斯菲尔德最优秀之作是英国文学中独具一格的。要找到她的前辈，我们必须到俄罗斯和契诃夫那里去找。显然，她对契诃夫下过功夫，但她把从他那里获得的方法完全变成了自己的，因为她是一名优秀、足以泰然地作为门徒的艺术家。"[5]

1923年2月18日，约瑟夫·柯林斯（Joseph Collins）在《纽约时报书评》（The New York Times）上撰文指出："凯瑟琳·曼斯菲尔德一直被称作英国小说的契诃夫。这种比较作为对她的作品的一种研究方法或许是有用的。然而，事实上，尽管她在英国小说的地位或许能与这位杰出的俄罗斯人相媲美，但是她绝不是他或任何其他人的模仿者，或信徒。她的艺术是她自己的"[6]。曼斯菲尔德的著名传记作家安东尼·阿尔珀斯认为，《已故上校的女儿们》是一部"爱和同情，还有技巧的杰作"[7]。在评论作品对技巧的运用时，阿尔珀斯强调作家对时间转换处理上的"神奇

1　C. A. Hankin, *Katherine Mansfield and Her Confessional Stories*. London & Basingstoke: Macmillan Press Ltd, 1983, p.222.

2　Martin Armstrong. "Katherine Mansfield". *The Spectator Literary Supplement*. (10 February 1923): 211.

3　转引自 Joanna Woods. *Katerina: The Russian World of Katherine Mansfield*. Middlesex: The Penguin Group, 2001, p.249.

4　Martin Armstrong. "The Art of Katherine Mansfield". *The Fortnightly Review* (March 1923): 484-485.

5　转引自 Joanna Woods. *Katerina: The Russian World of Katherine Mansfield*. Middlesex: The Penguin Group, 2001, p.250.

6　Joseph Collins. "The Rare Craftsmanship of Katherine Mansfield". *The New York Times Book Review* (February 1923): 7. 18.

7　转引自 Gillian Boddy. *Katherine Mansfield: The Woman and The Writer*. Ringwood, Vic: The Penguin Group, 1988, p.258.

的灵活性"，使"时间本身成为人物之一"，他还特别指出，这个技巧"与任何其他作家毫不相干，在 1920 年它的确是举世无双的"。[1]

上述对曼斯菲尔德的评论片段传递出关于曼斯菲尔德创作的三种信息。其一，写作技巧上的创新；其二，俄罗斯影响，特别是契诃夫的影响；其三，独创性。这些评论肯定了曼斯菲尔德在短篇小说创作领域里的重大突破。

第一次世界大战的经历改变了曼斯菲尔德的创作理念。正如苏利文所指出的，"曼斯菲尔德可能是最早理解第一次世界大战给欧洲带来永久性的碎片影响的作家之一"[2]。她的胞弟和一些朋友在大战中无一生还的事实使她对战争的残酷性和毁灭性刻骨铭心，同时也坚定了她一切，特别是有关文学创作需要改变的信念。邓巴指出，曼斯菲尔德也是"最早公开表明自己观点的作家之一，即大战标志着欧洲认识史上的分水岭。她坚持认为，战后任何'诚实'的作品都必须反映这一变迁。"[3]她对弗吉尼亚・伍尔夫的《夜与昼》的批评态度恰恰证明了她的立场。"我最深切的感受是一切都会改变——作为艺术家，我们如果不是这样想，就是一种背叛，我们必须把它考虑在内，找到表达我们新思想、新感觉的新的方式和模式。"[4]从对《夜与日》的评论到对战争和表达形式的思考，曼斯菲尔德坚信，战后的英国亟需新的形式来承载新的体验。

尽管对此她没有明确论述，但根据散见在日记、书信以及写作笔记里的点点滴滴，生活与艺术的关系无疑是她一直关注的问题。如前文所述，曼斯菲尔德认为，伍尔夫的《夜与昼》是"心灵的谎言"。如此苛评源于她认为伍尔夫在作品中没有"诚实"地反映战后英国社会的巨大变迁。相反地，小说人物沉浸于"爱德华"时代的旧世界里。她在给默里的信中是这样描述的："一位迷人的年轻人以极优美的姿势吹着笛子，这令我

1　Antony Alpers. *The Life of Katherine Mansfield*. Oxford: Oxford University Press, 1982, p.327.

2　Vincent O'Sullivan. "Finding the Pattern, Solving the Problem: Katherine Mansfield the New Zealand European". *Katherine Mansfield: In from the Margin*. Ed. Roger Robinson. Baton Rouge: Louisiana State University Press, 1994, p.16.

3　Pamela Dunbar. *Radical Mansfield: Double Discourse in Katherine Mansfield's Short Stories*. London: Macmillan Press Ltd, 1997, p.67.

4　Vincent O' Sullivan. Ed. *Katherine Mansfield: Selected Letters*. Oxford & New York: Oxford University Press, 1989, p.147.

感到十分恐惧——这种全然的冷漠和满不在乎。"[1] 她在 1919 年 11 月 16 日给默里的信里说道："这根本不是题材或情节的问题。我只能想到一个词，'变心'。我想象不出经过这场战争，这些人还能重拾往昔的生活，仿佛一切都没有变。跟你说，我会说我们死而复生。那怎么可能是同样的生活呢？[2]

显然，曼斯菲尔德认为，作家应如实反映生活。艺术和生活不可分离。"没有一个艺术家能舍弃生活。倘若我们想要工作，我们必须径直到生活中去摄取营养。没有其他替代品。"[3] 生活造就了艺术，一部不是寻求真实的小说"注定失败"。"一部成功的作品应该活跃读者的感知，增强他对生命的神秘感，使他因分享作家的想象而更加丰富自己。'从契诃夫的观点看'，没有实现这个目标就是失败"。[4]

然而，在看待生活与艺术的关系问题上，她与契诃夫似乎并不一致。契诃夫认为，"新的文学形式总是产生出新的生活形式。"写作"影响我们看待现实的方式"[5]。简言之，生活模仿艺术，艺术造就生活，艺术高于生活。

对于这两者之间的差异，有两种可能的解释。首先，契诃夫和曼斯菲尔德生活在不同时期和不同的文化背景里。契诃夫生于 1860 年，死于 1904 年。前者正值俄沙皇的专制统治时期，后者恰逢 1905 年第一次俄罗斯革命的前夜。换言之，契诃夫所处时代正是俄罗斯政治和文化的动荡年代。从这个意义上讲，契诃夫见证了俄罗斯社会阶层正在发生的巨变。比如，1878 年，俄罗斯妇女获得拥有大学教育的机会和权利。当时关于平等、妇女与教育这些社会热点问题日后成为契诃夫的剧作《樱桃园》和《三姊妹》以及短篇小说《适婚年龄的姑娘》的重要主题。契诃夫因此被称之为"暮光俄国之声"[6]。他的作品也被视作"具有独特历史地位，

1　Vincent O' Sullivan. Ed. *Katherine Mansfield: Selected Letters*. Oxford & New York: Oxford University Press, 1989, p.147.

2　John Middleton Murry. Ed. *The Letters of Katherine Mansfield*. New York: Alfred A. Knopf, Inc., 1932, p.255.

3　ibid., p.353.

4　Mary H. Rohrberger. *The Art of Katherine Mansfield*. Michigan: University Microfilms International, 1977, p.12.

5　Anton Chekhov. *How to Write Like Chekhov: Advice and Inspiration, Straight from His Own Letters and Work*. Eds. Piero Brunello and Lena Lenček. Trans. Lena Lenček. Philadelphia: Da Capo Press, 2008.

6　Rose Whyman. *Anton Chekhov: Routledge Modern and Contemporary Dramatists*. London & New York: Routledge, 2011, p3.

为当时的意识形态思想提供了一个视角"[1]。从历史的角度看，从 1890 年代至 20 世纪初，契诃夫的创作时期处在一个正在发生变化的俄罗斯。他在此期间所创作的剧本和短篇小说以及书信都向读者展示了一个濒临政治文化变革的俄罗斯社会。在这样动荡变迁的背景下，有着农奴背景的契诃夫无疑渴望新的变化，从而获得独立和尊严，成为一个真正的"完人"。然而，要做到真正独立并拥有尊严，首先需要思想的独立。契诃夫说过："我只想成为一名艺术家……圣中之圣是人的机体、健康、智力、才华、灵感、爱，以及可以想象的绝对自由，摆脱暴力和谎言的自由，不管它们以何种形式呈现。倘若我是一名重要艺术家，这就是我要坚守的计划。"[2] 契诃夫崇尚艺术和文学，对艺术怀有一种浪漫的理想主义情怀。虽然他相信艺术有教诲功能，且关注社会现实。然而，他对于艺术与政治的关系却一直保持缄默，拒绝在作品中进行公开说教。

　　对曼斯菲尔德来说，艺术是反映现实的载体。生活已经呈现在那里了，作家只需找到一个合适的方式或形式加以描述或诠释它。跟契诃夫一样，曼斯菲尔德的观点也与她的生活经历有密切关系。不同的是，作为新西兰人的曼斯菲尔德却在英国伦敦写作。又因为健康等诸多因素，她始终处在居无定所、四处求医的状态之中。她所处的时代和地点又是第一次世界大战前后的伦敦，特别在战后，原有的维多利亚社会的传统、规范和价值观等在战争的炮火中轰然倒塌，荡然无存。而这一切又发生得如此迅猛，如此彻底。这对于一名客居英国的殖民地人、锐意创新并渴望融入文学传统的青年女作家来说，其境况是可想而知的。这也部分解释了曼斯菲尔德要想成为文学传统的一部分，首先需要让自身融入到以男性为主导的主流文学传统中去。对她来说，选择以契诃夫为代表的俄罗斯作家是最佳途径，她的认同和接受可视作她为融入文学传统而做的热身运动，为最终实现她找到自己的声音而做好准备。对契诃夫的仿写、改写无疑是一种探索，对自身、对文学、对心灵的探索。艾略特在其《传统与个人才能》一文中指出："任何艺术的艺术家，谁也不能单独具

1　Rose Whyman. *Anton Chekhov: Routledge Modern and Contemporary Dramatists*. London & New York: Routledge, 2011, p.4.

2　转引自 Rose Whyman. *Anton Chekhov: Routledge Modern and Contemporary Dramatists*. London & New York: Routledge, 2011, p.9.

有他完全的意义。他的重要性以及我们对他的鉴赏，就是鉴赏他和已往诗人以及艺术家的关系。你不能把他单独评价；你得把他放在前人之间来对照，来比较。我认为这不仅是一个历史的批评原则，也是一个美学的批评原则"[1]。

曼斯菲尔德一直在致力于寻求将新时代、新体验、新表达或新曲调统一起来的模式。从广义上讲，她为之苦苦追寻的新表达或新曲调实际上就是如何将形式与内容，现实与幻想，艺术与生活这两者关系有机地统一起来。从狭义上讲，这两者关系在她的作品中具体表现为双重性或对立与和谐的主题。[2]这种二元模式显现于小说人物、场景和主题不同层面，也表现在小说的叙述方法上。通过对外部世界与人物心理世界的描述和多元视角的运用，曼斯菲尔德成功地再现了小说丰富的肌理和内涵，使人物的情感与生活，内在与外在对立的关系统一起来。正如伍尔夫在《一个非常敏感的头脑》（"A Terribly Sensitive Mind"，1927）一文中称曼斯菲尔德为"天生的作家"："她所感受到和听见看见的一切东西，都不是残破的和分离的，而是作为作品成为一体"[3]。

1　T. S. 艾略特：《传统与个人才能》，卞之琳、李赋宁、方平译，上海：上海译文出版社，2012年，5页。
2　参见蒋虹：《凯瑟琳·曼斯菲尔德作品中的矛盾身份》，北京：中国社会科学出版社，2004。
3　Viriginia Woolf. "A Terribly Sensitive Mind". *The New York Herald Tribune*, Vol. 125 (18 September 1927): 716. Also Jan Pilditch. Ed. *The Critical Response to Katherine Mansfield*. London: Greenwood Press, 1996, p.16.

结语

在即将结束本书的时候，让我们回到最初的问题：导致英国现代主义文学起源的主要因素是什么，影响机制是什么？或者更一般地：英国现代主义文学是在怎样的社会文化背景下起源的？

本书将这一研究置于英国以及欧洲的历史文化语境下加以审视，旨在更清晰地展示当时英国作家、艺术家所面临的尴尬局面和现实问题，以及他们对新事物、新变化既渴望又不安的情绪，这种现状在很大程度上预示了全然不同的东方俄罗斯芭蕾和俄罗斯文学给英国乃至欧洲带来新的体验并对英国知识界产生巨大的震撼和吸引力。毋庸置疑，20 世纪10 年代在英国伦敦掀起的"俄罗斯热"便是这样背景下的必然产物。

在充分考虑 19 世纪后期至 20 世纪早期影响英国乃至欧洲文化与社会的诸多因素之后，我们可以将其归纳为三个基本方面。

首先，19、20 世纪之际英国精英阶层的普遍焦虑，维多利亚后期文学界的普遍焦虑，是导致英国现代主义文学起源的主要内因。20 世纪早期的英国正值第一次世界大战前后，政治、经济和文化正在发生巨变。这是一个新旧交替的时代。对于有着敏感触角的作家来说，旧的文学规范已不再适应新的形势和新的体验，但新的价值体系尚未诞生。

其次，第一次世界大战是英国现代主义文学最为重要的历史背景。一战给英国人造成了严重的心理创伤和观念冲击。除了对战争的恐惧外，那种以对道德的认真、对人生的实事求是和坚强自立的性格为主要特征的维多利亚主义开始瓦解，越来越多的人对社会进步不再抱有信心，甚至对英国的社会制度和信仰也产生了怀疑。在整个欧洲，对一切存在的事物都不确定的看法正在流行起来。在欧洲文坛，弥漫于 19 世纪后期的文学爱国主义在很大程度上被犬儒主义和悲观主义所取代。

第三，虽然后印象派绘画曾与一次大战并列为导致英国现代主义文学起源的两大影响因素，但笔者认为，俄罗斯文化的影响至少与后印象派绘画的影响同等重要。

基于上述历史文化背景，结合作家的创作活动，本研究从俄罗斯芭蕾和俄罗斯文学两条主线展开，以弗吉尼亚·伍尔夫、D. H. 劳伦斯和凯瑟琳·曼斯菲尔德及其作品为依据，深入探究了俄罗斯文化对英国早期现代主义文学的起源和发展的影响。

研究表明，俄罗斯芭蕾对英国现代主义文学主要有三方面影响：首先，充满活力的俄罗斯芭蕾与英国剧院传统而乏味的歌舞具有鲜明差异，给英国文艺界带来一种全新的体验。其次，俄罗斯芭蕾所表现出的异国情调，尤其是其中所表现出来的强烈的自然性和原始的力量，极大地激发了包括伍尔夫在内的一批英国作家的想象力。第三，俄罗斯芭蕾受到后印象派影响，二者又分别影响了弗吉尼亚·伍尔夫、劳伦斯、曼斯菲尔德等人的文学创作，两方面影响交织在一起，难分彼此。俄罗斯文学主要来自两位翻译家——康斯坦斯·加纳特和科特林斯基的译作。这些译作使包括伍尔夫、劳伦斯、曼斯菲尔德在内的英国现代主义作家共同感受到俄罗斯文学与英国本土文学之间的差异，而这种由外国文学带来的"陌生"感又反过来在 20 世纪早期成为他们的灵感来源，激励他们去突破，去创新，从而改变当下英国小说停滞不前的局面。而这正是俄罗斯文学对英国现代主义文学的崛起和发展做出的巨大贡献。除上述两条基本线索外，或许还应该列出第三条线索：宗教和哲学，突出体现在罗扎诺夫对劳伦斯的影响上。

本研究还以伍尔夫、劳伦斯和曼斯菲尔德的作品为例，通过对具体作品的细读，充分展示了俄罗斯影响的具体体现。

首先，在小说形式和叙事技巧方面，伍尔夫的"变化的节奏"概念和"封套"理论很大程度上有赖于俄罗斯芭蕾艺术中对色彩和节奏的独特运用。"变化的节奏"强调事物的存在和发展变化具有内在的韵味和节律，而"封套"理论则强调世间万物的自由自在、丰富多彩，这两个概念之间构成某种张力，奠定了伍尔夫新的小说形式的基础。此后，前者进一步指向现代世界的矛盾性与现代人内心世界的矛盾性，通过现代心灵的怀疑和验证的精神，将某些看似无关的事物在头脑中形成联系；后者进一步明确为，对于小说创作，任何题材都可以写，任何写作方法都可以用，任何感情、思想、观念、头脑和心灵都可以作为取材的对象，对小说仅有的限制就是不允许虚伪和做作。强调只有打破固有的经验、观念、题材和形式，小说才会成为真正的艺术品。曼斯菲尔德以俄罗斯作家特别是契诃夫为师，开始了自己的短篇小说创作。她意识到，面对一个新的时代，小说需要新的语言和新的形式，并且在自己的创作活动中始终不渝地探索和实验，她对小说形式和叙事技巧的观点是她的文学观的重要组成部分。劳伦斯在这方面最突出的观点是"无形式"，希望倡导一种自觉的、自发的、流动的、充满生命活力、始终处于变化颤动中的小说形式，而不是如他所形容的"固定的"、呆板的、"带着钉子到处走动"的模式。这种观点很可能是在工业化和一战的冲击和震撼下产生的，更是在俄罗斯哲学家罗扎诺夫的影响下变得清晰而明确。

在文学观方面，基于英俄两种文学观的碰撞特别是对俄罗斯文学的思考，伍尔夫认为，小说要从主要关注表观的现实，转向更多关注个人的情感和心灵，关注人的内心活动和人性；从主要是描述人与人之间的相互关系以及他们的共同活动，转向表达个人的心灵和普通的观念之间的关系、人与自然的关系、人与命运的关系以及人物在沉默状态中的内心独白。劳伦斯的文学观建立在他的道德观的基础上，这种道德观又以血性的信仰和肉体的信仰为基础，实际上就是对健康的人类本性的信仰。他认为男女间的接触是最根本的血性关系，是一种积极的、真正的、充满活力的关系。他试图倡导一种不同于传统道德的新道德，进而认为，道德的艺术作品应表现真实的情感和充满生命活力的人际关系，并向人们展示美好生活的可能性。在较长时间里，他似乎都在以一己之力对抗传统道德观念，尤其是托尔斯泰和陀思妥耶夫斯基作品中的道德观念。1927年他开始阅读罗扎诺夫的著作，终于在俄罗斯思想家中找到了知音。罗扎诺夫的哲学思想不仅丰富了劳伦斯原有的思想，而且提供了强有力的理论支持，使后者对"血性信仰"的坚持更坚决更自信。正是在罗扎诺夫的影响下，他的小说创新开始变得更大胆更具实验性。曼斯菲尔德的二元文学观是其矛盾身份与俄罗斯文化双重影响的结果。这种文学观将两种不同或对立的事物或元素并置或统一，并由情感将这些对立元素统一起来，以此表达完整的人生。这种文学观的一个重要体现是强调形式与内容相辅相成，它最初受到契诃夫的启发，但最终实现了超越。

在小说情节方面，弗吉尼亚·伍尔夫、劳伦斯和曼斯菲尔德的小说都以各自的方式融入了较多的俄罗斯文化元素。在伍尔夫的多部小说中，有的情节直接描写俄罗斯芭蕾及其演员，有的情节将俄罗斯芭蕾作为小说中人物谈论的话题。她还从俄罗斯芭蕾汲取灵感，将舞蹈融入小说创作，使之成为一个重要母题，她作品中的色彩元素也明显受到俄罗斯芭蕾的影响。她的重要作品《奥兰多》则极大地受益于她阅读过的俄罗斯游记以及她的俄罗斯想象。劳伦斯的小说通常并不直接包含俄罗斯元素，而是基于对俄罗斯文学的批判和反思产生新的文学意象，他的《查特莱夫人的情人》的创作则明显受到罗扎诺夫著作的鼓舞和启发。曼斯菲尔德被称为英国的契诃夫，她的小说在题材和形式上最初都深受契诃夫启发，特别是有 7 组小说有明显的对应关系，基于本书的分析，确实可以认为曼斯菲尔德的作品无论故事情节还是叙事技巧都有独到的创意，但其中契诃夫的影响同样是毋庸置疑的。

总之，在 20 世纪初，在英国文学界普遍焦虑、迫切希望变革，并且开始尝试变革的背景下，以俄罗斯芭蕾和俄罗斯文学为代表的俄罗斯文化登上了伦敦舞台。对于包括布卢姆斯伯里文化圈在内的年轻作家和艺术家来说，这是一个充满机遇的时代，它为这些人创造了其他可能性和创新空间，使他们对新世界、新体验需要新表达的重要性和必要性有了更清晰的认识和更明确的目标。俄罗斯文化不仅影响了英国现代主义作家的思维模式和叙事方式，也为他们开启了通向一个充满活力的文化世界的大门，有助于他们从中发现小说的潜能，明确方向，找到适合自我、符合当代经验的复杂性和流动性的小说形式，形成独特的创作理念和美学思想。无可否认，俄罗斯文艺在 20 世纪早期英国现代主义文学的酝酿、形成和发展过程中发挥了推波助澜的重要作用，从某种意义上讲，倘若没有俄罗斯文化的影响，英国现代主义文学的发展或许不会像今天这样在英国乃至文学史上拥有如此重要的地位和声誉。

作为至少延续半个世纪之久的英国现代主义文学，我们很难一言概之，那样做只会削弱它的丰富性和复杂性。本书所关注的俄罗斯影响是早期英国现代主义文学发展中的一个重要侧面。因此，笔者认为，将英国现代主义文学细分为早期、中期和晚期三个阶段，有助于我们对英国现代主义文学的起源、形成和发展有一个整体认识和理解，也有助于我们把英国现代主义文学晚期视为连接现代主义和后现代主义文学的桥梁。换言之，英国现代主义文学特别是后期文学已显露出后现代特征的端倪。而关于英国现代主义文学中的后现代意蕴将成为一个有意义的研究课题。

参考文献

英文文献

Primary Sources

Auden, W. H. *Selected Poems*. New Edition. Ed. Edward Mendelson. New York: Vintage Books, 1971.

Bunin, I. A. *The Gentleman from San Francisco and Other Stories*. Trans. David Richards and Sophia Lund. New York: The Penguin Group, 1987.

Chekhov, Anton. *Anton Chekhov's Selected Plays*. Trans. and Ed. Laurence Senelick. New York: W. W. Norton & Company, Inc., 2005.

——. *How to Write Like Chekhov: Advice and Inspiration, Straight from His Own Letters and Work*. Eds. Piero Brunello and Lena Lencek. Trans. Lena Lencek. Philadelphia: Da Capo Press, 2008.

——. "Letters of Anton Tchehov". Trans. S. Koteliansk and K. Mansfield. *The Athenaeum*, Nos. 4640-4670 (4 April to 31 December 1919): 148-1135.

——. *Selected Stories with an Introduction and Notes by Joe Andrew*. Hertfordshire: Wordsworth Editions Ltd, 2002.

——. *The Wives and Other Stories*. Trans. Constance Garnett. San Diego: ICON Group International, Inc., 2005.

——. *The Witch and Other Stories*. San Diego: ICON Group International, Inc., 2005.

Dostoevsky, Fyodor Mickhailovich. *The Brothers Karamarzov*. Trans. Constance Garnett. Pennsylvania: A Penn State Electronic Classics Series Publication, 2000.

—. *Demons.* Trans. Richard Pevear and Larissa Volokhonsky. London & New York: Vintage Classics, 2000.

—. *Notes from Underground.* Trans. Richard Pevear and Larissa Volokhonsky. London & New York: Vintage Classics, 1994.

—. *The Eternal Husband and Other Stories.* Trans. Richard Pevear and Larissa Volokhonsky. London & New York: Vintage Classics, 1997.

—. *The Idiot.* Trans. Constance Garnett. New York: Bantam Classics, 1983.

Eliot, T. S. *The Letters of T. S. Eliot, Vol. I: 1898–1922.* Ed. Valerie Eliot. New York: Harcourt Brace Jovanovich, Publishers, 1988.

—. *The Letters of T. S. Eliot, Vol. II: 1923–1925.* Eds. Valerie Eliot and Hugh Haughton. New Haven and London: Yale University Press, 2011.

—. *The Complete Prose of T. S. Eliot, The Critical Edition, Vol. I, Apprentice Years, 1905–1918.* Eds. Jewel Spears Brooker and Ronald Schuchard. Baltimore: Johns Hopkins University Press, 2014.

—. *The Complete Prose of T. S. Eliot, The Critical Edition, Vol. II, The Perfect Critic, 1919–1926.* Eds. Anthony Cuda and Ronald Schuchard. Baltimore: Johns Hopkins University Press, 2014.

—. *The Complete Prose of T. S. Eliot, The Critical Edition, Vol. III, Literature, Politics, Belief, 1927–1929.* Eds. Frances Dickey, Jennifer Formichelli and Ronald Schuchard. Baltimore: Johns Hopkins University Press, 2015.

—. *The Complete Prose of T. S. Eliot, the Critical Edition, Vol. IV, English Lion, 1930–1933.* Eds. Jason Harding and Ronald Schuchard, Baltimore: Johns Hopkins University Press, 2015.

James, Henry. *Letters, Vol. IV, 1895–1916.* Ed. Leon Edel. Cambridge & Massachusetts: The Belknap Press of Harvard University Press, 1984.

Lawrence, D. H. *Aaron's Rod.* New York: Thomas Seltzer, 1922.

—. *Apocalypse and the Writings on Revelation.* Ed. and Intro. and Notes by Mara Kalnins. London: The Penguin Group, 1995.

—. *England, My England and Other Stories.* New York: Thomas Seltzer, Inc., 1922.

—. *Interviews and Recollections, Vol. 2.* Ed. Norman Page. London: The Macmillan Press Ltd, 1981.

—. *Mr. Noon*. London & New York: Cambridge University Press, 1984.

—. *Mr. Noon*. Amsterdam: Fredonia Books, 2003.

—. *Phoenix: The Posthumous Papers of D. H. Lawrence (1936)*. Ed. and Intro. by Edward D. McDonald. New York: The Viking Press, 1968.

—. *Phoenix II: Uncollected, Unpublished, and Other Prose Works*. Collected and Ed. and Intro. and Notes by Warren Roberts and Harry T. Moore. Middlesex: The Penguin Group, 1978.

—. *Psychoanalysis and the Unconscious & Fantasia of the Unconscious*. New York: Dover Publications, Inc., 2005.

—. *Selected Letters of D. H. Lawrence*. Ed. James T. Boulton. Cambridge: Cambridge University Press, 1996.

—. *Selected Literary Criticism*. Ed. Anthony Beal. London: William Heinemann Ltd., 1955.

—. *Studies in Classic American Literature*. Middlesex: The Penguin Group, 1971.

—. *Study of Thomas Hardy And Other Essays*. Ed. Bruce Steele. Cambridge: Cambridge University Press, 1985.

—. *The Complete Poems of D. H. Lawrence*. Intro. and Notes by David Ellis. Hertfordshire: Wordsworth Editions Ltd, 1994.

—. *The Letters of D. H. Lawrence, Vol. I, September 1901–May 1913*. Ed. James T. Boulton. Cambridge: Cambridge University Press, 1979.

—. *The Letters of D. H. Lawrence, Vol. II, June 1913–October 1916*. Eds. George J. Zytaruk and James T. Boulton. Cambridge: Cambridge University Press, 1979.

—. *The Letters of D. H. Lawrence, Vol. III, October 1916–June 1921*. Eds. James T. Boulton and Andrew Robertson. Cambridge: Cambridge University Press, 1984.

—. *The Letters of D. H. Lawrence, Vol. IV, June 1921–March 1924*. Eds. Warren Robert et al. Cambridge: Cambridge University Press, 1987.

—. *The Letters of D. H. Lawrence, Vol. V, March 1924–March 1927*. Eds. James T. Boulton and Lindeth Vasey. Cambridge: Cambridge University Press, 1989.

—. *The Letters of D. H. Lawrence, Vol. VI, 1927–1928*. Eds. James T. Boulton and Margraret H. Boulton with Gerald M. Lacy, Cambridge: Cambridge University Press, 1991.

—. *The Letters of D. H. Lawrence, Vol. VII, 1928–1930*. Eds. Keith Sagar and James T. Boulton. Cambridge: Cambridge University Press, 1993.

—. *The Letters of D. H. Lawrence, Vol. VIII, Previously Uncollected Letters and General Index*. Ed. and compiled by James T. Boulton. Cambridge: Cambridge University Press, 2000.

—. *The Quest for Rananim: D. H. Lawrence's Letters to S. S. Koteliansky 1914–1930*. Ed. George J. Zytaruk. Montreal & London: McGill-Queen's University Press, 1970.

—. *The Woman Who Rode Away/St. Mawr/The Princess*. Intro. James Lasdun. Eds. Brian Finney, Christa Jansohn and Dieter Mehl. London: The Penguin Group, 2006.

—. *Women in Love*. Beijing: Foreign Languagues Press, 1994.

Mansfield, Katherine. *Bliss and Other Stories*. Toronto: The Macmillan Company, 2013.

—. *In a German Pension*. London: Stephen Swift & Co. Ltd, 2013.

—. *Journal of Katherine Mansfield*. Ed. John Middleton Murry. London: Constable & Co. Ltd, 1927.

—. *Katherine Mansfield's Selected Stories*. Ed. Vincent O' Sullivan. New York: W. W. Norton & Company, Inc., 2006.

—. *Katherine Mansfield's Letters to John Middleton Murry*. Ed. John Middleton Murry. New York: Alfred A. Knopf, Inc., 1951.

—. *Katherine Mansfield: Selected Letters*. Ed. Vincent O'Sullivan. Oxford & New York: Oxford University Press, 1989.

—. *Letters Between Katherine Mansfield and John Middleton Murry*. Ed. Cherry A. Hankin. London: Virago Press Ltd, 1988.

—. *Novels & Novelists by Katherine Mansfield*. Ed. John Middleton Murry. London: Constable & Co. Ltd, 1930.

—. *The Urewera Notebook*. Ed. and Intro. by Ian A. Gordon. Oxford: Oxford University Press, 1978.

—. *The Collected Letters of Katherine Mansfield, Vol. I, 1903–1917*. Eds. Vincent O'Sullivan and Margaret Scott. Oxford: Clarendon Press, 1984.

—. *The Collected Letters of Katherine Mansfield, Vol. II, 1918–1919*. Eds. Vincent O'Sullivan and Margaret Scott. Oxford: Clarendon Press, 1987.

—. *The Collected Letters of Katherine Mansfield, Vol. III, 1919–1920*. Eds. Vincent O'Sullivan and Margaret Scott. Oxford: Clarendon Press, 1993.

—. *The Collected Letters of Katherine Mansfield, Vol. IV, 1920–1921*. Eds. Vincent O'Sullivan and Margaret Scott. Oxford: Clarendon Press, 1996.

—. *The Collected Stories of Katherine Mansfield*. London: The Penguin Group, 1981.

—. *The Critical Writings of Katherine Mansfield*. Ed. Clare Hanson. London: Macmillan Press, 1987.

—. *The Katherine Mansfield Notebooks Complete Edition (Vol. I, II)*. Ed. Margaret Scott. Minneapolis: University of Minnesota Press, 2002.

—. *The Letters and Journals of Katherine Mansfield: A Selection*. Ed. C. K. Stead. London: The Penguin Group, 1977.

—. *The Letters of Katherine Mansfield*. Ed. John Middleton Murry. New York: Alfred A. Knopf, Inc., 1932.

—. *The Letters of Katherine Mansfield, Vol. II*. Ed. John Middleton Murry. New York: Alfred A. Knopf, Inc., 1929.

—. *The Scrapbook of Katherine Mansfield*. Ed. John Middleton Murry. New York: Alfred A. Knopf, Inc., 1974.

—. *The Selected Stories of Katherine Mansfield*. London: The Penguin Group, 1988.

—. *The Stories of Katherine Mansfield*. Ed. Antony Alpers. Oxford: Oxford University Press, 1984.

—. *The Collected Stories of Katherine Mansfield*. London: The Penguin Group, 1981.

Maugham, Somerset. *Ashendon, or The British Agent*. New Jersey: Transaction Publishers, 2010.

Rozanov, V. V. "Solitaira", trans. S. S. Koteliansky. *The New Age, Volume* 40 (23 December 1926): 95.

Shestov, Lev. *All Things Are Possible*. London: Martin Secker, 1920.

—. *Athens and Jerusalem*. Ed. Bernard Martin. Athens: Ohio University Press, 1966.

Woolf, Virginia. *Between the Acts*. Intro. and Notes by Gillian Beer. Ed. Stella McNichol. London: The Penguin Group, 2000.

—. *Essays by Virginia Woolf*. London: The Hogarth Press, 1958.

—. *Jacob's Room*. New York: Bantam Books, 1998.

—. "Modern Novels". *TLS* (10 April 1919): 190.

—. *Mrs. Dalloway*. Intro. and Notes by Merry M. Pawlowski. London: Wordsworth Editions Ltd, 1996.

—. *Mrs. Dalloway's Party: A Short Story Sequence*. Ed. Intro. by Stella McNichol. New York: Harcourt, Inc., 1979.

—. *Night and Day*. Ed. and Intro. and Notes by Julia Briggs. London: The Penguin Group, 1992.

—. *Orlando*. London: The Penguin Group, 1998.

—. *Roger Fry: A Biography*. New York: Harcourt Brace & Company, 1940.

—. "Tchehov's Questions". *TLS* (6 May 1918): 231.

—. *The Captain's Death Bed and Other Essays*. London: The Hogarth Press, 1950.

—. *The Common Reader, First Series*. Pennsylvania: Sullivan Press, 2013.

—. *The Common Reader, Vol. II*. Ed. and Intro. by Andrew McNeillie. London: Vintage, 2003.

—. *The Complete Shorter Fiction of Virginia Woolf*. Ed. Susan Dick. New York: Harcourt, Inc., 2006.

—. *The Diary of Virginia Woolf, Vol. I, 1915–1919*. Ed. Anne Olivier Bell. London: The Hogarth Press, 1977.

—. *The Diary of Virginia Woolf, Vol. II, 1920–1924*. Ed. Anne Olivier Bell. London: The Hogarth Press, 1978.

—. *The Diary of Virginia Woolf, Vol. III, 1921–1930*. Ed. Anne Olivier Bell. London: The Hogarth Press, 1980.

—. *The Diary of Virginia Woolf, Vol. IV, 1931–1935*. Ed. Anne Olivier Bell. London: The Hogarth Press, 1982.

—. *The Diary of Virginia Woolf, Vol. IV, 1931–1935*. Ed. Anne Olivier Bell. New York: Harcourt Brace & Company, 1983.

—. *The Diary of Virginia Woolf, Vol. V, 1936–1941*. Ed. Anne Olivier Bell. New York: Harcourt Brace & Company, 1984.

—. *The Essays of Virginia Woolf, Vol. I, 1904–1912*. Ed. Andrew McNeillie. London: The Hogarth Press, 1986.

—. *The Essays of Virginia Woolf, Vol. I, 1904–1912*. Ed. Andrew McNeillie. London & New York: Harcourt Brace Jovanovich, Publishers, 1986.

—. *The Essays of Virginia Woolf, Vol. II, 1912–1918*. Ed. Andrew McNeillie. London: The Hogarth Press, 1987.

—. *The Essays of Virginia Woolf, Vol. III, 1919–1924*. Ed. Andrew McNeillie. London: The Hogarth Press, 1988.

—. *The Essays of Virginia Woolf, Vol. III, 1919–1924*. Ed. Andrew McNeillie. New York & London: Harcourt Brace Jovanovich, Publishers, 1988.

—. *The Essays of Virginia Woolf, Vol. IV, 1925–1928*. Ed. Andrew McNeillie. London: The Hogarth Press, 1994.

—. *The Essays of Virginia Woolf, Vol. V, 1929–1932*. Ed. Stuart N. Clarke. London: The Hogarth Press, 2009.

—. *The Essays of Virginia Woolf, Vol. VI, 1933–1941*. Ed. Stuart N. Clarke. London: The Hogarth Press, 2011.

—. *The Letters of Virginia Woolf, Vol. II, 1912–1922*. Eds. Nigel Nicolson and Joanne Trautmann. London: The Hogarth Press, 1976.

—. *The Letters of Virginia Woolf, Vol. III, 1923–1928*. Eds. Nigel Nicolsm and Joanne Trautmann. London: The Hogarth Press, 1977.

—. *The Letters of Virginia Woolf, Vol. IV, 1929-1931*. Eds. Nigel Nicolson and Joanne Trautmann. London: The Hogarth Press, 1978.

—. *The Letters of Virginia Woolf, Vol. V, 1932-1935*. Eds. Nigel Nicolson and Joanne Trautmann. London: The Hogarth Press, 1979.

—. *The Letters of Virginia Woolf, Vol. V, 1932-1935*. Eds. Nigel Nicolson and Joanne Trautmann. New York: Harcourt Brace & Company, 1982.

—. *The Voyage Out*. Ed. and Intro. and Notes by Jane Wheare. London: The Penguin Group, 1992.

—. *The Waves*. London: Wordsworth Editions Limited, 2000.

—. *The Years*. Ed. and Intro. and Notes by Jeri Johnson. London: The Penguin Group, 2002.

—. *To the Lighthouse*. New York: Harcourt, Inc., 1981.

—. *Translations from the Russian*. Ed. Stuart N. Clarke. Intro. Laura Marcus. London: Virginia Woolf Society of Great Britain, 2006.

Secondary Sources

Abrams M. H. and Stephen Greenblatt. Eds. *The Norton Anthology of English Literature Volume 2B The Victorian Age*, Seventh Edition. New York & London: W. W. Norton & Company, 2000.

Adams, David. "Woolf Across Culture". *Modernity/ Modernism*, Vol. 12, No. 3 (2005): 525-526.

Allert, Beate. Ed. *Languages of Visuality: Crossings between Science, Art, Politics, and Literature*. Michigan: Wayne State University Press, 1996.

Alpers, Antony. *The Life of Katherine Mansfield*. Oxford: Oxford University Press, 1982.

Alt, Christina. *Virginia Woolf and the Study of Nature*. Cambridge: Cambridge University Press, 2010.

Ardis, Ann L. *Modernism and Cultural Conflict 1880-1992*. Cambridge: Cambridge University Press, 2002.

—. "The Dialogics of Modernism(s) in the New Age". *Modernism/ Modernity*, Vol. 4, No. 3 (2007): 407-434.

Armstrong, Martin. "The Art of Katherine Mansfield". *The Fortnightly Review* (March 1923): 484-485.

—. "Katherine Mansfield". *The Spectator Literary Supplement* (10 February 1923): 211.

Arnold, Armin. "D. H. Lawrence, the Russians, and Giovanni Verga". *Comparative Literature Studies*, Vol. 2, No. 3 (1965): 249-257.

—. "Time Passes: Virginia Woolf, Post-Impressionism, and Cambridge Time". *Poetics Today*, Vol. 24, No. 3 (2003): 471-516.

Atkin, Jonathan. *A War of Individual: Bloomsbury Attitudes to the Great War.* Manchester & New York: Manchester University Press, 2002.

Attridge, Derek. *Joyce Effects: On Language, Theory, and History.* Cambridge: Cambridge University Press, 2004.

—. Ed. *Cambridge Companion to James Joyce.* Cambridge: Cambridge University Press, 2004.

Back, Les and John Solomos. Eds. *Theories of Race and Racism: A Reader.* London & New York: Taylor & Francis Group, 2000.

Banks, Georges. "Petrouchka—The Russian Ballet". *Rhythm*, Vol. 2, No. 2 (July 1912): 57-60.

—. "Stagecraft with Illustration". *Rhythm*, Vol. 1 (Winter 1911): 19-21.

Bakhtin, Mikhail. *Problems of Dostoevsky's Poetics.* Ed. and Trans. by Caryl Emerson. Minnesota: University of Minnesota Press, 1984.

—. *Speech Genres and Other Late Essays.* Austin: University Texas Press, 1986.

Balossi, Giuseppina. *A Corpus Linguistic Approach to Literary Language and Characterization: Virginia Woolf's The Waves.* Amsterdam & Philadelphia: John Benjamins Publishing Company, 2014.

Banes, Sally. *Dancing Women: Female Bodies on Stage.* London & New York: Taylor & Francis Group, 2005.

Baring, Maurice. *An Outline of Russian Literature* (1915). South Carolina: CreateSpace Independent Publishing Platform, 2017.

—. *Landmarks in Russian Literature* (1910). Cornell: Cornell University Library, 2010.

—. *The Mainsprings of Russia* (1914). London: Forgotten Books, 2017.

—. *The Russian People* (1911). Alibris, UK: Sagwan Press, 2018.

Bates, H. E. *The Modern Short Story: A Critical Survey*. London: Michael Joseph, 1941.

—. *The Modern Short Story: A Critical Survey*. London: Thomas Nelson & Sons Ltd, 1945.

Beach, Josepii Warren. "Katherine Mansfield and Her Russian Master". *Virginia Quarterly Review*, Vol. 27, No. 4 (Fall 1951): 604-608.

Beasley, Rebecca. "Rev. of Virginia Woolf and the Russian Point of View". *Translation and Literature*, Vol. 20, No. 3 (2011): 393–410.

Beasley, Rebecca & Philip Ross Bullock. Eds. *Russia in Britain 1880–1940: From Melodrama to Modernism*. Oxford: Oxford University Press, 2013.

Beja, Morris and David Norris. Eds. *Joyce in the Hibernian Metropolis: Essays*. Ohio: Ohio State University Press, 1996.

Bell, Clive. *Since Cézanne*. London: Chatto and Windus, 1922.

Bell, Michael. "Dostoevsky and English Modernism 1900–1930." *Notes and Queries*. Vol. 42, No. 2 (2000): 273-274.

Bell, Quentin. *Bloomsbury*. Worcester and London: The Trinity Press, 1968.

Benois, Alexandre. *Memoirs*. Vol. 2. Trans. Moura Budberg. London: Chatto & Windus, 1964.

Benzel, Kathryn N. and Ruth Hoberman. Eds. *Trespassing Boundaries: Virginia Woolf's Short Fiction*. New York: Palgrave Macmillan, 2004.

Berdyaev, Nicolas. *The Russian Idea*. New York: The Macmillan Company, 1948.

Berg, Shelley Celia. "Le Sacre Du Printemps: A Comparative Study of Seven Versions of the Ballet". Diss. New York University, 1985.

Berkman, Sylvia. *Katherine Mansfield: A Critical Study*. New Haven: Yale University Press, 1951.

Bexter, Katherine Isobel. "Rev. of E. M. Foster's Modernism". *Notes and Queries* (March 2006): 127-128.

Binckes, Faith. *Modernism, Magazines, and the British Avant-Garde: Reading Rhythm, 1910–1914*. Oxford: Oxford University Press, 2010.

Blackstone, Bernard. *Virginia Woolf.* London: The Hogarth Press, 1949.

Bloom, Harold. Ed. *Fyodor Dostoevsky's Crime and Punishment.* New York: Chelsea House Publishers, 2004.

—. Ed. *Bloom's Modern Critical Views: Anton Chekhov.* New York: An Imprint of Infobase Publishing, 2009.

Blume, Gwendolyn J. "The Reader-Brand: Tolstoy in England at the Turn of the Century". *Texas Studies in Literature and Language,* Vol. 53, No. 3 (2011): 320-337.

Boddy, Gillian. *Katherine Mansfield: The Woman and The Writer.* Ringwood, Vic: The Penguin Group, 1988.

Borge, Francisco J. "Richard Hakluyt, Promoter of the New World: The Navigational Origins of the English Nation". *Sederi* 13 (2003): 1-9.

Borny, Geoffrey. *Interpreting Chekhov.* Canberra: The Australian National University Press, 2006.

Bowlt, John. Ed. *Russian Art of the Avant-Garde Theory and Criticism 1902–1934.* New York: The Viking Press, 1976.

Bradbury, Malcolm. "The Little Magazine". *Times Literary Supplement* (25 April 1968): 421.

Bradbury, Malcolm and James McFarlane. Eds. *Modernism 1890–1930.* London: The Penguin Group, 1976.

Brewster, Dorothy. *East-West Passage: A Study in Literary Relationships.* London: George Allen & Unwin Ltd, 1954.

Briggs, Julia. *Reading Virginia Woolf.* Edinburgh: Edinburgh University Press, 2006.

Briginshaw, Valerie A. and Ramsay Burt. *Writing Dancing Together.* London: Palgrave Macmillan, 2009.

Bromley, J. S. *The New Cambridge History, Vol. VI, The Rise of Great Britain and Russian 1688-1715/25.* Cambridge: Cambridge University Press, 2008.

Brooker, Peter and Andrew Thacker. Eds. *The Oxford Critical And Cultural History of Modernist Magazines, Vol. I, Britain and Ireland 1880–1955.* Oxford & New York: Oxford University Press, 2009.

Brown, Catherine. "The Russian Soul Englished". *Journal of Modern Literature*, Vol. 36, No. 1 (2012): 132-149.

Buckle, Richard. *Nijinsky*. London: Ebenezer Baylis & Son Ltd, 1971.

Burleigh-Motley, Marian. *The Russian Experiment in Art 1863–1922*. London: Thames & Hudson Ltd, 1962.

Burrells, Anna et al. Eds. *Woolfian Boundaries: Selected Papers from the Sixteenth Annual International Conference on Virginia Woolf*. Bakersfield: Clemson University Digital Press, 2007.

Burt, Ramsay. *The Male Dancer: Bodies, Spectacle, Sexualities*. London & New York: Taylor & Francis Group, 2005.

Butler, Christopher. *Early Modernism: Literature, Music, and Painting in Europe, 1900–1916*. Oxford: Clarendon Press, 1994.

—. *Modernism: A Very Short Introduction*. New York: Oxford University Press, 2010.

Caine, Barbara. "Bloomsbury Friendship and Its Victorian Antecedents". *Literature & History*, Vol 17, No. 1 (2008): 48-61.

Çakirtas, Önder. "To the Lighthouse: Woolf's Search for the Meaning of Life Through Colors". *Pamukkale University Journal of Social Sciences Institute*, Vol. 17 (2014): 53-60.

Calvocoressi, M. D. "The Russian Ballet: And After". *The Musical Times*, Vol. 64, No. 969 (1923): 775-776.

Carroll, John. *Break-Out from the Crystal Palace: The Anarcho-psychological Critique: Stirner, Nietzsche and Dostoevsky*. London & Boston: Routledge & Kegan Paul, 1974.

Carswell, John. *Lives and Letters: A. R. Orage, Beatrice Hstings, Katherine Mansfield, John Middleton Murry and S. S. Koteliansky*. London & Boston: Faber & Faber Ltd, 1978.

Caw, Mary Ann and Sarah Bird Wright. *Bloomsbury and France: Art and Friends*. New York: Oxford University Press, 2000.

Cherkasova, Evgenia. *Dostoevsky and Kant: Dialogues on Ethics*. Amsterdam & New York: Rodopi, 2009.

Clarke, Stuart N. Ed. *Translations from the Russian by Virginia Woolf and S. S. Kotelianksy*. Intro. Laura Marcus. London: Virginia Woolf Society of Great Britain, 2006.

Collins, Joseph. "The Rare Craftsmanship of Katherine Mansfield". *The New York Times Book Review* (February 1923): 7, 18.

Cossart, Michale de. "Ida Rubinstein and Diaghilev: A One-Sided Rivalry". *Dance Research: The Journal of the Society for Dance Research*, Vol. 1, No. 2 (1983): 3-20.

Cox, B. and A. E. Dyson. Eds. *The Twentieth Century Mind I: 1900–1918*. London & New York: Oxford University Press, 1972.

Cox, Sidney. "The Fastidiousness of Katherine Mansfield". *The Sewanee Review.*, Vol. 39, No.2 (1931): 158-169.

Cross, Anthony G. *The Russian Theme in English Literature: From Sixteenth Century to 1980. An Introductory Survey and a Bibliography*. Oxford: Willem A. Meeuws, 1985.

Crossland, Rachel. "What D. H. Lawrence Understood of 'The Einstein Theory': Relativity in Fantasia of the Unconscious and Kangaroo". *MHRA Working Papers in the Humanities*, Vol. 7 (2012): 24-32.

Crowson, Lydia Lallas. "The Theater Esthetic of Jean Cocteau". Diss. The University of Wisconsin, 1972.

Cuddy-Keane, Melba. *Virginia Woolf, the Intellectual, and the Public Sphere*. Cambridge: Cambridge University Press, 2003.

Dada-Büchel, Marianne. *Katherine Mansfield's Dual Vision: Concepts of Duality and Unity in Her Fictional Work*. Tübingen: A Francke Verlag Tübingen Und Basel, 1995.

Dalgarno, Emily. "A British War and Peace? Virginia Woolf Reads Tolstoy". *Modern Fiction Studies*, Vol. 50, No. 1 (2004): 129-150.

—. *Virginia Woolf and the Migrations of Language*. Cambridge: Cambridge University Press, 2012.

—. *Virginia Woolf and the Visible World*. Cambridge: Cambridge University Press, 2001.

Dalsimer, Katherine. *Virginia Woolf: Becoming a Writer*. New Haven & London: Yale University Press, 2001.

Daly, Saralyn R. *Katherine Mansfield*. Revised Edition: Twayne's English Authors Series. New York: Twayne Publishers, 1994.

Darrohn, Christine. " 'Blown To Bits!': Katherine Mansfield's 'The Garden Party' And The Great War". *Modern Fiction Studies*, Vol. 44, No. 3 (Fall 1998): 513-539.

Davenport-Hines, Richard. *A Night at the Majestic: Proust and the Great Modernist Dinner Party of 1922*. London: Faber & Faber Ltd, 2006.

Davie, Donald. *Russian Literature and Modern English Fiction: A Collection of Critical Essays*. Chicago & London: The University of Chicago Press, 1965.

Davis, Mary E. *Ballets Russes Style: Diaghilev's Dancers and Paris Fashion*. London: Reaktiong Books Ltd, 2010.

Davison, Claire. *Translation as Collaboration: Virginia Woolf, Katherine Mansfield and S. S. Koteliansky*. Edinburgh: Edinburgh University Press, 2014.

Davison-Pégon, Claire. "Samuel Solomonovich Koteliansky and British Modernism". *Translation and Literature*, Vol. 20, No. 3 (2011): 334-347.

Dias, Corie. "Pieces of Virginia: Post-Impressionaism and Cubism in the Works of Virginia Woolf". *Undergraduate Review*, Vol. 2, No. 9 (2006): 22-31.

Dibattista, Maria. *Imagining Virginia Woolf: An Experiment in Critical Biography*. Princeton: Princeton University Press, 2008.

—. *Novel Characters: A Genealogy*. Chichester: Wiley-Blackwell, 2010.

Dibattista, Maria and McDiarmid, Lucy. Eds. *High and Low Moderns: Literature and Culture 1889–1939*. Oxford & New York: Oxford University Press, 1996.

Dickinson, J. W. "Katherine Mansfield and S. S. Kotelianski". *Revue de Littérature Comparée*, Vol. 45, No. 1 (1971): 79.

Diment, Galya. *A Russian Jew of Bloomsbury: The Life and Times of Samuel Koteliansky*. Montreal & Kinston: McGill-Queen's University Press, 2011.

—. "Tolstoy and Bloomsbury". *Tolstoy Studies Journal*, Vol. 5 (1992): 39-53.

Dolan, Ashley. "The Influence of Fyodor Dostoevsky on E. M. Foster and Virginia Woolf." MA. Thesis. University of Missouri-Columbia, 2011.

Donlevy, J. Kent. "Value Pluralism & Negative Freedom in Canadian Education: The Trinity and Surrey Cases". *McGill Journal of Education*, Vol. 39, No. 3 (2004): 305-325.

—. "Dostoevsky". *Times Literary Supplement* (4 July 1912): 269-270.

—. "Dostoieevsky". *The Spectator* (28 September 1912): 451-452.

—. "Dostoevsky". *The Spectator*, Vol. 117 (26 August 1916): 241.

Dunbar, Pamela. *Radical Mansfield: Double Discourse in Katherine Mansfield's Short Stories*. London: Macmillan Press Ltd, 1997.

Dunn, Jane. *Virginia Woolf and Vanessa Bell: A Very Close Conspiracy*. London: Virago Press, 2010.

Eberly, David. "Behind the Curtain: Virginia Woolf, Walter Sickert, and the Narrative of Trauma". *International Virginia Woolf Society Conference* (June 2007).

Ehre, Milton. *Oblomov and His Creator: The Life and Art of Ivan Goncharov*. Princeton: Princeton University Press, 1973.

Eileen, Baldishwiler. "Katherine Mansfield's Theory of Fiction". *Studies in Short Fiction*, Vol. 7, No. 3 (1970): 421-432.

Ellis, A. Williams. "The Russians". *The Spectator* (6 December 1924): 878-879.

Ellis, Havelock. "The Supreme Russian". *The New Statesman* (22 September 1917): 590-591.

Ellis, Steve. *Virginia Woolf and the Victorians*. Cambridge: Cambridge University Press, 2007.

Ellmann, Maud. *The Nets of Modernism: Henry James, Virginia Woolf, James Joyce, and Sigmund Freud*. Cambridge: Cambridge University Press, 2010.

Evans, Edwin. "The Russian Ballet at the Empire". *The Musical Times*, Vol. 60, No. 922 (1919): 605.

Evans, Elizabeth F. and Cornish, Sarah E. Eds. *Woolf and the City: Selected Papers from the Nineteenth Annual Conference on Virginia Woolf*. New York: Clemson University Digital Press, 2009.

Ewins, Kristin. "Rev. of British Women Writers 1914–1945: Professional Work and Friendship". *Notes and Queries* (June 2008): 247-248.

Fanger, Iris. "The Russians Who Revitalized Ballet for the 20th Century". Special to *The Christian Science Monitor*, Hartford, Conn. November 10, 1997. https://www.csmonitor.com/1997/1110/111097.feat.arts.1.html.

Fernald, Anne E. *Virginia Woolf: Feminism and the Reader.* Hampshire & New York: Palgrave Macmillan, 2006.

Foster, John Burt Jr. *Nabokov's Art of Memory and European Modernism.* Princeton & New Jersey: Princeton University Press, 1993.

Frank, Joseph. *Dostoevsky: A Writer in His Time.* Princeton & Oxford: Princeton University Press, 2010.

—. *Dostoevsky: The Mantle of the Prophet, 1871–1881.* Princeton: Princeton University Press, 2003.

—. *Dostoevsky: The Miraculous Years, 1865–1871.* Princeton: Princeton University Press, 1995.

—. *Dostoevsky: The Stir of Liberation, 1860–1865.* Princeton: Princeton University Press, 1986.

—. *Dostoevsky: The Years of Ordeal, 1850–1859.* Princeton: Princeton University Press, 1987.

Friedman, Alan J. and Carol C. Donley. *Einstein As Myth and Muse.* Cambridge: Cambridge University Press, 1985.

Fromm, Harold. "Virginia Woolf: Art and Sexuality". *The Virginia Quarterly Review*, Vol. 55, No. 3 (1979).

Froula, Christine. "Rev. of The Edinburgh Companion to Virginia Woolf and the Arts." Ed. Maggied Humm. *Modernism/ Modernity*, Vol. 18, No. 2 (2011): 480-482.

Fry, Roger. *Cézanne: A Study of His Development.* New York: The Noonday Press, 1958.

—. "M. Larionow and the Russian Ballet". *The Burlington Magazine for Connoisseurs*, Vol. 34, No. 192, The Burlington Magazine Publications Ltd, 1919, pp.112-118, http://www.jstor.org/stable/860790.

Fwrrall, Charles and Stafford, Jane. Eds. *Katherine Mansfield's Men: Perspectives from the 2004 Katherine Mansfield Birthplace Lecture Series*. Wellington: Katherine Mansfield Birthplace Society in Association with Steele Roberts Publishers, 2004.

Gadd, David. *The Loving Friends: A Portrait of Bloomsbury*. London: The Hogarth Press, 1974.

Garafola, Lynn. *Diaghilev's Ballets Russes*. New York & Oxford: Oxford University Press, 1989.

Garafola, Lynn and Nancy Van Norman Baer. Eds. *The Ballets Russes and Its World*. New Haven & London: Yale University Press, 1999.

Garlington, Jack. "An Unattributed Story by Katherine Mansfield". *Modern Language Notes*, Vol. 72, No. 2 (1956): 91-93.

Garnett, Richard. *Constance Garnett: A Heroic Life*. London: Faber & Faber, 2009.

Gay, Jane De and Dell, Marion. Eds. *Voyages Out, Voyages Home: Selected Papers from the Eleventh Annual Conference on Virginia Woolf*. Bakersfield: Clemson University, 2010.

G, C. L.[1] "The Russian Invasion". *The Spectator*, Vol. 112 (27 June 1914): 1089-1090.

Gerhardi, William. *Anton Chekhov: A Critical Study*. London: Richard Cobden-Sanderson, 1923.

Gifford. Henry, "Anna, Lawrence and 'The Law'". *Russian Literature and Modern English Fiction: A Collection of Critical Essays*. Ed. and Intro. by Donald Davie. Chicago & London: The University of Chicago Press, 1965, p.152.

Gilot, F. *Virginia Woolf*. San Diego: San Diego State Foundation, 1973.

Glanzer, Perry L. *The Quest for Russia's Soul: Evangelicals and Moral Education in Post-Communist Russia*. Texas: Baylor University Press. 2002.

Glendinning, Victoria. *The Edwardian: Vita Sackville-West*. London: Virago Press. 2011.

---

1 在英国二十世纪早期，很多报刊文章是不署名的，或是这种极简署名，此种现象极为普遍。正文里一些脚注内容同此情况。（笔者注）

—. *Leonard Woolf: A Biography*. New York: Free Press. 2006.

Glouberman, Emanuel. "Vasilii Rozanov: The Antisemitism of a Russian Judeophile". *Jewish Social Studies*, Vol. 38, No. 2 (1976): 117-144.

—. "T. S. Eliot and Popular Entertainment in Paris, 1910–1911". *The Journal of Popular Culture*, Vol. 36, No. 2 (2003): 547-588.

Goluboff, Sascha L. *Jewish Russians: University Pressheavals in a Moscow Synagogue*. Pennsylvania: Pennsylvania University Press, 2003.

Gordon, David J. *D. H. Lawrence as a Literary Critic*. New Haven & London: Yale University Press. 1966.

Gordon, Lyndall. *Virginia Woolf: A Writer's Life*. New York & London: W. W. Norton & Company. 1984.

—. *T. S. Eliot: An Imperfect Life*. New York & London: W. W. Norton & Company. 2000.

Gottlieb, Vera. *Anton Chekhov at the Moscow Art Theatre: Illustrations of the Original Productions*. London & New York: Taylor & Francis GroUniversity Press. 2005.

Gransden, K. W. "The S. S. Koteliansky Bequest". *The British Museum Quarterly*, Vol. 20, No. 4 (1956): 83-84.

Gualtieri, Elena. *Virginia Woolf's Essays: Sketching the Past*. Hampshire & New York: Palgrave Macmillan, 2000.

Gunsteren, Julia van. *Katherine Mansfield and Literary Impression*. Amsterdam & Atlanta: Rodopi, 1990.

Hakluyt, Richard. *The Principal Navigations, Voyages, Traffiques and Discoveries of The English Nation*, Vol. 3. Part 3. Edinburgh: E & G Godsmid, 1886.

Hamilton, William. "Rev. of Chinese Eyes: Bloomsbury, Modernism, and China, by Lily Briscoe". *The Bloomsbury Review*, Vol. 24, No. 3 (2004).

Hankin, C. A. *Katherine Mansfield and Her Confessional Stories*. London & Basingstoke: Macmillan Press Ltd, 1983.

Hanson, Clare and Andrew Gurr. *Katherine Mansfield*. London & Basingstoke: The Macmillan Press Ltd, 1981.

Harding, Jason. Ed. *T. S. Eliot in Context*. Cambridge: Cambridge University Press, 2011.

Hardy, Robert Gathorne. *Ottoline at Garsington: Memoris of Lady Ottline Morrell 1915–1918*. London: Faber & Faber Ltd, 1974.

Hargrove, Nancy D. "The Great Parade: Cocteau, Picasso, Satie, Massine, Diaghilev—and T. S. Eliot". *Mosaic*, Vol 31, No. 1 (1998): 83-106.

—. "T. S. Eliot and the Dance". *Journal of Modern Literature*, Vol. 21, No. 1 (Fall 1997): 61-88.

Haule, James M. and J. H. Stape. Eds. *Editing Virginia Woolf: Interpreting the Modernist Text*. Hampshire & New York: Palgrave Macmillan, 2002.

Hayakawa, Reiko. "Colour and Light in the Works of Virginia Wool". *Essays and studies in British & American* literature, Vol. 6, No. 2 (1959): 21-54.

Hayman, Ronald. Ed. *Literature and Living: A Consideration of Katherine Mansfield & Virginia Woolf*. Baskerville: Covet Garden Press Ltd, 1972.

Hoffmeister, Charles. "Rev. of Bibliography of Russian Literature in English Translation to 1945". *Bibliographical Society of America* (January 1973): 67.

Holt, Ysanne. *British Artists and the Modernist Landscape*. Aldershot & Burlington: Ashgate Publishing Ltd, 2003.

Howard, Richard. "The Colored Museum". *New York Times Review* (4 September 2005): 7

Humm, Maggie. "Virginia Woolf, Vaness Bell, the Maternal and Photography". *Studies in the Maternal*, Vol. 2, No. 1 (2010): 1-9.

Humm, Maggie. Ed. *The Edinburgh Companion to Virginia Woolf and the Arts*. Edinburgh: Edinburgh University Press, 2010.

Hussey, Dyneley. "Diaghilev and the Ballet". *The Spectator* (3 January 1941): 17-18.

Hutcheon, Linda. *A Theory of Adaption*. New York and London: Taylor & Francis Group, 2006.

Hutchings, Stephen C. *Russian Modernism: The Transfiguration of the Everyday*. Cambridge: Cambridge University Press, 1997.

Ivanits, Linda. *Dostoevsky and the Russian People*. Cambridge: Cambridge University Press, 2008.

Jacobs, Laura. "Le Sacre Turns 100". *The New Criterion* (May 2013): 40-43.

—. "Russian Soul." *Dance Magazine* (July 2011): 26-30.

Koh, Jae-Kyung. "D. H. Lawrence and the Great War". *Kluwer Academic Publishers*, Vol. 87 (2003): 153-170.

James, Justus. "Katherine Mansfield: The Triumph of Egoism". *Mosaic*, Vol. 6, No. 3 (1973): 13-22.

Järvinen, Hanna. "'The Russian Barnum': Russian Opinions on Diaghilev's Ballets Russes, 1909–1914". *Dance Research*, Vol. 26, No.1 (Summer 2008): 18-41.

Joffe, Philip Hyman. *D. H. Lawrence as a Critic of Bloomsbury.* Vancouver: The University of British Columbia, 1968.

Jones, Susan. "Diaghilev and British Writing". *Dance Research*, Vol. 27, No. 1 (May 2009): 65-92.

—. *Literature, Modernism & Dance.* Oxford: Oxford University Press, 2013.

Kaipianinen, Merja. "Virginia Woolf, Modernism and the Visual Arts". University of Tampere School of Modern Languages and Translation Studies Licentiate's Diss. in English Philology February 2006.

Kajiwara, Kazuko. "A Study of Virginia Woolf's Imagery". *Bulletin of the Kyoto Gakugei University,* Vol. 6 (1955): 1-14.

Kaplan, Sydney Janet. *Circulating Genius: John Middleton Murry, Katherine Mansfield and D. H. Lawrence.* Edinburgh: Edinburgh University Press, 2012.

—. *Katherine Mansfield and the Origins of Modernist Fiction.* Ithaca & London: Cornell University Press, 1991.

Karl, Frederick R. and Laurence Davies. Eds. *The Collected Letters of Joseph Conrad, Vol. V, 1912–1916.* Cambridge: Cambridge University Press, 1996.

Karshan, Thomas. "Between Tolstoy and Nabokov: Ivan Bunin Revisited". *Modernism/ Modernity,* Vol. 14, No. 4 (2007): 763-769.

Karthas, Ilyana. "Nation, Modernism, Gender and the Cultural Politics of Ballet". Diss. Brown University, 2001.

Kascakova, Janka and Kimber, Gerri. Eds. *Katherine Mansfield and Continental Europe: Connections and Influences*. Hampshire & New York: Palgrave Macmillan, 2015.

Kaye, Peter. *Dostoevsky and English Modernism 1900-1930*. Cambridge: Cambridge University Press, 2004.

Kelly, Catriona. *Russian Literature: A Very Short Introduction*. Oxford: Oxford University Press, 2001.

Kemfert, Beate and Alla Chilova. Eds. *Natalia Goncharova: Between Russian Tradition and European Modernism*. Russelsheim: Hatje Cantz, 2010.

Kenney, Edwin J. "*The Moment, 1910*: Virginia Woolf, Arnold Bennett, and Turn of the Century". *Colby Library Quarterly*, Vol. 13, No. 1 (1977): 42-66.

Kershner, R. B. *The Twentieth-Century Novel: An Introduction*. New York: St. Martin's Press Inc., 1997.

Keyens, Milo. Ed. *Lydia Lopokova*. London: Weidenfeld & Nicolson, 1983.

Kimber, Gerri and Janet Wilson. Eds. *Celebrating Katherine Mansfield: A Centenary Volume of Essays*. New York: Palgrave Macmillan, 2011.

Knapp, Liza. *Dostoevsky's The Idiot: Critical Companion*. Chicago: Northwestern University Press, 1998.

Knights, Sarah. *Bloomsbury's Outsider: A Life of David Garnett*. London: Bloomsbury Publishing, 2015.

Koppen, R. S. *Virginia Woolf, Fashion, and Literary Modernity*. Edinburgh: Edinburgh University Press, 2009.

Krasovskaya, Vera. *Nijinsky*. Trans. John E. Bowlt. New York: Maclillan Publishing Co., Inc., 1979.

Kroeker, P. Travis and Ward, Bruce K. *Remembering the End: Dostoevsky as a Prophet to Modernity*. Colorado & Oxford: Westview Press, 2001.

Lackey, Michael. "Virginia Woolf and British Russophilia". *Journal of Modern Literature*, Vol. 36, No. 1 (2012): 150-152.

Lantz, K. A. *The Dostoevsky Encyclopedia*. Connecticut: Greenwood Publishing Group, 2004.

Lavrin, Janko. *Aspects of Modernism: From Wilde to Pirandello*. London: Stanley Nott, 1935.

Lawlor, P. A. *The Loneliness of Katherine Mansfield*. Wellington: Beltane Book Bureau, 1950.

Lawrence, Frieda. *Not I, But the Wind...* London: Granada Publishing Ltd, 1983.

Lea, F. A. *Lawrence and Murry: A Twofold Division*. London: Brentham Press, 1985.

Levenson, Michael. Ed. *The Cambridge Companion to Modernism*. Shanghai: Shanghai Foreign Language Education Press, 2000.

Lewis, Pericles. Ed. *The Cambridge Companion To European Modernism*. Cambridge: Cambridge University Press, 2011.

Lewis, Wyndham. *The Writer and the Absolute*. London: Methuen & Co., Ltd, 1952.

Libby, Smigel. "Gendering Bodies/ Performing Art: Dance and Literature in Early-Twentieth-Century British Culture". *Modern Drama*, Vol. 39, No. 4 (1996): 728-729.

Lieven, Dominic. Ed. *The Cambridge History of Russia, Vol. II, Imperial Russia, 1689–1917*. Cambridge: Cambridge University Press, 2006.

Lifar, Sergei. "The Russian Ballet in Russia and in the West". *Russian Review*, Vol. 28, No. 4 (October 1969): 396-402.

Linett, Maren. "The Jew in the Bath: Imperiled Imagination in Woolf's *The Years*". *Modern Fiction Studies*, Vol. 48, No. 2 (2002): 341-362.

Loeb, Monica. *Literary Marriages: A Study of Intertextuality in a Series of Short Stories by Joyce Carol Oates*. New York & Oxford: Peter Lang, 2002.

Macaulay, Thomas Babington. *The Letters of Thomas Babington Macaulay, Vol. III, January 1834–August 1841*. Ed. Thomas Pinney. Cambridge: Cambridge University Press, 1976.

—. *The Letters of Thomas Babington Macaulay, Vol. V, January 1849–December 1855*. Ed. Thomas Pinney. Cambridge: Cambridge University Press, 1981.

Macdonald, Nesta. *Diaghilev Observed by Critics in England and the United States 1911–1929*. London: Dance Books Ltd, 1975.

Maine, Basil. "The Diaghilev Ballet". *The Musical Times,* Vol. 66, No. 984 (1925): 163-164.

Makela, Mikko. "Virginia Woolf, the Artist and the Limits of Signification". *INNERVATE Leading Undergraduate Work in English Studies,* Vol. 3 (2010–2011): 235-242.

Manhire, Vanessa. "'Note Regularly Musical': Music in the Work of Virginia Woolf." Diss. The State University of New Jersey, 2010.

Mantz, Ruth Elvish and John Middleton Murry. *The Life of Katherine Mansfield*. London: Constalbe & Company Ltd, 1933.

Mao, Douglas and Rebecca L. Walkowitz. "Expanding Modernism". *The New Modernist Studies,* Vol. 123, No. 3 (2008): 737-748.

Martin, David W. "Chekhov and the Modern Short Story in English". *Periodicals Archive Online,* Vol. 71, No. 1 (1987): 129-143.

Matich, Olga. *Erotic Utopia: The Decadent Imagination in Russia' Fin de Siècle.* Wisconsin & London: The University of Wisconsin Press, 2005.

Mats, Jesse. *Literary Impressionism and Modernist Aesthetics.* Cambridge: Cambridge University Press, 2001.

Mayer, George L. "Rev. of the Russian Ballet Past & Present". *Library Journal* (Feburary 1978): 381.

McCarthy, Shaun. "The Pulse of Color in Virginia Woolf's To the Lighthouse", *Bulletin of the Faculty of Humanities and Social Sciences,* Vol. 1 (1979): 32-45.

McDaniel, Tim. *The Agony of the Russian Idea.* Princeton: Princeton University Press, 1996.

McDonnell, Jenny. "'Wanted, a New Word': Katherine Mansfield and the Athenaeum". *Modernism/Modernity,* Vol. 16, No. 4 (2009): 727-742.

McFadden, Margaret H. "Making the Modern". *NWSA Journal,* Vol. 15, No. 3 (2003): IX-XIII.

McGuire, Julie. "Rev. of *A Bloomsbury Canvas: Reflections on the Bloomsbury Group*". *NWSA Journal,* Vol. 15, No. 3 (2003): 223-225.

McNees, Eleanor and Sara Veglahn. Eds. *Woolf Editing/ Editing Woolf: Selected Papers from the Eighteenth Annual Conference on Virginia Woolf*. Bakersfield: Clemson University Digital Press, 2009.

Mester, Terri. "Dance". *T. S. Eliot in Context*. Ed. Jason Harding. Cambridge: Cambridge University Press, 2011, pp.114-124.

Metzger, Bruce M. *The Bible in Translation: Ancient and English Version*. Grand Rapids, Mich.: Baker Academic, 2001.

Meyers, Jeffrey. "The Quest for Katherine Mansfield". *Biography*, Vol. 1, No. 3 (1978): 51-64.

Middleton, Victoria S. "Rev. of Virginia Woolf's Major Novels: The Fables of Anon; The Absent Father: Virginia Woolf and Walter Pater; New Feminist Essays on Virginia Woolf; Virginia Woolf: Revaluation and Continuity". *Studies in the Novel*, Vol. 14, No. 3 (1982): 289-293.

Millar, James R. Ed. *Encyclopedia of Russian History*. New York: Macmillan Reference USA, 2004.

Mirsky, Dmitri. *The Intelligentsia of Great Britain*. Trans. Alec Brown. London: Victor Gollancz Ltd, 1935.

Mitchell, J. Lawrence. "Katherine Mansfield and 'The Man Who Came to Tea'". *Journal of Modern Literature*, Vol. 18, No. 1 (1992):147-155.

Moore, James. *Gurdjieff and Mansfield*. London, Boston & Henley: Routledge & Kegan Paul Ltd, 1980.

Moran, Patricia. *Virginia Woolf, Jean Rhys, and the Aesthetics of Trauma*. Hampshire & New York: Palgrave Macmillan, 2007.

Morgan, Kenneth O. *Twentieth-Century Britain: A Very Short Introduction*. Oxford: Oxford University Press, 2000.

Morre, Harry T. *The Priest of Love: A Life of D. H. Lawrence*. London: William Heinemann Ltd, 1982.

Mccourt, John. Ed. *James Joyce in Context*. Cambridge: Cambridge University Press, 2009.

Muchnic, Helen. *Dostoevsky's English Reputation 1881–1936. Smith College Studies in Modern Languages, XX, 3-4*. Northampton: Smith College, 1939.

Muggeridge, Malcolm. *A Third Testament: A Modern Pilgrim Explores the Spiritual Wanderings of Augustine, Blake, Pascal, Tolstoy, Bonhoeffer, Kierkegaard, and Dostoevsky.* East Sussex: Plough Publishing House, 2007.

Munca, Daniela. "VirginiaWoolf's Answer to 'Women Can't Paint, Women Can't Write' in *To the Lighthouse*". *Journal of International Women's Studies*, Vol. 10 (4 May 2009): 276-289.

Murry, John Middleton. "Aims and Ideals". *Rhythm*, Vol. 1, No.1 (Summer 1911): 36.

—. "Art and Philosophy". *Rhythm*, Vol. 1, No. 1 (Summer 1911): 9-12.

—. *Between Two Worlds: An Autobiography.* London: Jonathan Cape, 1935.

—. *Katherine Mansfield and Other Literary Portraits.* London: Peter Nevill Ltd, 1949.

Murry, John Middleton and Katherine Mansfield. "The Meaning of Rhythm". *Rhythm*, Vol. 2, No.5 (June 1912): 18-19.

Nathan, Rhoda B. Ed. *Critical Essays on Katherine Mansfield.* New York: G. K. Hall & Co., 1993.

—. *Katherine Mansfield.* New York: Continuum, 1988.

Neilson, Keith. "Tsars and Commissars: W. Somerset Maugham, Ashenden and Images of Russian in British Adventure Fiction, 1890–1930". *Canadian Journal of History*, Vol. 27, No. 3 (1992): 475-500.

Nicholls, Peter. *Modernisms: A Literary Guide.* London: Palgrave Macmillan, 2009.

Nicholson, Virginia. *Among the Bohemians: Experiments in Living 1900–1939.* New York: An Imprint of Harper Collins Publishers, 2005.

Nijinsky, Vaslav. "Journal". *The American Scholar*, Vol. 83, No. 3 (1999): 295-301.

Norris, Margot. "Introduction: Modernisms and Modern Wars". *Modern Fiction Studies*, Vol. 44, No. 3 (Fall 1998): 505-509.

Orr, Douglass W. *Psychoanalysis and the Bloomsbury Group.* Ed. Wayne K. Chapman. South Carolina: Clemson University Digital Press, 2004.

—. *Virginia Woolf's Illness.* South Carolina: Clemson University Digital Press, 2004.

Ottoline, Morrell. *Dear Lady Ginger*. Ed. Helen Shaw. London: Century Publishing, 1984.

Owen-Jones, S. M. *First Impressions and Afterthoughts*. Sussex: Book Guild Publishing, 2010.

Owen, Meirion. "The Resonance of Bennett's *Anna of the Five Towns* in Woolf's *to the Lighthouse*". *Notes and Queries* (June 2007): 160-163.

Pachmuss, Temira. "Dostoevsky, Werfel, and Virginia Woolf: Influences and Confluences". *Comparative Literature Studies*, Vol. 9, No. 4 (1972): 416-429.

Paris, Bernard J. *Dostoevsky's Greatest Characters: A New Approach to Notes from the Underground, Crime and Punishment and the Brothers Karamozov*. New York: Palgrave Macmillan, 2008.

Parsons, Deborah. "Introduction and Notes". Virginia Woolf. *The Waves*. London: Wordsworth Editions Ltd, 2000.

—. *Theorists of the Modernist Novel: James Joyce, Dorothy Richardson, Virginia Woolf*. London & New York: Taylor & Francis Group, 2007.

Pattison, George and Diane Oenning Thompson. Ed. *Cambridge Studies in Russian Literature: Dostoevsky and the Christian Tradition*. Cambridge: Cambridge University Press, 2001.

Paul, Dukes. "Britain and Russia 450 Years of Contact". *History Today*, Vol. 53, No. 7 (2003): 9-16.

Pease, Allison. *Modernism, Mass Culture, and the Aesthetics of Obscenity*. Cambridge: Cambridge University Press, 2000.

Perlina, Nina. "Rev. of For Humanity's Sake: The Bildungsroman in Russian Culture by Lina Steiner". *The Russian Review*, Vol. 72, No. 1 (2013): 143-144.

Phelps, Gilbert. "The Early Phases of British Interest in Russian Literature". *The Slavonic and East European Review*, Vol. 38, No. 91 (1960): 415-430.

—. *The Russian Novel in English Fiction*. London: Hutchinson & Co. Ltd, 1956.

Philips, Brian. "Reality and Virginia Woolf". *The Hudson Review*, Vol. 56, No. 3 (2003): 415-460.

Pilditch, Jan. Ed. *The Critical Response to Katherine Mansfield*. Connecticut: Greenwood Press, 1996.

Pilley, W. Charles. "Review of Women in Love". *John Bull* (17 September 1921).

Pollak, Paulian Salz. "The Letters of D. H. Lawrence to Sallie and Willie Hopkin". *Journal of Modern Literature*, Vol. 3, No. 1 (1973): 24-34.

Pollentier, Caroline. "Montaigne's 'Patron Au-Dedans' and Virginia Woolf's Conception of the Modern Patron". *Notes and Queries* (March 2008): 76-78.

Potts, Gina and Lisa Shahriari. Ed. *Virginia Woolf's Bloomsbury, Vol. 1, Aesthetic Theory and Literary Practice*. Hampshire & New York: Palgrave Macmillan, 2010.

—. *Virginia Woolf's Bloomsbury, Vol. 2, Aesthetic Theory and Literary Practice*. Hampshire & New York: Palgrave Macmillan, 2010.

—. *Back to Bloomsbury: Selected Papers from the Fourteenth International Conference on Virginia Woolf*. Bakersfield: California State University, 2008.

Power, Arthur. *Conversations with James Joyce*. Ed. Clive Hart. London: Millington Ltd, 1974.

Pratt, Sarah. "Rev. of Maximilian Voloshin and the Russian Literary Circle: Culture and Survival in Revolutionary Times". *Modernism/ Modernity*, Vol. 13, No. 1 (2006): 929-931.

Propert, W. A. *The Russian Ballet in Western Europe, 1909–1920*. London: John Lane the Bodley Head Ltd, 1921.

Protopopova, Darya. "Virginia Woolf's Versions of Russia". *Postgraduate English Issue* 13, Eds. Ollie Taylor and Kostas Boyiopoulos. www.dur.ac.uk/postgraduate.english ISSN 1756-9761, 2006.

Putzel, Steven D. *Virginia Woolf and the Theater*. Maryland: Fairleigh Dickinson University Press, 2012.

Rainey, Lawrence. Ed. *Modernism: An Anthology*. Oxford: Blackwell Publishing, 2005.

Rau, Petra. *English Modernism, National Identity and the Germans, 1890–1950*. Burlington: Ashgate Publishing Company, 2009.

Reinhold, Natalya, "Virginia Woolf's Russian the Voyage Out". *Woolf Studies Annual,* Vol. 9 (2003).

——. " 'A Railway Accident': Virginia Woolf Translates Tolstoy". *Woolf Across Cultures.* Ed. Natalya Reinhold, New York: Pace University Press, 2004.

Reynier, Christine. *Virginia Woolf's Ethics of the Short Story.* Hampshire & New York: Palgrave Macmillan, 2009.

Rice, Anne Estelle. "Les Ballets Russes, Illustrated". *Rhythm,* Vol. 2, No. 3 (August 1912): 106-109.

——. "Ballet Russe". *Rhythm,* Vol. 2, No. 3 (August 1912): 84.

——. "Le Spectre de la Rose". *Rhythm,* Vol. 2, No. 3 (August 1912): 93.

——. "Le Dieu Bleu". *Rhythm,* Vol. 2, No. 3 (August 1912): 117.

——. "Drawing". *Rhythm,* Vol. 1, No. 4 (Spring 1912): 3, 25.

——. "Designs from the Russian Ballet". *Rhythm,* Vol. 2, No. 14 (March 1913): 479-483.

——. "Drawing". *Rhythm,* Vol. 1, No. 2 (Autumn 1911): 22.

——. "Scheherazade". *Rhythm,* Vol. 1, No. 1 (Summer 1911): 15.

Rich, Elisabeth T. "Chekhov and the Moscow Stage Today: Interviews with Leading Russian Theater". *Michigan Quarterly Review,* Vol. 39, No. 4 (2000): 796-822.

Richardson, Ben. *Unwrapping the Enigma: Russian in the Works of Wyndham Lewis, T. S. Eliot, and D. H. Lawrence, 1912-939.* Canterbury: University of Canterbury, 2012.

Roberts, Elizabeth. *The Xenophobe's Guide to the Russians.* London: Oval Books, 2010.

Robinson, Roger. Ed. *Katherine Mansfield: In from the Margin.* Baton Rouge: Louisiana State University Press, 1994.

Rohrberger, Mary H. *The Art of Katherine Mansfield.* Michigan: University Microfilms International, 1977.

Ronchetti, Ann. *The Artist, Society & Sexuality in Virginia Woolf's Novels.* London & New York: Taylor & Francis Group, 2004.

Rosenbaum, S. P. *Edwardian Bloomsbury: The Early Literary History of the Bloomsbury Group, Vol. 2.* London: Palgrave Macmillan, 1994.

—. *Georgian Bloomsbury: The Early Literary History of the Bloomsbury Group, 1910–1914, Vol. 3.* Hampshire & New York: Palgrave Macmillan, 2003.

—. *Aspects of Bloomsbury: Studies in Modern English Literary and Intellectual History.* Hampshire & London: Macmillan Press Ltd, 1998.

Rosenfeld, Natania. *Outsiders Together: Virginia and Leonard Woolf.* Princeton: Princeton University Press.

Rubenstein, Roberta. *Home Matters: Longings and Belonging, Nostalgia and Mourning in Women's Fiction.* New York & Hampshire: Palgrave Macmillan, 2001.

—. *Virginia Woolf and the Russian Point of View.* New York: Palgrave Macmillan, 2009.

—. "Orlando: Virginia Woolf's Improvisations on a Russian Theme". *Forum for Modern Language Studies,* Vol. 9, No. 2 (April 1973): 166-169. https://doi.org/10.1093/fmls/IX.2.166.

Russell, Bertrand. *Autobiography of Bertrand Russell 1872–1914.* Boston Toronto: Little, Brown and Company, 1967.

"Russian Ballet at the Coliseum". *The Musical Times,* Vol. 59, No. 908 (1 October 1918): 467.

"Russian Ballet Season". *The Musical Times,* Vol. 66, No. 990 (1925): 742-743.

"Russian Opera and Ballet at Drury Lane". *The Musical Times,* Vol. 54, No. 846 (1913): 535-536.

Ruvens, Robert. "Lecturing in Spain on the Bloomsbury Group". *Contemporary Review,* Vol. 257, No. 1496 (1990): 153-155.

Ryan, Derek and Stella Bolaki. Ed. *Contradictory Woolf: Selected Papers from the Twenty-First Annual International Conference on Virginia Woolf.* Bakersfield: Clemson University Digital Press, 2012.

Sadler, Michael T. H. "After Gauguin". *Rhythm,* Vol. 1, No. 4 (Spring 1912): 23-24.

—. "Fauvism and a Fauve". *Rhythm,* Vol. 1, No.1 (Summer 1911): 14-18.

Sarolea, Charles. "Was Tolstoy the Spiritual Father of Bolshevism?" *The English Review*, Vol. 40 (Feburary 1925): 155-162.

Sarton, May. *A World of Light: Portraits and Celebrations*. New York: W. W. Norton & Company, 1976.

" 'Scheherazade' at the Coliseum". *The Academy* (8 Feburary 1913): 175.

Scheijen, Sjeng. *Diaghilev: A Life*. Trans. Jane Hedley-Prôle and S. J. Leinbach. Oxford: Oxford University Press, 2009.

Scholes, Robert. "Afterword". *Little Magazines and Modernism: New Approaches*. Eds. Suzanne W. Churchill and Adam McKible. New York: Routledge, 2016.

Scholes, Robert and Clifford Wulfman. *Modernism in the Magazines: An Introduction*. New Haven & London: Yale University Press, 2010.

Scholl, Tim. *From Petipa to Balanchine: Classical Revival and the Modernization of Ballet*. London & New York: Routledge, 1994.

Schneider, Elisabeth. "Katherine Mansfield and Chekhov". *Modern Language Notes*, Vol. 50, No. 6 (1935): 394-397.

Schroder, Leena Kore. "Tales of Abjection and Miscegenation: Virginia Woolf's and Leonard Woolf's 'Jewish' Stories". *Twentieth Century Literature*, Vol. 49, No. 3 (2003): 298-327.

Scott, Margaret. "The Extant MSS of Katherine Mansfield". *Etudes Anglaises*, Vol. 26, No. 4 (1973): 413-419.

—. *Recollecting Mansfield*. Auckland: Random House New Zealand, 2001.

Seed, Patricia. *The Dancer and the Dance*. Texas: University of Texas Press, 2008.

Seymour, Miranda. *Ottoline Morrell: Life on the Grand Scale*. London: Hodder & Stoughton, 1992.

Sheehan, Paul. *Modernism, Narrative and Humanism*. Cambridge: Cambridge University Press, 2002.

Sherry, Vincent. *Ezra Pound, Wyndham Lewis, and Radical Modernism*. New York & Oxford: Oxford University Press, 1993.

Shore, Elizabeth M. "Virginia Woolf, Proust, and Orlando". *Comparative Literature*, Vol. 31, No. 3 (1979): 232-245.

Skrbic, Nena. " 'Excursions into the Literature of a Foreign Country': Crossing Cultural Boundaries in the Short Fiction". *Trespassing Boundaries, Virginia Woolf's Short Fiction*. Eds. Kathryn N. Benzel and Ruth Hoberman. New York: Palgrave MacMillan, 2004.

Skrine, Francis Henry and Edward Denison Ross. *The Heart of Asia: A History of Russian Turkestan and the Central Asian Khanates from the Earliest Times*. London: Methuen & Co., 1899.

Simpson, Kathryn. *Gifts, Markets and Economies of Desire in Virginia Woolf*. Hampshire & New York: Palgrave Macmillan, 2008.

Smith, Alexandra. "Nikolai Evreinov and Edith Craig as Mediums of Modernist Sensibility". *New Theatre Quarterly*, Vol. 26, No. 3 (2010): 203-216.

Smith, Angela. *Katherine Mansfield: A Literary Life*. New York: Palgrave, 2000.

—. "Katherine Mansfield and Virginia Woolf: Prelude and To the Lighthouse". *The Journal of Commonwealth Literature*, Vol. 18, No. 105 (1983).

Smith, Helen. "Edward Garnett: Interpreting the Russians". *Translation & Literature*, Vol. 20, No. 3 (2011): 301-313.

Smith, L. Pearsall. "Aksakoff". *The New Statesman* (12 January 1918): 354-355.

Smith, Marilyn Schwinn. "Woolf's Russia: Out of Bounds". *Virginia Woolf out of Bounds: Selected Papers From The Tenth Annual Conference on Virginia Woolf*. Eds. Jesssica Berman and Jane Goldman. New York: Pace University Press, 2001.

Smith, S. A. *The Russian Revolution: A Very Short Introduction*. Oxford: Oxford University Press, 2002.

Snaith, Anna. *Palgrave Advances in Virginia Woolf Studies*. Hampshire & New York: Palgrave Macmillan, 2007.

—. *Virginia Woolf: Public and Private Negotiations*. Hampshire & New York: Palgrave Macmillan, 2003.

Son, Youngjoo. *Here and Now: The Politics of Social Space in D. H. Lawrence and Virginia Woolf*. London & New York: Routledge Taylor & Francis Group, 2006.

Southworth, Helen and Elisa Kay Sparks. Eds. *Woolf and the Art of Exploration: Selected Papers from the Fifteenth International Conference on Virginia Woolf.* Bakersfield: Clemson University Digital Press, 2006.

Spender, Stephen. "Movements and Influences in English Literature, 1927–1952". *Books Abroad*, Vol. 27, No. 1 (1953): 5-33.

Spiropoulou, Angeliki. *Virginia Woolf, Modernity, and History: Constellations with Walter Benjamin.* Hampshire & New York: Palgrave Macmillan, 2010.

Steegmuller, Francis. "Rev. of Diaghilev Observed by Critics in England and the United States, 1911–1929". *Harper's*, Vol. 253, No. 1516 (1976): 87-89.

Stefani, Sara Marie. "Constructing the Other: Defining the Nation and Defining the Self in Early Soviet and British Modernist Prose". Diss. Yale University, 2008.

Stephens, JoLee Gillespie. "Modern Art and Modern Movement: Images of Dance in American Art, c. 1900–1950". Diss. University of Kansas, 2011.

Steveni, W. Barnes. "Russian Novelists". *The Academy* (18 March 1911): 321-322.

Stewart, Jack F. "Impressionism in the Early Novels of Virginia Woolf". *Journal of Modern Literature*, Vol. 9, No. 2 (1982): 237-266.

Strachan, Walter J. "Virginia Woolf and Katherine Mansfield: Facets of a Relationship". *Contemporary Review*, Vol. 256, No. 1488. (1990): 16-21.

Strachey, Lytton. "Dostoevsky". *The Spectator* (28 September 1912): 451-452.

Sullivan, J. W. N. "The Story-writing Genius". *The Athenaeum* (2 April 1920): 447.

Swinnerton, Frank. *The Georgian Literary Scene.* London: J. M. Dent & Sons Ltd, 1938.

Szamuely, Helen. *British Attitudes to Russia 1880–1918.* Oxford: Oxford University Press, 1982.

Taylor, Oliver. *An Organism of Words: Body Language in the Letters, Diaries, and Novels of D. H. Lawrence and Virginia Woolf.* Durham: Durham E-Theses, 2008.

Teachout, Terry. "The Real Stravinsky". *Commentary*, Vol. 110, No. 1 (2000): 58-62.

Tidwell, Joanne Campbell. *Politics and Aesthetics in the Diary of Virginia Woolf.* London & New York: Taylor & Francis Group, 2008.

"The Russian Ballet". *The English Review,* Vol. 8 (July 1911): 689-691.

"The Russian Conquest". *The Spectator* (1 August 1914): 169.

"The Russian People". *The Spectator,* Vol. 107 (2 December 1911): 964-965.

Tomalin, Claire. *Katherine Mansfield: A Secret Life.* London: The Viking Press, 1988.

Thomas, John Heywood. "The Perversity of D. H. Lawrence". *The Criterion Vol. X.* London: Faber & Faber Ltd, 1930.

Toumayan, Alain. " 'I More Than the Others': Dostoevsky and Levinas". *Yale French Studies,* Vol. 104 (2004): 55-66.

Tuchman, Barbara W. *The Proud Tower: A Portrait of the World Before the War 1890–1914.* New York: The Macmillan Company, 1966.

Tucker, Janet G. *Profane Challenge and Orthodox Response in Dostoevsky's Crime and Punishment.* New York: Rodopi, 2008.

Twain, Mark. "Queen Victoria's Jubilee". *Mark Twain: A Tramp Abroad, Following the Equator, Other Travels.* The Library of America, 2010, pp.1042-1052. p.1047.

Upchurch, Anna. "John Maynard Keynes, the Bloomsbury Group and the Origins of the Arts Council Movement". *International Journal of Cultural Policy,* Vol. 10, No. 2 (2004): 203-217.

Ure, Adam. *Vasilii Rozanov and the Creation: The Edenic Vision and the Rejection of Eschatology.* New York: The Continuum International Publishing Group Inc., 2011.

Urmila, Seshagiri. "Orienting Virginia Woolf: Race, Aesthetics, and Politics in *To the Lighthouse*". *Modern Fiction Studies,* Vol. 50, No. 1 (2004): 58-84.

Wahlstedt, Sofia. "The Strength of Separateness: A Study of Five Women Characters in Five Novels from Two Centuries". MA Thesis. Lund University, 2011.

Wandor, Michelene. Ed. *On Gender and Writing.* London: Pandora, 1983.

Warner, Eric. *Virginia Woolf: The Waves.* Cambridge: Cambridge University Press, 1987.

Watson, Peter. *The Modern Mind: An Intellectual History of the 20th Century.* New York: Harper Collins Publishers, 2001.

West, David and Tony Woodman. Eds. *Creative Imitation and Latin Literature.* Cambridge: Cambridge University Press, 1979.

West, Rebecca. *New Statesman* (18 March 1922).

Whitworth, Michael H. *Virginia Woolf.* Oxford: Oxford University Press, 2008.

Whyman, Rose. *Anton Chekhov: Routledge Modern and Contemporary Dramatists.* London & New York: Taylor & Francis Group, 2010.

Widmer, Kingsley. *The Art of Perversity: D. H. Lawrence's Shorter Fictions.* Seattle: University of Washington Press, 1962.

Wierzbicka, Anna. *Understanding Cultures Through Their Key Words: English, Russian, Polish, German, and Japanese.* New York & Oxford: Oxford University Press, 1997.

Wilde, Alan. "The Illusion of St. Mawr: Technique and Vision in D. H. Lawrence's Novel". *PMLA,* Vol. 79, No. 1 (March 1964): 164-170.

Willcocks, M. P. "Turgenev". *The English Review* (September 1921): 175-189.

—. "Tchehov". *The English Review* (March 1922): 207-216.

—. "Tolstoy". *The English Review* (June 1922): 513-529.

Williams, John E. and Jackson W. Foley, Jr. "Connotative Meaning of Color Names and Color Hues". *Perceptual and Motor Skills,* Vol. 26 (1968): 499-502.

Williams, Raymond. "Tolstoy, Lawrence and Tragedy". *Kenyon Review,* Vol. 25 (Autumn 1963): 633-650.

—. "Lawrence and Tolstoy". *Critical Quarterly,* Vol. 2 (Spring 1960): 33-39.

Williams, Rowan. *Dostoevsky: Language, Faith and Fiction.* London: Continiuum, 2009.

Willis, J. H., Jr. *Leonard & Virginia Woolf as Publishers—Hogarth Press 1917–1941.* Charlottesville & London: University of Virginia Press, 1992.

Wilson, Peter. *The International Theory of Leonard Woolf: A Study in Twentieth-Century Idealism.* Hampshire & New York: Palgrave Macmillan, 2003.

Woods, Joanna. *Katerina: The Russian World of Katherine Mansfield.* Middlesex: The Penguin Group, 2001.

—. "Katherine Mansfield, 1888–1923". *Kōtare*, Vol. 7, No. 2 (2007): 63-98.

Woolf, Leonard. *Beginning Again: An Autobiography of the Years 1911–1918*. London: The Hogarth Press, 1964.

—. *Downhill All the Way: An Autobiography of the Years 1919–1939*. London: The Hogarth Press, 1967.

—. "Kot". *The New Statesman and Nation*, the weekend review, Vol. 49, No. 1248 (5 Feburary 1955): 176.

Wright, Elizabeth Helena. "Virginia Woolf and the Dramatic Imagination". Diss. University of St. Andrews, 2008.

Wrigley, Chris. Ed. *A Companion to Early Twentieth-Century Britain*. Oxford: Blackwell Publishers Ltd, 2003.

Zimring, Rishona. " 'The Dangerous Art Where One Slip Means Death': Dance and the Literary Imagination in Interwar Britain". *Modernism/ Modernity*, Vol. 14, No. 4 (2007): 707-727.

Ziolkowski, Theodore. *Minos and the Moderns: Cretan Myth in Twentieth-Century Literature and Art*. Oxford: Oxford University Press, 2008.

Znamenski, Andrei A. *The Beauty of the Primitive: Shamanism and the Western Imagination*. Oxford: Oxford University Press, 2007.

Zytaruk, George J. *D. H. Lawrence's Response to Russian Literature*. The Hague, Paris: Mouton, 1971.

中文文献

原著

艾略特，托马斯：《传统与个人才能》，卞之琳、李赋宁、方平译，上海：上海译文出版社，2012。

劳伦斯，戴维：《劳伦斯美国名著》，黑马译，上海：上海三联书店，2006。

—.《劳伦斯读书随笔》，陈庆勋译，上海：上海三联书店，2007。

一.《劳伦斯散文》,黑马译,北京:人民文学出版社,2008。

一.《在文明的束缚下:劳伦斯散文精选》,姚暨荣译,北京:新华出版社,2006。

曼斯菲尔德,凯瑟琳:《曼斯菲尔德短篇小说选》,陈良廷、郑启吟等译,上海:上海译文出版社,1983。

契诃夫,安东:《医生集:契诃夫小说选集》,汝龙译,上海:上海译文出版社,1982。

一.《农民集》,汝龙译,上海:上海译文出版社,1982。

一.《妻子集》,汝龙译,上海:上海译文出版社,1982。

一.《儿童集》,汝龙译,上海:上海译文出版社,1982。

一.《契诃夫小说选》,上,汝龙译,北京:人民文学出版社,1984。

一.《契诃夫小说选》,下,汝龙译,北京:人民文学出版社,1984。

一.《苦恼集》,汝龙译,上海:上海译文出版社,1985。

一.《契诃夫小说全集1》,汝龙译,上海:上海译文出版社,2000。

托尔斯泰,列夫:《安娜·卡列尼娜》,草婴译,上海:上海文艺出版社,2007。

伍尔夫,弗吉尼亚:《达洛维夫人,到灯塔去,雅各布之屋》,王家湘译,南京:译林出版社,2001。

一.《海浪》,胡允桓译,北京:外国文学出版社,1993。

一.《书和画像》,刘炳善译,北京:生活·读书·新知三联书店,1995。

一.《吴尔夫文集:幕间》,谷启楠译,北京:人民文学出版社,2003。

一.《伍尔夫随笔全集》I,石云龙等译,北京:社会科学出版社,2001。

一.《伍尔芙随笔全集》II,王义国等译,北京:社会科学出版社,2001。

一.《伍尔芙随笔全集》III,王斌等译,北京:中国社会科学出版社,2001。

一.《伍尔芙随笔全集》IV,王义国等译,北京:中国社会科学出版社,2001。

一.《弗吉尼亚·伍尔夫文集:论小说与小说家》,瞿世镜译,上海:上海译文出版社,2000。

二级文献

阿尔德伯特、加亚尔等:《欧洲史》,蔡鸿滨、桂裕芳译,海口:海南出版社,2000。

巴赫金,米哈伊尔:《陀思妥耶夫斯基诗学问题》,刘虎译,北京:中央编译出版社,2010。

——.《巴赫金全集第六卷:拉伯雷研究》,李兆林、夏忠宪译,石家庄:河北教育出版社,1998。

——.《巴赫金全集第五卷:陀思妥耶夫斯基诗学问题》,白春仁、顾亚铃译,石家庄:河北教育出版社,1998。

贝尔,昆汀:《伍尔夫传》,萧易(译),南京:江苏教育出版社,2005。

——.《隐秘的火焰:布卢姆斯伯里文化圈》,季进译,南京:江苏教育出版社,2006。

别尔嘉耶夫,尼·亚:《俄罗斯灵魂——别尔嘉耶夫文选》,陆肇明、东方珏译,上海:学林出版社,1999。

——.《俄罗斯的命运》,汪剑钊译,南京:凤凰出版传媒集团,译林出版社,2011。

——.《俄罗斯思想的宗教阐释》,邱运华、吴学金译,北京:东方出版社,1998。

——.《末世论形而上学》,张百春译,北京:中国城市出版社,2003。

——.《陀思妥耶夫斯基的世界观》,耿海英译,桂林:广西师范大学出版社,2008。

——.《自由精神哲学:基督教难题及其辩护》,石衡潭译,上海:上海三联书店,2009。

博伊德,布赖恩:《纳博科夫传:俄罗斯时期》上,刘佳林译,桂林:广西师范大学出版社,2009。

——.《纳博科夫传:俄罗斯时期》下,刘佳林译,桂林:广西师范大学出版社,2009。

陈燊(主编):《劳伦斯评论集》,上海:上海文艺出版社,1995。

德威特,理查德:《世界观:科学史与科学哲学导论》,李跃乾、张新译,北京:电子工业出版社,2014。

费多洛夫斯基，弗拉基米尔：《俄罗斯芭蕾秘史》，马振聘译，上海：东方
　　出版中心，2009。

费尔巴哈，路德维希：《费尔巴哈哲学著作选集（上卷）》，荣震华、李金
　　山译，北京：商务印书馆，1984。

戈登，林德尔：《弗吉尼亚·伍尔夫———一个作家的生命历程》，伍厚恺译，
　　成都：四川人民出版社，2000。

格奥尔吉耶娃：《文化与信仰：俄罗斯文化与东正教》，焦东建、董茉莉
　　译，北京：华夏出版社，2012。

—.《俄罗斯文化史——历史与现代》，焦东建、董茉莉译，北京：商务印
　　书馆，2006。

耿海英：《别尔嘉耶夫与俄罗斯文学》，上海：上海世纪出版集团，2009。

霍米亚科夫、赫尔岑等：《俄国思想的华章》，肖德强、孙芳译，北京：人
　　民出版社，2013。

纪德，安德烈：《关于陀思妥耶夫斯基的六次讲座》，余中先译，桂林：广
　　西师范大学出版社，2006。

蒋炳贤编选：《劳伦斯评论集》，上海：上海文艺出版社，1995。

蒋虹：《凯瑟琳·曼斯菲尔德作品中的矛盾身份》，北京：中国社会科学出
　　版社，2004。

——."凯瑟琳·曼斯菲尔德的俄罗斯情结"，《俄罗斯文艺》，2006（1）：
　　78-83页。

——."英国现代主义文学中的俄罗斯影响"，《外国文学评论》，2008（3）：
　　40-50页。

——."弗吉尼亚·伍尔夫的俄罗斯文学观"，《俄罗斯文艺》，2008（2）：
　　61-68页。

——."智性交锋：劳伦斯与俄罗斯作家"，《国外文学》，2011（4）：30-
　　38页。

——."批判、借鉴与升华：《圣莫尔》与《安娜·卡列尼娜》比较研究"，
　　《解放军外国语学院学报》，2012（1）：86-90页。

——."俄罗斯芭蕾与英国小杂志《节奏》"，《俄罗斯文艺》，2014（4）：
　　147-152页。

——. "俄罗斯芭蕾与伍尔夫小说中的色彩元素",《外国文学》, 2015（2）: 55-62 页。

——. "俄罗斯芭蕾与伍尔夫的小说创作",《国外文学》, 2015（2）: 70-77 页。

——. "佳吉列夫与英国知识界",《俄罗斯文艺》, 2016（3）: 126-133 页。

康德, 伊曼努尔:《实践理性批判》, 邓晓芒译, 北京: 人民出版社, 2003。

康定斯基, 瓦西里:《论艺术的精神》, 查立译, 北京: 中国社会科学出版社, 1987。

克莱因, 莫里斯:《古今数学思想》第四册, 邓东皋、张恭庆等译, 上海: 上海科学技术出版社, 2002。

克默德, 弗兰克:《劳伦斯》, 胡樱译, 北京: 生活·读书·新知三联书店, 1986。

拉迈松, 皮埃尔主编:《西方文明史: 欧洲谱系》, 方友忠译, 北京: 中国人民大学出版社, 2012。

利发尔, 谢尔盖:《佳吉列夫传》, 焦东建、董茉莉译, 北京: 东方出版社, 2001。

罗伯兹, 戴维:《英国史: 1688 年至今》, 鲁光桓译, 广州: 中山大学出版社, 1990。

罗森鲍姆, S. P. 主编:《岁月与海浪: 布卢姆斯伯里文化圈人物群像》, 徐冰译, 南京: 江苏教育出版社, 2006。

——.《回荡的沉默: 布卢姆斯伯里文化圈侧影》, 杜争鸣、王杨译, 南京: 江苏教育出版社, 2006。

罗素, 伯兰特:《罗素自传》第二卷, 陈启伟译, 北京: 商务印书馆, 2003。

罗扎诺夫, 瓦·瓦:《陀思妥耶夫斯基: 启示录——罗扎诺夫文选》, 田全金译, 上海: 华东师范大学出版社, 2013。

梅列日科夫斯基, 德米特里:《托尔斯泰与陀思妥耶夫斯基卷二: 宗教思想》, 杨德友译, 北京: 华夏出版社, 2009。

米勒, 阿瑟·I:《爱因斯坦·毕加索——空间、时间和动人心魄之美》, 方在庆等译, 上海: 上海科技教育出版社, 2006。

尼采，弗里德里希：《快乐的知识》，黄明嘉译，北京：中央编译出版社，1999。

——.《权力意志》，孙周兴译，北京：商务印书馆，2007。

——.《权力意志——重估一切价值的尝试》，张念东、凌素心译，北京：商务印书馆，1991。

——.《朝霞》，田立年译，上海：华东师范大学出版社，2007。

欧索洛娃，达：《人类与环境的哲学思考：俄罗斯宇宙主义的历史贡献》，内蒙古：内蒙古出版集团远方出版社，2013。

任光宣.《俄罗斯文化十五讲》，北京：北京大学出版社，2008。

——主编：《俄罗斯文学简史》，北京：北京大学出版社，2009。

斯宾格勒，奥斯瓦尔德：《西方的没落》两卷本，吴琼译，上海：三联书店，2006。

斯基德尔斯基，罗伯特：《凯恩斯传》，相蓝欣、储英译，北京：三联书店，2006。

斯塔夫里阿诺斯，勒芬：《全球通史：从史前史到21世纪》，第7版，董书慧等译，北京：北京大学出版社，2005。

索雷尔，瓦尔特：《西方舞蹈文化史》，欧建平译，北京：中国人民大学出版社，1996。

索洛维约夫，弗·谢：《精神领袖：俄罗斯思想家论陀思妥耶夫斯基》，徐振亚、娄自良译，上海：上海译文出版社，2009。

——.《俄罗斯与欧洲》，徐风林译，石家庄：河北教育出版社，2002。

汤普森，埃娃：《理解俄国：俄国文化中的圣愚》，杨德友译，北京：生活·读书·新知三联书店，1998。

陀思妥耶夫斯卡娅，安娜：《一八六七年日记》，谷兴亚译，桂林：广西师范大学出版社，2013。

——.《安娜·陀思妥耶夫斯卡娅回忆录》，倪亮译，耿海英校，桂林：广西师范大学出版社，2013。

后记

在本书即将付梓之际，蓦然回首，发现它与我竟然已有 20 年的因缘。

1999 年，我考入北京师范大学，在赵太和先生指导下攻读博士学位，研究方向是英美文学，完成了题为《凯瑟琳·曼斯菲尔德作品中的矛盾身份》的博士论文，进而对英国现代主义文学产生了浓厚的兴趣。不久，我偶然注意到活跃于 20 世纪早期伦敦的一本名为《节奏》的小杂志，主编是曼斯菲尔德的丈夫约翰·米多顿·默里，继而注意到另外几种文学小杂志，它们都与现代主义文学的兴起有着密切关系。2007 年，我赴英国牛津大学英文系访问研究，试图梳理这一关系，从而对英国现代主义文学的早期发展给出某些新的线索。牛津大学图书馆的丰富资料令我大开眼界，在调研过程中，一些过去不太被人关注的事件和人物不断显示出英国现代主义文学的兴起与俄罗斯文化的影响有着多方面的联系，这与通常认为的法国印象派对英国现代主义文学的兴起起了决定性作用的观点形成对比。

2009 年，我以"英国现代主义文学中的俄罗斯影响"为题申报国家社科基金并获得立项，聚焦于弗吉尼亚·伍尔夫、劳伦斯和曼斯菲尔德等作家进行考察。在新的视角下，俄罗斯芭蕾、俄罗斯文学对英国知识界影响的线索逐步清晰起来，那些隐藏在作家过去的作品、通信、日记和传记中而被忽略的细节也逐渐被关联，并凸显出它们本来的意义。在此期间，我经历了父亲病重和去世的打击，健康状况也对我造成了很大的困扰；加之研究线索纷繁，会不断引发新的思考，原有思路也一再调整，致使这个项目因错过时限而未能结项，令我感到深深的挫败，研究也一度停顿。

今年，随着这本专著的出版，多年的努力终于有了一个还算圆满的结果，对长期关注和帮助着我的老师、同事、朋友和家人也终于有了一个交代。借此机会，我要感谢赵太和先生引导我走上英国文学研究的道路；感谢北京大学外国语学院刘意青教授的无私指导和帮助，她不仅认真细致地通读了全书，提出了十分中肯的、且长达几千字的修改意见，还慷慨地为本书作序；感谢北京师范大学外文学院的出版资助；感谢北京师范大学外文学院于晖教授和于洋副教授对本书出版的支持和帮助；感谢外语教学与研究出版社李婉婧编辑对书稿一丝不苟的校读和编辑。我还要感谢我的先生刘洁民多年来的默默帮助和坚定支持；感谢本书所有被引用和参考过的著者和学者们。

这项研究的另一个收获，是我在过程中形成了一些新的想法，促使我继续前行。我期待在前进的道路上一直有老师、同事、朋友、家人的陪伴、关心和帮助。谢谢你们！

蒋　虹

2021 年 8 月于海淀富力桃园